Géographie
physique 7

Dennis DesRivieres

PEARSON
ERPI

5757, RUE CYPIHOT, SAINT-LAURENT (QUÉBEC) H4S 1R3
TÉLÉPHONE: 514 334-2690   TÉLÉCOPIEUR: 514 334-4720
erpidlm@erpi.com   www.erpi.com

POUR L'ÉDITION FRANÇAISE

Directrice de l'édition
Andrée Thibeault

Traducteur
Marc Genest

Chargée de projet
Marie-Claude Rioux

Réviseure linguistique
Diane Plouffe

Correctrice d'épreuves
Pauline Gélinas

Recherchiste (photos et droits)
Pierre Richard Bernier

Directrice artistique
Hélène Cousineau

Coordonnatrice aux réalisations graphiques
Sylvie Piotte

Conception graphique et édition électronique
Fenêtre sur cour

Cartographie
Dimension DPR

Géographie physique 7, manuel de l'élève,
édition française publiée par ERPI
(ÉDITIONS DU RENOUVEAU PÉDAGOGIQUE INC.)

© 2009 PEARSON/ERPI

Traduction et adaptation autorisées de *Pearson Canadian
Physical Geography 7,* Dennis DesRivieres, publié par
Pearson Canada Inc.

© 2008 Pearson Canada Inc.

POUR L'ÉDITION ORIGINALE

Éditrice
Susan Cox

Équipe éditoriale
Gaynor Fitzpatrick, Audrey Dorsch, Jane A. Clark

Production
Patti Henderson, Allana Barron, Marg Bukta,
Christine Higdon, Jennifer Howse, Laura Peetoom,
Sharlene Ross

Conception graphique
Alex Li

Édition électronique
David Cheung, Carolyn Sebestyen, Crowle Art Group

Cartographie
Crowle Art Group

Illustrateurs
Kevin Cheng, Paul McCusker

Recherchistes (photos et droits)
Lisa Brant, Karen Hunter, Hamish Robertson,
Lesley Sparks

Physical Geography 7, manuel de l'élève, French
language édition, published by ERPI (ÉDITIONS
DU RENOUVEAU PÉDAGOGIQUE INC.)

© 2009 PEARSON/ERPI

Authorized translation and adaptation from the
English language edition, entitled Pearson *Physical
Geography 7,* Dennis DesRivieres, published by
Pearson Canada Inc.

© 2008 Pearson Canada Inc.

Dépôt légal: Bibliothèque et Archives nationales du Québec, 2009
Dépôt légal: Bibliothèque et Archives Canada, 2009

Imprimé au Canada   4567890 HLN 14 13 12
ISBN 978-2-7613-2754-1   11080 ABCD   CM12

Les noms d'organismes pour lesquels il n'existe pas de
traduction officielle en français ont été laissés en anglais.
Plusieurs titres d'œuvres d'art présentées dans ce manuel
sont en anglais. Lorsqu'il n'a pas été possible d'obtenir
une traduction officielle de ces titres, ceux-ci ont fait
l'objet d'une traduction libre. Les traductions sont placées
entre crochets dans les légendes qui accompagnent les
œuvres d'art.

REMERCIEMENTS

POUR L'ÉDITION FRANÇAISE

Consultant principal et adaptateur
Martin Larocque,
Conseil scolaire de district catholique
de l'Est ontarien (CSDCEO)

Consultants pédagogiques
Tammy Cantin,
Conseil scolaire catholique Franco-Nord

Helen Griffin,
Commission scolaire de Thames Valley

Chantal Pigeon,
Durham District School Board (DDSB)

Denis Sauvé,
enseignant retraité
Conseil scolaire de district catholique
de l'Est ontarien (CSDCEO)

Brian Svenningsen,
Toronto District School Board

Marie Turcotte,
consultante en éducation

POUR L'ÉDITION ORIGINALE ANGLAISE

Rédacteurs
Tom Smith

Tamar Stein

Réviseurs scientifiques
Carrol Jaques

Robert M. Leavitt

Dr. Ardis D. Kamra

Sheila Staats/Goodminds

Consultants pédagogiques
Scott Brennan,
Lambton Kent District SB

Renata Bubelis,
Peel District SB

Marc Caterini,
Halton Catholic District SB

Michelle Ciarloni,
Halton Catholic District SB

Janet Clark,
Peel District SB

Adolfo M. Di Iorio,
District School Board of Niagara

Debbie Doland,
Upper Canada District SB

Elizabeth Ford,
District School Board of Niagara

Tracey Joyce,
Renfrew County Catholic District DSB

Ramanan Mahalingam,
Durham District SB

Paul McMann,
Durham District SB

Sandra Mirabelli,
Dufferin-Peel Catholic District SB

Clint Monaghan,
Ottawa-Carleton Catholic SB

Audra Morgan,
Toronto District SB

Becky Morris,
Ottawa-Carleton Catholic SB

David Moskal,
Halton District SB

Mary Moxon,
Peel District SB

Peter Nayler,
Hastings and Prince Edward District SB

Troy Ralph,
Peel District SB

Jennifer Rawes,
Peel District SB

Bradley Reid,
Catholic District School Board of Eastern Ontario

Ann Marie Ricardo,
Dufferin-Peel Catholic District SB

Anita Sabatini,
Lambton Kent District SB

Charlene Sacher,
Peel District SB

Holly Taylor,
Waterloo Region District SB

Caroline Thuss,
Huron-Perth Catholic District SB

Ken Venhuizen,
Thames Valley District SB

Karen Walker,
Lambton Kent District SB

Susan Ward,
Hamilton-Wenthworth District SB

Brian Weigl,
Waterloo Region District SB.

TABLE DES MATIÈRES

Boîte à outils

COMMENT UTILISER TON MANUEL

Le **numéro du module** et le **titre**.

Des **photos** illustrent les sujets traités.

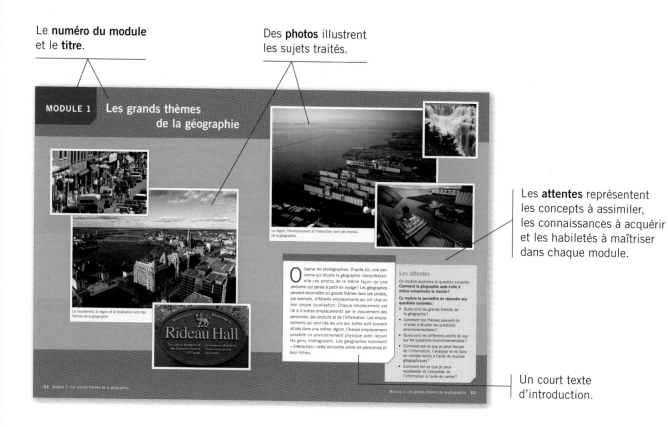

Les **attentes** représentent les concepts à assimiler, les connaissances à acquérir et les habiletés à maîtriser dans chaque module.

Un court texte d'introduction.

Chaque module se compose de **trois chapitres** liés à un même thème.

La rubrique **Avant la lecture** t'invite à tenter ta propre expérience pour mieux comprendre le sujet étudié.

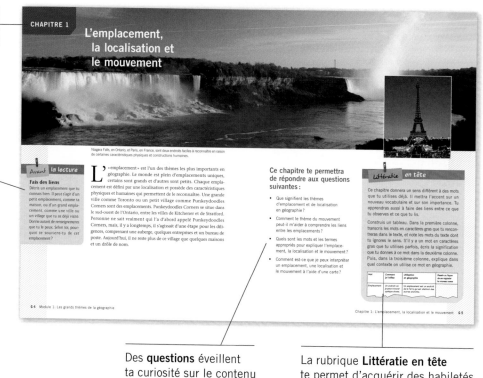

Des **questions** éveillent ta curiosité sur le contenu du chapitre.

La rubrique **Littératie en tête** te permet d'acquérir des habiletés en lecture et en écriture.

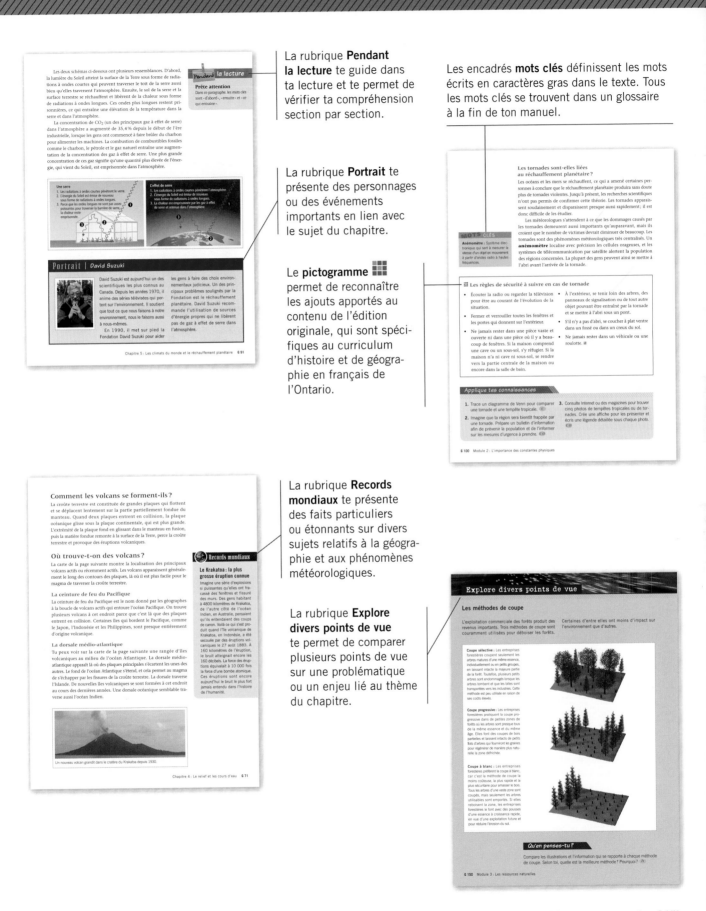

La rubrique **Pendant la lecture** te guide dans ta lecture et te permet de vérifier ta compréhension section par section.

La rubrique **Portrait** te présente des personnages ou des événements importants en lien avec le sujet du chapitre.

Le **pictogramme** ▦ permet de reconnaître les ajouts apportés au contenu de l'édition originale, qui sont spécifiques au curriculum d'histoire et de géographie en français de l'Ontario.

Les encadrés **mots clés** définissent les mots écrits en caractères gras dans le texte. Tous les mots clés se trouvent dans un glossaire à la fin de ton manuel.

La rubrique **Records mondiaux** te présente des faits particuliers ou étonnants sur divers sujets relatifs à la géographie et aux phénomènes météorologiques.

La rubrique **Explore divers points de vue** te permet de comparer plusieurs points de vue sur une problématique ou un enjeu lié au thème du chapitre.

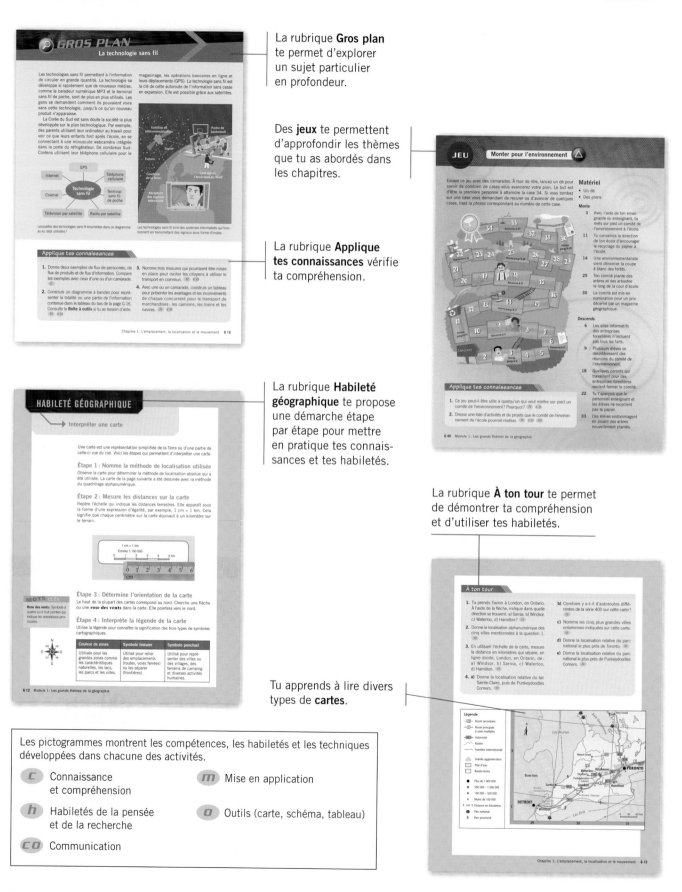

La rubrique **Gros plan** te permet d'explorer un sujet particulier en profondeur.

Des **jeux** te permettent d'approfondir les thèmes que tu as abordés dans les chapitres.

La rubrique **Applique tes connaissances** vérifie ta compréhension.

La rubrique **Habileté géographique** te propose une démarche étape par étape pour mettre en pratique tes connaissances et tes habiletés.

La rubrique **À ton tour** te permet de démontrer ta compréhension et d'utiliser tes habiletés.

Tu apprends à lire divers types de **cartes**.

Les pictogrammes montrent les compétences, les habiletés et les techniques développées dans chacune des activités.

c Connaissance et compréhension

m Mise en application

h Habiletés de la pensée et de la recherche

o Outils (carte, schéma, tableau)

CO Communication

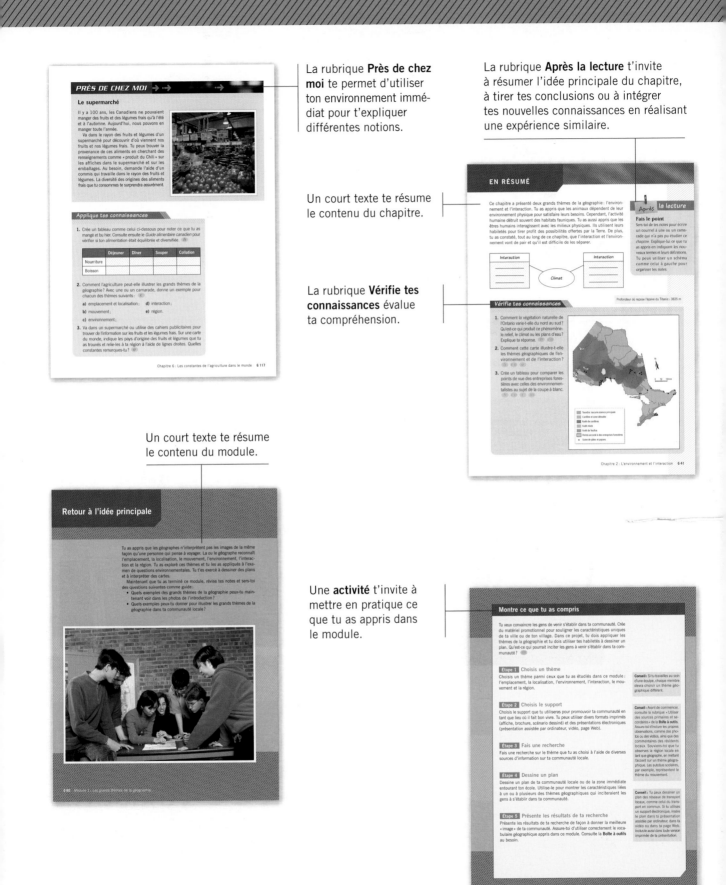

La rubrique **Près de chez moi** te permet d'utiliser ton environnement immédiat pour t'expliquer différentes notions.

La rubrique **Après la lecture** t'invite à résumer l'idée principale du chapitre, à tirer tes conclusions ou à intégrer tes nouvelles connaissances en réalisant une expérience similaire.

Un court texte te résume le contenu du chapitre.

La rubrique **Vérifie tes connaissances** évalue ta compréhension.

Un court texte te résume le contenu du module.

Une **activité** t'invite à mettre en pratique ce que tu as appris dans le module.

MODULE 1 Les grands thèmes de la géographie

Le mouvement, la région et la localisation sont des thèmes de la géographie.

La région, l'environnement et l'interaction sont des thèmes de la géographie.

Observe les photographies. D'après toi, une personne qui étudie la géographie interpréterait-elle ces photos de la même façon qu'une personne qui pense à partir en voyage ? Les géographes peuvent reconnaître six grands thèmes dans ces photos, par exemple, différents *emplacements* qui ont chacun leur propre *localisation*. Chaque emplacement est lié à d'autres emplacements par le *mouvement* des personnes, des produits et de l'information. Les emplacements qui sont liés les uns aux autres sont souvent situés dans une même *région*. Chaque emplacement possède un *environnement* physique avec lequel les gens interagissent. Les géographes nomment « *interaction* » cette rencontre entre les personnes et leur milieu.

Les attentes

Ce module explorera la question suivante : **Comment la géographie aide-t-elle à mieux comprendre le monde ?**

Ce module te permettra de répondre aux questions suivantes :

- Quels sont les grands thèmes de la géographie ?

- Comment ces thèmes peuvent-ils m'aider à étudier les questions environnementales ?

- Quels sont les différents points de vue sur les questions environnementales ?

- Comment est-ce que je peux trouver de l'information, l'analyser et en faire un compte rendu à l'aide de sources géographiques ?

- Comment est-ce que je peux représenter et interpréter de l'information à l'aide de cartes ?

CHAPITRE 1

L'emplacement, la localisation et le mouvement

Niagara Falls, en Ontario, et Paris, en France, sont deux endroits faciles à reconnaître en raison de certaines caractéristiques physiques et constructions humaines.

Avant la lecture

Fais des liens

Décris un emplacement que tu connais bien. Il peut s'agir d'un petit emplacement, comme ta maison, ou d'un grand emplacement, comme une ville ou un village que tu as déjà visité. Donne autant de renseignements que tu le peux. Selon toi, pourquoi te souviens-tu de cet emplacement?

L' « emplacement » est l'un des thèmes les plus importants en géographie. Le monde est plein d'emplacements uniques, certains sont grands et d'autres sont petits. Chaque emplacement est défini par une localisation et possède des caractéristiques physiques et humaines qui permettent de le reconnaître. Une grande ville comme Toronto ou un petit village comme Punkeydoodles Corners sont des emplacements. Punkeydoodles Corners se situe dans le sud-ouest de l'Ontario, entre les villes de Kitchener et de Stratford. Personne ne sait vraiment qui l'a d'abord appelé Punkeydoodles Corners, mais, il y a longtemps, il s'agissait d'une étape pour les diligences, comprenant une auberge, quelques entreprises et un bureau de poste. Aujourd'hui, il ne reste plus de ce village que quelques maisons et un drôle de nom.

Ce chapitre te permettra de répondre aux questions suivantes :

- Que signifient les thèmes d'emplacement et de localisation en géographie ?

- Comment le thème du mouvement peut-il m'aider à comprendre les liens entre les emplacements ?

- Quels sont les mots et les termes appropriés pour expliquer l'emplacement, la localisation et le mouvement ?

- Comment est-ce que je peux interpréter un emplacement, une localisation et le mouvement à l'aide d'une carte ?

Littératie en tête

Ce chapitre donnera un sens différent à des mots que tu utilises déjà. Il mettra l'accent sur un nouveau vocabulaire et sur son importance. Tu apprendras aussi à faire des liens entre ce que tu observes et ce que tu lis.

Construis un tableau. Dans la première colonne, transcris les mots en caractères gras que tu rencontreras dans le texte, et note les mots du texte dont tu ignores le sens. S'il y a un mot en caractères gras que tu utilises parfois, écris la signification que tu donnes à ce mot dans la deuxième colonne. Puis, dans la troisième colonne, explique dans quel contexte on utilise ce mot en géographie.

Mot	Comment je l'utilise	Utilisation en géographie	Dessin ou façon de se rappeler le nouveau sens
Emplacement	Un endroit où je peux trouver quelque chose.	Un emplacement est un endroit de la Terre qui est distinct des autres endroits.	

Les emplacements sont uniques

Tu es un individu, n'est-ce pas ? Personne d'autre ne possède la même apparence, les mêmes habiletés et la même personnalité que toi. Tout comme chaque personne a un caractère unique, chaque endroit sur la Terre possède des caractéristiques qui lui sont propres.

Un **emplacement** est un endroit de la Terre qu'il est possible de distinguer des autres endroits. Chaque emplacement est une combinaison unique de caractéristiques physiques (par exemple, des reliefs et des plans d'eau) et de caractéristiques humaines (par exemple, des constructions comme des routes et des immeubles). Punkeydoodles Corners est unique en raison de son nom étrange. Niagara Falls et Paris possèdent des **sites** naturels ou des constructions humaines très connus : les chutes Niagara et la tour Eiffel.

MOTS CLÉS

Emplacement : Site étudié selon les caractéristiques physiques et humaines uniques à ce site.

Site : Lieu géographique.

Pendant la lecture

Prête attention
Pourquoi les mots « emplacement » et « site » sont-ils en caractères gras dans ce paragraphe ?

Qu'est-ce qui rend unique chacun de ces emplacements ?

Il y a des emplacements de toutes les dimensions. Il y en a de très petits, comme une pièce dans une maison, et de très grands, comme un océan. Puisque les emplacements se trouvent à la surface de la Terre, la **géographie** leur porte un intérêt particulier. Les géographes étudient aussi les conditions qui existent en différents emplacements de la planète. Depuis l'époque de la Grèce antique, les explorateurs ont toujours voulu connaître les caractéristiques de diverses parties du monde. En fait, le mot « géographie » est formé de deux mots en grec ancien : *geo* (de la Terre) et *graphica* (description). Certains magazines spécialisés en géographie utilisent des cartes, des diagrammes, des photos et des mots pour décrire des emplacements de la Terre depuis des dizaines d'années.

MOTS CLÉS

Géographie : Science qui étudie la surface de la Terre et la relation entre celle-ci et les gens.

Méridional : Qui est au sud.

 **Records mondiaux**

L'emplacement le plus élevé au monde

Le plus haut sommet du monde est le mont Everest. D'une hauteur de 8850 mètres, il s'élève à près de 9 kilomètres au-dessus du niveau de l'océan Indien. Le mont Everest fait partie de l'Himalaya, une chaîne de montagnes de l'Asie **méridionale**. Le sommet de ce gigantesque point d'intérêt formé de roches, de glace et de neige a été atteint pour la première fois en 1953 par sir Edmund Percival Hillary et son guide, Tenzing Norgay. Depuis, des centaines d'aventuriers ont poursuivi la quête ultime : celle d'atteindre le sommet du mont Everest. Certains d'entre eux y ont perdu la vie.

Le 18 mai 2006, le Franco-Ontarien Jean-François Carrey devenait, à l'âge de 24 ans, le plus jeune Canadien à atteindre le sommet du mont Everest.

Applique tes connaissances

1. Dresse une liste de six types d'emplacements géographiques en donnant un exemple pour chacun. Classe ensuite par ordre croissant les emplacements selon leurs dimensions. *C*

2. Avec une ou un camarade, choisis deux photos d'emplacements présentés dans ce module, sauf celles de Paris ou de Niagara Falls. Pour chaque emplacement, dresse la liste des caractéristiques physiques et humaines qui rendent cet emplacement unique. *C*

3. Décris les caractéristiques physiques et humaines de l'emplacement le plus intéressant que tu as déjà visité. Demande à ta ou ton camarade de deviner le nom de cet emplacement. *h* *co*

Où est-ce?

« Où ? » est la question préférée des géographes. Dans cette section, tu apprendras qu'il est possible de répondre à la question « où ? » à l'aide de deux méthodes : la localisation relative et la localisation absolue.

La localisation relative

Tu pourrais décrire la localisation de ta maison de la manière suivante : « Elle se trouve au premier coin de rue, juste après le parc. » C'est ce qui s'appelle la « **localisation relative** », car l'endroit où tu habites est lié à un autre lieu, le parc. Certaines personnes indiquent la localisation relative à l'aide de points de repère familiers, comme un parc ou une école, et de directives comme « à droite », « à gauche » ou « droit devant ». D'autres utilisent les noms de rues, les directions et les distances.

Sers-toi du plan de quartier ci-dessous pour découvrir la façon de faire une localisation relative. Lis les directives à gauche du plan, puis celles à droite. Lesquelles trouves-tu les plus claires, celles de gauche ou celles de droite ? Tu pourrais aussi combiner les différentes directives pour créer ta propre méthode.

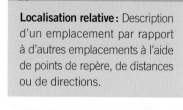

Pendant la lecture

Prête attention

Quelles directives du tableau ci-dessous sont les plus faciles à suivre pour toi ? Trace un plan, en indiquant des points de repère ou des rues, pour qu'une personne puisse se rendre à ton emplacement préféré.

Où est l'aréna ? Comment est-ce que je peux m'y rendre ?

À l'aide de directives simples et de points de repère	Localisation de l'aréna	À l'aide de directions et de distances
1. Quand tu arriveras à l'épicerie, tourne à droite.	Rue des Érables Rue des Bouleaux Rue du Centre Rue des Chênes — Épicerie Rue du Parc Rue La Forêt École Rue des Ormes Aréna N 0 400 m	**1.** Avance d'un pâté de maisons vers le sud jusqu'à la rue des Chênes.
2. Dépasse le terrain de baseball, puis tourne à gauche.		**2.** Tourne vers l'ouest à la rue des Chênes et avance d'un autre pâté de maisons.
3. Au bout de la rue, tu verras une école.		**3.** À la rue du Parc, tourne vers le sud et avance de trois pâtés de maisons.
4. Tourne à gauche à cet endroit.		**4.** Tourne vers l'est au bout de la rue du Parc et avance d'un pâté de maisons et demi.
5. Tu verras l'aréna plus loin devant toi, de l'autre côté de la rue.		**5.** L'aréna se trouve du côté sud de la rue des Ormes.

La localisation absolue

Si tu as déjà utilisé une carte routière, un atlas ou un appareil GPS (système de positionnement global), tu sais donc ce qu'est la **localisation absolue**. Il s'agit de la localisation exacte d'un emplacement. La méthode qui utilise la **latitude** et la **longitude** est un exemple de localisation absolue.

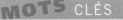

Localisation absolue : Emplacement exact d'un lieu sur la surface de la Terre.

La latitude et la longitude

Imagine qu'une personne quitte le Canada en avion pour aller visiter des membres de sa famille en Australie. Dans un atlas, la localisation des villes de départ et d'arrivée serait indiquée comme dans le tableau ci-dessous.

Des lignes imaginaires de latitude et de longitude indiquent la localisation absolue de ces deux villes.

Emplacement	Latitude	Longitude
Toronto, Canada	43° 40' N.	79° 23' O.
Sydney, Australie	33° 55' S.	151° 10' E.

Les GPS sont devenus une technologie populaire pour localiser un emplacement.

Les quatre hémisphères

Tu peux couper une orange en deux de diverses façons. Pour presser du jus d'orange, tu la coupes au milieu. Pour la manger en quartiers, tu la coupes de haut en bas. Les géographes divisent également le monde en demis, et chaque demi se nomme « **hémisphère** ». Les hémisphères Nord, Sud, Est et Ouest sont représentés par les abréviations N., S., E. et O., comme celles indiquées dans le tableau ci-dessus.

Hémisphère : Moitié d'une sphère ou du globe terrestre.

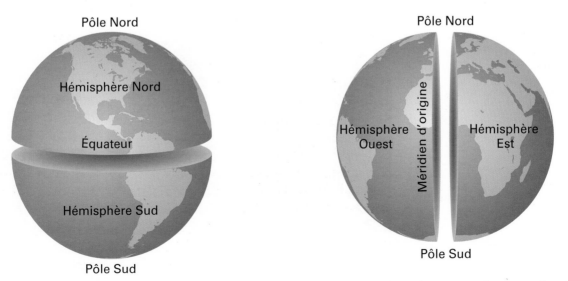

Les hémisphères Nord et Sud sont séparés par l'équateur, une ligne imaginaire qui correspond au plus grand diamètre de la Terre.

Les hémisphères Est et Ouest sont séparés par le méridien d'origine, une ligne imaginaire qui relie les pôles de la Terre du nord au sud.

Pôle Nord

Pôle Sud

Pôle Nord

Pôle Sud

La latitude

Tu peux obtenir des quartiers d'orange en coupant l'orange en plein centre. Les géographes divisent la surface terrestre de la même façon, à l'aide de lignes de **latitude** parallèles à l'équateur. Les latitudes Nord sont numérotées de 0° à l'équateur jusqu'à 90° N. au pôle Nord. Les latitudes Sud sont numérotées de 0° à l'équateur jusqu'à 90° S. au pôle Sud.

La longitude

Tu peux obtenir des quartiers d'orange en coupant l'orange d'une extrémité à l'autre. Les géographes divisent la surface terrestre de la même façon, à l'aide de lignes de **longitude** qui vont du pôle Nord au pôle Sud. Ces lignes sont situées à l'est ou à l'ouest du méridien d'origine. Les longitudes Est et Ouest sont numérotées de 0° au méridien d'origine jusqu'à 180° à la ligne internationale de changement de date. Le méridien d'origine a aussi pour nom « méridien de Greenwich », car il traverse la ville de Greenwich, au Royaume-Uni.

MOTS CLÉS

Latitude : Distance, vers le nord ou vers le sud, à partir de l'équateur.

Longitude : Distance, vers l'est ou vers l'ouest, à partir du méridien d'origine.

L'observatoire de Greenwich, situé près de Londres, au Royaume-Uni, est le lieu à partir duquel les méridiens sont numérotés. Aujourd'hui, cet ancien observatoire est devenu un musée.

La localisation alphanumérique

La localisation alphanumérique est une autre façon de déterminer la localisation absolue. Il s'agit d'une méthode simple qui utilise un **quadrillage alphanumérique**, c'est-à-dire composé de lettres et de chiffres. Des lignes sont tracées de haut en bas et d'un côté à l'autre de la carte. Elles forment un damier, ce qui permet de nommer chaque case et de localiser un lieu plus facilement. Tu t'exerceras à utiliser cette méthode de localisation à la page G 13.

Applique tes connaissances

1. Mesure la latitude et la longitude des points A, B, C, D et E montrés sur la carte ci-dessous. **◑**

2. Sur une reproduction agrandie de cette carte, situe les villes suivantes et écris leur nom : **◑**

a) Toronto, en Ontario, 44° N., 79° O.	e) Le Cap, en Afrique du Sud, 34° S., 18° E.
b) St. John's, à Terre-Neuve-et-Labrador, 47° N., 52° O.	f) Sydney, en Australie, 34° S., 151° E.
c) Londres, au Royaume-Uni, 52° N., 0° de longitude	g) Buenos Aires, en Argentine, 35° S., 59° O.
d) Mexico, au Mexique, 19° N., 99° O.	h) Tokyo, au Japon, 36° N., 140.° E.

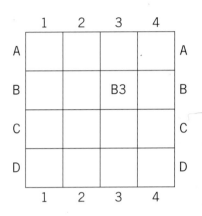

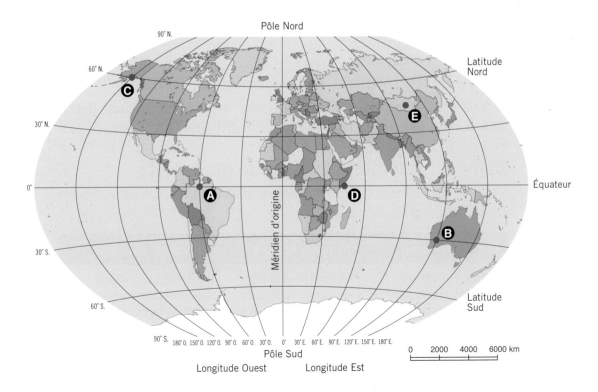

Une carte est une représentation simplifiée de la Terre ou d'une partie de celle-ci vue du ciel. Voici les étapes qui permettent d'interpréter une carte.

Étape 1 : Nomme la méthode de localisation utilisée

Observe la carte pour déterminer la méthode de localisation absolue qui a été utilisée. La carte de la page suivante a été dessinée avec la méthode du quadrillage alphanumérique.

Étape 2 : Mesure les distances sur la carte

Repère l'échelle qui indique les distances terrestres. Elle apparaît sous la forme d'une expression d'égalité, par exemple, 1 cm = 1 km. Cela signifie que chaque centimètre sur la carte équivaut à un kilomètre sur le terrain.

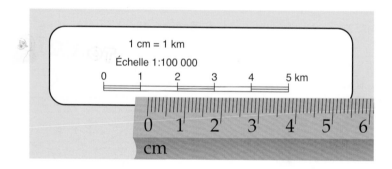

Étape 3 : Détermine l'orientation de la carte

Le haut de la plupart des cartes correspond au nord. Cherche une flèche ou une **rose des vents** dans la carte. Elle pointera vers le nord.

Étape 4 : Interprète la légende de la carte

Utilise la légende pour connaître la signification des trois types de symboles cartographiques.

Couleur de zones	Symbole linéaire	Symbole ponctuel
Utilisée pour les grandes zones comme les caractéristiques naturelles, les lacs, les parcs et les villes.	Utilisé pour relier des emplacements (routes, voies ferrées) ou les séparer (frontières).	Utilisé pour représenter des villes ou des villages, des terrains de camping et diverses activités humaines.

1. Tu prends l'avion à London, en Ontario. À l'aide de la flèche, indique dans quelle direction se trouvent: a) Sarnia, b) Windsor, c) Waterloo, d) Hamilton? *O*

2. Donne la localisation alphanumérique des cinq villes mentionnées à la question 1. *O*

3. En utilisant l'échelle de la carte, mesure la distance en kilomètres qui sépare, en ligne droite, London, en Ontario, de : a) Windsor, b) Sarnia, c) Waterloo, d) Hamilton. *O*

4. **a)** Donne la localisation relative du lac Sainte-Claire, puis de Punkeydoodles Corners. *O*

b) Combien y a-t-il d'autoroutes différentes de la série 400 sur cette carte? *O*

c) Nomme les cinq plus grandes villes ontariennes indiquées sur cette carte. *O*

d) Donne la localisation relative du parc national le plus près de Toronto. *O*

e) Donne la localisation relative du parc national le plus près de Punkeydoodles Corners. *O*

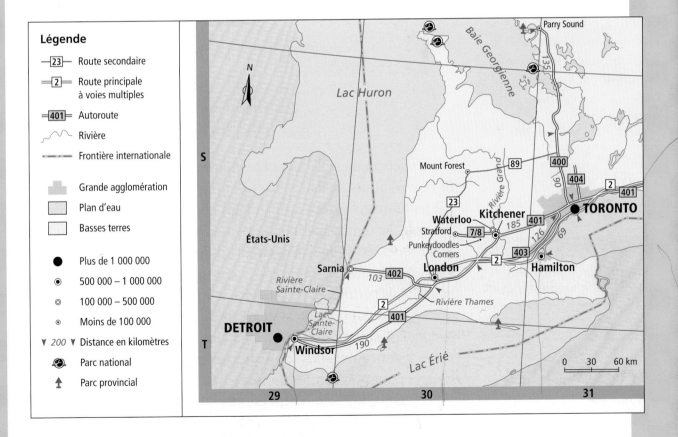

Légende

- ─[23]─ Route secondaire
- ═[2]═ Route principale à voies multiples
- ═[401]═ Autoroute
- Rivière
- Frontière internationale
- Grande agglomération
- Plan d'eau
- Basses terres
- ● Plus de 1 000 000
- ◉ 500 000 – 1 000 000
- ◎ 100 000 – 500 000
- ⊙ Moins de 100 000
- ▼ *200* ▼ Distance en kilomètres
- Parc national
- Parc provincial

Un monde en mouvement

MOTS CLÉS

Mouvement: Flux de personnes, de produits, d'information et d'éléments de la nature.

Comment es-tu arrivé à l'école ce matin? As-tu marché, roulé à vélo, pris le transport en commun, ou encore quelqu'un t'a-t-il conduit en voiture? Quel que soit le moyen utilisé, ce **mouvement** t'a fait passer d'un emplacement (ta maison) à un autre (l'école). Le mouvement établit un lien entre des emplacements. Il est un des grands thèmes de la géographie. Les personnes, les produits et l'information circulent d'un endroit à l'autre. La nature est également en mouvement. Les oiseaux migrateurs se déplacent d'une région à une autre. Le diagramme ci-dessous montre différents types de mouvements.

Pendant **la lecture**

Prête attention

Sers-toi des phrases qui précèdent et qui suivent un mot en caractères gras pour t'aider à en comprendre le sens. Cela s'appelle « utiliser le contexte ». Prends des notes lorsque tu trouveras de l'information au sujet de ces mots.

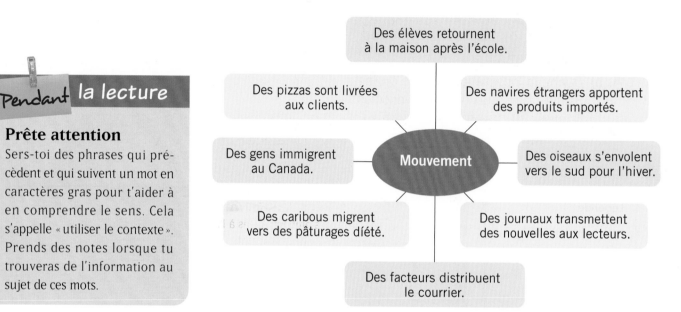

Les géographes examinent le mouvement de deux façons. D'abord, ils observent des systèmes, par exemple, les réseaux routiers construits par les humains afin de faciliter leurs déplacements d'un emplacement à l'autre. La nature crée aussi des réseaux, comme les réseaux hydrographiques, pour que l'eau circule d'un cours d'eau à l'autre jusqu'à l'océan. Ensuite, les géographes considèrent le **flux**, c'est-à-dire la quantité de personnes, de produits, d'information et d'autres éléments qui se déplacent dans un système. Les ingénieurs mesurent le débit de la circulation pour déterminer s'il faut ajouter des voies supplémentaires à des routes. Les scientifiques mesurent le volume d'eau des rivières pour prévenir les inondations.

Le thème du mouvement permet d'expliquer de nombreuses questions géographiques. Quelle est la meilleure façon de se déplacer en ville? Quelle est la manière la plus efficace d'acheminer les marchandises aux clients? Comment la technologie sans fil transmet-elle l'information? Tu examineras ces questions dans les prochaines pages.

MOTS CLÉS

Flux: Quantité de personnes, de produits, d'information et d'autres éléments qui se déplacent dans un système.

Transporter les gens

Enfin, c'est vendredi! Éric Côté engage sa voiture sur l'autoroute 404 en direction de Toronto. Alors qu'il atteint l'autoroute 401, la circulation ralentit considérablement. Il est encore loin de son bureau situé au centre-ville, à plus de 45 minutes de route. Éric pense qu'il doit y avoir un moyen plus rapide pour se rendre à son travail. Il décide qu'à compter de la semaine suivante, il stationnera sa voiture tout près de l'extrémité de la ligne de métro qui se trouve sur son trajet, et il utilisera le réseau de transport en commun pour le reste de son parcours jusqu'au bureau. Cela lui évitera de perdre son temps dans les embouteillages.

Le transport en commun est une façon efficace de se rendre au travail.

Les embouteillages à l'heure de pointe sont nombreux sur les autoroutes à Toronto.

Le réseau de transport de Toronto

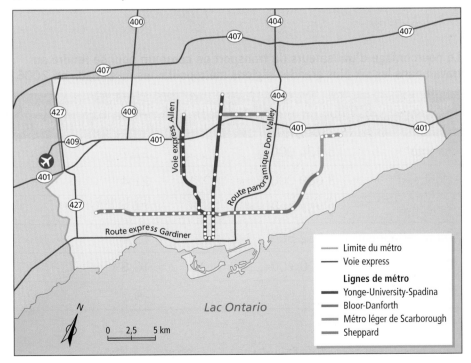

Limite du métro
Voie express

Lignes de métro
Yonge-University-Spadina
Bloor-Danforth
Métro léger de Scarborough
Sheppard

Le lundi matin suivant, Éric se trouve encore une fois dans un embouteillage sur la route panoramique Don Valley. Les vieilles habitudes ont la vie dure ! Les gens préfèrent utiliser leur voiture pour se rendre au travail, et ce malgré les coûts élevés de l'essence, du stationnement et des réparations. Environ deux tiers des gens conduisent une voiture pour se rendre au travail dans l'agglomération de Toronto. Moins d'un quart utilisent le **transport en commun**. Dans plusieurs régions du monde, ces fractions sont inversées, le transport en commun étant la façon privilégiée de se déplacer dans les villes.

Les modes de transport utilisés pour se rendre au travail dans l'agglomération de Toronto en 2006

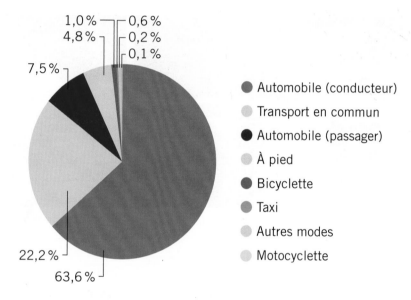

- Automobile (conducteur)
- Transport en commun
- Automobile (passager)
- À pied
- Bicyclette
- Taxi
- Autres modes
- Motocyclette

Quel pourcentage des Torontois se rendent au travail en automobile ?

Le pourcentage d'utilisateurs du transport en commun pour se rendre au travail dans les six plus grandes régions métropolitaines du Canada en 2006

Agglomération	Population	Pourcentage d'utilisateurs du transport en commun pour se rendre au travail
Toronto*	5 424 000	22,2
Montréal*	3 669 000	21,4
Vancouver	2 257 300	16,5
Ottawa–Gatineau	1 162 500	19,4
Calgary	1 100 700	15,6
Edmonton	1 051 500	9,7

* Réseau de métro.

Quel effet un réseau de métro a-t-il sur l'utilisation du transport en commun ?

Toronto est l'une des villes canadiennes où les gens utilisent le plus le transport en commun. Le réseau de transport en commun de la ville comprend des tramways depuis 1921, et la première phase de sa ligne de métro souterraine a été terminée en 1954. En 2005, la Commission de transport de Toronto a fêté son 25 milliardième passager. Ce nombre est environ quatre fois plus grand que la population de la Terre.

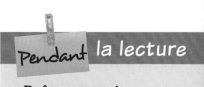

Pendant la lecture

Prête attention

Quels mots t'indiquent que les conteneurs sont un bon moyen de transport de marchandises ?

Transporter les produits

Le mouvement des produits établit des liens entre les emplacements. Les avions transportent des passagers, mais ils livrent aussi des marchandises ou larguent des vivres dans les zones sinistrées. L'énergie circule dans les oléoducs, les gazoducs et les réseaux électriques à haute tension. Les camions, les trains et les navires se font concurrence pour la majeure partie du transport de marchandises.

Les trois concurrents pour le transport de marchandises au Canada en 2003

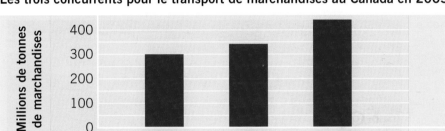

Le **système de transport de marchandises par conteneur** est un bon exemple de mouvement. Les produits sont rangés dans des conteneurs métalliques. Ces conteneurs sont ensuite empilés sur le pont d'un navire ou fixés sur des wagons surbaissés ou des semi-remorques à plateau. Des monte-charges déplacent les conteneurs d'un mode de transport à un autre. Ce système offre de nombreux avantages :

- la sécurité : les conteneurs restent verrouillés en tout temps ;

- le coût : le contenu du conteneur n'a pas à être manipulé, ce qui permet d'épargner du temps et des ressources humaines ;

- le temps : les marchandises sont livrées plus rapidement ;

- le suivi : les ordinateurs permettent de suivre les déplacements d'un conteneur ;

- la mondialisation : les conteneurs ont tous la même dimension. Le contenu n'a donc pas à être chargé dans des conteneurs différents quand il circule d'un pays à un autre.

MOTS CLÉS

Système de transport de marchandises par conteneur : Système qui permet de transporter des produits à l'aide de boîtes métalliques de même dimension qui se fixent sur des camions, des trains et des navires.

Trois concurrents pour le transport de marchandises

Les camions

Les camions peuvent se rendre presque n'importe où, même sur les routes de glace hivernales du Grand Nord. Ils conviennent parfaitement au transport des biens manufacturés et des produits emballés. Les camions assurent le transport des conteneurs de marchandises et peuvent offrir la livraison le lendemain à des manufacturiers comme les usines d'assemblage d'automobiles de l'Ontario. Les camions sont très énergivores, et leur poids endommage considérablement les routes. Ces poids lourds causent des problèmes de circulation sur la plupart des autoroutes.

Les trains

Le transport de marchandises représente 90 % du transport ferroviaire au Canada. Les trains sont la meilleure façon de transporter des matières comme le charbon, le minerai de fer, le blé, le bois de construction et les énormes rouleaux de papier. Ces produits sont souvent acheminés vers des ports pour être expédiés ailleurs au Canada et à l'étranger. Des wagons particuliers transportent des conteneurs de marchandises et des automobiles neuves. Les trains sont plus éconergétiques que les camions, mais ils peuvent suivre seulement des itinéraires fixes.

Les navires

Au Canada, une grande partie du transport maritime s'effectue dans quelques ports océaniques et dans le réseau des Grands Lacs. Les navires peuvent charger et décharger d'énormes volumes de matière brute en vrac, comme le pétrole, le charbon, le minerai de fer, le calcaire et le blé. Ils assurent également le transport international de conteneurs. Les navires représentent le mode de transport le plus éconergétique, mais, à cause du gel durant l'hiver canadien, ils ne peuvent pas circuler toute l'année.

La technologie sans fil

Les technologies sans fil permettent à l'information de circuler en grande quantité. La technologie se développe si rapidement que de nouveaux médias, comme le baladeur numérique MP3 et le terminal sans fil de poche, sont de plus en plus utilisés. Les gens se demandent comment ils pouvaient vivre sans cette technologie, jusqu'à ce qu'un nouveau produit n'apparaisse.

La Corée du Sud est sans doute la société la plus développée sur le plan technologique. Par exemple, des parents utilisent leur ordinateur au travail pour voir ce que leurs enfants font après l'école, en se connectant à une minuscule webcaméra intégrée dans la porte du réfrigérateur. De nombreux Sud-Coréens utilisent leur téléphone cellulaire pour le magasinage, les opérations bancaires en ligne et leurs déplacements (GPS). La technologie sans fil est la clé de cette autoroute de l'information sans cesse en expansion. Elle est possible grâce aux satellites.

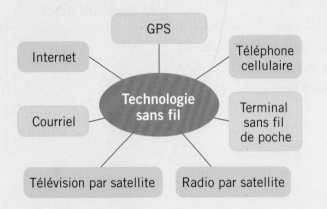

Lesquelles des technologies sans fil énumérées dans ce diagramme as-tu déjà utilisées?

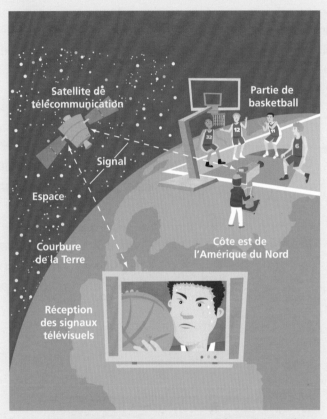

Les technologies sans fil sont des systèmes informatisés qui fonctionnent en transmettant des signaux sous forme d'ondes.

Applique tes connaissances

1. Donne deux exemples de flux de personnes, de flux de produits et de flux d'information. Compare tes exemples avec ceux d'une ou d'un camarade. **c**

2. Construis un diagramme à bandes pour représenter la totalité ou une partie de l'information contenue dans le tableau du bas de la page G 16. Consulte la **Boîte à outils** si tu as besoin d'aide. **h** **co**

3. Nomme trois mesures qui pourraient être mises en place pour inciter les citoyens à utiliser le transport en commun. **h** **co**

4. Avec une ou un camarade, construis un tableau pour présenter les avantages et les inconvénients de chaque concurrent pour le transport de marchandises : les camions, les trains et les navires. **h** **co**

Ce chapitre a présenté trois thèmes courants étudiés par les géographes : l'emplacement, la localisation et le mouvement. Tu as appris qu'il y avait de nombreux types d'emplacements dans le monde, chacun ayant sa propre localisation. Cette position peut être déterminée à l'aide de méthodes de localisation relative ou de localisation absolue. Tu as appliqué ces deux méthodes en utilisant des cartes. Dans ce chapitre, tu as aussi appris que le mouvement permet de relier des emplacements à l'aide de réseaux de transport et des technologies sans fil. Le flux de personnes, de produits et d'information permet de relier différents emplacements sur la Terre, parfois en utilisant la technologie sans fil.

Fais le point

Compare les notes que tu as prises avec le résumé ci-contre. Qu'as-tu appris sur les thèmes de l'emplacement, de la localisation et du mouvement? Pourquoi ces thèmes sont-ils importants dans l'étude de la géographie?

Mot	Comment je l'utilise	Utilisation en géographie	Dessin ou façon de se rappeler le nouveau sens
Emplacement	Un endroit où je peux trouver quelque chose.	Un emplacement est un endroit de la Terre qui est distinct des autres endroits.	

Vérifie tes connaissances

Observe la photo et la carte de la page suivante pour nommer des caractéristiques de cet emplacement unique situé en Grèce.

1. À l'aide de la carte, écris une description détaillée de la localisation relative de l'île de Mykonos. Dans ta description, nomme des directions et des noms d'emplacements. *h co*

2. À l'aide de la photo de cet emplacement, indique :

   a) ses caractéristiques physiques ;

   b) ses caractéristiques humaines ;

   c) des exemples du thème du mouvement en géographie. *h co c*

3. Nomme deux caractéristiques physiques et humaines qui rendent cet emplacement unique et populaire auprès des touristes. *h co m*

4. Construis un diagramme de Venn pour comparer cet emplacement avec ta propre collectivité. *o*

La ville de Mykonos est située sur l'île grecque de Mykonos.

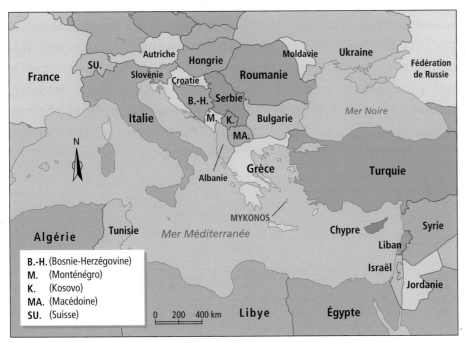

B.-H. (Bosnie-Herzégovine)
M. (Monténégro)
K. (Kosovo)
MA. (Macédoine)
SU. (Suisse)

Mykonos est une île grecque située dans la mer Méditerranée.

CHAPITRE 2

L'environnement et l'interaction

Pourquoi le béluga est-il devenu une espèce en voie de disparition?

Avant la lecture

Fais des liens

Tu constates que la cour d'école est couverte de déchets. Est-ce que cela te dérange? Pourquoi? Propose quelques solutions à ce problème.

MOTS CLÉS

Espèce en voie de disparition: Espèce végétale ou animale menacée de disparaître de la planète ou d'un pays.

Environnement: Milieu et conditions dans lesquels les organismes vivants se développent.

Le béluga et de nombreux animaux exotiques, comme les oiseaux tropicaux, sont menacés de disparition. Plusieurs oiseaux et mammifères sont capturés vivants pour être vendus à des collectionneurs. Toutefois, la menace actuelle qui pèse sur la plupart des **espèces en voie de disparition** est liée aux problèmes environnementaux. Leurs habitats subissent souvent des dommages causés par l'activité humaine. Leur **environnement** physique peut être détruit par l'agriculture, la construction de réseaux de transport et de nouvelles habitations. Des forêts sont déboisées, des lacs et des cours d'eau sont pollués, et des milieux humides sont remplis de terre. Aujourd'hui, il ne reste environ que 1000 bélugas du Saint-Laurent, comparativement à plusieurs milliers au début du XXe siècle.

FICHE SIGNALÉTIQUE

Nom commun	Béluga
Nom scientifique	*Delphinapterus leucas*
Habitat	Principalement dans les mers arctiques et subarctiques.
Localisation	Côtes nordiques du Canada, de l'Alaska, de la Russie, de la Norvège et du Groenland
Situation	En voie de disparition
Population au Canada	Estimations qui vont de 72 000 à 144 000.

Ce chapitre te permettra de répondre aux questions suivantes :

- Que signifient les thèmes de l'environnement et de l'interaction en géographie ?

- Comment est-ce que je dois formuler des questions pour étudier les problèmes environnementaux ?

- Comment est-ce que je peux réaliser une entrevue qui présente un point de vue sur un problème ?

- Comment est-ce que je peux montrer que diverses personnes ont des points de vue opposés sur un problème ?

- Comment est-ce que je peux produire un bulletin d'information sur l'épuisement d'une ressource naturelle ?

- Comment est-ce que je peux interpréter les renseignements présentés dans une carte thématique ?

Littératie en tête

Ce chapitre mettra l'accent sur la prise de notes. Il est important de savoir comment prendre des notes.

Le type de notes varie selon les domaines. En géographie, par exemple, l'information provient d'images, de diagrammes, de tableaux, de cartes, ainsi que de mots.

À la fin de ce chapitre, tu utiliseras tes notes et un schéma semblable à celui ci-dessous pour réviser ce que tu as appris ou pour expliquer à une ou un camarade ce qu'elle ou il a manqué pendant son absence.

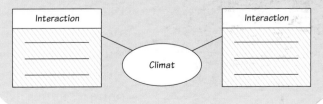

Les caractéristiques de l'environnement naturel

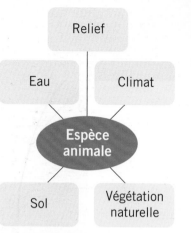

Le mouflon d'Amérique se rend là où peu d'autres animaux peuvent aller.

Tous les organismes vivants subissent l'influence de leur environnement. Comme être humain, tu réagis à deux types d'environnement : le milieu physique et le milieu social. Par exemple, les conditions météorologiques influencent probablement ce que tu décides de porter pour aller à l'école, tandis que tes amitiés déterminent les personnes avec lesquelles tu passes le plus de temps. C'est différent dans le royaume animal. Les poissons peuvent nager en bancs, et certains mammifères peuvent se rassembler en meutes, mais ils dépendent tous directement de leur environnement naturel pour leur survie. L'environnement naturel comprend cinq caractéristiques : le relief, le climat, l'eau, le sol et la végétation naturelle. Ces caractéristiques influencent la vie des espèces animales qui doivent s'adapter.

Le relief

La surface de la Terre est plissée en certains endroits et érodée en d'autres endroits. Les volcans, les tremblements de terre et le mouvement des plaques ont soulevé des terres au-dessus du niveau de la mer. Le vent, l'eau et la glace les ont érodées. La profondeur des océans, les plaines, les collines et les montagnes sont le résultat de quatre milliards d'années de transformation (tu en apprendras davantage sur ce sujet au chapitre 4). Les organismes vivants comme les plantes, les animaux et les êtres humains survivent dans des régions aux reliefs très différents. Par exemple, une espèce remarquable est le mouflon d'Amérique, qui vit dans les hauteurs des montagnes Rocheuses. L'équilibre et l'agilité de ce mammifère lui permettent d'aller là où peu d'autres espèces peuvent se rendre.

Le climat

Le climat est l'ensemble des conditions atmosphériques dans une région, dans un emplacement. Les écarts de température sont grands entre la chaleur tropicale et le froid polaire. Les ouragans, les tornades, les blizzards et les vagues de chaleur intense sont des conditions météorologiques extrêmes (tu en apprendras davantage sur le temps et le climat au chapitre 5). Les organismes vivants se sont adaptés à une grande variété de conditions. Par exemple, les manchots de l'Antarctique peuvent passer plus de trois mois sans manger durant l'hiver, où la température descend à –80 °C. En se serrant les uns contre les autres, ils conservent assez de chaleur pour survivre jusqu'à ce que la température remonte à –20 °C.

Pendant la lecture

Prête attention

Tes notes doivent être courtes et formulées dans tes propres mots. Tu dois en écrire juste assez pour te rappeler ce que tu as lu. Écris trois choses que tu connais déjà au sujet du climat.

En se serrant les uns contre les autres, les manchots de l'Antarctique conservent assez de chaleur pour se protéger du froid extrême.

Les baleines à bosse filtrent plusièurs tonnes d'eau de mer chaque jour.

L'eau

Environ les trois quarts de la surface de la Terre sont couverts d'eau, principalement d'eau salée. Les baleines à bosse comptent parmi les plus grands animaux de la planète, même si elles ne mangent que des végétaux et de minuscules poissons. Chaque jour, elles filtrent plusieurs tonnes d'eau de mer par leur gorge striée, attrapant jusqu'à 2500 kilogrammes de nourriture. Il y a une quantité fixe d'eau sur la Terre et dans l'**atmosphère** qui l'entoure. Cette eau est recyclée constamment par des processus naturels. La plupart des espèces ont besoin d'eau douce pour survivre. Par exemple, une personne devrait en boire environ deux litres par jour.

MOTS CLÉS

Atmosphère : Couche de gaz, d'humidité et de poussières qui entourent la Terre.

Le sol

La majeure partie de la surface de la planète est couverte d'un sol mince constitué de particules rocheuses érodées et de matières organiques décomposées qui proviennent de la végétation naturelle. Les établissements humains et l'agriculture se concentrent généralement dans les régions de la Terre où le sol est fertile et riche en matières organiques (tu en apprendras davantage sur l'agriculture au chapitre 6). Les espèces vivantes peuvent utiliser le sol pour s'adapter à leur environnement. Par exemple, des colonies de suricates habitent des terriers dans le désert du Kalahari dans le sud de l'Afrique. Cela les protège des prédateurs et les préserve des écarts de température extrêmes du désert, où il fait chaud le jour et froid la nuit.

Les suricates vivent dans des terriers qui les protègent des prédateurs et des écarts extrêmes de température.

Chaque année, un magazine géographique récompense les individus et les groupes canadiens qui protègent l'environnement. En 2005, des élèves de l'école secondaire de Rivière-du-Loup, au Québec, ont reçu un prix pour leur travail qui portait sur un cours d'eau local.

L'enseignant en sciences Alain Renaud a amené ses élèves près d'un cours d'eau et d'un milieu humide locaux pour étudier l'environnement. Ils ont recueilli des renseignements qui leur ont permis de détecter un problème. Les élèves ont apporté des solutions qui visaient à dépolluer l'eau. Par exemple, ils ont ensemencé le cours d'eau de poissons qu'ils avaient eux-mêmes élevés, dans des aquariums, à partir de simples œufs. Ils ont aussi fait pousser, à l'école,

des arbres à partir de jeunes pousses et les ont ensuite plantées pour faire de l'ombre sur les rives du cours d'eau.

Dans plusieurs régions du Canada, des groupes se préoccupent de la préservation des milieux humides.

La végétation naturelle

Les forêts, les prairies, les milieux humides et la toundra montrent la variété de **végétation naturelle** qui s'est développée. Les gens utilisent la végétation naturelle comme nourriture, comme matériaux de construction et pour satisfaire d'autres besoins. Les **herbivores** se nourrissent de plantes. Les **carnivores** se servent souvent de la végétation pour se cacher de leur proie. Par exemple, le tigre du Bengale chasse le gros gibier dans les prairies tropicales, où son pelage strié lui sert de camouflage.

Les cinq caractéristiques environnementales (relief, climat, eau, sol, végétation naturelle) jouent un rôle dans la survie des espèces. L'activité humaine menace souvent les habitats, par exemple, par la pollution de l'eau due à des déversements de pétrole. Il arrive toutefois que des gens restaurent des habitats **dégradés** pour les remettre dans un état plus naturel et permettre la survie d'espèces.

Vois-tu un animal caché dans cette végétation naturelle ?

Applique tes connaissances

1. Reproduis le diagramme de la page G 24. Utilise les renseignements sur les espèces décrites dans cette section pour ajouter des notes au diagramme. **c**

2. Pour chaque partie du diagramme de la page G 24, nomme une activité humaine qui peut menacer les espèces animales. **c** **h**

Les gens et l'environnement

Le 2 juillet 1992, des pêcheurs de morue en colère ont tenté d'entrer dans un hôtel de St. John's, à Terre-Neuve-et-Labrador, où le ministre de Pêches et Océans Canada faisait une importante annonce concernant leur avenir. Le ministre annonçait la suspension de la pêche à la morue pour une période de deux ans. Parce que ce poisson avait été victime de la surpêche, il devenait nécessaire de laisser une période de temps pour que les stocks de morue reviennent à des niveaux acceptables.

Malgré cette mesure, et malgré que, pendant le reste de cette décennie, le gouvernement n'a autorisé qu'à quelques reprises une pêche restreinte de ce poisson, les stocks de morue n'ont pas suffisamment augmenté. Cela a poussé, en 2003, le gouvernement du Canada à mettre fin à l'industrie de la pêche à la morue de Terre-Neuve-et-Labrador pour une durée indéterminée. Les stocks de morue ont été estimés à seulement 1 % de leurs niveaux historiques. Bien que la pêche à la morue ait été pratiquée partout sur la côte est du Canada, Terre-Neuve-et-Labrador en dépendait plus que les autres provinces de l'Atlantique et a ressenti plus fortement les effets de l'épuisement de cette ressource. Depuis ce temps, la province s'est tournée vers l'exploitation de deux autres ressources importantes : le pétrole et le nickel.

Qu'est-il arrivé au poisson?

Autrefois, la morue était abondante autour de Terre-Neuve et au sud du Labrador. De larges populations vivaient à une profondeur d'environ 200 mètres dans les Grands bancs, une partie d'océan peu profonde au large de l'île de Terre-Neuve. Après 1500, les bateaux européens venaient pêcher chaque été près de la côte. Peu à peu, des communautés se sont établies le long de la côte atlantique. Les **pêcheurs côtiers** utilisaient de petites embarcations pour pêcher près de la côte et revenaient chaque jour avec leur modeste pêche. Après 1950, des bateaux beaucoup plus grands ont été construits et munis de la technologie la plus récente. De nos jours, les **pêcheurs hauturiers** utilisent des **sonars** pour localiser les groupes de poissons dans les Grands bancs. Des **chalutiers** manipulent d'énormes filets qui sont traînés sur le fond océanique, où la morue se nourrit. Le nombre de prises a augmenté rapidement. Les scientifiques du gouvernement étaient persuadés que les populations de poissons resteraient élevées, mais cela n'a pas été le cas.

Les prises de morue dans l'Atlantique canadien de 1960 à 1992

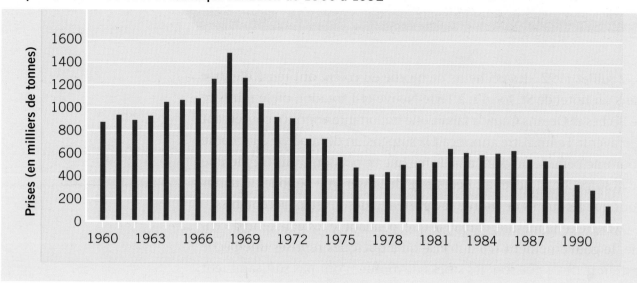

Observe le graphique et explique ce qu'il nous apprend sur la pêche à la morue.

Des bateaux encore plus grands sont venus d'Europe et d'autres continents. Ils pêchaient sans que les autorités canadiennes n'interviennent, car, à cette époque, un pays ne pouvait revendiquer le contrôle des ressources de l'océan que jusqu'à cinq kilomètres de ses côtes. Avec les dispositions de la Convention des Nations unies sur le droit de la mer de 1982, les pays peuvent maintenant exercer leur contrôle jusqu'à 370 kilomètres de leurs côtes. Le gouvernement canadien a imposé des limites aux prises étrangères dans les Grands bancs. De 1986 à 1992, les Européens ont cependant pêché un demi-million de tonnes en surplus. Dans les années 1990, les scientifiques ont réalisé que les stocks de morue étaient menacés, mais il était déjà trop tard pour redresser la situation.

Les pêcheurs locaux utilisaient de petits bateaux pour se rendre chaque jour dans les zones côtières de pêche à la morue.

Les chalutiers sont d'immenses usines flottantes de traitement du poisson. Ils peuvent rester en mer pendant plusieurs mois.

Voici des extraits d'entrevues menées dans les communautés de pêcheurs de l'Atlantique et auprès du gouvernement.

Un pêcheur hauturier

« J'ai pensé partir vivre ailleurs, mais pour aller où ? Je n'ai pas d'autres compétences à part être chalutier. J'ai une maison ici qui n'est pas encore entièrement payée. Si j'étais obligé de terminer les paiements sur ma maison et de partir vivre ailleurs avec ma famille, qu'est-ce que je ferais ? Voilà le genre de situation à laquelle je suis confronté. »
[Traduction libre]

Un travailleur d'usine de transformation du poisson

« Quand on travaillait à l'usine de poisson, on gagnait bien notre vie, et il arrivait même parfois qu'on rapporte 600 ou 700 dollars par semaine à la maison. J'ai dû m'en remettre à la LSPA (Stratégie du poisson de fond de l'Atlantique), un programme de compensation financière d'urgence qui a pris fin en 1999. Et c'était très peu, environ 200 dollars par mois. J'ai dû m'arranger avec ça, avec une famille et des comptes à payer. »   [Traduction libre]

Un propriétaire d'entreprise locale

« C'était le boom, par ici, en automne. N'importe quel soir de la semaine, il y avait du monde. Les restaurants étaient ouverts toute la nuit. On pouvait voir que ça bougeait par ici. L'automne dernier, c'était épeurant. On se demandait s'il y avait encore du monde vivant. »   [Traduction libre]

Un conseiller du gouvernement

« Beaucoup de ces personnes ont été pêcheurs pendant 20, 25 ans. C'est leur mode de vie. Ils faisaient leur travail et ils le faisaient bien. Et comme ça, tout d'un coup, ça leur est enlevé. Et vous essayez de leur expliquer que l'économie est en train de changer. Ils ne veulent pas entendre ça. Ils veulent juste entendre qu'ils pourront retourner à la pêche. »
[Traduction libre]

Pourquoi est-il difficile pour les habitants de certaines communautés de faire face à l'épuisement des stocks de morue ?

Pendant la lecture

Prête attention

Dans tes notes, écris la question qui, selon toi, a été posée à chacune des personnes ci-dessus. Sers-toi des renseignements contenus dans leurs propos pour t'aider à formuler une question précise. Résume aussi en quelques mots la réponse à chaque question.

Interpréter une carte thématique

En 1912, le Titanic était le plus grand navire océanique jamais construit. Plusieurs croyaient que le paquebot ne pouvait pas couler. Toutefois, lors de son premier voyage, le Titanic a heurté un iceberg au large de Terre-Neuve et a sombré rapidement. Plus de 1500 des 2200 passagers ont péri.

Quelle est la profondeur de l'océan à l'endroit où le Titanic a sombré ? Utilise une carte thématique pour le découvrir.

Une **carte thématique** présente des renseignements sur un sujet comme le **relief**, la répartition de la population, les forêts et d'autres éléments observables. Voici la façon d'utiliser la carte en relief de la page suivante pour étudier le plus célèbre des naufrages.

Étape 1 : Prends connaissance de la carte

Détermine le sujet de la carte en repérant le titre et la région qu'elle couvre. Nomme la méthode de localisation utilisée dans cette carte : relative ou absolue. Enfin, examine la légende pour connaître les symboles utilisés sur la carte.

Étape 2 : Trouve l'information

Trouve l'information précise qu'il te faut en utilisant la carte et la légende. Le Titanic a sombré à environ 42° de latitude Nord et 50° de longitude Ouest. Lorsque tu repères cette position sur la carte, tu constates qu'elle se trouve dans une teinte particulière de bleu. En trouvant cette teinte dans la légende, tu peux voir que le Titanic a été découvert à une profondeur située entre 200 et 4000 mètres.

Étape 3 : Fais une estimation

Regarde les autres teintes de bleu près du site du Titanic. L'océan est-il moins profond ou plus profond à cet endroit ? La réponse à cette question te donnera une meilleure idée de la profondeur à laquelle repose l'épave. Fais une estimation, puis consulte la dernière page de ce chapitre pour obtenir la réponse exacte.

Les ressources naturelles de l'Atlantique

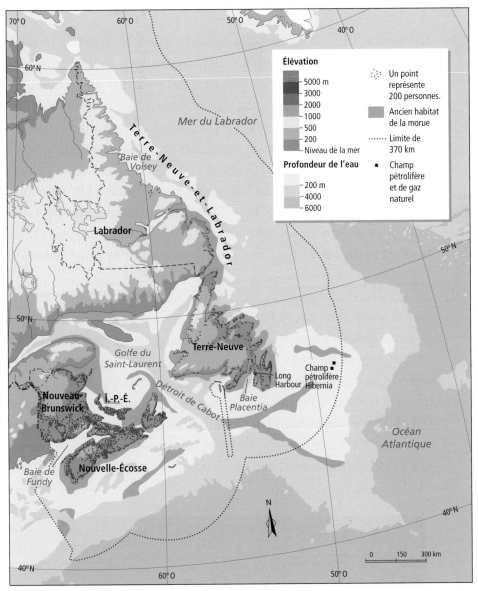

Légende de la carte :

Élévation
- 5000 m
- 3000
- 2000
- 1000
- 500
- 200
- Niveau de la mer

Profondeur de l'eau
- 200 m
- 4000
- 6000

- Un point représente 200 personnes.
- Ancien habitat de la morue
- Limite de 370 km
- Champ pétrolifère et de gaz naturel

Labels sur la carte : 70° O, 60° O, 50° O, 40° O, 60° N, 50° N, 40° N, Mer du Labrador, Terre-Neuve-et-Labrador, Baie de Voisey, Labrador, Golfe du Saint-Laurent, Terre-Neuve, Long Harbour, Champ pétrolifère Hibernia, Baie Placentia, Nouveau-Brunswick, Î.-P.-É., Détroit de Cabot, Nouvelle-Écosse, Baie de Fundy, Océan Atlantique, N, 0 150 300 km

À ton tour

1. Décris les zones importantes où vivent les morues du Nord. Aide-toi de la localisation relative et de la profondeur de l'océan. Indique les zones de pêche à la morue qui ont été épuisées par les flottes internationales. Quels symboles de la carte as-tu utilisés pour prendre ta décision?
C CO M O

2. Décris la répartition de la population de Terre-Neuve-et-Labrador. Explique ce qui a entraîné cette répartition.
C CO M O

3. Indique la localisation absolue et relative du champ pétrolifère Hibernia. Avec ton index, suis le trajet par lequel cette ressource est acheminée jusqu'à sa destination sur l'île de Terre-Neuve.
C CO M O

L'interaction en géographie

Records mondiaux

La pire tempête en deux siècles

En octobre 2005, la côte est de l'Amérique du Nord et les Caraïbes ont été frappées par le pire ouragan de l'histoire. L'ouragan Wilma en est le grand responsable. Avec des vents qui ont atteint une vitesse de près de 295 km/h, ce quatrième ouragan de la saison 2005 de catégorie 5 (sur l'échelle de Saffir-Simpson) a ainsi détrôné Emily, Katrina et Rita. Des pluies diluviennes de 50 mm à l'heure ont été enregistrées à certains endroits ainsi que des vagues de plus de 3 mètres de hauteur. Plusieurs glissements de terrain ont été provoqués durant le passage de l'ouragan. Le coût total des dommages causés par Wilma est aujourd'hui estimé à près de 13 milliards de dollars.

La géographie s'intéresse à la relation entre les gens et la Terre. Le thème de l'**interaction** en géographie explique ce lien. La Terre offre aux gens la possibilité de se procurer des produits de première nécessité : de la nourriture, de l'eau, des vêtements, de la chaleur et un toit. Les sociétés industrialisées ont transformé l'environnement en l'utilisant pour satisfaire leurs besoins. Par exemple, nous déboisons des forêts pour faire place à l'agriculture et nous construisons des villes près des ports naturels. Nous utilisons des chutes d'eau, construisons des barrages sur des rivières pour produire de l'électricité et nous creusons des tunnels dans les montagnes pour faciliter le transport. Les êtres humains ont un impact sur l'environnement et leurs interactions avec lui.

Les gens interagissent avec l'environnement. Les gens modifient leur environnement, et l'environnement a un effet sur les gens. Cela pose un certain nombre de défis. Par exemple, les gens ont des points de vue très différents sur la manière dont ils doivent utiliser les ressources de la Terre. Les individus font aussi face à des situations de crise devant l'incroyable puissance de la nature. Les volcans, les tremblements de terre et les coulées de boue peuvent détruire des communautés entières en quelques minutes seulement. Les tornades et les ouragans peuvent causer d'énormes ravages.

Le 24 octobre 2005, l'ouragan Wilma frappe la Floride. Un ouragan de catégorie 5 peut causer des dommages importants sur une vaste étendue.

L'interaction en tant que possibilité

« Avoir la possibilité » signifie « avoir un choix ». Si des amis t'invitent à un de tes endroits préférés, tu choisirais sans doute d'y aller. Tu saisirais ainsi l'occasion. En géographie, le thème de l'interaction ressemble beaucoup à cela.

À une certaine époque, les géographes croyaient que l'environnement physique déterminait la vie des gens et limitait leurs possibilités d'actions et d'interactions. Mais ils sous-estimaient la capacité humaine à surmonter les obstacles. Les Romains de l'Antiquité ont construit de longs aqueducs pour acheminer l'eau des montagnes jusqu'aux villes. Il y a longtemps, les Chinois et d'autres sociétés asiatiques se sont mis à cultiver les versants de collines abruptes, dont le sol était fertile. Ils y ont aménagé des terrasses en paliers pour faire pousser du riz. Ces deux exemples montrent que les gens peuvent interagir avec les obstacles naturels et les transformer en possibilités.

Pendant la lecture

Prête attention

Prends des notes sur ce que ces photos t'apprennent sur la façon dont les êtres humains transforment des obstacles naturels en possibilités.

Un aqueduc romain à Ségovie, en Espagne, et des terrasses agricoles dans les montagnes de Long Ji, en Chine. Les sociétés ont transformé les obstacles naturels en possibilités.

Les paysages culturels

Les géographes croient que la Terre offre de nombreuses possibilités de satisfaire les besoins humains. Les gens peuvent tirer profit de ces possibilités ou ils peuvent les ignorer. Ce choix dépend de la créativité de leur société. Les Romains et les Chinois se sont servis de leurs habiletés techniques pour modifier leur environnement physique afin de pouvoir utiliser l'eau ou les sols fertiles que la Terre offrait. Ces deux sociétés ont créés des paysages culturels. Chaque fois qu'elles utilisent leur créativité et leurs habiletés pour cultiver le sol, pour exploiter une mine, pour ériger des villes ou pour réaliser toute autre activité de ce genre, les sociétés créent un paysage culturel.

Les paysages urbains

La plupart des Canadiens vivent dans des **emplacements urbains**. Cela est très différent de la société rurale d'il y a un siècle. Les paysages urbains sont le résultat de grandes transformations de l'environnement physique. Des forêts ont été déboisées, des collines ont été nivelées, des vallées ont été traversées à l'aide de ponts. Des cours d'eau ont peut-être été endigués ou déviés dans des canaux de drainage. Dans des lieux comme Vancouver, en Colombie-Britannique, le littoral a été aménagé pour accueillir des quais et des entrepôts. À mesure que la ville s'étendait, les gratte-ciel prenaient de la hauteur. Ce paysage urbain est un type de paysage culturel courant dans la société canadienne moderne.

Le paysage urbain de Vancouver contraste avec le paysage physique qui l'entoure.

Applique tes connaissances

1. Dans tes mots, explique ce que signifient les thèmes : a) de l'environnement et b) de l'inter-action. Pourquoi est-il difficile de les séparer ? **c co**

2. Comment l'ouragan Wilma illustre-t-il le thème de l'interaction ? **c co h**

3. Comment la construction d'un quartier résiden-tiel illustre-t-elle le thème de l'interaction ? **c co h**

4. Qu'est-ce qu'un paysage culturel ? Utilise ce terme pour décrire les photos de cette section. **c co h**

5. Travaille avec une ou un camarade, ou en petit groupe. Faites un remue-méninges pour dresser une liste des transformations qui ont permis aux gens de créer un paysage culturel dans leur environnement local. **co h m**

L'interaction en tant que défi

Un des défis de l'interaction consiste à tenir compte de points de vue opposés sur l'utilisation de l'environnement. Certains veulent tirer profit de l'environnement, tandis que d'autres veulent le protéger afin de préserver un mode de vie. Lis l'article ci-dessous pour découvrir divers points de vue sur ce sujet.

MOTS CLÉS

Coupe à blanc : Opération qui consiste à abattre tous les arbres d'une zone.

Des manifestants bloquent la Transcanadienne

Conflit au sujet de la coupe à blanc

Kenora, Ont. – Un conflit portant sur les pratiques de **coupe à blanc** près d'une réserve autochtone ontarienne a atteint un point tournant jeudi quand environ 100 manifestants ont érigé une barricade sur la Transcanadienne. Les manifestants accusent des entreprises forestières de faire de la coupe à blanc sur des territoires autochtones traditionnels près de la réserve de Grassy Narrows, malgré l'opposition des habitants de la réserve.

« Cette activité fait en sorte que les habitants ont plus de difficulté à s'adonner à la chasse et à d'autres activités traditionnelles et que des habitats fauniques sont détruits. En fait, la coupe à blanc détruit notre mode de vie, elle détruit qui nous sommes. Elle doit cesser. Ces entreprises rasent de grandes portions de notre territoire, et nous n'en tirons aucun bénéfice économique », a déclaré Joe Fobister, le porte-parole de Grassy Narrows.

Selon David Stone, militant au sein d'un groupe environnementaliste, les manifestants accusent le gouvernement ontarien de ne pas se préoccuper assez sérieusement de leurs inquiétudes.

« Ils ont intenté toutes les actions judiciaires possibles et déposé toutes les plaintes officielles possibles, mais ni le gouvernement ontarien ni les deux entreprises forestières n'ont daigné leur répondre. »

Le ministre des Affaires autochtones de l'Ontario a déclaré que des pourparlers avec les membres des Premières nations étaient en cours depuis 2004.

« Nous [le gouvernement ontarien] sommes déterminés à nous asseoir avec les membres des Premières nations afin de trouver une façon de travailler ensemble pour gérer les forêts. »
[Traduction libre]

Source : *The Observer*, Sarnia, Ont., 15 juillet 2006, p. B8.

Prête attention
Les bulletins d'information ne donnent souvent qu'un ou deux points de vue. Quels sont les points de vue rapportés dans cet article ? Selon toi, dans cet article, quel camp obtient le traitement le plus équitable ? Pourquoi ?

Le conflit de la forêt Whiskey Jack

L'article de journal que tu viens de lire porte sur le conflit de la forêt Whiskey Jack. Ce conflit existe depuis la fin des années 1990. C'est à ce moment qu'une entreprise forestière a commencé à couper des arbres dans cette région pour qu'une autre entreprise forestière puisse les utiliser dans ses papeteries de Kenora et de Dryden, en Ontario, situées à proximité.

L'exploitation forestière s'effectue près de la réserve des Premières Nations de Grassy Narrows. Le territoire exploité fait partie du domaine public ; il appartient au gouvernement de l'Ontario, mais est loué à des entreprises forestières pour la coupe du bois. Les entreprises forestières doivent soumettre un plan de gestion de la forêt aux autorités de la province pour expliquer comment elles utiliseront le territoire de façon responsable. Les manifestants ne pensent pas que la coupe à blanc devrait être permise sur ce territoire.

Les différents points de vue au sujet du conflit de la forêt Whiskey Jack

Opposé à la coupe à blanc	Neutre	En faveur de la coupe à blanc
Premières nations de Grassy Narrows	Gouvernement de l'Ontario	Entreprises forestières
Groupe environnementaliste	Police provinciale de l'Ontario	

Pourquoi les entreprises forestières effectuent-elles des coupes à blanc?

De nombreuses entreprises forestières sont des géants internationaux qui doivent limiter leurs frais d'exploitation si elles veulent survivre à la concurrence. Elles créent des emplois bien rémunérés en Ontario. Elles pratiquent la coupe à blanc, car:

- c'est la façon la moins coûteuse de fonctionner, ce qui permet aux consommateurs d'obtenir des produits à faible coût;

- c'est la méthode la plus sécuritaire pour les bûcherons, car les arbres sont abattus dans une seule direction;

- il est facile de reboiser la zone défrichée à l'aide de nouvelles pousses d'une essence de bois à croissance rapide.

Pourquoi les environnementalistes s'opposent-ils à la coupe à blanc?

Beaucoup de gens croient que les bénéfices des emplois de l'industrie forestière doivent être évalués en fonction des dommages environnementaux causés par la coupe à blanc. Certaines personnes sont directement touchées par ces dommages. Elles s'opposent à la coupe à blanc, car:

- elle détruit des habitats fauniques et entraîne de l'érosion qui engorge les cours d'eau de boue;

- elle perturbe le mode de vie traditionnel des autochtones, à savoir la chasse et la pêche;

- les forêts reboisées sont sujettes aux maladies puisqu'elles se composent d'une seule essence.

L'interaction avec l'environnement peut prendre de nombreuses formes. Le gouvernement de l'Ontario tente de réconcilier les deux camps de ce conflit afin d'élaborer un meilleur plan de gestion de la forêt Whiskey Jack. Comment peut-il y arriver? Tu en apprendras davantage sur les solutions de rechange à la coupe à blanc dans le chapitre 7.

Pendant la lecture

Prête attention

Que signifie le terme «géant»? Que se passe-t-il quand nous l'apposons au mot «international»?

Applique tes connaissances

1. Pourquoi une manifestation contre la coupe à blanc dans la forêt de Whiskey Jack a-t-elle eu lieu? Approuves-tu ce genre d'activité? Discute de tes opinions avec une ou un camarade. *h co m*

2. Travaille en équipe pour rédiger ou simuler une conversation entre trois personnes: une dirigeante d'entreprise forestière, un environnementaliste et une représentante du gouvernement provincial. Consulte la **Boîte à outils** si tu as besoin d'aide sur l'examen de différents points de vue. *h co m*

Monter pour l'environnement

Essaye ce jeu avec des camarades. À tour de rôle, lancez un dé pour savoir de combien de cases vous avancerez votre pion. Le but est d'être la première personne à atteindre la case 34. Si vous tombez sur une case vous demandant de reculer ou d'avancer de quelques cases, lisez la phrase correspondant au numéro de cette case.

Matériel

- Un dé
- Des pions

Monte

3 Avec l'aide de ton enseignante ou enseignant, tu mets sur pied un comité de l'environnement à l'école.

11 Tu convaincs la direction de ton école d'encourager le recyclage du papier à l'école.

14 Une environnementaliste vient dénoncer la coupe à blanc des forêts.

25 Ton comité plante des arbres et des arbustes le long de la cour d'école.

30 Le comité est mis en nomination pour un prix décerné par un magazine géographique.

Descends

6 Les sites informatifs des entreprises forestières n'incluent pas tous les faits.

9 Plusieurs élèves se désintéressent des réunions du comité de l'environnement.

18 Quelques parents qui travaillent pour des entreprises forestières veulent fermer le comité.

22 Tu t'aperçois que le personnel enseignant et les élèves ne recyclent pas le papier.

33 Des élèves endommagent en jouant des arbres nouvellement plantés.

Applique tes connaissances

1. Ce jeu peut-il être utile à quelqu'un qui veut mettre sur pied un comité de l'environnement? Pourquoi? **h** **co**

2. Dresse une liste d'activités et de projets que le comité de l'environnement de l'école pourrait réaliser. **h** **co** **m**

Ce chapitre a présenté deux grands thèmes de la géographie : l'environnement et l'interaction. Tu as appris que les animaux dépendent de leur environnement physique pour satisfaire leurs besoins. Cependant, l'activité humaine détruit souvent des habitats fauniques. Tu as aussi appris que les êtres humains interagissent avec les milieux physiques. Ils utilisent leurs habiletés pour tirer profit des possibilités offertes par la Terre. De plus, tu as constaté, tout au long de ce chapitre, que l'interaction et l'environnement vont de pair et qu'il est difficile de les séparer.

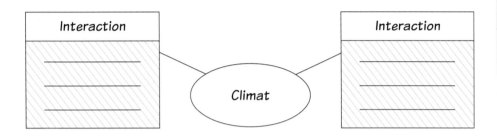

Interaction		Interaction
	Climat	

Après la lecture

Fais le point
Sers-toi de tes notes pour écrire un courriel à une ou un camarade qui n'a pas pu étudier ce chapitre. Explique-lui ce que tu as appris en indiquant les nouveaux termes et leurs définitions. Tu peux utiliser un schéma comme celui à gauche pour organiser tes notes.

Profondeur où repose l'épave du *Titanic* : 3835 m

Vérifie tes connaissances

1. Comment la végétation naturelle de l'Ontario varie-t-elle du nord au sud ? Qu'est-ce qui produit ce phénomène : le relief, le climat ou les plans d'eau ? Explique ta réponse. ⓗ ⓒⓞ

2. Comment cette carte illustre-t-elle les thèmes géographiques de l'environnement et de l'interaction ? ⓗ ⓒⓞ ⓞ

3. Crée un tableau pour comparer les points de vue des entreprises forestières avec celles des environnementalistes au sujet de la coupe à blanc. ⓗ ⓒⓞ ⓒ ⓜ

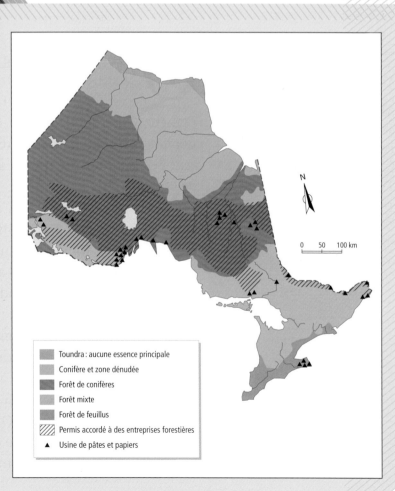

Toundra : aucune essence principale
Conifère et zone dénudée
Forêt de conifères
Forêt mixte
Forêt de feuillus
Permis accordé à des entreprises forestières
▲ Usine de pâtes et papiers

CHAPITRE 3

Les régions

Ces photos montrent deux paysages de la région du Moyen-Orient.

Avant la lecture

Fais des liens

Une compétition scolaire commence généralement par opposer les élèves d'une même région. À l'étape suivante, ce sont les régions qui s'affrontent. Si ton école remportait la compétition dans ta région, quelle région devrait-elle alors affronter?

Quand tu entends le nom «Moyen-Orient», est-ce qu'il te vient en tête des images comme celles représentées sur ces deux photos? Le Moyen-Orient est une région de la planète. On entend souvent ce nom dans les médias en raison des nombreux conflits dans cette région. La plupart des Canadiens connaissent peu cette région, qui est surnommée «le carrefour de l'Orient et de l'Occident».

Le Moyen-Orient et le Canada sont deux emplacements très éloignés l'un de l'autre. Et ils sont aussi très différents. La grande photo montre certaines caractéristiques physiques et humaines qu'on ne retrouve pas au Canada. La petite photo, au contraire, peut nous faire penser à des villes canadiennes, comme Toronto, Montréal ou Vancouver. Au fil des ans, des liens de plus en plus solides se sont créés entre les deux emplacements. D'abord, parce que de nombreux Canadiens ou leurs parents sont originaires du Moyen-Orient, et que le Canada accueille, chaque année, des immigrants en provenance de cette région. Puis le Canada est un grand consommateur de pétrole, et quelques pays du Moyen-Orient sont parmi les plus gros exportateurs de pétrole au monde, ce qui crée des liens économiques importants entre les deux emplacements.

Ce chapitre te permettra de répondre aux questions suivantes :

- Que signifie le thème de la région en géographie ?

- Quelles comparaisons peut-on faire entre divers types de régions physiques et humaines ?

- Comment est-ce que je peux formuler mes questions afin d'orienter la recherche sur un problème ?

- Comment est-ce que je peux utiliser l'information obtenue de sources primaires et secondaires ?

- Comment est-ce que je peux dessiner le plan d'une petite région ?

Littératie en tête

Une photo est un type de document précieux pour connaître différents aspects d'une société ou d'une région.

Nous avons besoin de certaines techniques pour interpréter des photos. Dans ce chapitre, tu mettras en pratique les techniques qui consistent à lire une légende et à poser des questions.

Utilise un tableau semblable à celui-ci pour étudier les photos.

	Décrire	Analyser	Interpréter	Évaluer d'un œil critique
1re photo				
2e photo				

Qu'est-ce qu'une région?

Dans le chapitre 1, tu as étudié le thème de l'emplacement. Il s'agit d'un endroit qui possède des caractéristiques physiques et humaines uniques, comme ton école. La région est un thème semblable, à la différence qu'elle concerne une plus grande portion de la surface terrestre. Ce chapitre t'aidera à comprendre comment et pourquoi les géographes utilisent le thème de la région.

Les régions

Une **région** est une partie de la surface terrestre qui a des caractéristiques communes sur toute son étendue. Ce thème permet de mieux comprendre diverses parties du monde. Le découpage en régions peut être fait pour différents besoins, par exemple pour étudier le relief ou le climat. Certains découpages en régions sont aussi faits pour des raisons techniques. Par exemple, l'Ontario est divisée en plusieurs indicatifs régionaux. Tous les habitants d'une région partagent une caractéristique commune: leur numéro de téléphone débute par les trois mêmes chiffres.

MOTS CLÉS

Région : Partie de la surface terrestre qui a des caractéristiques communes sur toute son étendue.

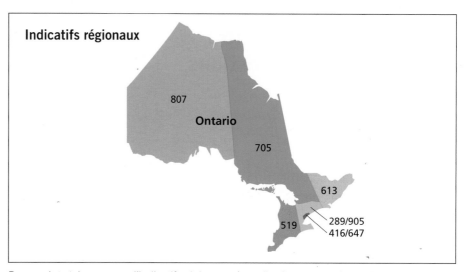

Pourquoi certaines zones d'indicatifs régionaux sont-elles beaucoup plus petites que d'autres?

Une région physique est définie par les caractéristiques naturelles de la Terre. Lorsqu'on mentionne «les montagnes Rocheuses», la plupart des gens pensent à de très hautes montagnes dont le sommet est enneigé. Des images de chutes d'eau, de forêts de sapins, de lacs, d'ours et de troupeaux de cerfs viennent aussi à l'esprit, car ce sont toutes des caractéristiques de la région des montagnes Rocheuses. Ces images aident à différencier cette région des étendues plates de la région voisine des Prairies, située à l'est.

Pendant la lecture

Prête attention

« Reformuler » signifie « écrire une information dans ses propres mots ». Reformule, en une phrase, la différence entre les régions humaines et les régions physiques.

Retour au Moyen-Orient

Les régions possèdent à la fois des caractéristiques physiques et humaines, comme les montagnes et les stations de ski dans les Rocheuses. Le Moyen-Orient possède des caractéristiques physiques et humaines qui permettent de le distinguer en tant que région. Il est situé à un « carrefour » où se rejoignent les continents d'Afrique, d'Asie et d'Europe. À l'époque de l'Antiquité, la majeure partie des échanges commerciaux passait par cette région. En 1900, les diplomates britanniques et français considéraient l'Asie comme « l'Orient ». La Chine et le Japon faisaient partie de l'Extrême-Orient, et les pays plus près de l'Europe formaient le Proche-Orient ou le Moyen-Orient.

Pendant la lecture

Prête attention

Les montagnes sont des caractéristiques physiques, et les stations de ski sont des caractéristiques humaines. Explique pourquoi.

Les zones climatiques du Moyen-Orient

Les religions au Moyen-Orient

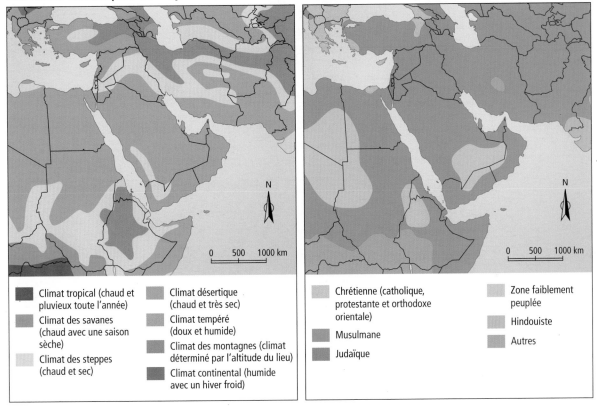

Climat tropical (chaud et pluvieux toute l'année)

Climat des savanes (chaud avec une saison sèche)

Climat des steppes (chaud et sec)

Climat désertique (chaud et très sec)

Climat tempéré (doux et humide)

Climat des montagnes (climat déterminé par l'altitude du lieu)

Climat continental (humide avec un hiver froid)

Chrétienne (catholique, protestante et orthodoxe orientale)

Musulmane

Judaïque

Zone faiblement peuplée

Hindouiste

Autres

Le Moyen-Orient possède des caractéristiques physiques et humaines distinctes qui permettent de le reconnaître en tant que région. Ces caractéristiques peuvent être observées sur des cartes des climats et des religions. La majeure partie de cette région est aride, et plus de 90 % de sa population est musulmane. Les principaux pays producteurs de pétrole de la planète, comme l'Arabie saoudite, se trouvent aussi dans cette région. La plupart des champs pétrolifères sont concentrés autour du golfe Persique. La diversité des climats, des religions, des cultures ainsi que la grande concentration en pétrole sont des caractéristiques de cette région.

Tous ne s'entendent pas au sujet des pays qui constituent le Moyen-Orient. C'est parce qu'il n'existe pas de frontières bien définies. La bande d'eau en forme de cercle incomplet qui entoure ce territoire pourrait servir de frontière régionale. Toutefois, cette frontière exclurait l'Égypte et l'Iran, qui ont toujours été considérés comme des pays du Moyen-Orient. Chypre, le Soudan et l'Afghanistan devraient-ils être inclus dans cette région ? Dans ce chapitre, tu verras qu'il est souvent difficile de délimiter une région.

La région du Moyen-Orient

Les pays qui sont suivis d'un point d'interrogation (?) devraient-ils être considérés comme faisant partie de la région du Moyen-Orient ? Pourquoi ?

Applique tes connaissances

1. Nomme une ressemblance et une différence entre une région et un emplacement. **C**

2. Pourquoi est-il difficile de déterminer les frontières du Moyen-Orient ? **C**

3. À l'aide d'un atlas, nomme les pays du Moyen-Orient sur une carte muette. **O**

4. Trouve des photos ou des illustrations pour montrer des caractéristiques physiques et humaines du Moyen-Orient. Crée une affiche pour présenter tes découvertes à la classe. **CO**

Les régions physiques

Les scientifiques isolent les cellules du corps humain et les examinent au microscope. De la même façon, les géographes divisent la surface de la Terre en régions afin d'étudier chaque territoire séparément. Le découpage par région aide les géographes à mieux comprendre le monde. Il leur permet de regrouper les données selon le type de région. Les diverses régions physiques sont illustrées sur des cartes d'après leur climat, leurs cours d'eau, leur sol et leur végétation naturelle. Des atlas contiennent des cartes de relief pour chaque continent.

Des frontières précises : les bassins hydrographiques

Avez-vous déjà campé en Ontario ? Si oui, c'était peut-être dans un parc géré par un des **offices de protection de la nature** régionaux de la province. Ces organismes sont responsables de la protection de tous les aspects de l'environnement, des collines où une rivière prend sa source jusqu'aux basses terres situées à l'embouchure de la rivière. Ils assurent la protection de nombreux espaces verts dans le sud de l'Ontario.

MOTS CLÉS

Office de protection de la nature : Organisme qui gère les terres autour d'un système fluvial.

Pendant *la lecture*

Prête attention

Si une photo donne des renseignements additionnels sur le thème, examine-la attentivement et prends des notes. Si elle constitue un exemple du thème, décris ce qu'elle montre à l'aide de courtes notes.

Les offices de protection de la nature de l'Ontario établissent les règlements pour le camping dans les zones de nature sauvage protégées par la province.

Un **bassin hydrographique** est une région drainée par un **réseau hydrographique**. Chaque bassin hydrographique constitue une région physique. Un office de protection de la nature peut gérer un ou plusieurs bassins hydrographiques. Par exemple, l'Office de protection de la nature de la région métropolitaine de Toronto est responsable des bassins hydrographiques des rivières Humber, Don et Rouge. Les reliefs élevés correspondent à la ligne de partage des eaux. Ils constituent les limites des bassins et déterminent le sens du courant. Le schéma ci-dessous montre que, dans le nord de l'Ontario, les bassins hydrographiques sont divisés par des reliefs situés au nord du lac Supérieur. Certaines rivières, comme la rivière Albany, coulent vers le nord jusqu'à la baie d'Hudson, tandis que d'autres, comme la rivière Pic, coulent vers le sud et se jettent dans le lac Supérieur. Il est facile de déterminer les frontières qui séparent les bassins hydrographiques. Il suffit de tracer une ligne le long de la **ligne de crête**. De chaque côté de cette ligne, l'eau coule dans des directions opposées.

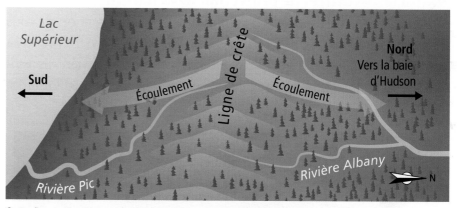

Cette figure illustre une ligne de crête, qui correspond à la ligne de partage des eaux.

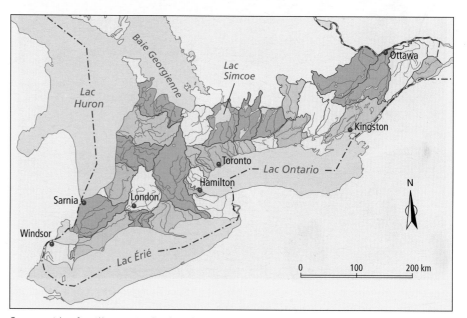

Comment les frontières entre les bassins hydrographiques sont-elles tracées?

Les zones de transition : les régions de végétation naturelle

La plupart des frontières entre les régions physiques ne sont pas aussi précises qu'une ligne de partage des eaux. Il se produit plutôt une transformation graduelle des constantes physiques d'une région à une autre. Par exemple, les formes du relief changent. Les montagnes Rocheuses sont séparées des Prairies par une zone de **contreforts**. Ces contreforts forment une **zone de transition**.

De la même façon, les constantes de la végétation naturelle changent graduellement dans les zones de transition, comme tu peux le voir sur la carte des régions forestières à la page G 41. L'Ontario est si vaste que son climat varie considérablement du sud au nord. C'est pourquoi il y a différents types de végétation naturelle dans la province.

Quels changements de l'environnement physique marquent la zone de transition des contreforts des montagnes Rocheuses ?

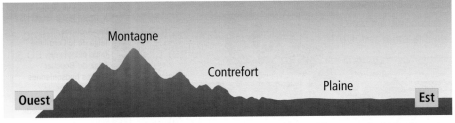

La végétation naturelle de l'Ontario change considérablement du nord au sud. Quel est le principal facteur géographique qui détermine l'endroit où certains types de végétation poussent ?

La partie chaude de l'Ontario, c'est-à-dire le sud, est couverte d'une **forêt de feuillus**. De vastes étendues du nord de la province sont couvertes d'une **forêt de conifères**. Les conifères peuvent supporter des températures beaucoup plus froides que les feuillus, comme l'érable et le chêne. Entre ces deux régions forestières se trouve une zone de transition, appelée « forêt mixte », qui comprend des feuillus et des conifères. Au nord des forêts de conifères se trouve une autre zone de transition, appelée « taïga », où les forêts laissent progressivement place à la **toundra**.

Imagine que ta famille souhaite construire une nouvelle maison. Tu pourrais commencer par dessiner le plan architectural d'une maison qui conviendrait à vos besoins. Un plan architectural est un plan d'un immeuble.

Voici quatre étapes qui te permettront de dessiner le plan d'un petit emplacement.

Étape 1 : Prépare la mise en page

Utilise un logiciel de dessin, ou un crayon, une règle et du papier non ligné. D'abord, choisis l'orientation de la page qui convient le mieux à la forme de ton emplacement. Ensuite, choisis l'endroit où tu placeras la légende. Trace un cadre près des bords de la page pour que ton plan soit plus attrayant.

Étape 2 : Dessine les principales divisions du plan

Imagine que tu regardes la maison directement au-dessus de celle-ci. Dessine des lignes droites pour représenter le contour de la maison et du garage. Ensuite, dessine les murs intérieurs pour diviser la maison en pièces. Quand tu dessines un plan, tu dois toujours commencer par tracer les lignes les plus importantes.

Étape 3 : Ajoute des détails au plan

Une fois les murs tracés, ajoute les objets qui resteront en place comme les installations de la salle de bain et les appareils électroménagers. Écris les principales informations, par exemple : « Cuisine », « Chambre », « Salle de bain ». Utilise toujours la même police de caractères.

Étape 4 : Indique les conventions et les symboles

Termine ton plan en ajoutant un titre, une légende, une rose des vents et une échelle (si les mesures ont été prises). Dans la légende du plan, utilise des symboles pour représenter les différents types de renseignements.

Trouve la fenêtre du salon sur le plan de la maison.

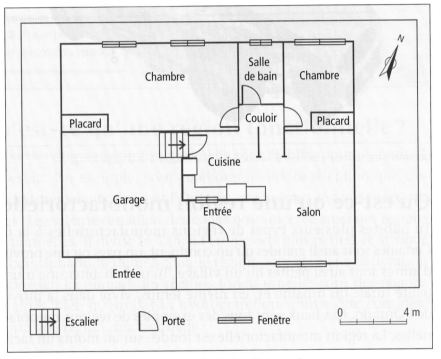

Chambre

Salle de bain

Chambre

Placard

Couloir

Placard

Cuisine

Garage

Entrée

Salon

Entrée

Escalier | Porte | Fenêtre

0   4 m

Dans quelle pièce de la maison passes-tu le plus de temps ?

Pendant la lecture

Prête attention
Rédige dans un paragraphe les informations que tu as représentées dans ton plan. Quelle méthode est la plus facile : la méthode du plan ou la méthode écrite ? Quelle méthode donne le meilleur aperçu de l'aspect de la salle de classe ?

À ton tour

1. Mesure la longueur et la largeur de ta salle de classe. **C**

2. Prends quelques instants pour observer les objets permanents de la salle de classe. Ensuite, trace une esquisse qui t'aidera à dessiner ton plan final. **C** **h**

3. Suis les quatre étapes de la page précédente pour dessiner un plan détaillé de ta salle de classe. **CD**

Les régions fonctionnelles ont souvent un point central important, comme les grandes succursales de tri du courrier dispersées partout au Canada. Ton école est au centre d'une petite région scolaire qui accueille les élèves des régions environnantes. Les limites de la région scolaire peuvent être définies par les adresses de domicile. Les signaux de télévision et de radio, ainsi que la livraison de pizzas ou de journaux, créent tous des régions fonctionnelles. Leurs limites varient en fonction de la technologie, de la publicité et des goûts des consommateurs.

PRÈS DE CHEZ MOI → ·→ ·→

Divers types de régions

Tu habites plusieurs régions humaines. Utilise le tableau ci-contre pour étudier les régions monofactorielles et fonctionnelles. Donne des exemples qui montrent que ta ville ou ton village fait partie de chaque région indiquée dans le tableau. Lesquelles de ces régions sont grandes? Lesquelles de ces régions sont petites, c'est-à-dire qu'elles se limitent à la région locale?

Région monofactorielle	Région fonctionnelle
Le nom de ma ville ou de mon village.	Le nom de ma ville ou de mon village.
Les circonscriptions électorales fédérales et provinciales.	La livraison de divers produits.
Les frontières politiques locales.	Une carte d'une région que tu as déjà visitée.
Les limites du conseil scolaire.	L'accessibilité à divers services médiatisés.

Les régions urbaines

Habites-tu un endroit où plus de 1000 personnes vivent ensemble dans une zone assez restreinte? C'est ce qui s'appelle une « région urbaine ». Quatre Canadiens sur cinq habitent une telle région. Au cours du XXe siècle, il y a eu un important exode des populations rurales vers les villes. L'**urbanisation** est une tendance mondiale qui ne cesse de croître. Les villages, les villes et les **régions métropolitaines** ont des frontières politiques formelles. Cependant, dans de nombreux cas, leurs populations et leurs fonctions ont débordé à l'extérieur des limites de la région. L'« expansion urbaine » est le nom donné à ce phénomène.

MOTS CLÉS

Urbanisation: Déplacement des populations rurales vers les villes.

Région métropolitaine: Regroupement d'une ville et de sa banlieue, c'est-à-dire des localités qui l'entourent.

La population rurale et urbaine du Canada de 1901 à 2001

Année	Population urbaine (en %)	Population rurale (en %)
1901	37	63
1921	49	51
1941	54	46
1961	70	30
1981	76	24
2001	80	20

La région du Golden Horseshoe s'étend en forme de fer à cheval autour de l'extrémité ouest du lac Ontario. Plus de 7 millions de personnes habitent cette petite région, soit presque 20 % de la population totale du Canada. Et 115 000 personnes de plus s'y établissent chaque année. À ce rythme, la région du Golden Horseshoe aura une population de 11 millions d'habitants en 2031. La région du Grand Toronto est la partie la plus peuplée de cette région. Elle abrite déjà cinq millions de personnes, et, si la tendance se poursuit, la campagne environnante sera couverte d'habitations, de centre commerciaux et d'industries.

Les environnementalistes jouent un rôle important dans la gestion de la croissance de régions urbaines comme la région du Grand Toronto. Des groupes de citoyens et des planificateurs urbains remettent en question une expansion urbaine non contrôlée. Ils veulent que les régions urbaines soient des endroits où il fait bon vivre, où les gens restent liés à l'environnement qui les entoure.

Les défis de la croissance urbaine
Protéger les bassins hydrographiques, les forêts et la faune de la région.
Préserver les terres arables et fertiles afin de nourrir la région.
Créer des zones de loisirs pour une population croissante.
Éviter l'expansion urbaine non contrôlée.

Le Plan de la ceinture verte de l'Ontario fonctionnera-t-il?

En février 2005, un regroupement de plus de 80 citoyens préoccupés par l'environnement a mis beaucoup de pression sur le gouvernement de l'Ontario pour qu'il prenne en considération ses recommandations. C'est alors que le gouvernement de l'Ontario a créé la « ceinture verte », une zone protégée qui s'étend sur 325 kilomètres, de Niagara Falls à Peterborough. La ceinture verte entoure la région urbaine du Golden Horseshoe. La croissance urbaine future y est rigoureusement réglementée. Cela empêchera l'expansion urbaine non contrôlée, tout en protégeant les forêts, les cours d'eau, la faune et les terres agricoles.

Les constructeurs domiciliaires et les agriculteurs intéressés à vendre leurs terres à des fins d'aménagement s'opposaient à la ceinture verte. Beaucoup d'entre eux croient toujours que le Plan entraînera un manque de terres à aménager et une hausse du prix des maisons. Un sondage réalisé en novembre 2006 montre que 89 % des résidents de la région du Grand Toronto étaient en faveur d'une ceinture verte.

Quelle est ton point de vue? Discute des questions suivantes avec une ou un camarade. Rédige ensuite un paragraphe pour expliquer ta position.

- Les groupes environnementaux et les groupes de citoyens ont-ils trop d'influence?

- Les agriculteurs devraient-ils pouvoir vendre leurs terres à des promoteurs immobiliers s'ils le désirent?

- Le Plan de la ceinture verte arrêtera-t-il l'expansion urbaine ou rendra-t-il simplement le prix des maisons inabordable?

La ceinture verte de l'Ontario

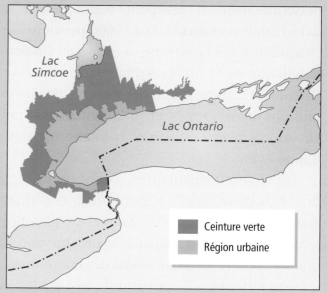

Applique tes connaissances

1. Construis un diagramme pour comparer les régions monofactorielles et les régions fonctionnelles. Donne trois exemples pour chacune. *h* *co*

2. Construis un diagramme à bandes pour illustrer la croissance urbaine au Canada. Sers-toi du tableau de données de la page G 57. Quand l'urbanisation a-t-elle augmenté le plus rapidement? Donne trois raisons qui permettent d'expliquer ce phénomène. Consulte la **Boîte à outils** si tu veux de l'aide sur les diagrammes. *h* *co*

3. Formule trois questions environnementales se rapportant à l'avenir de ta région locale. Consulte la **Boîte à outils** si tu veux de l'aide sur la rédaction de questions. *h* *co*

EN RÉSUMÉ

Dans les deux premiers chapitres de ce module, tu as étudié cinq thèmes géographiques : l'emplacement, la localisation, le mouvement, l'environnement et l'interaction. Le présent chapitre portait sur le thème de la région. La région permet d'unir les autres grands thèmes. Par exemple, chaque région a sa propre localisation et une « identité » qui permet de la reconnaître. Les régions monofactorielles sont définies par leur forme, tandis que les régions fonctionnelles sont établies pour répondre à un besoin. Dans chaque région, les gens interagissent avec leur environnement physique.

Tu as appris que les régions aident à simplifier l'étude d'un monde complexe. Le nom « Moyen-Orient » évoque des images d'une certaine partie du monde. Enfin, tu as vu que certaines régions, comme les écozones, servent à délimiter et à protéger l'environnement.

Tableau de l'information contenue dans les photos

	Décrire	Analyser	Interpréter	Évaluer d'un œil critique
1re photo				
2e photo				

Fais le point

Utilise l'information tirée de ton tableau sur les photos et tes réponses aux rubriques « Prête attention » pour écrire un court résumé du chapitre.

Vérifie tes connaissances

A. Dans ce chapitre, tu as dessiné un plan de ta salle de classe.

1. Observe l'intérieur de l'école ou la zone extérieure qui l'entoure. Trace une esquisse qui t'aidera à dessiner ton plan final. *h* *co*

2. Relis attentivement les étapes pour dessiner un plan à la page G 52. Ensuite, dessine un plan de l'école ou de la zone qui l'entoure, vu du ciel. N'oublie pas de prévoir l'espace requis pour le cadre et la légende. *h* *co*

B. Dans ce chapitre, tu as aussi étudié le thème de la région.

1. Qu'est-ce qu'une région ? Quelle est la différence entre une région monofactorielle et une région fonctionnelle ? Donne deux exemples de chaque type de région dans la zone qui entoure ton école. *c*

2. Sers-toi d'exemples tirés de ce chapitre pour rédiger un court paragraphe qui montre comment le thème de la région sert à aborder les questions environnementales. *h* *co*

Retour à l'idée principale

Tu as appris que les géographes n'interprètent pas les images de la même façon qu'une personne qui pense à voyager. La ou le géographe reconnaît l'emplacement, la localisation, le mouvement, l'environnement, l'interaction et la région. Tu as exploré ces thèmes et tu les as appliqués à l'examen de questions environnementales. Tu t'es exercé à dessiner des plans et à interpréter des cartes.

Maintenant que tu as terminé ce module, révise tes notes et sers-toi des questions suivantes comme guide :

- Quels exemples des grands thèmes de la géographie peux-tu maintenant voir dans les photos de l'introduction ?
- Quels exemples peux-tu donner pour illustrer les grands thèmes de la géographie dans ta communauté locale ?

Montre ce que tu as compris

Tu veux convaincre les gens de venir s'établir dans ta communauté. Crée du matériel promotionnel pour souligner les caractéristiques uniques de ta ville ou de ton village. Dans ce projet, tu dois appliquer les thèmes de la géographie et tu dois utiliser tes habiletés à dessiner un plan. Qu'est-ce qui pourrait inciter les gens à venir s'établir dans ta communauté ?

Étape 1 Choisis un thème

Choisis un thème parmi ceux que tu as étudiés dans ce module : l'emplacement, la localisation, l'environnement, l'interaction, le mouvement et la région.

Conseil : Si tu travailles au sein d'une équipe, chaque membre devra choisir un thème géographique différent.

Étape 2 Choisis le support

Choisis le support que tu utiliseras pour promouvoir ta communauté en tant que lieu où il fait bon vivre. Tu peux utiliser divers formats imprimés (affiche, brochure, scénario dessiné) et des présentations électroniques (présentation assistée par ordinateur, vidéo, page Web).

Conseil : Avant de commencer, consulte la rubrique « Utiliser des sources primaires et secondaires » de la **Boîte à outils**. Assure-toi d'inclure tes propres observations, comme des photos ou des vidéos, ainsi que des commentaires des résidents locaux. Souviens-toi que tu observes la région locale en tant que géographe, en mettant l'accent sur un thème géographique. Les autobus scolaires, par exemple, représentent le thème du mouvement.

Étape 3 Fais une recherche

Fais une recherche sur le thème que tu as choisi à l'aide de diverses sources d'information sur ta communauté locale.

Étape 4 Dessine un plan

Dessine un plan de ta communauté locale ou de la zone immédiate entourant ton école. Utilise-le pour montrer les caractéristiques liées à un ou à plusieurs des thèmes géographiques qui inciteraient les gens à s'établir dans ta communauté.

Conseil : Tu peux dessiner un plan des réseaux de transport locaux, comme celui du transport en commun. Si tu utilises un support électronique, insère le plan dans ta présentation assistée par ordinateur, dans ta vidéo ou dans ta page Web. Inclus-le aussi dans toute version imprimée de ta présentation.

Étape 5 Présente les résultats de ta recherche

Présente les résultats de ta recherche de façon à donner la meilleure « image » de ta communauté. Assure-toi d'utiliser correctement le vocabulaire géographique appris dans ce module. Consulte la **Boîte à outils** au besoin.

MODULE 2 L'importance des constantes physiques

La station de ski Whistler-Blackcomb est située dans les montagnes de neige de la chaîne côtière en Colombie-Britannique, à quelques heures de route de Vancouver et des États-Unis. Les sommets des montagnes atteignent plus de 2000 mètres au-dessus du niveau de la mer. Il tombe en moyenne 10 mètres de neige par année sur Whistler-Blackcomb, surtout au début de l'hiver. Pourquoi ces données devraient-elles être considérées en vue des Jeux olympiques de 2010?

En préparant son dossier de candidature pour la tenue des Jeux olympiques d'hiver de 2010, Vancouver a prêté une attention particulière aux épreuves de ski alpin. Vancouver prévoyait tenir ces épreuves à la station de ski Whistler-Blackcomb, située à proximité. Quand ils ont étudié la candidature de Vancouver, les membres du Comité international olympique ont dû réfléchir à la géographie en considérant des facteurs comme le relief, le climat et le transport. De quelles autres façons le relief et le climat peuvent-ils influencer les activités humaines?

Les attentes

Ce module explorera la question suivante: **Comment l'environnement influence-t-il les activités humaines?**

Ce module te permettra de répondre aux questions suivantes:

- Quelles sont les constantes physiques dans le monde?
- Quels éléments produisent les constantes physiques?
- Comment les constantes physiques influencent-elles les gens dans le monde?
- De quelles habiletés géographiques et de quelle information est-ce que j'ai besoin pour interpréter les constantes physiques?
- Comment est-ce que je peux appliquer mes connaissances à l'étude des problèmes géographiques?

CHAPITRE 4

Le relief et les cours d'eau

Le tsunami du 26 décembre 2004, en Indonésie, a causé d'importants dégâts matériels et fait des milliers de victimes.

Avant la lecture

Fais des liens

Que vois-tu dans la photo ci-dessus ? De quel genre d'aide les survivants ont-ils besoin ? Avec une ou un camarade, fais un remue-méninges pour dresser une liste des choses que tu aurais pu faire pour les aider.

MOTS CLÉS

Tsunami : Immense vague produite par un séisme ou une éruption volcanique au fond de l'océan.

Les habitants de l'île tropicale de Sumatra, en Indonésie, s'adonnaient à leurs activités quotidiennes. Des touristes venus du monde entier profitaient de vacances à la plage. De petits bateaux de pêche naviguaient doucement sur les eaux. Puis deux événements inhabituels se sont produits. Tout d'abord, l'océan s'est retiré, laissant à découvert une grande étendue du fond de la mer. Quelques minutes plus tard, une immense vague est apparue à l'horizon, se déplaçant rapidement vers la plage. Les bateaux ont été projetés dans les airs comme des jouets. Les gens ont tenté de fuir, mais, pour la plupart d'entre eux, il était déjà trop tard. La première vague a atteint la plage quelques secondes plus tard. Elle s'est enfoncée à travers une rangée de palmiers et a inondé les maisons et les hôtels. Deux vagues encore plus énormes ont ensuite déferlé, à 30 minutes d'intervalle, submergeant des villages côtiers et détruisant tout sur leur passage. Quelques heures après, tout était terminé. Les vagues, appelées « **tsunamis** », avaient été produites par un séisme sous-marin. Il s'agit d'un des pires désastres naturels de ce type jamais observé.

Ce chapitre te permettra de répondre aux questions suivantes :

- Quels sont les effets des séismes et des éruptions volcaniques ?

- Qu'est-ce que le relief et quelles sont les constantes du relief dans le monde ?

- Quels sont les principaux systèmes fluviaux du monde ?

- Comment est-ce que je peux interpréter les caractéristiques du relief en utilisant les courbes de niveau d'une carte topographique ?

- Comment est-ce que je peux tracer une coupe transversale pour montrer les caractéristiques du relief ?

Littératie en tête

Dans ce chapitre, tu prendras des notes en te servant d'un schéma. Commence par écrire le titre du chapitre au centre du schéma. Écris les titres de section dans des cases autour du centre. Quand tu termines la lecture d'une section, écris les idées principales et les exemples importants à côté de la case qui contient le titre de la section.

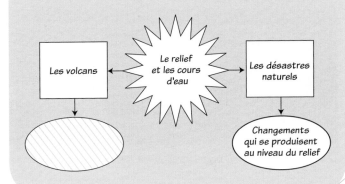

Les désastres naturels

Tu entends et tu vois souvent des nouvelles saisissantes portant sur des désastres naturels. Le tsunami de 2004 causé par un séisme sous l'océan Indien en est un exemple. Les éruptions volcaniques et les glissements de terrain sont d'autres changements qui se produisent au niveau du relief et qui ont des effets spectaculaires.

Pendant la lecture

Prête attention

Une information importante t'aide à répondre à tes questions, explique l'idée principale et fournit des exemples. Durant ta lecture, retourne aux questions de la page G 65 pour vérifier si les notes prises dans cette section t'aident à répondre à certaines des questions.

Qu'est-ce qui crée un tsunami ?

Voici une histoire véridique. Un été, Danny et ses amis ont commencé à sauter de haut en bas dans sa piscine hors terre. Ils ont rapidement produit une vague qui allait et venait. En prenant de la hauteur, la vague a arraché quelques panneaux de la piscine, qui se trouvait près de la maison, et a fracassé une fenêtre. Le sous-sol a rapidement été inondé par 30 centimètres d'eau.

Le « tsunami » de Danny montre à quel point la puissance de l'eau peut être destructrice. Une piscine remplie d'eau pèse plusieurs tonnes. Imagine la force d'un tsunami de 30 mètres qui s'écrase sur un rivage. Le tsunami de l'Asie du Sud-Est a renversé un train entier et a même arraché les rails. La dévastation s'est étendue sur plusieurs kilomètres à l'intérieur des terres. Des millions de personnes ont perdu leur domicile quand des villages ont été détruits.

Le 26 décembre 2004, l'océan s'est retiré juste avant que le tsunami ne se précipite vers le rivage.

Un tsunami est un type de vagues particulier. On l'appelle parfois, à tort, un « raz de marée ». Ce n'est pas non plus une onde de tempête, c'est-à-dire une élévation soudaine du niveau de la mer causée par des vents forts qui entraînent l'eau vers les côtes. De telles ondes de tempêtes peuvent aussi être produites quand un important glissement de terrain ou un énorme bloc de glace se détachant du Groenland ou de l'Antarctique déplace soudainement l'eau. Un tsunami est différent, car il est créé quand un séisme ou une éruption volcanique secoue le fond de l'océan. Les vagues provoquées par ce mouvement brutal se propagent de façon circulaire sur de grandes distances. Tu pourrais observer le même effet en laissant tomber une grosse pierre dans un étang. Les scientifiques savent que les ondes se propagent environ 10 fois plus vite que la crête d'eau (le tsunami) créée par le phénomène. En mesurant la vitesse de l'onde, ils peuvent estimer le temps que le tsunami prendra pour atteindre toute partie du fond de l'océan.

Pourquoi y a-t-il des séismes ?

L'enveloppe de la Terre est constamment saisie de tremblements. Un séisme, ou tremblement de terre, secoue la planète environ toutes les 3 minutes, soit 180 000 fois par année. La plupart des séismes ne sont pas assez puissants pour causer des dommages, mais les plus importants ont une grande puissance destructrice. Les pertes de vie sont particulièrement nombreuses quand les séismes se produisent dans des régions très peuplées où les immeubles ne sont pas **parasismiques**.

MOTS CLÉS

Parasismique : Conçu pour résister aux effets des séismes.

Les cinq séismes les plus puissants depuis 2008

Localisation	Magnitude*	Nombre de victimes	Date
Sumatra, en Indonésie (Asie)	9,2	232 000	26 décembre 2004
Sichuan, en Chine (Asie)	7,9	70 000	12 mai 2008
Bhuj, en Inde (Asie)	7,7	20 085	26 janvier 2001
Cachemire, au Pakistan (Asie)	7,6	82 000	8 octobre 2005
Bam, en Iran (Asie)	6,6	26 200	26 décembre 2003

* La puissance d'un séisme, mesurée selon l'échelle de Richter, décrite à la page G 69.

Les couches de la Terre

Les séismes se produisent parce que l'enveloppe de la Terre, la croûte terrestre, est en mouvement. Les scientifiques divisent la structure de la Terre en trois couches :

- le noyau : partie dense et très chaude située au centre de la Terre ;

- le manteau : couche semi-liquide, appelée « magma », composée de roches en fusion ;

- la croûte ou écorce terrestre : enveloppe solide de la Terre. Elle est constituée de plusieurs morceaux, appelés « plaques », qui s'imbriquent les uns dans les autres.

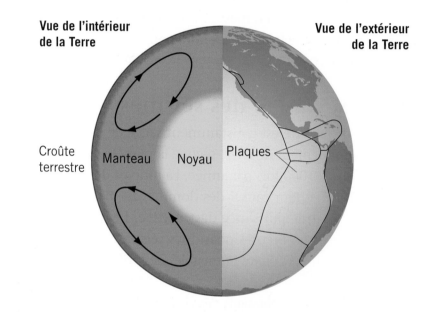

La Turquie est souvent frappée par de forts tremblements de terre qui causent la mort de milliers d'habitants et d'énormes dommages matériels. Plus de 95 % de la population turque vit dans des zones où les risques de séismes sont élevés.

L'enveloppe solide de la Terre n'est pas faite d'un seul morceau. Elle est faite de nombreuses pièces, appelées «plaques», et ressemble à un casse-tête. Lorsque tu regardes un casse-tête monté, tu vois les lignes de contour de chaque pièce; elles ressemblent à des fissures. Des fissures semblables existent entre les plaques de la croûte terrestre. Il arrive que de grandes masses de roches glissent le long de ces fissures, ce qui a pour effet de les élargir. Ces énormes fissures portent le nom de «failles». Lorsque des roches s'écoulent ainsi, il se dégage une quantité d'énergie tellement grande que cela crée des vibrations. Ces secousses sont des séismes. Les failles ne se forment pas uniquement sur le contour des plaques; elles apparaissent aussi à l'intérieur d'une plaque. Les séismes peuvent également être provoqués par la collision de deux plaques, car les plaques se déplacent. Le point précis où les plaques se frappent et où une masse de roches glisse dans une faille est appelé «épicentre».

À l'aide de **sismographes**, les **sismologues** déterminent l'emplacement exact d'un séisme et mesurent la force de ses vibrations. La puissance d'un séisme est évaluée à l'aide de l'échelle de Richter, graduée de 1 à 9. Elle a été inventée par Charles Richter, un sismologue américain. Le séisme de Sumatra, en décembre 2004, a atteint 9,2 sur l'échelle de Richter, un niveau très élevé, et a duré environ 10 minutes. Il s'agit du plus long séisme jamais enregistré. Les sismologues estiment qu'il a libéré une quantité d'énergie égale à celle que les Canadiens consomment en quatre mois.

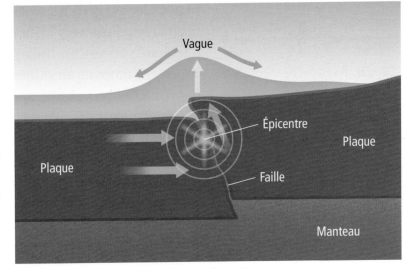

Quel est le lien entre un tsunami et un séisme?

Applique tes connaissances

1. Qu'est-ce qui différencie un tsunami d'une onde de tempête? **c**

2. Repère les sites des cinq séismes les plus puissants sur une carte du monde. Pour t'aider, tu peux utiliser la carte de la page G 72. Repère simplement le pays si tu ne trouves pas le site exact. Quelle constante peux-tu observer? Existe-t-il des frontières de plaques à ces endroits? Explique ta réponse. **h** **o**

3. Le système de détection de tsunamis de l'océan Indien détecte un séisme dans les fonds marins, près de l'épicentre du séisme de 2004. Utilise ce que tu as appris sur les séismes et les tsunamis pour rédiger un court avertissement de 75 à 100 mots destiné aux gens qui vivent autour de l'océan Indien. **c** **o**

Les volcans

Prête attention

Retourne à tes notes et revois le sens des mots « magma » et « manteau ».

L'éruption d'un volcan est un des phénomènes naturels les plus spectaculaires de la planète. Les violentes éruptions de roches en fusion sont plus éclatantes et beaucoup plus bruyantes que des feux d'artifice. Une éruption volcanique peut rapidement modifier les éléments du relief. Un volcan se forme sur la croûte terrestre, à l'endroit où jaillit du magma ou des gaz chauds en provenance du manteau de la Terre. Arrivé à la surface de la Terre, le magma devient de la lave. Une fois sortie du volcan, la lave se refroidit lentement et devient de la roche. L'accumulation de cette roche donne souvent naissance à une montagne. Par exemple, les îles Hawaii, situées dans l'océan Pacifique, se sont formées là où le magma s'est frayé un chemin jusqu'à la surface de la Terre.

La plupart du temps, le magma parvient à atteindre la surface en suivant des fissures ou des failles dans la croûte terrestre. Comme tu peux le voir dans les schémas ci-dessous, la pression exercée sur le magma le pousse vers le haut, forçant le volcan à s'élever de plus en plus haut. Le volcan illustré est une montagne volcanique, aussi appelée « stratovolcan ». Il est constitué de couches de **scories** et de magma. D'autres volcans, appelés « volcans boucliers », sont constitués essentiellement de magma. Hawaii est formé de volcans boucliers. Les volcans modifient activement la surface de la Terre, soit en formant de nouvelles montagnes, soit en détruisant leurs sommets. Les éruptions volcaniques se produisent quand la cheminée qui relie le manteau à la surface est bloquée par de la lave durcie. La pression exercée par le magma et les gaz qui s'élèvent peut alors entraîner la destruction complète du sommet d'une montagne.

MOTS CLÉS

Scorie : Fragment de lave solidifiée qui se dépose sur le sol.

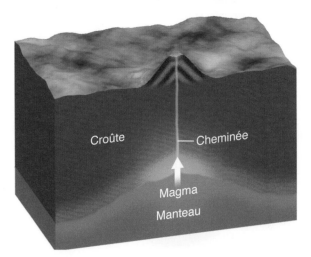

Une montagne volcanique se forme par une alternance de couches de scories et de magma.

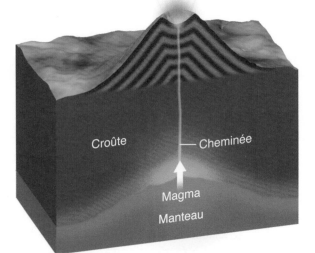

Le volcan devient plus haut à chaque période d'activité volcanique.

Comment les volcans se forment-ils ?

La croûte terrestre est constituée de grandes plaques qui flottent et se déplacent lentement sur la partie partiellement fondue du manteau. Quand deux plaques entrent en collision, la plaque océanique glisse sous la plaque continentale, qui est plus grande. L'extrémité de la plaque fond en glissant dans le manteau en fusion, puis la matière fondue remonte à la surface de la Terre, perce la croûte terrestre et provoque des éruptions volcaniques.

Où trouve-t-on des volcans ?

La carte de la page suivante montre la localisation des principaux volcans actifs ou récemment actifs. Les volcans apparaissent généralement le long des contours des plaques, là où il est plus facile pour le magma de traverser la croûte terrestre.

La ceinture de feu du Pacifique

La ceinture de feu du Pacifique est le nom donné par les géographes à la boucle de volcans actifs qui entoure l'océan Pacifique. On trouve plusieurs volcans à cet endroit parce que c'est là que des plaques entrent en collision. Certaines îles qui bordent le Pacifique, comme le Japon, l'Indonésie et les Philippines, sont presque entièrement d'origine volcanique.

La dorsale médio-atlantique

Tu peux voir sur la carte de la page suivante une rangée d'îles volcaniques au milieu de l'océan Atlantique. La dorsale médio-atlantique apparaît là où des plaques principales s'écartent les unes des autres. Le fond de l'océan Atlantique s'étend, et cela permet au magma de s'échapper par les fissures de la croûte terrestre. La dorsale traverse l'Islande. De nouvelles îles volcaniques se sont formées à cet endroit au cours des dernières années. Une dorsale océanique semblable traverse aussi l'océan Indien.

Records mondiaux

Le Krakatoa : la plus grosse éruption connue

Imagine une série d'explosions si puissantes qu'elles ont fracassé des fenêtres et fissuré des murs. Des gens habitant à 4800 kilomètres de Krakatoa, de l'autre côté de l'océan Indien, en Australie, pensaient qu'ils entendaient des coups de canon. Voilà ce qui s'est produit quand l'île volcanique de Krakatoa, en Indonésie, a été secouée par des éruptions volcaniques le 27 août 1883. À 160 kilomètres de l'éruption, le bruit atteignait encore les 160 décibels. La force des éruptions équivalait à 10 000 fois la force d'une bombe atomique. Ces éruptions sont encore aujourd'hui le bruit le plus fort jamais entendu dans l'histoire de l'humanité.

Un nouveau volcan grandit dans le cratère du Krakatoa depuis 1930.

Les volcans et les plaques dans le monde

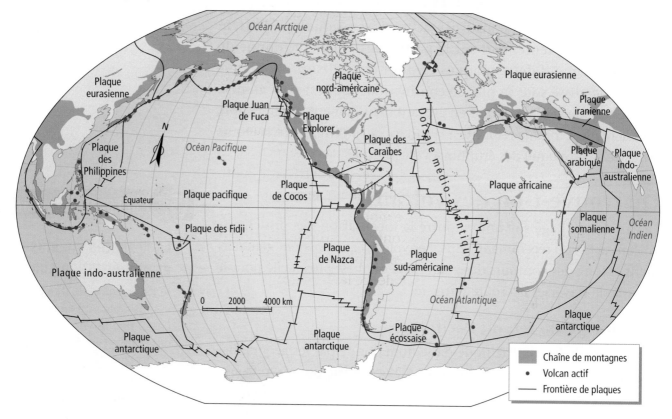

Applique tes connaissances

1. Il y a 95 volcans sur la carte. Compte-les pour déterminer le pourcentage de volcans qui se trouvent sur : a) la dorsale médio-atlantique et b) la ceinture de feu du Pacifique. Explique pourquoi tant de volcans se trouvent à chacun de ces endroits. **c**

2. Sers-toi de cette section pour rédiger cinq questions à choix multiple sur les volcans. Donne trois réponses possibles pour chaque question. Ensuite, pose tes questions à une ou un camarade et note le nombre de bonnes réponses obtenues. **h**

Comprendre les constantes du relief

Les géographes s'intéressent aux constantes de la Terre. Ils utilisent la configuration des villes, des reliefs ou des systèmes fluviaux pour définir des régions uniques. Dans les pages précédentes, tu as appris que la plupart des volcans actifs sont situés près des limites des plaques, en particulier sur la ceinture de feu du Pacifique. Dans cette section, tu étudieras d'autres constantes du relief observées sur différents continents. Ces reliefs comprennent les boucliers de roche ancienne, les plaines, les basses terres et les chaînes de montagnes. Tu apprendras aussi que l'âge de la roche et son type ont joué un rôle important dans la formation des différents reliefs. La plupart des exemples donnés dans cette section mettent en évidence les principaux reliefs de l'Amérique du Nord.

Un bouclier de roche ancienne.

Des plaines et des basses terres.

Une chaîne de montagnes.

Pendant **la lecture**

Prête attention
Pourquoi l'auteur désire-t-il te renseigner sur les boucliers, les plaines et les basses terres ? Écris cette question dans ton cahier de notes. Réponds-y quand tu auras terminé la lecture de cette section.

La tectonique des plaques

Durant les 4,6 milliards d'années d'histoire de la Terre, des masses continentales ont été créées et érodées à plusieurs reprises. Le géologue écossais James Hutton a été le premier à émettre cette idée en 1785, mais la plupart des spécialistes l'ont rejetée. À cette époque, les scientifiques croyaient que la Terre n'était âgée que de 6000 ans, une période trop courte pour que tant de changements se soient produits. Le géographe allemand Alfred Wegener a été un autre pionner dans l'étude des reliefs. En 1912, il émettait l'idée que les continents étaient autrefois tous réunis en une seule masse continentale, appelée « Pangée ». Sa théorie a également été critiquée, mais elle est aujourd'hui considérée comme une clé qui permet de comprendre les constantes du relief. La théorie moderne de la **tectonique des plaques** s'appuie sur les travaux d'Alfred Wegener.

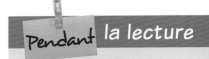

MOTS CLÉS

Tectonique des plaques : Théorie selon laquelle le mouvement des plaques terrestres est à l'origine de nouvelles constantes du relief.

Les boucliers

La Pangée était constituée de **boucliers**. Ces reliefs avaient été créés par une grande activité volcanique des milliards d'années auparavant. Ils sont composés en grande partie de **roche ignée**. Par la suite, la chaleur et la pression ont modifié certaines parties de ces boucliers. C'est ce qui a produit la **roche métamorphique**. Quand la Pangée s'est fracturée, les boucliers se sont dispersés sur la surface de la Terre pour former des continents. Aujourd'hui, leur surface est très usée par l'**érosion**. Les boucliers anciens, comme le Bouclier canadien, laissent souvent voir de vastes étendues de roche dénudée.

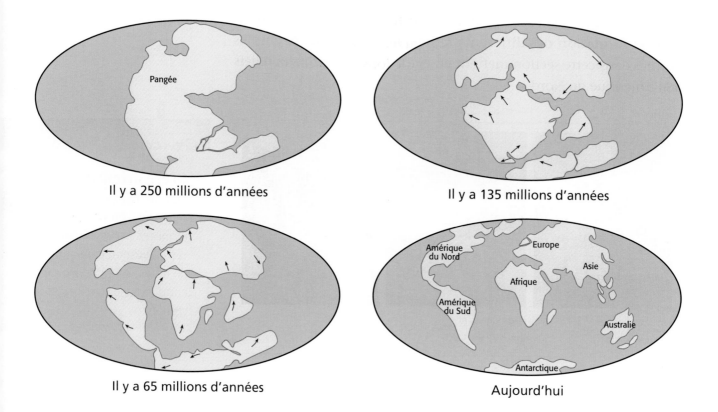

Il y a 250 millions d'années

Il y a 135 millions d'années

Il y a 65 millions d'années

Aujourd'hui

Les plaines et les basses terres

L'érosion des boucliers a créé les autres régions de chaque continent. Les cours d'eau et les glaciers ont entraîné de la matière érodée, appelée « sédiment », vers les anciennes mers. Elle s'y est accumulée pour former d'épais dépôts qui se sont lentement solidifiés pour devenir de la **roche sédimentaire**. De nouvelles terres ont émergé autour des boucliers à mesure que les mers se sont remplies. Les plaines et les basses terres sont assises sur des couches horizontales de roche sédimentaire. Les plaines sont de vastes étendues de terrain plat, comme les Grandes Plaines du centre de l'Amérique du Nord. Les basses terres sont des plaines qui bordent des plans d'eau, comme les basses terres des Grands Lacs, du Saint-Laurent et de la vallée de l'Outaouais.

Les chaînes de montagnes

Observe une carte du monde en relief et tu verras une constante étonnante. De grandes chaînes de montagnes traversent les continents. Une de ces chaînes s'étend sur toute la longueur de l'Amérique du Nord et de l'Amérique du Sud, se continuant jusqu'en Antarctique. Une autre chaîne traverse l'Europe et l'Asie d'ouest en est. Ces chaînes de montagnes sont nées des plissements de la croûte terrestre lors de la collision de plaques.

Les chaînes de montagnes se sont formées à partir d'épaisses couches de roche sédimentaire déposées dans les bassins océaniques. Quand les courants du manteau poussent les plaques les unes vers les autres, ces couches se courbent vers le haut. Puisque la roche ne peut pas courber beaucoup, il arrive souvent que les plis cassent, produisant des séismes et du mouvement le long de ces failles. C'est

pourquoi il arrive parfois que les couches sédimentaires soient projetées en hauteur et se dressent en position verticale. La pression générée par le plissement extrême a créé des zones de roche métamorphique dans certaines régions de chaînes de montagnes.

Ces grands systèmes montagneux créent des régions distinctes. Leur élévation crée des zones climatiques bien définies qui, à leur tour, créent des conditions propices au développement de communautés uniques de plantes et d'animaux.

La chaîne de montagnes Atlas est la plus importante d'Afrique du Nord par sa hauteur et par son étendue.

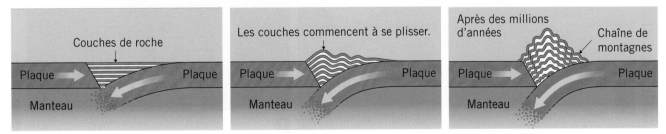

Une chaîne de montagnes se forme quand deux plaques se déplacent l'une vers l'autre, forçant les couches de roche sédimentaire à plier vers le haut.

Les types de reliefs de l'Amérique du Nord

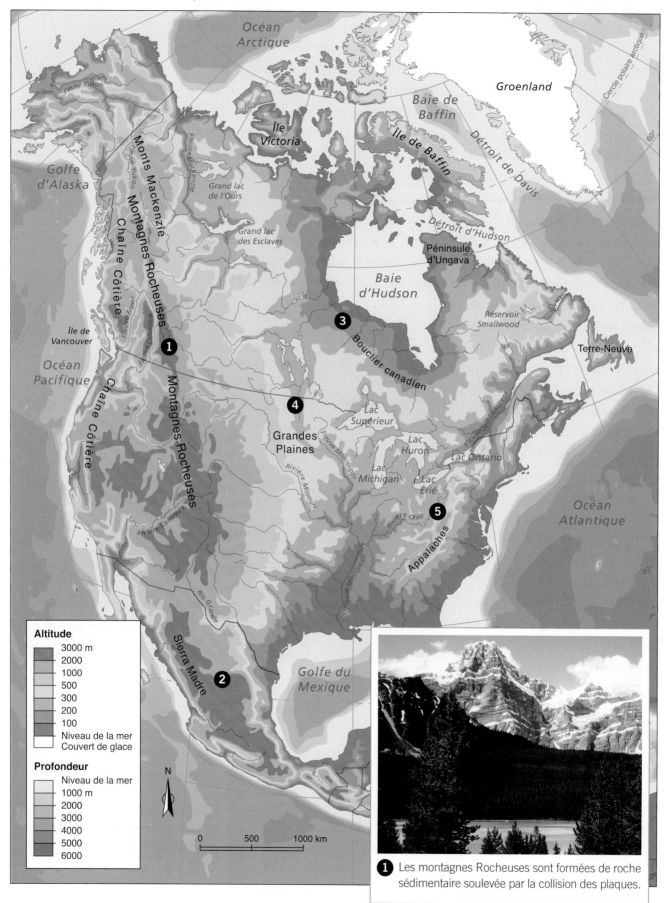

Altitude
- 3000 m
- 2000
- 1000
- 500
- 300
- 200
- 100
- Niveau de la mer
- Couvert de glace

Profondeur
- Niveau de la mer
- 1000 m
- 2000
- 3000
- 4000
- 5000
- 6000

N

0   500   1000 km

1 Les montagnes Rocheuses sont formées de roche sédimentaire soulevée par la collision des plaques.

2 Les chaînes de montagnes côtières, comme la sierra Madre située au Mexique, contiennent de la roche ignée et de la roche métamorphique produites par l'activité volcanique.

3 Le Bouclier canadien est l'ossature du continent nord-américain; c'est une région ancienne formée de roche ignée et de roche métamorphique.

4 Les roches sédimentaires intactes des Grandes Plaines se sont déposées dans d'anciennes mers.

5 Les Appalaches sont constituées de roche sédimentaire plissée par la collision de plaques et fortement érodées.

Applique tes connaissances

1. Dans ton cahier de notes, indique à quels types de roches (ignée, métamorphique, sédimentaire) chacune des chaînes de montagnes suivantes peut être associée : montagnes Rocheuses, sierra Madre, Bouclier canadien, Grandes Plaines et Appalaches. **c**

2. Pourquoi la théorie de James Hutton était-elle critiquée à son époque? **h**

3. Utilise la carte et les photos de l'Amérique du Nord pour créer un tableau semblable à celui-ci afin de comparer cinq régions importantes au niveau du relief. **cd**

Région	Altitude générale (selon la carte)	Description de la région (selon les photos)
Montagnes Rocheuses		

MOTS CLÉS

Courbes de niveau : Sur une carte, lignes qui relient des points de même altitude.

Carte topographique : Carte très détaillée des caractéristiques physiques et humaines d'une région.

Altitude : Élévation en mètres par rapport au niveau de la mer.

L'utilisation des **courbes de niveau** permet de représenter le relief de façon précise. Ces courbes sont tracées sur une **carte topographique**, une carte très détaillée qui indique les caractéristiques physiques et humaines d'une région. Ces courbes relient des points qui ont la même **altitude**. L'exemple ci-dessous montre une petite région située à la frontière de l'Alberta et de la Colombie-Britannique. Il illustre le relief et montre ses effets sur l'activité humaine.

Voici les étapes qui te permettront d'interpréter des courbes de niveau.

Étape 1 : Repère les formes montagneuses

Cherche des collines ou des montagnes dans la carte en te servant des courbes de niveau. Ces éléments sont illustrés par des courbes qui forment des boucles fermées. Plus l'altitude de l'élément est élevée, plus il y a de courbes de niveau.

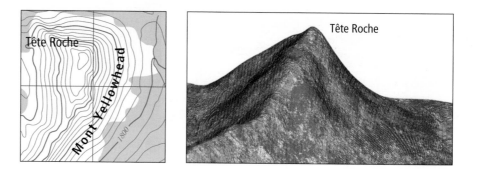

Étape 2 : Repère les vallées

Cherche les symboles qui représentent de l'eau pour trouver les vallées. Les cours d'eau coupent des courbes de niveau, car ils s'écoulent vers le bas pour former des lacs dans les endroits moins élevés.

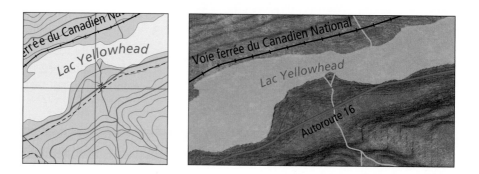

Étape 3 : Repère les symboles

Cherche les symboles qui indiquent une activité humaine sur la carte topographique. La carte ci-dessous montre des routes, des voies ferrées, des sentiers (les lignes pointillées) et des immeubles (les petits carrés) dans une petite communauté (Lucerne).

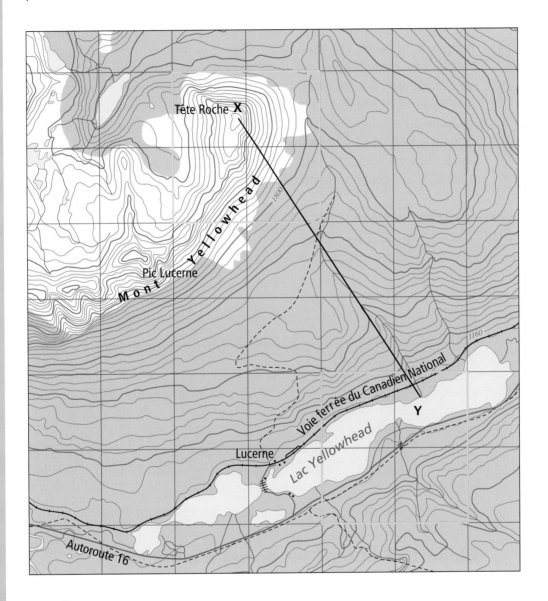

À ton tour

1. Repère deux cases qui encadrent une montagne dans la carte. Donne le nom de ces montagnes. **☐**

2. Repère la case qui encadre une vallée sur la carte. Combien de cours d'eau se déversent dans le lac Yellowhead ? **☐**

3. Repère les symboles qui indiquent une activité humaine sur la carte. Où sont situés ces symboles ? Quel a été l'effet du relief sur l'activité humaine dans les montagnes Rocheuses ? **☐**

Utiliser les courbes de niveau pour tracer une coupe transversale

Imagine qu'une alpiniste soit blessée au sommet de Tête Roche, un pic montagneux accidenté situé dans la zone couverte par la carte topographique de Lucerne. Les sauveteurs devront escalader la montagne, du lac Yellowhead jusqu'au pic, car le temps est trop mauvais pour s'y rendre en hélicoptère. Ils ont deux choix : suivre un vieux sentier, indiqué par une ligne pointillée sur la carte, ou suivre la vallée du cours d'eau qui s'écoule à l'est de Tête Roche et se jette dans le lac Yellowhead. Voici la façon d'utiliser la carte **hypsométrique** agrandie pour tracer une vue latérale de la route choisie, celle qui passe par la vallée fluviale. C'est ce qu'on appelle une « **coupe transversale** ».

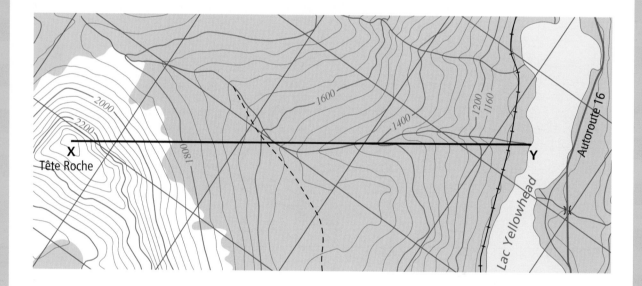

Voici les étapes qui te permettront de tracer une coupe transversale.

Étape 1 : Transcris les points d'altitude

Place une bande de papier le long de la ligne XY sur la carte hypsométrique ci-dessus. Dessine un point sur le bord de la bande à chaque courbe de niveau. Note l'altitude correspondant à chacun de ces points sur la bande de papier. Indique les rives des lacs et des rivières, s'il y a lieu.

Étape 2 : Prépare le diagramme de la coupe transversale

Trace la ligne XY sur une feuille de papier quadrillé. Construis une échelle verticale graduée en mètres sur le côté gauche de la feuille pour montrer l'étendue des altitudes notées sur la bande de papier.

Coupe transversale XY : de Tête Roche au lac Yellowhead

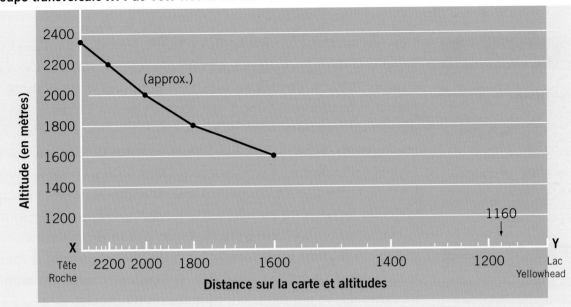

Étape 3 : Transcris les points représentant les courbes de niveau dans le diagramme

Aligne la bande de papier sur l'axe horizontal du diagramme. Transcris les points représentant les courbes de niveau sur cet axe. Ensuite, utilise l'information contenue sur la bande de papier pour placer les points correctement dans le diagramme lui-même.

Étape 4 : Complète la coupe transversale

Relie les points du diagramme par une ligne continue. S'il y a lieu, indique les lacs et les rivières. Ajoute un titre et nomme les éléments importants observés le long de la ligne de coupe. Dans le cas présent, indique la montagne, le lac et les voies de transport.

À ton tour

1. Trace la coupe transversale XY sur du papier quadrillé et indique les repères. Pour t'aider, les premiers points ont été tracés dans le diagramme ci-dessus. **C**

2. Compare ta coupe transversale avec le vieux sentier indiqué sur la carte de la page G 80. Quel chemin les sauveteurs devraient-ils suivre ? Explique les avantages et les inconvénients de chaque choix. **C**

3. Comment cette coupe transversale t'aide-t-elle à mieux te représenter le relief de la région ? **C**

Les systèmes fluviaux

Pendant la lecture

Prête attention

Prends des notes sur les caractéristiques et l'importance des principaux systèmes fluviaux du monde, ainsi que sur les problèmes qui y sont liés.

MOTS CLÉS

Système fluvial : Réseau de rivières et de lacs qui se combinent pour former un cours d'eau unique.

Estuaire : Endroit où un fleuve se termine et débouche sur la mer.

Delta : Endroit où s'accumulent les sédiments (sable, boue, galet, gravier) à l'embouchure d'un fleuve ou d'un cours d'eau.

L'eau est l'agent d'érosion le plus courant. L'érosion par l'eau est très apparente dans les vallées sculptées par les cours d'eau. Ces vallées comptent parmi les régions les plus peuplées de la planète pour plusieurs raisons. Les vallées ont souvent des sols fertiles. Les cours d'eau sont aussi des voies de transport pratiques. Par exemple, les grands cours d'eau du Canada étaient les voies de communication à l'époque du commerce des fourrures. Dans cette section, tu étudieras les caractéristiques et l'importance de quelques-uns des principaux systèmes fluviaux du monde, ainsi que les problèmes qui y sont liés.

On appelle « **système fluvial** » un réseau de rivières et de lacs qui se combinent pour former un cours d'eau unique, comme les fleuves Saint-Laurent et Amazone. Les cartes de relief du monde et les cartes régionales montrent toujours un réseau bleu de cours d'eau. Quand ils traversent les continents, les cours d'eau coulent d'un endroit élevé vers un endroit inférieur : de la source, en amont, vers l'embouchure, en aval. Certaines embouchures sont de longs **estuaires** effilés, comme celui du fleuve Saint-Laurent. Il s'agit d'une embouchure submergée, ce qui signifie que le niveau de l'océan s'est élevé ou que le terrain s'est enfoncé. D'autres fleuves, comme le Gange, en Inde, ont créé des **deltas** de faible altitude en charriant de fins sédiments à leur embouchure. Cette matière provient de l'érosion du sol en amont.

Les six plus longs fleuves du monde

Fleuve et continent	Longueur (en km)	Embouchure	Localisation de l'embouchure
Nil (Afrique)	6670	Mer Méditerranée	Égypte
Amazone (Amérique du Sud)	6570	Océan Atlantique	Brésil
Chang jiang (Asie)	5980	Mer de Chine orientale (Pacifique)	Chine
Mississippi-Missouri (Amérique du Nord)	5970	Golfe du Mexique	États-Unis
Ienisseï (Asie)	5870	Golfe de la mer de Kara (Arctique)	Russie
Ob-Irtych (Russie)	5410	Golfe de l'Ob (Arctique)	Russie

Le Chang jiang est le troisième plus long fleuve du monde. Il prend sa source dans les monts Tanggula de la Chine orientale à une altitude de plus de 6600 mètres. Le Chang jiang s'écoule rapidement dans des gorges, des canyons aux parois escarpées creusés profondément dans la terre, puis traverse une vaste plaine. Plusieurs centaines de millions de personnes habitent cette région fertile. Les navires peuvent acheminer de la marchandise loin à l'intérieur des terres, de l'embouchure du Chang jiang, près du port de Shanghai, jusqu'à la ville de Wuhan, située à 1100 kilomètres en amont.

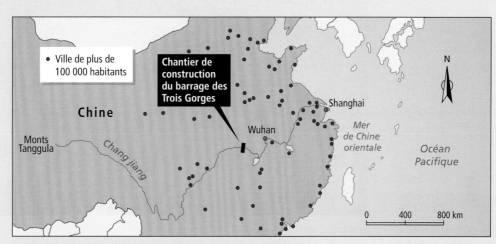

Pourquoi y a-t-il tant de grandes villes près du Chang jiang?

La région des Gorges du Chang jiang est considérablement modifiée par la construction d'un nouveau barrage.

Shanghai, une ville portuaire de plus de 20 millions d'habitants, est située à l'embouchure du Chang jiang.

La Chine transforme son grand fleuve. Le gouvernement chinois a consacré la première décennie du XXIe siècle à la construction d'un énorme barrage en travers de la section des gorges. Le barrage des Trois Gorges est le plus important projet hydroélectrique du monde. Il aide également à maîtriser le problème des inondations en aval et à faciliter la navigation à contre-courant à partir de la mer de Chine orientale.

Des coûts élevés sont associés au projet des Trois Gorges. La Chine a emprunté de l'argent pour financer ce projet de plusieurs milliards de dollars et pour déplacer 13 villes. Les environnementalistes signalent que d'importants dommages sont causés à des habitats naturels. Ils estiment que ce projet est une menace pour le gagne-pain de 75 millions d'agriculteurs et de pêcheurs qui vivent à proximité.

Les réseaux hydrographiques

Les cours d'eau font partie d'un grand système naturel qui permet de recycler l'eau en permanence. Les cours d'eau canadiens sont alimentés par la fonte des neiges au printemps et par la pluie. Les cours d'eau créent deux types de réseaux différents quand ils transportent l'excédent d'humidité de la terre : le réseau hydrographique dendritique et le réseau hydrographique en treillis.

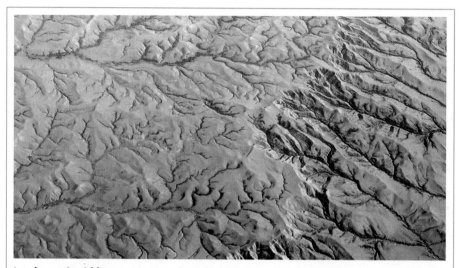

Le **réseau dendritique** est le type de réseau le plus courant. Si les cours d'eau suivent la pente douce d'un terrain constitué principalement d'un seul type de roche, ils sculptent un réseau **arborescent** dans le paysage. Le cours d'eau principal du réseau pointe vers l'embouchure en aval, et chaque branche qui rejoint le cours d'eau principal s'appelle un « affluent ».

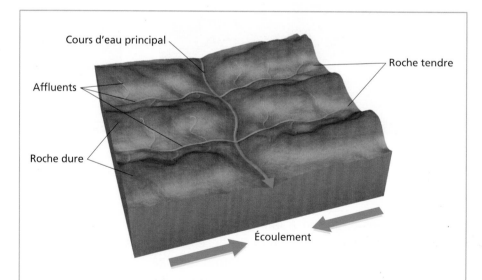

Le **réseau en treillis** n'est pas aussi courant que le réseau dendritique. Si les cours d'eau traversent des bandes successives de roche dure et de roche tendre, un réseau hydrographique de forme rectangulaire est créé. Cela se produit souvent quand un long fleuve traverse les crêtes parallèles d'une chaîne de montagnes, comme les Appalaches, dans l'est de l'Amérique du Nord.

La pollution des bassins hydrographiques

Dans le chapitre 3, tu as étudié les bassins hydrographiques drainés par des cours d'eau individuels. Le terme «bassin hydrographique» fait aussi référence à la région entière drainée par un système fluvial. Par exemple, le bassin hydrographique des Grands Lacs et du Saint-Laurent couvre une vaste étendue des États-Unis et du Canada et comprend tous les cours d'eau qui se jettent dans les Grands Lacs.

La pollution peut facilement s'accumuler dans les bassins hydrographiques, car les cours d'eau y sont tous reliés. Cela cause un problème particulier dans le bassin des Grands Lacs et du Saint-Laurent, en raison des Grands Lacs. Les boues industrielles et les engrais agricoles qui sont acheminés en aval contaminent les cours d'eau. Des millions de personnes vivent près des Grands Lacs, et c'est la même eau qui leur permet de combler leurs besoins résidentiels et récréatifs. Des produits chimiques dangereux s'accumulent dans des canaux et au fond des lacs, menaçant les habitats naturels et la santé des gens. Le bassin hydrographique des Grands Lacs et du Saint-Laurent pose de sérieux problèmes de gestion aux gouvernements du Canada et des États-Unis.

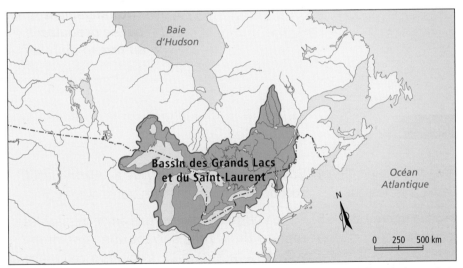

Habites-tu dans la région couverte par le bassin hydrographique des Grands Lacs et du Saint-Laurent?

Applique tes connaissances

1. Utilise un atlas ou une carte affichée au mur pour classer chacun des fleuves nommés dans le tableau de la page G 82 selon qu'il forme un réseau dendritique ou en treillis. **c**

2. Formule quatre questions pour examiner les effets de la pollution des Grands Lacs sur la vie des gens qui habitent cette région. Consulte la **Boîte à outils** si tu as besoin d'aide sur la façon de poser des questions. **h**

EN RÉSUMÉ

Fais le point

Si tu n'as pas terminé ton schéma, fais-le maintenant et sers-toi de tes notes pour écrire un résumé du chapitre.

Dans ce chapitre, tu as appris ce qu'est le relief et comment il se forme. Tu as aussi appris que les boucliers ont été formés par l'activité volcanique. L'érosion a usé les boucliers, et des couches de roche sédimentaire se sont déposées dans les mers environnantes. Les régions stables ont fini par devenir des plaines et des basses terres. Par ailleurs, les plaques étaient poussées les unes sur les autres par les activités sismiques à l'intérieur du manteau de la Terre. Cela a produit des séismes et des tsunamis, a soulevé des volcans et des chaînes de montagnes. Dans ce chapitre, tu as interprété des courbes de niveau et tracé une coupe transversale à partir de ces courbes.

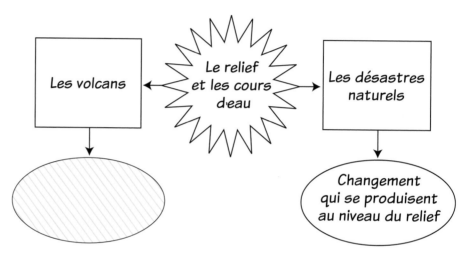

Vérifie tes connaissances

À l'aide des renseignements donnés sur la carte de la page suivante, réponds aux questions ci-dessous.

1. Le terrain au-delà de la vallée de la rivière est-il montagneux ou s'agit-il d'une plaine? *c*

2. Les types de relief qui apparaissent sur cette carte sont-ils propices à l'agriculture? Explique ta réponse en donnant deux exemples. *m*

3. Le réseau hydrographique illustré sur la carte est-il dendritique ou en treillis? *c*

4. Comment la vallée de la rivière a-t-elle influencé l'occupation humaine et les transports? *h*

5. Trace une coupe transversale en définissant les repères de la zone suivant une ligne droite parallèle à l'autoroute 11, à environ 1 centimètre au nord de celle-ci. *h* *o*

La vallée de la rivière Qu'Appelle, au nord-est de Regina, en Saskatchewan.

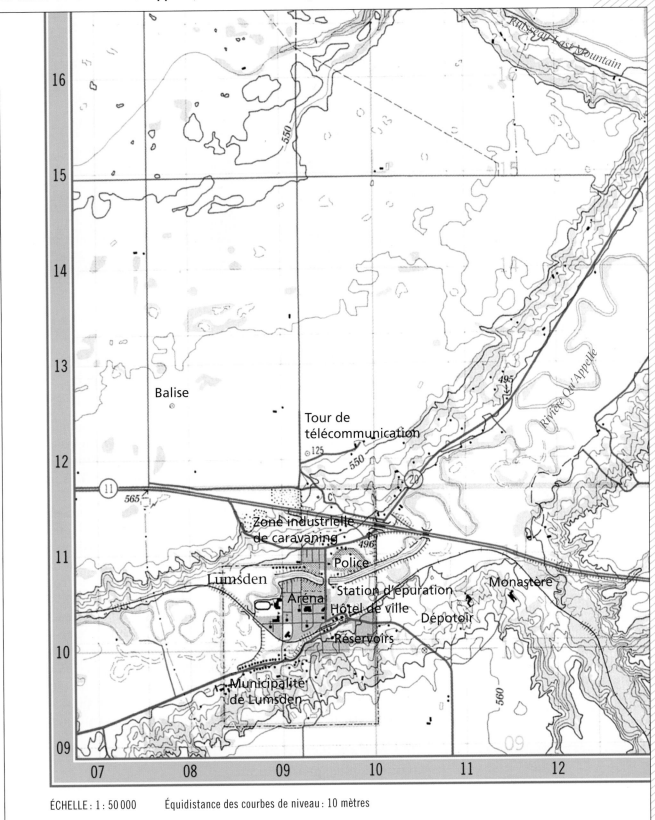

ÉCHELLE : 1 : 50 000   Équidistance des courbes de niveau : 10 mètres

CHAPITRE 5

Les climats du monde et le réchauffement planétaire

Quel sera l'effet du réchauffement planétaire sur notre façon de vivre?

Avant la lecture

Fais des liens

Un texte d'opinion exprime un point de vue personnel sur un sujet précis. Ce type de texte présente des arguments pour appuyer et justifier la prise de position adoptée.

Rédige un court texte d'opinion dans lequel tu expliques pourquoi nous devrions nous soucier du réchauffement planétaire.

MOTS CLÉS

Gaz à effet de serre: Gaz qui emprisonnent la chaleur de la Terre.

Climatologue: Scientifique qui étudie les climats et les phénomènes atmosphériques à l'échelle d'une région, d'un pays ou de la planète.

Combustibles fossiles: Combustibles, comme le charbon, le pétrole et le gaz naturel, qui se sont formés à partir d'organismes vivants disparus.

UN NOUVEAU RECORD POUR LES GAZ À EFFET DE SERRE

Genève – Les **gaz à effet de serre,** qui emprisonnent la chaleur dans l'atmosphère, ont atteint une concentration record en 2005 et celle-ci continue d'augmenter, a déclaré l'Organisation météorologique mondiale (OMM).

Les études coordonnées par cette institution montrent que les concentrations mondiales moyennes de dioxyde de carbone (CO_2) et d'oxyde nitreux (N_2O) ont atteint des niveaux records l'an dernier. On s'attend à ce qu'elles augmentent encore plus cette année, a déclaré un **climatologue** de l'agence basée à Genève.

Il y a 35,4 % de dioxyde de carbone de plus qu'à la fin du XVIIIe siècle. Selon le communiqué de l'OMM, c'est principalement à cause de la combustion des **combustibles fossiles** par les êtres humains.

Les scientifiques affirment que le dioxyde de carbone libéré par les combustibles fossiles a entraîné un réchauffement moyen de la surface de la Terre d'un degré au cours du dernier siècle.

Un rapport du gouvernement britannique signale que l'économie mondiale serait dévastée comme lors des guerres mondiales et de la Grande Dépression si rien n'est fait pour freiner le réchauffement planétaire. [Traduction libre]

Source: *The Observer,* Sarnia, 4 novembre 2006.

Ce chapitre te permettra de répondre aux questions suivantes :

- Quels sont les causes et les effets des tempêtes tropicales, des tornades, des avalanches et des glissements de terrain ?

- Comment est-ce que je peux déterminer et décrire les constantes climatiques ?

- Quels facteurs produisent les constantes climatiques ?

- Où est-ce que je peux trouver de l'information en utilisant différents types de sources ?

- Comment est-ce que je peux construire, interpréter et comparer des clima-grammes en utilisant des données climatiques ?

Littératie en tête

Pour chercher des causes et des effets dans un texte, observe comment l'information est organisée. Parfois, la cause est indiquée en premier, suivie d'un ou de plusieurs effets. Parfois, c'est le contraire : le texte mentionne un ou plusieurs effets, puis il en indique la ou les causes. Tu peux aussi chercher des mots clés qui t'indiquent que le texte décrit une relation de cause à effet.

Utilise un tableau de causes et effets semblable à celui-ci pour prendre des notes tout au long de la lecture de ce chapitre.

Question de la page G 89	Cause (note les numéros de page)	Effet (note les numéros de page)
Quels sont les causes et les effets des tempêtes tropicales, des tornades, des avalanches et des glissements de terrain ?		

Le réchauffement planétaire : quel est le problème ?

Selon toi, y a-t-il des espèces vivantes sur d'autres planètes, comme le montrent certains films ?

Crois-tu qu'il existe des espèces vivantes sur les autres planètes ? S'il y en a, ces **planètes** doivent être entourées d'une atmosphère capable de contrôler la chaleur qui vient de leur étoile. Autrement, les espèces vivantes devraient s'adapter à de grands écarts de température entre le jour et la nuit. Durant le jour, l'atmosphère terrestre protège la planète de la puissance de l'énergie du Soleil. Durant la nuit, lorsque la moitié de la Terre est dans l'ombre, l'atmosphère empêche cette énergie de s'échapper dans l'espace. Ainsi, l'atmosphère permet de conserver un équilibre entre la température du jour et la température de la nuit.

Depuis les deux derniers siècles, l'atmosphère emprisonne de plus en plus d'énergie solaire, ce qui entraîne une lente augmentation de la température de la surface terrestre. Ce phénomène s'appelle « **réchauffement planétaire** ». Pourtant, le Soleil ne brille pas ou ne chauffe pas plus qu'avant. Alors, d'où vient ce surplus de chaleur ? Si l'augmentation de la température se poursuit, quelles en seront les conséquences sur la planète ?

Les gaz à effet de serre

Les gaz sont constitués de molécules, de minuscules particules qui absorbent l'énergie du Soleil. Certains gaz présents dans l'atmosphère contribuent à retenir la chaleur près de la surface de la Terre. Ces gaz sont appelés « gaz à effet de serre ». Ils agissent comme un « toit » au-dessus de l'atmosphère, comme le toit vitré d'une serre. C'est pourquoi ce phénomène se nomme « **effet de serre** ».

Les principaux gaz à effet de serre d'origine humaine
Le dioxyde de carbone (CO_2) provient principalement de la combustion des énergies fossiles (charbon, pétrole, gaz naturel), de certaines industries et de la déforestation.
Le méthane (CH_4) provient surtout de l'élevage intensif, des décharges d'ordures ménagères et des exploitations pétrolières.
L'oxyde nitreux (N_2O) provient surtout de l'utilisation d'engrais azotés en agriculture, par exemple le fumier, et de certains procédés chimiques.
L'ozone (O_3) provient principalement de la stratosphère, à quelque 25 kilomètres d'altitude. L'ozone est plus concentré dans les grandes villes et est l'un des principaux composants du smog.
Les gaz fluorés sont surtout des gaz réfrigérants utilisés dans les systèmes de réfrigération et de climatisation ainsi que dans les aérosols.

Les deux schémas ci-dessous ont plusieurs ressemblances. D'abord, la lumière du Soleil atteint la surface de la Terre sous forme de radiations à ondes courtes qui peuvent traverser le toit de la serre aussi bien qu'elles traversent l'atmosphère. Ensuite, le sol de la serre et la surface terrestre se réchauffent et libèrent de la chaleur sous forme de radiations à ondes longues. Ces ondes plus longues restent prisonnières, ce qui entraîne une élévation de la température dans la serre et dans l'atmosphère.

La concentration de CO_2 (un des principaux gaz à effet de serre) dans l'atmosphère a augmenté de 35,4 % depuis le début de l'ère industrielle, lorsque les gens ont commencé à faire brûler du charbon pour alimenter les machines. La combustion de combustibles fossiles comme le charbon, le pétrole et le gaz naturel entraîne une augmentation de la concentration des gaz à effet de serre. Une plus grande concentration de ces gaz signifie qu'une quantité plus élevée de l'énergie, qui vient du Soleil, est emprisonnée dans l'atmosphère.

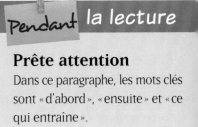

Pendant **la lecture**

Prête attention

Dans ce paragraphe, les mots clés sont « d'abord », « ensuite » et « ce qui entraîne ».

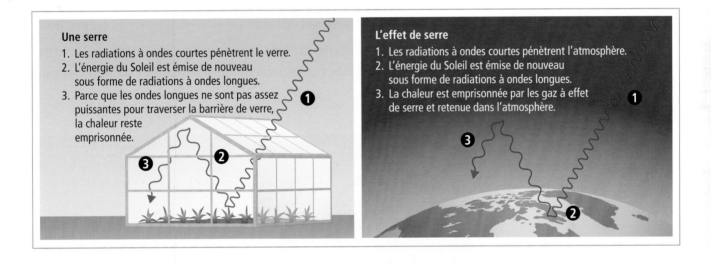

Une serre
1. Les radiations à ondes courtes pénètrent le verre.
2. L'énergie du Soleil est émise de nouveau sous forme de radiations à ondes longues.
3. Parce que les ondes longues ne sont pas assez puissantes pour traverser la barrière de verre, la chaleur reste emprisonnée.

L'effet de serre
1. Les radiations à ondes courtes pénètrent l'atmosphère.
2. L'énergie du Soleil est émise de nouveau sous forme de radiations à ondes longues.
3. La chaleur est emprisonnée par les gaz à effet de serre et retenue dans l'atmosphère.

Portrait | David Suzuki

David Suzuki est aujourd'hui un des scientifiques les plus connus au Canada. Depuis les années 1970, il anime des séries télévisées qui portent sur l'environnement. Il soutient que tout ce que nous faisons à notre environnement, nous le faisons aussi à nous-mêmes.

En 1990, il met sur pied la Fondation David Suzuki pour aider les gens à faire des choix environnementaux judicieux. Un des principaux problèmes soulignés par la Fondation est le réchauffement planétaire. David Suzuki recommande l'utilisation de sources d'énergie propres qui ne libèrent pas de gaz à effet de serre dans l'atmosphère.

Pendant la lecture

Prête attention

La deuxième phrase du premier paragraphe t'indique que tu t'apprêtes à lire les effets produits par le réchauffement planétaire.

Les effets du réchauffement planétaire

Le réchauffement planétaire entraîne d'importants changements à la surface de la Terre. Voici les principaux effets du réchauffement de la planète :

- une augmentation de température de 8 °C dans les régions arctiques, ce qui entraîne la fonte de la calotte polaire arctique ;

- la fonte des glaciers dans les régions montagneuses, à cause des étés plus chauds et d'une plus faible quantité de neige en hiver ;

- l'augmentation du nombre d'icebergs dans les océans, à cause de la fragmentation des banquises de l'Antarctique et des glaciers du Groenland ;

- l'élévation du niveau des mers, à cause de la fonte des glaciers ;

- des conditions météorologiques plus imprévisibles, car la température de l'océan est plus élevée, ce qui favorise la formation des tempêtes tropicales ;

- des changements rapides dans la végétation naturelle et les habitats des espèces menacées, en particulier l'habitat des ours polaires.

Quel serait l'effet d'un plus grand nombre d'icebergs sur le transport maritime ?

Applique tes connaissances

1. Pourquoi l'atmosphère est-elle si importante pour la vie sur Terre ? Pourquoi les températures augmentent-elles dans l'atmosphère ? **c**

2. Le réchauffement planétaire a des effets négatifs sur la végétation, sur les animaux et sur les humains. Pour chacun de ces trois groupes, donne un exemple d'effet négatif. **h**

Le réchauffement planétaire est-il une menace?

Plusieurs climatologues croient que le réchauffement planétaire est une menace sérieuse et que tous les pays du monde devraient coopérer pour tenter de stopper ce phénomène. Toutefois, certains scientifiques, comme Patrick Michaels, ne prennent pas cette menace au sérieux.

La voie du réchauffement

Patrick Michaels.

La température moyenne de la surface terrestre est plus élevée qu'il y a 100 ans. [...] Si ce réchauffement survenait l'hiver, plutôt que l'été, l'effet pourrait être bénéfique. [...] Serait-il si terrible d'avoir davantage de précipitations? Et si cette augmentation se manifestait par de faibles pluies de printemps et moins d'ouragans violents? [...] Aucune solution ne peut arrêter le réchauffement planétaire à court terme. Les accords internationaux comme le protocole de Kyoto n'auront aucun effet appréciable sur les températures moyennes avant une cinquantaine d'années. [...] Nous ne pouvons tout simplement pas prédire l'avenir. La question la plus importante suscitée par les faits sur le réchauffement planétaire est celle-ci: La façon dont la planète se réchauffe est-elle un phénomène que nous devrions essayer de contrer? [Traduction libre]

Source: *Regulation,* vol. 23, n° 3, 2000, p. 14.

L'Ontarienne Allyson Fuller, une élève de 10ᵉ année, croit que le réchauffement planétaire constitue une menace pour l'avenir de la planète.

Tribune libre

Allyson Fuller.

Patrick Michaels apporte peut-être un bon point avec ses renseignements sur le réchauffement planétaire, mais nous devons savoir qui est cet homme et qui est son employeur. Il est chargé de recherche en études environnementales à l'Institut Cato, un institut qui a reçu un soutien financier d'entreprises du secteur de l'énergie, y compris de grandes compagnies pétrolières. Il refuse peut-être de prendre le réchauffement planétaire au sérieux parce que tout son soutien financier provient d'entreprises qui contribuent, d'une façon ou d'une autre, à ce phénomène. Ces entreprises produisent du pétrole, du gaz, ou les deux, des produits qui sont brûlés par les consommateurs et qui émettent du dioxyde de carbone et d'autres polluants. Pourquoi devrions-nous croire cet homme? [Traduction libre]

Source: *The Observer,* Sarnia, 15 décembre 2006, p. A4.

Qu'en penses-tu?

1. Allyson Fuller utilise des renseignements personnels sur Patrick Michaels pour construire sa critique. Pourquoi ne critique-t-elle pas simplement ses arguments? *h*

2. Crois-tu que la critique d'Allyson Fuller est justifiée? Explique ta réponse. *h*

3. Compare le point de vue de Patrick Michaels avec celui de David Suzuki. Lequel te semble le plus crédible? Pourquoi? *h*

Consulte la **Boîte à outils** si tu veux de l'aide sur la façon d'examiner différents points de vue.

De violentes tempêtes

L'atmosphère est en perpétuel mouvement. Elle est constituée de masses d'air tourbillonnantes qui créent les conditions atmosphériques. Deux raisons expliquent le déplacement des masses d'air : la rotation de la Terre et le fait que sa surface n'est pas chauffée de façon uniforme. Cela produit parfois de violentes tempêtes. Les **tempêtes tropicales**, qu'on nomme aussi ouragans, cyclones ou typhons, les tornades et les blizzards peuvent aussi tout détruire sur leur passage.

Les tempêtes dans le monde

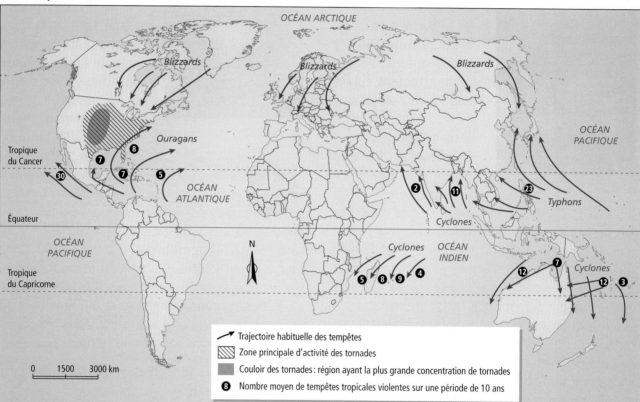

Légende :
- ↗ Trajectoire habituelle des tempêtes
- Zone principale d'activité des tornades
- Couloir des tornades : région ayant la plus grande concentration de tornades
- ⓼ Nombre moyen de tempêtes tropicales violentes sur une période de 10 ans

Les tempêtes tropicales

Sur la carte ci-dessus, tu vois que les ouragans, les cyclones et les typhons prennent tous naissance sur les océans, dans des régions assez proche de l'équateur. Une fois qu'ils sont formés, ils se déplacent un peu plus au sud ou un peu plus au nord. Pour qu'elles puissent naître, les tempêtes tropicales ont besoin de conditions précises. Par exemple, la température de l'océan doit être d'au moins 28 °C. Puis, au-dessus de cette eau chaude, une masse d'air chaud et humide se forme et s'élève comme une colonne. Lorsque de l'air froid arrive au bas de cette colonne, cet air froid est aussitôt aspiré à l'intérieur de la colonne d'air chaud, qui tourbillonne comme une spirale.

Plus elle s'élève en altitude, plus la spirale s'agrandit, et plus elle prend de la vitesse. C'est alors qu'elle devient un ouragan. L'énergie produite en une seule saison d'ouragans suffirait à alimenter l'Amérique du Nord pendant la moitié d'une année.

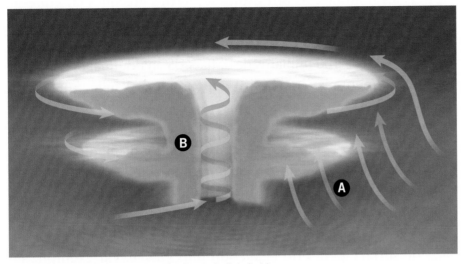

A L'air chaud s'élève et est remplacé par de l'air froid.
B L'air froid est aspiré à l'intérieur de la spirale, créant une perturbation tropicale.

Les tempêtes tropicales se déplacent en s'éloignant des régions chaudes des océans. Les **ouragans** qui touchent les Caraïbes et l'est de l'Amérique du Nord prennent naissance dans l'océan Atlantique. Les **cyclones** se forment dans l'océan Indien et dans l'océan Pacifique, et les **typhons** se forment dans l'océan Pacifique. La puissance des tempêtes tropicales est mesurée selon l'échelle de Saffir-Simpson, mise au point au début des années 1970 par deux scientifiques américains : Herbert Saffir et Robert Simpson. L'échelle indique la vitesse du vent et la hauteur de l'onde de tempête. L'onde de tempête est l'élévation soudaine du niveau de la mer causée par les forts vents qui poussent l'eau vers les côtes, ce qui provoque souvent de grosses vagues et des inondations.

MOTS CLÉS

Ouragan : Forte tempête qui prend naissance dans l'océan Atlantique, caractérisée par un vent très violent accompagné de pluie.

Cyclone : Tempête qui se forme dans l'océan Indien et dans l'océan Pacifique, caractérisée par un puissant tourbillon destructeur.

Typhon : Tourbillon marin très violent qui se forme dans l'océan Pacifique.

L'échelle de Saffir-Simpson

Catégorie	Vitesse du vent (en km/h)	Gravité	Onde de tempête (en m)
1	De 118 à 153	Faible	1,2 à 1,8
2	De 154 à 177	Modérée	1,8 à 2,7
3	De 178 à 210	Forte	2,7 à 4
4	De 211 à 249	Très forte	4 à 5,5
5	Supérieure à 249	Dévastatrice	Supérieure à 5,5

Le lien avec le réchauffement planétaire

En 2004 et 2005, deux fois plus d'ouragans que prévus se sont formés dans l'océan Atlantique. En 2005, les ouragans ont été si nombreux que les scientifiques ont atteint la fin de l'alphabet avant d'avoir pu tous les nommer. Ils ont utilisé les lettres grecques en guise de noms additionnels : alpha, bêta, gamma. Cette année-là, 5 ouragans étaient de catégorie 4 ou 5. Le bilan s'est établi à 2280 victimes liées aux ouragans et à 100 milliards de dollars US en dommages matériels. Le réchauffement planétaire est-il responsable de l'augmentation du nombre et de la puissance des tempêtes tropicales ?

Plusieurs scientifiques croient que le réchauffement planétaire modifie l'activité des ouragans. Depuis 1970, la température moyenne des eaux de surface a augmenté de plus d'un demi-degré. Ça ne semble peut-être pas beaucoup, mais, dans la région de l'océan Atlantique où les ouragans se forment, cela élève la température à 28 °C, ce qui peut engendrer des tempêtes tropicales. Parfois, la température des eaux de surface peut être beaucoup plus élevée. Par exemple, en 2005, les eaux du golfe du Mexique ont atteint près de 35 °C à certains endroits.

Des études récentes ont permis de découvrir que le nombre de tempêtes tropicales de catégorie 4 ou 5 a presque doublé au cours des 30 dernières années. Des expériences menées par l'Administration nationale des océans et de l'atmosphère des États-Unis montrent que, dans l'avenir, les ouragans seront encore plus puissants et accompagnés de beaucoup plus de pluie. L'élévation de la température des océans causée par le réchauffement planétaire explique ce phénomène.

Applique tes connaissances

1. À l'aide des renseignements qui apparaissent sur la carte de la page G 94, crée un tableau semblable à celui ci-dessous afin de comparer les ouragans, les cyclones, les typhons, les tornades et les blizzards. **c**

Type de tempête	Origine	Région touchée
Ouragan		

2. Réponds aux questions suivantes dans tes propres mots ou à l'aide de dessins ou de schémas. Utilise ton tableau de causes et effets pour t'aider. **h**

   a) Comment une tempête tropicale se forme-t-elle ?

   b) En quoi ce phénomène est-il lié au réchauffement planétaire ?

   c) Pourquoi une onde de tempête est-elle si dangereuse ?

À la fin du mois d'août 2005, deux violents ouragans avaient déjà frappé l'Amérique du Nord. Dennis et Emily avaient causé assez de dommages pour une saison. Mais Katrina en préparait encore plus : cet ouragan a été l'un des pires de l'histoire des États-Unis.

La Nouvelle-Orléans était autrefois une ville d'un demi-million d'habitants. La plupart vivaient derrière des murs de protection en terre, qu'on appelle « digues », car la majeure partie de la ville se trouve jusqu'à six mètres sous le niveau de la mer, près du golfe du Mexique. Lorsque l'ouragan Katrina est arrivé, le 29 août 2005, des vents violents ont poussé une onde de tempête de 6 à 10 mètres de haut. L'eau a atteint le sommet des digues, qui ont fini par se rompre, inondant 80 % de la ville. Près de 1600 personnes sont décédées en Louisiane et 200 autres à proximité, le long de la côte du golfe. Aussi, près de 700 personnes ont été portées disparues durant le passage de Katrina. Elles se sont presque toutes noyées.

Les effets de l'ouragan Katrina ont été désastreux. Un an et demi après le passage de l'ouragan, La Nouvelle-Orléans était toujours une zone sinistrée. Les débris laissés par l'inondation étaient encore éparpillés partout dans des quartiers résidentiels et des quartiers d'affaires abandonnés. Six des neuf hôpitaux de la ville et plusieurs écoles étaient toujours fermés. Plus de 200 000 personnes ne sont pas revenues vivre dans la région. Elles ont quitté la zone d'ouragans du golfe du Mexique pour s'établir dans le nord de la Louisiane, au Texas et dans d'autres États américains.

Les eaux en crue débordent une digue et inondent un quartier de La Nouvelle-Orléans.

La tornade la plus dévastatrice

La tornade « des trois États », du 18 mars 1925, a balayé la partie nord du Missouri et la partie sud de l'Indiana et de l'Illinois. Elle a parcouru 350 kilomètres à des vitesses variant de 100 à 120 km/h. Cette tornade de catégorie F5 a causé des dommages matériels importants, ainsi que la mort de 695 personnes. Cette journée-là, les conditions météorologiques dans la région ont provoqué 6 autres tornades, qui ont fait 51 victimes et causé des dommages considérables.

Les tornades

Les gens confondent parfois les tornades avec les tempêtes tropicales, car les deux sont des tourbillons produits par de l'air chaud ascendant. Ces deux phénomènes météorologiques sont toutefois très différents. La saison des tornades s'étend du printemps à l'été alors que les tempêtes tropicales se produisent en été et à l'automne. Une tornade ne se forme pas au-dessus de l'eau comme un ouragan et ne crée donc pas d'onde de tempête. Elle descend plutôt des nuages et frappe au niveau du sol. Le tourbillon d'une tornade est beaucoup plus compact et tourne beaucoup plus vite que celui d'un ouragan. Il peut y avoir des tornades partout dans le monde, mais la plupart se produisent aux États-Unis (800 à 1200 par année) et au Canada (environ 70 par année). Les États du Kansas et de l'Oklahoma sont au cœur du couloir des tornades, où ont lieu au moins une douzaine de tornades importantes chaque année. Une tornade est un des phénomènes naturels qui se déplacent le plus rapidement.

La puissance d'une tornade est mesurée sur l'échelle de Fujita, une échelle élaborée en 1971 par Theodore Fujita, un météorologue américain d'origine japonaise. Au départ, cette échelle s'appelait « échelle F ». Le 1er février 2007, l'Administration nationale des océans et de l'atmosphère des États-Unis l'a actualisée et l'a renommée l'échelle EF. Le « E » signifie « *enhanced* » (« améliorée », en français). L'échelle EF est basée sur une évaluation très détaillée des dommages.

Le passage d'une tornade entraîne d'importants dommages matériels.

L'échelle de Fujita améliorée (EF)

Catégorie	Vitesse du vent (en km/h)	Dommages	Fréquence
EF0	De 105 à 137	Minimes	28 %
EF1	De 138 à 178	Modérés	40 %
EF2	De 179 à 218	Importants	24 %
EF3	De 219 à 266	Graves	6 %
EF4	De 267 à 322	Dévastateurs	1 % à 2 %
EF5	Supérieure à 322	Incroyables	Moins de 1 %

Pendant la lecture

Prête attention
Continue à chercher et à noter des causes et des effets.

Comment se forme une tornade ?

Les tornades se forment quand une masse d'air chaud et humide rencontre une masse d'air froid. Cela se produit souvent durant le printemps nord-américain, quand l'air humide du golfe du Mexique remonte vers le nord et rencontre l'air froid de l'Arctique. Quand l'air humide s'élève durant la journée, des colonnes d'air froid se précipitent vers le sol pour prendre sa place. Parfois, l'air chaud ascendant commence à tourner autour d'une colonne d'air froid. Cela crée un entonnoir d'air chaud tourbillonnant qui se nomme « **vortex** ». Les vents à l'intérieur de l'entonnoir se déplacent toujours dans le sens contraire des aiguilles d'une montre dans l'hémisphère Nord alors que, dans l'hémisphère Sud, les vents se déplacent dans le sens des aiguilles d'une montre. La vitesse des vents tourbillonnant à l'intérieur du vortex peut dépasser 500 km/h. Généralement, une tornade circule au sol à environ 60 km/h ou moins.

MOTS CLÉS

Vortex : Partie intérieure de l'entonnoir d'une tornade.

Les étapes de la formation d'une tornade

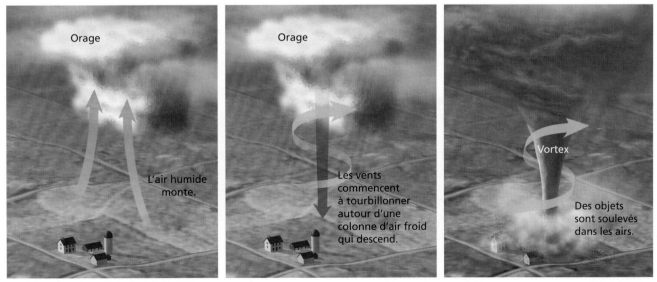

Orage — L'air humide monte.

Orage — Les vents commencent à tourbillonner autour d'une colonne d'air froid qui descend.

Vortex — Des objets sont soulevés dans les airs.

Les tornades sont-elles liées au réchauffement planétaire?

Les océans et les mers se réchauffent, ce qui a amené certaines personnes à conclure que le réchauffement planétaire produira sans doute plus de tornades violentes. Jusqu'à présent, les recherches scientifiques n'ont pas permis de confirmer cette théorie. Les tornades apparaissent soudainement et disparaissent presque aussi rapidement; il est donc difficile de les étudier.

Les météorologues s'attendent à ce que les dommages causés par les tornades demeurent aussi importants qu'auparavant, mais ils croient que le nombre de victimes devrait diminuer de beaucoup. Les tornades sont des phénomènes météorologiques très centralisés. Un **anémomètre** localise avec précision les cellules orageuses, et les systèmes de télécommunication par satellite alertent la population des régions concernées. La plupart des gens peuvent ainsi se mettre à l'abri avant l'arrivée de la tornade.

MOTS CLÉS

Anémomètre : Système électronique qui sert à mesurer la vitesse d'un objet en mouvement à partir d'ondes radio à hautes fréquences.

▦ Les règles de sécurité à suivre en cas de tornade

- Écouter la radio ou regarder la télévision pour être au courant de l'évolution de la situation.

- Fermer et verrouiller toutes les fenêtres et les portes qui donnent sur l'extérieur.

- Ne jamais rester dans une pièce vaste et ouverte ni dans une pièce où il y a beaucoup de fenêtres. Si la maison comprend une cave ou un sous-sol, s'y réfugier. Si la maison n'a ni cave ni sous-sol, se rendre vers la partie centrale de la maison ou encore dans la salle de bain.

- À l'extérieur, se tenir loin des arbres, des panneaux de signalisation ou de tout autre objet pouvant être entraîné par la tornade et se mettre à l'abri sous un pont.

- S'il n'y a pas d'abri, se coucher à plat ventre dans un fossé ou dans un creux du sol.

- Ne jamais rester dans un véhicule ou une roulotte. ▦

Applique tes connaissances

1. Trace un diagramme de Venn pour comparer une tornade et une tempête tropicale. *C*

2. Imagine que ta région sera bientôt frappée par une tornade. Prépare un bulletin d'information afin de prévenir la population et de l'informer sur les mesures d'urgence à prendre. *CO*

3. Consulte Internet ou des magazines pour trouver cinq photos de tempêtes tropicales ou de tornades. Crée une affiche pour les présenter et écris une légende détaillée sous chaque photo. *CO*

HABILETÉ GÉOGRAPHIQUE

Interpréter des statistiques climatiques et les représenter dans un climagramme

Les géographes doivent souvent interpréter des statistiques climatiques. Pour le faire, ils créent un type particulier de graphique qu'on appelle « climagramme », qui permet d'examiner deux informations en un seul coup d'œil. Le climagramme montre, à l'aide d'un graphique à bandes, le nombre de millimètres de pluie tombée chaque mois au cours d'une année. Puis, une ligne courbe relie les points qui indiquent la température moyenne de chacun des 12 mois. Par convention, la ligne courbe est rouge, et les bandes sont bleues.

Interpréter des statistiques climatiques

Les climagrammes sont tracés à l'aide de statistiques mensuelles recueillies sur plusieurs années. Cette information peut servir à faire des calculs pour comparer différents lieux.

Toronto, Canada (44° de latitude Nord)	J	F	M	A	M	J	J	A	S	O	N	D
Température (en °C)	−5	−4	1	8	14	19	22	21	17	11	5	−2
Précipitations (en mm)	55	53	65	65	68	67	71	83	76	63	76	77

Approximation de la température moyenne

Additionne la température la plus élevée et la température la plus basse, puis divise la somme par deux. Souviens-toi que, dans les lieux plus froids, la température hivernale est un nombre négatif. Pour Toronto, la réponse est $(22 + (−5)) \div 2 = 8,5\,°C$.

Écart thermique

L'écart thermique correspond à la différence entre la température la plus élevée et la température la plus basse. Souviens-toi que, dans les lieux plus froids, la température hivernale est un nombre négatif. Pour Toronto, la réponse est $22 − (−5) = 27\,°C$.

Précipitations totales

Pour déterminer les précipitations totales, additionne les mesures des précipitations de chaque mois. Pour Toronto, la réponse est 819 mm.

Construis un climagramme

Un climagramme est plus facile à lire que des statistiques mensuelles, car il donne une vue d'ensemble d'une année. Il est particulièrement utile pour comparer différents lieux.

Suis les six étapes suivantes pour construire un climagramme.

Étape 1 : Inscris les mois

Inscris les mois sur l'axe horizontal du climagramme en utilisant seulement la première lettre de chacun.

Étape 2 : Numérote l'échelle des températures

Numérote l'échelle des températures sur l'axe vertical du côté gauche du graphique. Inscris d'abord 0 °C au milieu de l'axe. Ensuite, compte par intervalle de 5 au-dessus et au-dessous du point représentant 0 °C sur l'échelle. N'oublie pas de mettre un signe négatif devant les températures inférieures au point de congélation, comme dans l'exemple ci-dessous.

Étape 3 : Inscris les températures

Utilise l'échelle pour inscrire les températures dans le graphique. Pour chaque température, dessine un point au milieu de la colonne du mois approprié. Relie les points par une ligne rouge continue qui se rend jusqu'au bord du graphique.

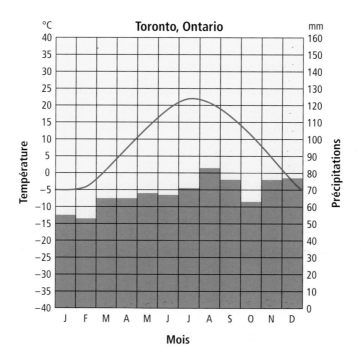

Étape 4 : Numérote l'échelle des précipitations

Numérote l'échelle des précipitations sur l'axe vertical du côté droit du graphique. Inscris d'abord 0 mm vis-à-vis de l'axe horizontal du graphique, puis compte par intervalle de 10 mm.

Étape 5 : Inscris les précipitations

Inscris les précipitations dans le graphique. Trace une ligne horizontale pour représenter chaque donnée dans la colonne du mois approprié. Colorie en bleu les colonnes, en partant de la ligne 0 jusqu'à l'endroit où tu as dessiné un trait.

Étape 6 : Note les renseignements

Termine ton climagramme en lui donnant un titre. Le titre correspond toujours au lieu où les données ont été enregistrées. N'oublie pas de nommer l'échelle de température et l'échelle des précipitations.

À ton tour

1. À partir des données du tableau ci-dessous, calcule :

   a) la température moyenne ;

   b) l'écart thermique ;

   c) les précipitations totales.

2. Construis un climagramme avec les données du tableau ci-dessous.

3. Toronto est dans l'hémisphère Nord et Wellington est dans l'hémisphère Sud. Quel effet cela a-t-il sur leurs courbes de températures ? Explique ce phénomène météorologique ?

Wellington, en Nouvelle-Zélande, se situe dans l'hémisphère Sud.

Wellington, Nouvelle-Zélande (41° de latitude Sud)	J	F	M	A	M	J	J	A	S	O	N	D
Température (en °C)	18	18	17	14	12	10	9	10	11	13	15	16
Précipitations (en mm)	67	48	76	87	99	113	111	106	82	81	74	74

⠿ Les avalanches et les glissements de terrain

Savais-tu que les avalanches et les glissements de terrains sont les catastrophes naturelles les plus fréquentes au Canada ? Depuis 1840, ces deux phénomènes ont fait près de 600 victimes ainsi que des milliards de dollars en dommages matériels. Ces mouvements de neige, de roches et de terre peuvent se produire dans plusieurs régions du pays, et cela, sans avertissement. L'effondrement du sol et l'impact des débris constituent les principaux dangers associés à ces phénomènes.

Les avalanches

Bien qu'il existe plusieurs types d'avalanches, les deux plus importants sont les avalanches rocheuses et les avalanches de neige. Une avalanche rocheuse se produit lorsqu'une grande masse de roc se détache du versant d'une montagne. En 1903, 74 millions de tonnes de roches se sont détachées du flanc du mont Turtle, en Alberta, et ont enseveli le village de Frank, faisant plus de 70 victimes.

Une avalanche de neige se produit lorsqu'une masse de neige se détache du versant d'une montagne. Ce type d'avalanches est provoqué par une rupture du **manteau neigeux**. Chaque année, des avalanches de neige ensevelissent des randonneurs pédestres et des skieurs, et entraînent la fermeture de routes et de voies ferrées. La pire avalanche de neige survenue au Canada est celle de mars 1910, où 62 travailleurs ont perdu la vie à Rogers Pass, en Colombie-Britannique.

Une partie de la ville de Frank, en Alberta, est toujours ensevelie sous l'éboulis.

Les Alpes sont une chaîne de montagnes qui traverse l'Europe. Le risque d'avalanches y est élevé, particulièrement en hiver.

Les glissements de terrain

Un glissement de terrain est un phénomène géologique qui entraîne la chute d'une masse de terre le long d'une pente. Plusieurs facteurs peuvent provoquer un glissement de terrain : l'érosion du sol, une plus grande pression exercée dans la pente par les eaux pluviales ou la fonte des neiges, l'irrigation locale et la fuite de canalisation.

Le 4 mai 1971, à Saint-Jean-Vianney au Québec, un glissement de terrain a entraîné avec lui 40 maisons, causant la mort de 31 personnes. L'**affaissement** avait une longueur d'un kilomètre et demi, une largeur de 400 mètres et une profondeur de 30 mètres. La rupture a eu lieu dans la marque d'un ancien glissement de terrain visible sur des photographies aériennes. Aujourd'hui, Saint-Jean-Vianney est devenu un village fantôme.

En 1993, un glissement de terrain de grande envergure s'est déclenché dans l'**argile à Leda**, à Lemieux, dans l'est de l'Ontario. Environ 2,8 millions de mètres cubes de sable, de **limon** et d'argile liquéfiée ont été entraînés sur 1,7 kilomètre vers l'amont de la rivière, et sur 1,6 kilomètre vers l'aval, bloquant temporairement la rivière Nation. Comme le glissement de terrain était prévu, le village de Lemieux avait été déménagé deux ans auparavant. ▦

> **MOTS CLÉS**
>
> **Affaissement :** Abaissement du sol consécutif à un glissement de terrain.
>
> **Argile à Leda :** Argile marine composée de particules rocheuses provenant de glaciers.
>
> **Limon :** Dépôt de terre formé au fond des étangs, des fossés, ou entraîné par l'eau courante dans les parties basses des terrains.

Cette photographie aérienne montre un important glissement de terrain survenu en octobre 1999 au Mexique.

Prête attention

Continue à chercher et à noter dans ton tableau semblable à celui de la page G 89 des causes et des effets.

Il existe une grande diversité de climats sur la Terre. Dans cette section, tu découvriras comment les cinq facteurs suivants créent les régions climatiques :

- la latitude ;
- le vent et les masses d'air ;
- les étendues d'eau ;
- l'altitude ;
- les courants marins.

La latitude

La position du Soleil dans le ciel est le facteur le plus déterminant sur le climat. Les endroits les plus froids de la planète sont situés en Antarctique et près de l'océan Arctique. Certains des endroits les plus chauds sont situés près de l'équateur. Le schéma ci-dessous montre que des endroits situés à des latitudes différentes connaissent des températures très différentes. C'est parce que les rayons du Soleil sont plus intenses près de l'équateur et qu'ils sont moins concentrés près du pôle Nord et du pôle Sud.

Lieu et type de climat	Latitude	Température moyenne en janvier (en °C)	Température moyenne en juillet (en °C)
Verkhoïansk (Russie) Climat polaire	67° Nord	−49	14
Singapour (Singapour) Climat tropical	1° Nord	27	28
Perth (Australie) Climat tempéré	32° Sud	23	12

Lumière du Soleil — Verkhoïansk — Cercle polaire arctique — Lumière du Soleil — Singapour — Équateur — Tropique du Capricorne — Lumière du Soleil — Perth

La lumière du Soleil frappe la Terre à des angles différents selon la latitude.

Le climat polaire

Sur le schéma de la page précédente, tu peux voir que la surface ronde de la Terre est la raison pour laquelle des endroits situés à des latitudes différentes ont des températures différentes. Quand ils frappent la Terre près des pôles, les rayons du Soleil sont très dispersés, car l'angle formé par leur point de rencontre est très faible. En hiver, la lumière reflétée vers le ciel crée les aurores boréales. Verkhoïansk, comme la majeure partie de la Sibérie, a un **climat polaire**.

Le climat tropical

Le même schéma montre qu'à l'équateur, les rayons du Soleil, concentrés et intenses, frappent directement la Terre. Un rayonnement solaire concentré toute l'année signifie que les régions situées près de l'équateur ont des températures chaudes et humides à chaque saison. Singapour se trouve presque à l'équateur et a un **climat tropical** chaud et humide.

Le climat tempéré

Perth, en Australie, se trouve entre l'équateur et le pôle Sud. Cette ville est située dans les latitudes moyennes et a un **climat tempéré**. Les rayons du Soleil frappent la surface ronde de la Terre selon un angle qui forme un point de rencontre assez faible pour que l'énergie solaire soit moins intense à Perth qu'à Singapour. Remarque qu'à Perth, la température est plus chaude en janvier qu'en juillet. Dans l'hémisphère Sud, les saisons sont inversées par rapport à celles dans l'hémisphère Nord. Ce phénomène est causé par la migration saisonnière du Soleil. Quand c'est l'hiver au Canada, c'est l'été en Australie.

Le vent et les masses d'air

S'il y a un sous-sol dans ta maison, tu sais qu'il y fait plus frais qu'au rez-de-chaussée. C'est parce que l'air chaud est léger et monte, alors que l'air frais est dense et descend. Le schéma de la page suivante montre comment les masses d'air produisent une constante climatique qui se répète au-dessus et au-dessous de l'équateur.

Tu sais que la chaleur du Soleil est plus intense à l'équateur. Dans le schéma, tu vois que cet air chaud monte. Quand il s'élève, l'air se refroidit, et des gouttelettes d'eau forment des nuages. Il y a des averses torrentielles presque tous les après-midi à Douala, au Cameroun, une ville qui reçoit plus de quatre mètres de pluie chaque année.

MOTS CLÉS

Climat polaire : Climat où les hivers sont rigoureux et les étés frais.

Climat tropical : Climat où les températures sont chaudes toute l'année, accompagnées de beaucoup d'humidité.

Climat tempéré : Climat où les températures sont modérées toute l'année.

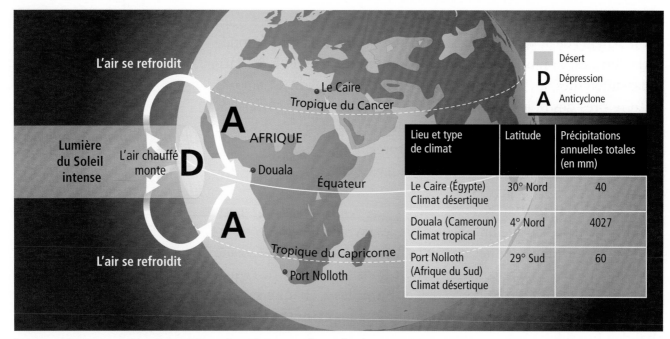

Lieu et type de climat	Latitude	Précipitations annuelles totales (en mm)
Le Caire (Égypte) Climat désertique	30° Nord	40
Douala (Cameroun) Climat tropical	4° Nord	4027
Port Nolloth (Afrique du Sud) Climat désertique	29° Sud	60

Désert
D Dépression
A Anticyclone

Le mouvement des masses d'air est l'une des raisons pour lesquelles les constantes climatiques se reproduisent de part et d'autre de l'équateur.

MOTS CLÉS

Pression atmosphérique : Mesure de la densité de l'air.

Climat désertique : Climat où les conditions météorologiques sont très arides, où il tombe moins de 250 mm de pluie par année.

La **pression atmosphérique** mesurée à l'équateur est différente de celle mesurée aux tropiques. À l'équateur, l'air léger et ascendant crée une zone de basse pression. Plus au nord et plus au sud, l'air descendant crée des zones de haute pression. Les vents circulent entre ces différents systèmes de pression.

Le climat désertique

Il y a des précipitations abondantes à l'équateur. L'air se déplace vers le nord et vers le sud, puis il se refroidit progressivement. Quand il atteint le tropique du Cancer ou le tropique du Capricorne, il revient vers l'équateur sous forme de vents de surface. Les tropiques sont des cercles imaginaires qui indiquent les limites de la migration saisonnière du Soleil dans le ciel, à 23,5° de latitude de chaque côté de l'équateur. L'air descendant est très sec, les nuages et les précipitations sont donc rares. Le Caire et Port Nolloth ont tous les deux un **climat désertique**.

Les étendues d'eau

Les étendues d'eau rendent les températures plus confortables. Les endroits situés près des grandes étendues d'eau ont souvent un **climat maritime** tempéré, avec des étés assez chauds et des hivers frais. Ils reçoivent beaucoup de précipitations quand les vents soufflent de la mer. Par contre, le climat des endroits situés loin à l'intérieur des terres n'est pas tempéré par les étendues d'eau. Ces endroits ont un **climat continental**, avec des étés chauds et des hivers froids. Ce climat est plus sec que le climat maritime.

Les photos et les données climatiques ci-dessous comparent deux villes canadiennes qui se trouvent presque à la même latitude, et pourtant, les températures et le degré d'humidité y sont très différents. Une des villes a un climat maritime, tandis que l'autre a un climat continental. Associe les photos aux données climatiques appropriées pour déterminer quelle ville a un climat maritime et laquelle a un climat continental.

MOTS CLÉS

Climat maritime : Climat où les étés sont assez chauds et les hivers frais, combinés à des précipitations élevées.

Climat continental : Climat où les étés sont chauds et les hivers froids, combinés à de faibles précipitations.

Vancouver, Canada (49° de latitude Nord)	J	F	M	A	M	J	J	A	S	O	N	D
Température (en °C)	3	5	6	9	12	15	17	17	14	10	6	4
Précipitations (en mm)	154	115	101	60	52	45	32	41	67	114	150	182

Les climats maritimes sont tempérés, et les climats continentaux sont plus extrêmes.

Winnipeg, Canada (50° de latitude Nord)	J	F	M	A	M	J	J	A	S	O	N	D
Température (en °C)	–19	–16	–8	3	11	17	20	18	12	6	–5	–14
Précipitations (en mm)	21	18	23	39	66	80	76	76	53	31	25	19

Prête attention

À l'aide du tableau ci-dessous, tu peux déterminer le type de précipitations qu'une région reçoit en examinant la température. La ville de Manaus reçoit-elle de la pluie ou de la neige?

MOTS CLÉS

Climat de montagne: Climat plus frais qu'aux endroits situés à des altitudes inférieures.

L'altitude

Les alpinistes ont besoin de vêtements isolants et de bouteilles d'oxygène pour atteindre les plus hauts sommets du monde. En altitude, il y a moins d'oxygène à respirer et moins de molécules dans l'air qui peuvent emprisonner la chaleur du Soleil. Les endroits situés en altitude élevée sont beaucoup plus frais que ceux situés à proximité, mais à une altitude inférieure. Un **climat de montagne** varie en fonction de l'altitude et de l'exposition au Soleil. Le versant d'une montagne qui ne reçoit pas les rayons du Soleil sera beaucoup plus frais que celui qui reçoit directement les rayons du Soleil.

Les photos et les données climatiques ci-dessous présentent deux villes sud-américaines situées près de l'équateur. L'une d'elles a un climat de montagne, tandis que l'autre a un climat tropical. Associe les photos aux données climatiques appropriées pour déterminer la ville dont le climat subit l'influence des montagnes.

Manaus, Brésil (Altitude : 35 m)	J	F	M	A	M	J	J	A	S	O	N	D
Température (en °C)	28	28	28	27	28	28	28	29	29	29	29	28
Précipitations (en mm)	249	231	262	221	170	84	58	38	46	107	142	203

Les endroits situés dans les montagnes ont un climat beaucoup plus frais que ceux situés à une altitude inférieure.

Quito, Équateur (Altitude : 2850 m)	J	F	M	A	M	J	J	A	S	O	N	D
Température (en °C)	15	15	15	15	15	14	14	14	14	14	14	15
Précipitations (en mm)	99	112	142	175	137	43	20	31	69	112	97	79

Les courants marins

Les masses d'air et les vents de surface de la planète aident à faire circuler l'eau dans les océans. Les courants d'eau chaude s'éloignent de l'équateur en suivant les côtes des continents. Pendant ce temps, les courants froids reviennent vers l'équateur à partir des océans situés près des pôles.

Les courants marins influencent les températures côtières. Examine les photos et les données climatiques des endroits nommés ci-dessous. Un de ces endroits subit l'influence du courant du Labrador, un courant froid venant de l'océan Arctique. L'autre est réchauffé par le Gulf Stream venant de l'océan Atlantique. Associe les photos aux données climatiques appropriées pour déterminer le courant marin qui influence le climat de chaque endroit.

Les courants marins peuvent être chauds ou froids.

Narvik, Norvège (68° de latitude Nord)	J	F	M	A	M	J	J	A	S	O	N	D
Température (en °C)	–4	–4	–2	2	6	11	14	13	9	4	1	–3
Précipitations (en mm)	55	47	61	45	44	65	58	84	97	86	59	57

Nain, Canada (57° de latitude Nord)	J	F	M	A	M	J	J	A	S	O	N	D
Température (en °C)	–19	–18	–12	–5	1	6	10	11	7	1	–5	–13
Précipitations (en mm)	78	56	87	72	57	80	87	69	77	65	79	86

Applique tes connaissances

1. Dans tes propres mots, explique pourquoi la latitude est le facteur qui a le plus d'influence sur le climat. Donne deux exemples pour appuyer ton explication. N'oublie pas d'utiliser le vocabulaire approprié de la géographie. **C**

2. Examine la carte des régions climatiques du monde à la page G 118. Décris les régions climatiques suivantes et explique leur localisation : **C**

   a) polaire ; b) tropicale ; c) désertique.

3. Construis un tableau pour comparer les types de climats suivants : polaire, tropical, tempéré, désertique, maritime, continental et de montagne. Cela t'aidera à résumer ce que tu as appris dans ce chapitre. **CO**

4. À l'aide des données ci-dessus, construis deux climagrammes pour comparer l'effet de l'altitude, des étendues d'eau ou des courants marins sur ces lieux. **CO**

EN RÉSUMÉ

Après **la lecture**

Fais le point

Consulte ton tableau de causes et effets. Récris les questions de la première colonne sans les réponses. Échange tes questions contre celles d'une ou un camarade. Utilise ton tableau pour essayer de répondre aux questions de ta ou ton camarade.

Tu as abordé ce chapitre en examinant les causes et les effets du réchauffement planétaire. Tu as ensuite appris pourquoi et où les tempêtes tropicales, les tornades, les avalanches et les glissements de terrain se produisent. Tu as aussi examiné le lien entre l'augmentation du nombre d'ouragans et le réchauffement planétaire. Tu as vu les différents types de climats, allant de tropical à polaire. Les types de climats résultent d'une combinaison de facteurs, dont la latitude, le vent et les masses d'air, les étendues d'eau, l'altitude et les courants marins. Tu as également appris à construire des climagrammes et tu les as utilisés pour différencier diverses régions climatiques.

Question de la page G 89	Cause (note les numéros de page)	Effet (note les numéros de page)
Quels sont les causes et les effets des tempêtes tropicales, des tornades, des avalanches et des glissements de terrain?		

Cette ville mystère est une métropole moderne de près de 12 millions d'habitants.

Près de 12 millions de personnes habitent la ville représentée sur la photo de la page précédente.

1. Utilise du papier quadrillé pour construire un climagramme de cette ville à l'aide du tableau de statistiques ci-dessous. *co*

2. À l'aide de ton climagramme ou des données climatiques ci-dessous, réponds aux questions suivantes : *h*

   a) Cette ville est-elle située dans l'hémisphère Nord ou dans l'hémisphère Sud ? Comment le sais-tu ?

   b) Son climat est-il tropical, tempéré ou polaire ? Comment le sais-tu ?

   c) Son climat est-il maritime ou continental ? Comment le sais-tu ?

3. Utilise les données climatiques ci-dessous pour calculer : *h*

   a) la température moyenne ;

   b) l'écart thermique ;

   c) les précipitations totales.

4. Explique l'influence des facteurs suivants sur le climat de cette ville : *c*

   a) la latitude ;

   b) les étendues d'eau.

5. D'après l'information contenue dans ces deux pages, la ville représentée sur la photo serait-elle une destination de vacances attrayante pour les voyageurs canadiens ? Explique ta réponse en t'appuyant sur des faits. *m*

Ville mystère	J	F	M	A	M	J	J	A	S	O	N	D
Température (en °C)	23	23	21	17	13	9	10	11	13	15	19	22
Précipitations (en mm)	79	71	109	89	76	61	56	61	79	86	84	99

Les constantes de l'agriculture dans le monde

Les aliments que tu manges viennent de plusieurs régions du Canada et du monde. Par exemple, près de 98 % de la production mondiale de canneberges est issue du Canada et du nord des États-Unis. La vallée du Fraser, en Colombie-Britannique, produit à elle seule 80 % des canneberges du Canada.

Qu'as-tu mangé ce matin ? D'où venaient les aliments qui composaient ton déjeuner ? Quels aliments issus de l'agriculture constituaient ton déjeuner ? Prendre un déjeuner t'a-t-il fait penser à la géographie ?

Ce que tu manges est étroitement lié à la géographie. Le climat, le sol, le relief et l'eau sont des facteurs importants en agriculture. Ils déterminent les cultures qui peuvent pousser dans une région donnée. La géographie d'une région détermine aussi la façon d'acheminer les aliments vers diverses parties du monde.

Avant la lecture

Fais des liens

Pourquoi les gens qui habitent des régions différentes du monde mangent-ils des aliments différents ? D'où viennent les aliments qui composent ton déjeuner ? Quel est le lien entre ton déjeuner et la géographie ? Échange tes réponses avec tes camarades de classe. Lorsque tu auras terminé la lecture de ce chapitre, réponds de nouveau à ces questions.

Ce chapitre te permettra de répondre aux questions suivantes :

- Quelles constantes physiques influencent l'agriculture ?

- Quels sont les liens entre les constantes physiques et l'agriculture ?

- Quelles sont les caractéristiques des trois types d'agriculture ?

- Quels facteurs influencent l'agriculture commerciale ?

- Quels sont les effets négatifs de certaines formes d'agriculture sur l'environnement et sur la population ?

- Comment est-ce que je peux expliquer les constantes physiques et les cultures à l'aide de cartes thématiques ?

Littératie en tête

Dans ce chapitre, tu verras comment nous interagissons avec la géographie de notre région.

Tu as déjà utilisé des schémas, des diagrammes et des tableaux pour organiser l'information. Pour l'étude de ce chapitre, tu te serviras d'un tableau à deux colonnes pour organiser tes notes.

Utilise un tableau semblable à celui ci-dessous. Écris juste assez de renseignements pour te rappeler ce que tu as lu. Tu peux utiliser des images en guise d'explication ou d'exemple.

Idée principale	Détail
Tout ce qui peut être expliqué, défini ou qui est important	*L'explication, la définition, un exemple*

D'où vient la nourriture que nous mangeons?

Pendant la lecture

Prête attention

Dans tes notes, décris le lien entre la géographie et ce que nous mangeons.

Notre alimentation dépend d'un réseau mondial de producteurs. Les aliments nous parviennent par l'entremise, par exemple, du supermarché. Nous pouvons acheter du café du Kenya, en Afrique, des bananes du Costa Rica, en Amérique centrale, et du jus d'orange de la Floride, aux États-Unis, à des prix raisonnables. Nous pouvons aussi nous procurer du pain fait de blé qui vient des Prairies, ainsi que des œufs, du lait et du beurre produits en Ontario.

Les prix des produits canadiens sont très bas. Par exemple, le déjeuner illustré à la page G 115 coûte de 5 à 7 dollars dans la plupart des restaurants et moins de quelques dollars si tu le cuisines à la maison.

Le *Guide alimentaire canadien* définit quatre groupes alimentaires à la base d'un régime équilibré et diversifié : les légumes et les fruits, les produits céréaliers, le lait et les substituts ainsi que les viandes et les substituts.

Une personne de ton âge devrait consommer environ 2000 calories par jour. De nombreux Canadiens n'ont pas un régime équilibré, car ils ne mangent pas suffisamment de légumes et de fruits ou de produits laitiers. Nous consommons en moyenne 125 % de nos besoins alimentaires quotidiens. Toutefois, nous sommes de moins en moins actifs. Nous mangeons souvent trop pour ce que nous dépensons en énergie.

Nombre de portions du Guide alimentaire recommandé chaque jour

	Enfants			Adolescents		Adultes			
Âge (ans)	2-3	4-8	9-13	14-18		19-50		51+	
Sexe	Filles et garçons			Filles	Garçons	Femmes	Hommes	Femmes	Hommes
Légumes et fruits	4	5	6	7	8	7-8	8-10	7	7
Produits céréaliers	3	4	6	6	7	6-7	8	6	7
Lait et substituts	2	2	3-4	3-4	3-4	2	2	3	3
Viandes et substituts	1	1	1-2	2	3	2	3	2	3

Le tableau ci-dessus indique le nombre de portions du Guide alimentaire dont vous avez besoin chaque jour dans chacun des quatre groupes alimentaires.

Le fait de consommer les quantités et les types d'aliments recommandés dans le *Guide alimentaire canadien* et de mettre en pratique les trucs fournis vous aidera à :

• Combler vos besoins en vitamines, minéraux et autres éléments nutritifs.
• Réduire le risque d'obésité, de diabète de type 2, de maladies du cœur, de certains types de cancer et d'ostéoporose.
• Atteindre un état de santé globale et de bien-être.

Suis-tu les recommandations du *Guide alimentaire canadien*?

Le supermarché

Il y a 100 ans, les Canadiens ne pouvaient manger des fruits et des légumes frais qu'à l'été et à l'automne. Aujourd'hui, nous pouvons en manger toute l'année.

Va dans le rayon des fruits et légumes d'un supermarché pour découvrir d'où viennent nos fruits et nos légumes frais. Tu peux trouver la provenance de ces aliments en cherchant des renseignements comme « produit du Chili » sur les affiches dans le supermarché et sur les emballages. Au besoin, demande l'aide d'un commis qui travaille dans le rayon des fruits et légumes. La diversité des origines des aliments frais que tu consommes te surprendra assurément.

Applique tes connaissances

1. Crée un tableau comme celui ci-dessous pour noter ce que tu as mangé et bu hier. Consulte ensuite le *Guide alimentaire canadien* pour vérifier si ton alimentation était équilibrée et diversifiée. **h**

	Déjeuner	Dîner	Souper	Collation
Nourriture				
Boisson				

2. Comment l'agriculture peut-elle illustrer les grands thèmes de la géographie ? Avec une ou un camarade, donne un exemple pour chacun des thèmes suivants : **c**

   a) emplacement et localisation ;   **d)** interaction ;

   b) mouvement ;   **e)** région.

   c) environnement ;

3. Va dans un supermarché ou utilise des cahiers publicitaires pour trouver de l'information sur les fruits et les légumes frais. Sur une carte du monde, indique les pays d'origine des fruits et légumes que tu as trouvés et relie-les à ta région à l'aide de lignes droites. Quelles constantes remarques-tu ? **D**

Les constantes physiques et l'agriculture

MOTS CLÉS

Agriculture : Culture des végétaux et élevage du bétail.

Pendant la lecture

Prête attention

Savais-tu que plus de 70 % du territoire du Canada ne convient pas à l'agriculture ? Que remarques-tu au sujet des régions du Canada qui sont propices à l'agriculture ?

Toutes les formes d'**agriculture** sont liées au climat, au relief et au sol. Les êtres humains ont démontré qu'ils pouvaient surmonter de nombreux obstacles environnementaux en utilisant, par exemple, des canaux pour acheminer de l'eau vers les terres arides. Mais la Terre elle-même a un effet important sur les conditions favorables à l'agriculture.

Le rôle du climat

L'agriculture est étroitement liée aux conditions météorologiques. Un climat propice est nécessaire au développement des plantes et à l'élevage du bétail. La carte des régions climatiques du monde ci-dessous montre les zones qui sont favorables à l'agriculture et celles qui ne le sont pas.

Le climat joue un rôle essentiel dans la formation des sols. L'érosion est un processus naturel sur toutes les terres. Des facteurs climatiques comme l'eau (pluie, rivières, fleuves), la glace et le vent provoquent une perte importante de sol arable et une réduction du potentiel de production agricole. Par exemple, les pluies abondantes et les cours d'eau tumultueux érodent les parois rocheuses de façon

Les régions climatiques du monde

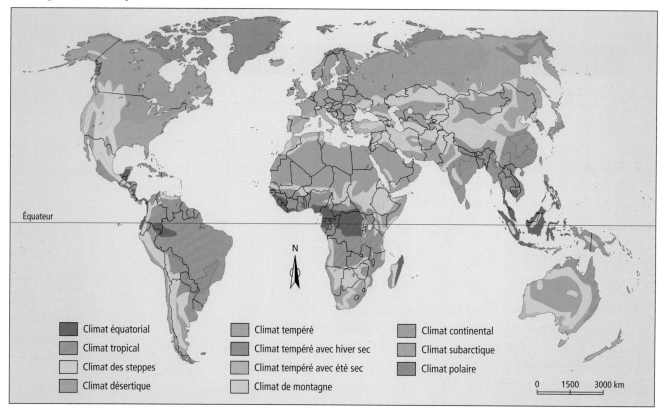

- Climat équatorial
- Climat tropical
- Climat des steppes
- Climat désertique
- Climat tempéré
- Climat tempéré avec hiver sec
- Climat tempéré avec été sec
- Climat de montagne
- Climat continental
- Climat subarctique
- Climat polaire

0   1500   3000 km

constante. Le calcaire est une roche décomposée par l'eau. Quand l'eau gèle dans les fissures rocheuses, la roche se fend. Bien entendu, ce processus naturel se réalise sur une assez longue période. Le vent est également important : il agit comme une ponceuse en projetant des particules de sable et de grès sur les parois rocheuses. Le sol est modelé par les forces d'érosion et est donc dépendant du climat.

Matière organique en décomposition : Matière végétale qui s'est accumulée au cours des derniers mois.

Humus : Couche qui contient beaucoup de matière organique provenant de la décomposition de la végétation.

Horizons : Couches de matières différentes. Les horizons inférieurs contiennent moins d'humus que les horizons supérieurs.

Matériau d'origine : Matière rocheuse fragmentée à la base du profil pédologique.

Matière organique en décomposition
Humus
Horizon A
Horizon B
Matériau d'origine

Le rôle du sol

La plupart des sols sont composés de diverses couches. Un **profil pédologique** est marqué de bandes horizontales de couleur qui deviennent habituellement d'un brun plus clair à mesure que la profondeur augmente. En règle générale, plus les couches supérieures du sol sont foncées, plus la fertilité du sol est grande. Dans le climat polaire et le climat continental, les profils pédologiques montrent une épaisse couche de sol gelé en permanence, appelée « pergélisol ». Cette couche restreint la profondeur que les racines des plantes peuvent atteindre. C'est pourquoi la végétation naturelle de ces régions est surtout constituée de petits arbustes et de fleurs estivales.

MOTS CLÉS

Profil pédologique : Coupe verticale d'un sol allant de la surface au matériau d'origine et dans laquelle les processus de décomposition et d'évolution ont produit des couches horizontales.

Les sols du monde

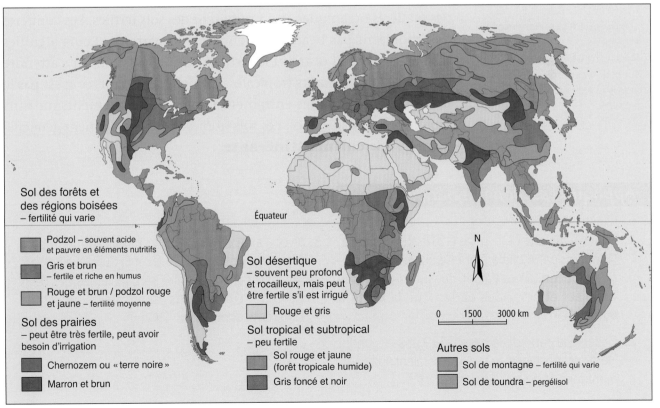

Sol des forêts et des régions boisées
– fertilité qui varie

Podzol – souvent acide et pauvre en éléments nutritifs

Gris et brun – fertile et riche en humus

Rouge et brun / podzol rouge et jaune – fertilité moyenne

Sol des prairies – peut être très fertile, peut avoir besoin d'irrigation

Chernozem ou « terre noire »

Marron et brun

Équateur

Sol désertique – souvent peu profond et rocailleux, mais peut être fertile s'il est irrigué

Rouge et gris

Sol tropical et subtropical – peu fertile

Sol rouge et jaune (forêt tropicale humide)

Gris foncé et noir

N

0   1500   3000 km

Autres sols

Sol de montagne – fertilité qui varie

Sol de toundra – pergélisol

Le rôle de la végétation naturelle

La végétation naturelle se compose d'arbres, de **graminées** et d'autres plantes. Elle est souvent détruite pour faire place à des routes, des immeubles et des fermes. C'est l'interaction du relief, du climat et du sol qui crée une constante de végétation dans une région donnée. Les peuples autochtones et les premiers agriculteurs pouvaient dire en examinant la végétation naturelle si un emplacement convenait ou non à la culture.

Les forêts de feuillus et les prairies naturelles fournissent beaucoup de matière organique qui se décompose pour former le sol.

La végétation naturelle joue un rôle important dans la fertilité du sol. Les feuilles, les graminées et les aiguilles en décomposition produisent la couche d'humus du sol. Les forêts de feuillus laissent tomber des matières organiques, qui produisent des sols fertiles. Les conifères ne produisent pas beaucoup de matière organique. Leurs aiguilles sont acides, ce qui restreint la fertilité du sol. On pourrait s'attendre à ce que le sol des forêts tropicales soit riche. Pourtant, ce n'est pas le cas, car les fortes pluies entraînent la plupart des éléments nutritifs profondément dans le sol. Les sols tropicaux ne conviennent généralement qu'à la **culture itinérante**.

Applique tes connaissances

1. Observe la carte de la page G 118 et sa légende. Nomme quatre climats qui ne conviennent pas à l'agriculture. Pour t'aider, consulte la rubrique « Utiliser et créer des cartes » de la **Boîte à outils**. **c**

2. Observe la carte de la page G 119 et sa légende. Nomme trois types de sols qui seraient suffisamment fertiles pour l'agriculture. **c**

3. Avec l'aide d'une ou d'un camarade, compare les cartes des pages G 118 et G 119. Quelles sont les ressemblances entre les constantes des deux cartes ? Donne des exemples venant de différents continents. **h**

→ Comprendre et interpréter les saisons

Les saisons ont un effet important sur l'agriculture. Le cycle de croissance des plantes est lié à la quantité d'énergie qui provient du Soleil à diverses périodes de l'année. Par exemple, les agriculteurs qui vivent dans des régions chaudes peuvent cultiver leurs produits tout au long de l'année. À l'opposé, ceux qui vivent loin de l'équateur connaissent une plus courte saison de croissance. Les saisons sont créées par les mouvements de la Terre.

Étape 1 : Comprendre que la Terre est une sphère en rotation

Il y a plus de 2000 ans, les Grecs ont découvert que la Terre était une sphère. Nous savons aujourd'hui que la Terre tourne autour d'une ligne imaginaire qui passe par son centre. On appelle cette ligne « **axe** ». Une rotation complète de la Terre dure 24 heures. Comme la Terre tourne vers l'est, le Soleil levant est vu en premier dans cette direction. Une moitié de la Terre fait toujours face au Soleil ; pour l'autre moitié, c'est la nuit.

MOTS CLÉS

Axe : Ligne imaginaire qui passe par le centre de la Terre.

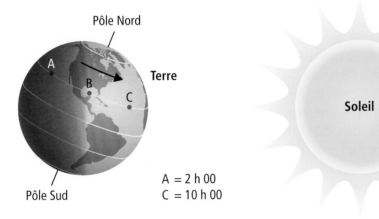

A = 2 h 00
C = 10 h 00

Illustration 1 : La rotation quotidienne de la Terre crée le jour et la nuit.

Étape 2 : Comprendre que l'axe de la Terre est incliné

L'axe de la Terre a un angle d'inclinaison de 23,5°. Cela a un effet sur la quantité de **rayonnement solaire** reçue en divers endroits, comme le montre l'illustration ci-dessus. Toutes les régions de la Terre ne sont pas éclairées de la même façon par le Soleil. Au nord du cercle polaire arctique (à 66,5° de latitude Nord), on peut observer le phénomène appelé « soleil de minuit ». Durant quelques jours ou quelques semaines, le cercle polaire arctique reçoit la lumière du Soleil 24 heures sur 24.

MOTS CLÉS

Rayonnement solaire : Énergie émise par le Soleil.

Inversement, à la même période de l'année, le sud du cercle polaire antarctique (à 66,5° de latitude Sud) demeure dans la noirceur 24 heures sur 24.

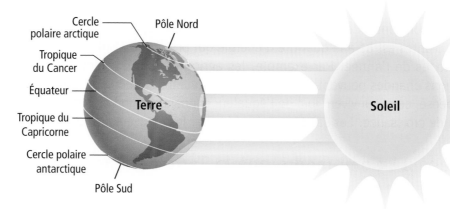

Illustration 2 : Les cercles polaires arctique et antarctique marquent les limites du soleil de minuit et de la noirceur qui dure 24 heures sur 24.

Étape 3 : Comprendre que la Terre gravite autour du Soleil

Tout en faisant sa rotation, la Terre effectue également une orbite annuelle autour du Soleil. Combinée à l'inclinaison de l'axe, cette orbite crée les saisons. L'illustration ci-dessous montre la Terre à deux moments de l'année, à six mois d'intervalle. À gauche, les rayons du Soleil frappent la Terre de face à 23,5° de latitude Nord, au tropique du Cancer. Six mois plus tard, ils frappent la Terre à 23,5° de latitude Sud, au tropique du Capricorne. La ligne des tropiques délimite la zone qui est frappée de face par les rayons du Soleil. L'été de l'hémisphère Nord et celui de l'hémisphère Sud sont séparés par un intervalle de six mois. Remarque que la Terre est toujours inclinée dans la même direction.

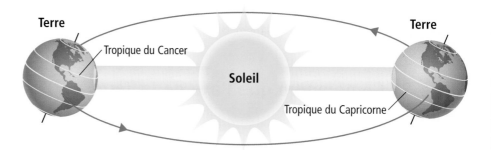

Illustration 3 : L'inclinaison de la Terre et son orbite autour du Soleil créent les saisons.

Étape 4 : Comprendre que les saisons ont un effet direct sur l'agriculture

Chaque saison amène des températures différentes, surtout dans les endroits éloignés de la région tropicale, délimitée par les tropiques du Cancer et du Capricorne. Les cultures qui ont besoin d'ensoleillement intense ou de plusieurs mois de chaleur continue peuvent pousser dans la région tropicale. Aux latitudes moyennes, le cycle annuel de l'agriculture débute seulement lorsque le risque de gel est terminé. Les géographes utilisent un diagramme circulaire pour illustrer le cycle annuel de l'agriculture.

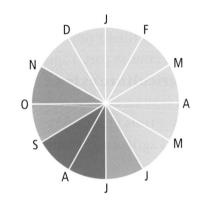

Labourage et ensemencement

Saison de croissance

Récolte

Labourage pour recouvrir le sol

Absence de culture

Illustration 4 : La saison de croissance, à cet endroit sur la planète, subit l'effet de sa position au-dessus de l'équateur.

À ton tour

Réponds aux questions suivantes en utilisant les illustrations appropriées.

1. Illustration 1 de la page G 121 : Calcule l'heure approximative au point B indiqué dans l'illustration. **◘**

2. Illustration 2 de la page G 122 : **◘**

   a) Pourquoi le « soleil de minuit » se produit-il chaque année dans les zones situées à l'intérieur des cercles polaires arctique et antarctique ?

   b) Pourquoi la lumière du jour est-elle présente plus longtemps dans l'hémisphère Nord que dans l'hémisphère Sud ?

3. Illustration 3 de la page G 122 : **◘**

   a) Laquelle des deux illustrations de la Terre montre l'été au Canada ? Explique ta réponse.

   b) Pourquoi les saisons sont-elles inversées au-dessus et au-dessous de l'équateur ?

4. Illustration 4 ci-dessus : **◘**

   a) Cet endroit est-il situé dans l'hémisphère Nord ou dans l'hémisphère Sud ? Explique ta réponse.

   b) Combien de temps les cultures restent-elles en terre à cet endroit ? Que peux-tu en déduire quant à la distance entre cet endroit et l'équateur ?

Les trois types d'agriculture

Les facteurs humains jouent un rôle important dans la façon de pratiquer l'agriculture. L'agriculture dépend des préférences alimentaires des gens. Parallèlement, la disponibilité des aliments influence les goûts. La carte ci-dessous montre que les Sud-Asiatiques favorisent la production de riz, tandis que les Nord-Américains préfèrent l'élevage du bétail et la culture des céréales. La répartition de la population sur le territoire est aussi un facteur humain important. Plus de la moitié de la population mondiale est concentrée en Asie du Sud. À cet endroit, l'agriculture est en général une **agriculture intensive**. Cette méthode est utilisée pour cultiver le riz, les légumes et pour élever la volaille. Pour sa part, l'agriculture nord-américaine est principalement une **agriculture extensive**. Cette méthode est utilisée pour cultiver le blé, le maïs et pour élever les bovins.

Il y a trois grands types d'agriculture : l'**agriculture de subsistance**, l'agriculture commerciale et l'agriculture spécialisée.

L'agriculture dans le monde

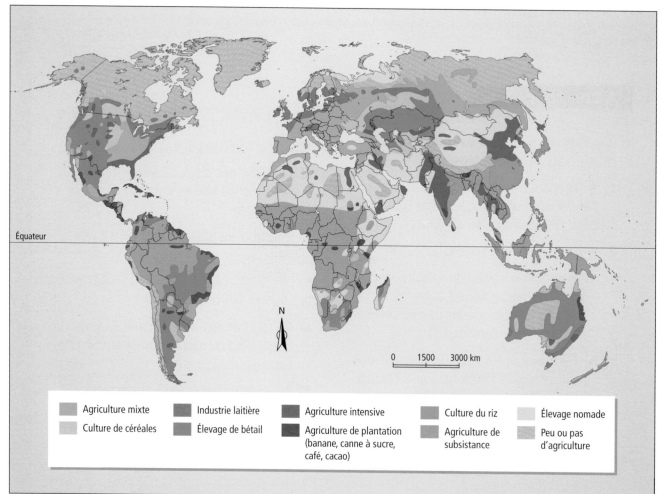

Équateur

N

0   1500   3000 km

Agriculture mixte	Industrie laitière	Agriculture intensive
Culture de céréales	Élevage de bétail	Agriculture de plantation (banane, canne à sucre, café, cacao)

Culture du riz	Élevage nomade
Agriculture de subsistance	Peu ou pas d'agriculture

L'agriculture de subsistance

Les familles et les groupes qui pratiquent l'agriculture de subsistance cultivent de petites parcelles de terre avec très peu d'équipement et d'investissement. L'agriculture de subsistance se pratique surtout dans des endroits où il y a une grande densité de population, comme en Chine et en Inde, ou sur des terres qui ne conviennent pas à l'agriculture commerciale, telles les régions montagneuses, de forêts tropicales et désertiques. L'agriculture de subsistance se divise en trois catégories : l'élevage nomade, la culture itinérante et la petite exploitation agricole.

Pendant la lecture

Prête attention
Utilise les photos et leur légende pour prendre des notes sur l'agriculture de subsistance.

L'élevage nomade

Les troupeaux de chèvres, de chameaux ou de bovins sont les biens précieux des éleveurs nomades d'Afrique, d'Asie centrale et du Moyen-Orient. Ces régions sont désertiques et l'élevage du bétail permet de subvenir à la plupart des besoins des nomades. Par exemple, les chameaux et les chèvres fournissent du lait, de la viande et des peaux aux éleveurs. Des animaux peuvent être échangés dans les oasis contre du café ou d'autres petits articles de luxe. Les éleveurs nomades survivent grâce à leur capacité à trouver des pâturages et de l'eau pour leurs animaux.

La culture itinérante

Les personnes qui pratiquent la culture itinérante vivent dans les régions des forêts tropicales humides d'Amérique du Sud, d'Afrique et d'Asie du Sud. Elles défrichent de petites parcelles de forêt qu'elles cultivent pendant quelques années. Elles y pratiquent, entre autres cultures, celle du maïs et d'autres céréales. Lorsque le sol devient moins fertile, ces personnes se déplacent vers un autre emplacement. Cette catégorie d'agriculture ne permet pas de produire des surplus importants.

La petite exploitation agricole

De nombreux habitants de l'Amérique du Sud, de l'Afrique et de l'Asie du Sud possèdent de petites fermes, où ils cultivent des légumes ainsi que des céréales, comme le maïs ou le riz, et élèvent un peu de bétail. Tous les membres de la famille participent aux travaux de la ferme. Les surplus produits sont vendus ou échangés au marché local. Ces gens vivent souvent sous le seuil de pauvreté. Les conditions météorologiques jouent un rôle important dans la survie de la famille. Par exemple, si des inondations frappent leur région, toutes leurs récoltes sont détruites.

Applique tes connaissances

1. Utilise la carte de la page G 124 pour trouver les principales régions où se pratiquent l'agriculture de subsistance et l'élevage nomade. Compare ces régions avec celles que tu vois sur la carte de la page G 119. Que remarques-tu? **c**

2. Construis un tableau semblable à celui ci-dessous pour comparer les trois catégories d'agriculture de subsistance. **h**

Agriculture de subsistance	Localisation	Caractéristique	Production alimentaire	Surplus
Élevage nomade				
Culture itinérante				
Petite exploitation agricole				

L'agriculture commerciale

L'agriculture pratiquée dans les pays industrialisés est généralement une **agriculture commerciale**. L'objectif est de produire un ou plusieurs types de culture, de bétail ou d'autres produits agricoles pour le vendre à profit. Les personnes qui pratiquent ce type d'agriculture ne consomment pas forcément leur production. Comme la plupart des gens, elles achètent plutôt leur nourriture au marché local ou au supermarché. Tous les membres de la famille de ces agriculteurs ne travaillent pas nécessairement sur ces fermes. En fait, certaines de ces fermes sont de gigantesques entreprises avec un conseil d'administration et des employés.

Certaines fermes commerciales se spécialisent dans les **aliments biologiques**. De plus en plus de consommateurs acceptent de payer plus cher leurs aliments s'ils sont certifiés biologiques. La consommation canadienne de produits biologiques est modeste, soit de 1 à 2 % de la consommation alimentaire totale, mais elle est en constante progression. Depuis 2008, les produits biologiques commercialisés doivent être certifiés par un organisme reconnu par l'Agence canadienne d'inspection des aliments.

La prospérité ou la faillite d'une exploitation commerciale dépend de plusieurs facteurs : la localisation et le climat, les matières premières, la main-d'œuvre et l'équipement, le transport et les forces du marché.

La localisation et le climat

Les caractéristiques physiques comme le climat, la fertilité du sol et la végétation naturelle varient énormément d'un lieu à l'autre. Les conditions les plus favorables à l'agriculture commerciale se trouvent là où les constantes de température et d'humidité conviennent parfaitement aux cultures et au bétail choisis.

Les cultures de fruits à chair tendre (pêche, prune, poire, cerise et raisin) ne peuvent pas survivre dans des conditions difficiles. Les vergers se situent toujours dans des endroits à l'abri des vents froids et du gel intense. Par exemple, la zone de production fruitière du Niagara est située près du lac Ontario, entre Hamilton et Niagara Falls. Les sols y sont fertiles, et les vergers sont protégés par l'escarpement du Niagara, d'une hauteur de 75 mètres, qui bloque les vents froids du nord et de l'ouest. Cette zone est une région importante de production fruitière et **vinicole** au Canada.

Les matières premières

Les matières premières sont très importantes dans l'agriculture commerciale. Par exemple, les agriculteurs utilisent des semences auxquelles ils ajoutent des engrais. Les pesticides éliminent les mauvaises herbes et les insectes qui menacent les cultures. La plupart des fermes **avicoles** n'élèvent pas leur volaille à partir d'œufs. Elles achètent plutôt de grands lots de très jeunes poussins chez des éleveurs spécialisés. Les poussins sont placés sous des lampes chauffantes et nourris au grain pour favoriser leur croissance. Les éleveurs de bétail, quant à eux, achètent des veaux, puis les engraissent pour vendre la viande. Ils ont besoin de matière première comme de la nourriture pour le bétail et de la **litière**.

La main-d'œuvre et l'équipement

L'équilibre entre l'utilisation de main-d'œuvre et l'utilisation d'équipement varie grandement d'un type d'agriculture commerciale à un autre. L'agriculture intensive utilise surtout le travail manuel pour produire de la nourriture. C'est tout le contraire de l'agriculture extensive, qui compte sur de la machinerie de haute technologie pour effectuer le travail de plusieurs personnes. Par exemple, une ferme **maraîchère** et une grande ferme céréalière des Prairies se servent d'équipement très différent.

En Amérique du Nord, les exploitations fruitières et maraîchères exigent plus de travail que ne peuvent en fournir les employés réguliers. La plupart des légumes poussent à partir de graines semées par une machine, tandis que d'autres amorcent leur croissance dans des serres. Il faut ensuite les transplanter dans les champs. Durant la saison de croissance, des travailleurs et de petits outils enlèvent les mauvaises herbes des champs. Au moment de la récolte, des travailleurs saisonniers viennent de différentes régions du pays ou encore du Mexique et des Antilles pour travailler.

Le transport

Les céréales comme le blé et le maïs constituent des cultures importantes. Les fermes céréalières de l'Alberta, de la Saskatchewan et du Manitoba sont généralement de très grandes entreprises familiales. La majeure partie du travail s'effectue à l'aide de tracteurs, de charrues, de moissonneuses-batteuses et d'autres appareils. Le blé est transporté par camion et par train vers des entrepôts portuaires, puis chargé sur des navires. Sans ce réseau de transport, le blé ne pourrait pas se rendre jusqu'aux marchés canadiens ou extérieurs. Aussi, un transport efficace est très important afin que les produits restent frais jusqu'à leur destination.

Les forces du marché

Dans les pays où les aliments en provenance du monde entier sont disponibles, les produits agricoles se trouvent en concurrence. Le bœuf, par exemple, est en concurrence avec d'autres sources de protéines, comme la volaille, l'agneau, le soja. Ce sont donc les préférences des consommateurs qui déterminent la quantité de biftecks à produire. Les prix sont réglés selon l'offre et la demande. Ainsi, s'il n'y a pas suffisamment de biftecks durant la saison du barbecue, les prix augmentent. S'il y en a trop, les prix baissent pour attirer plus de consommateurs. Les offices de commercialisation font de la publicité et créent des sites Web pour promouvoir le bœuf, le lait, le fromage et d'autres produits agricoles.

Applique tes connaissances

1. Combien paierais-tu de plus pour des aliments biologiques? Discutes-en avec tes camarades. *h*

2. Tu veux élever des chevaux ou exploiter un verger. Construis un tableau pour appliquer les cinq facteurs suivants au type d'exploitation agricole commerciale que tu choisiras : la localisation et le climat, les matières premières, la main-d'œuvre et l'équipement, le transport et les forces du marché. *h* *co*

3. a) Pourquoi les vergers se trouvent-ils dans la partie sud du Canada? *c*

   b) Pourquoi les fermes laitières se trouvent-elles souvent près des grands centres urbains? *c*

   c) Pourquoi les producteurs de céréales canadiens utilisent-ils de la machinerie de haute technologie au lieu d'employer plus de main-d'œuvre? *c*

Le conflit du bœuf

Une animatrice américaine de télévision a déclenché une controverse en 1996 quand elle a dit qu'elle ne mangerait plus jamais de hamburger. Les éleveurs de bétail du Texas ont tenté de la poursuivre en justice, mais sans succès. Aujourd'hui, le bœuf subit les attaques de nombreux environnementalistes qui soutiennent que la faim dans le monde pourrait être éliminée si les Nord-Américains consommaient plus de céréales et moins de viande. Dans cette section, tu compareras le point de vue d'un groupe environnementaliste avec celui d'une association de producteurs de bœuf.

Le point de vue d'un groupe environnementaliste

Convertis ton hamburger en céréales, en forêt et en eau

=

Environ 5 kilogrammes de céréales

+

Environ 5,2 mètres carrés de forêt tropicale

+

Environ 9500 litres d'eau

Certaines personnes croient que l'élevage des bœufs consomme trop de ressources.

Le point de vue d'une association de producteurs de bœuf

LES MYTHES CONCERNANT LE BŒUF

LES CÉRÉALES : Les bœufs ne sont pas nourris au grain toute leur vie, comme le croient certaines personnes. Il faut seulement 1,2 kilogramme de céréales pour produire 454 grammes de bœuf.

LES FORÊTS TROPICALES : Selon un rapport du gouvernement américain, moins de 1 % de l'approvisionnement en bœuf des États-Unis venait des « pays des forêts tropicales » en 2001.

L'EAU : Il faut 1750 litres d'eau pour produire 454 grammes de bœuf.

LA FAIM DANS LE MONDE : Les céréales données aux bœufs sont des céréales fourragères et non des céréales de qualité supérieure consommées par les humains. À moins que quelqu'un ne soit disposé à acheter ces céréales et à les acheminer vers les pays en voie de développement, personne ne s'en procurerait.

D'autres personnes pensent que les environnementalistes exagèrent le problème et utilisent toutes sortes de statistiques pour le prouver.

Qu'en penses-tu ?

1. Construis un tableau pour résumer les points de vue opposés dans le conflit du bœuf aux États-Unis. *m*

2. Quel point de vue te semble le plus crédible ? Pourquoi ? Pour t'aider, consulte la rubrique « Reconnaître les préjugés » de la **Boîte à outils**. *m*

L'agriculture spécialisée

L'agriculture spécialisée est un type d'agriculture commerciale axée sur un seul type de produit. Elle est favorisée par une combinaison unique de facteurs physiques et humains.

De nombreuses fermes spécialisées ne produisent pas de nourriture. Les plantations de tabac, de coton et de fleurs en sont quelques exemples.

Les cultures suivantes montrent comment les facteurs physiques et humains jouent un rôle dans l'agriculture spécialisée.

MOTS CLÉS

Agriculture spécialisée : Type d'agriculture commerciale où une seule culture ou un seul type de bétail est produit en vue de la vente.

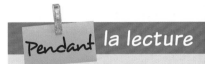

Pendant la lecture

Prête attention

Dans ces photos, quels détails représentent les facteurs humains et physiques en agriculture ?

La culture des oranges : le climat et les forces du marché

La Floride se classe au deuxième rang derrière le Brésil parmi les principaux producteurs d'oranges. Les orangers et leurs fruits sont facilement endommagés par les températures glaciales. En raison du gel, les vergers de la Floride ont été progressivement déplacés vers le sud de cet État, où les risques de gel sont plus faibles. Il existe de nombreux types d'oranges, chacun ayant un rythme de maturation différent. Cela permet aux producteurs d'offrir des fruits frais toute l'année. Aujourd'hui, environ 80 % des récoltes de la Floride sont transformées en jus. L'association des producteurs d'oranges de la Floride a créé une forte demande pour le jus d'orange grâce à de nombreuses campagnes publicitaires.

Les pépinières : la localisation et les matières premières

Les pépinières vendent des arbres, des fleurs et d'autres plantes aux consommateurs. La plupart se trouvent à proximité des zones urbaines, près de leur clientèle. Les sols de ces endroits doivent être bien drainés et avoir une texture fine afin de convenir à de nombreux types de plantes. Les serres servent à faire pousser des fleurs et des graminées à partir de semences, dans la chaleur et l'humidité. Les matières premières des pépinières comprennent, entre autres éléments, de jeunes pousses et des engrais.

Le café : la localisation et la main-d'œuvre

Le café est produit sous les climats tropicaux de l'Amérique centrale, de l'Amérique du Sud, de l'Afrique et de l'Asie du Sud. Les **caféiers** ont besoin de beaucoup d'ensoleillement, mais sans qu'il fasse trop chaud. Ils poussent mieux dans les sols bien drainés à flanc de collines, à une altitude de 1000 à 2500 mètres au-dessus du niveau de la mer, où il fait plus frais. Chaque caféier produit suffisamment de grains pour obtenir 0,7 kilogramme de café torréfié. On trouve cet arbre tant dans les petites exploitations que dans les grandes plantations. Beaucoup de travail manuel est requis pour cueillir et sécher les grains de café avant qu'ils ne soient triés et torréfiés mécaniquement.

Pendant la lecture

Prête attention
La prochaine fois que tu iras au restaurant, vérifie le prix d'une tasse de café. À l'aide de l'information donnée dans l'illustration ci-contre, détermine le montant que reçoit le producteur pour une tasse de café dans ce restaurant.

Les produits équitables

Les agriculteurs ne reçoivent qu'une partie du prix que nous payons pour notre nourriture. Les agriculteurs spécialisés des pays en voie de développement reçoivent souvent un très petit montant pour leur café, leur cacao, leur thé ou leurs fruits. Par exemple, ils ne reçoivent qu'environ 20 cents sur chaque tasse de café vendue à 1,80 $. Ce n'est pas suffisant pour avoir un niveau de vie décent.

C'est différent pour les produits du **commerce équitable**. D'abord, les agriculteurs sont groupés en coopératives, ce qui leur permet de transformer leurs produits eux-mêmes. Ensuite, ils le vendent à des importateurs équitables à un prix garanti, souvent deux fois plus élevé que celui reçu par les agriculteurs individuels. Ces acheteurs expédient le produit vers les pays industrialisés et le vendent en tant que marque spéciale.

Un nombre croissant de consommateurs achètent des produits équitables lorsqu'ils apprennent que c'est plus juste pour les producteurs des pays en voie de développement.

Une tasse de café

Boutique ou café	55 ¢
Torréfacteur, transporteur	85 ¢
Acheteur local	20 ¢
Producteur	20 ¢

Total : 1,80 $

Les producteurs ne reçoivent qu'une petite fraction du coût d'une tasse de café.

Les bananes du Costa Rica

Le Costa Rica, un pays d'Amérique centrale, est l'un des principaux exportateurs de bananes au monde. La majeure partie de la production se fait dans de vastes plantations le long de la côte des Caraïbes. De grandes entreprises ont défriché d'immenses zones de forêt tropicale et construit des logements locatifs pour les familles de travailleurs. Les ouvriers agricoles gagnent environ 10 dollars par jour, et beaucoup d'entre eux viennent des pays voisins, où les salaires sont encore plus bas.

Les exportations de bananes du Costa Rica rapportent plus d'un demi-milliard de dollars annuellement. Ces bananiers qui « poussent au soleil » reçoivent beaucoup d'engrais. L'application de pesticides élimine les araignées et autres insectes. Les bananes vertes sont cueillies quand d'énormes navires réfrigérés arrivent dans les ports côtiers. Ainsi, les fruits ne sont pas trop mûrs lorsqu'ils arrivent dans les supermarchés nord-américains.

Une petite partie des cultures de bananes du Costa Rica est destinée aux produits équitables. Environ 1500 familles de la communauté autochtone de Bribri cultivent leurs propres bananes pour le compte d'une entreprise privée. Chaque famille récolte les fruits dans une zone de 10 à 15 hectares

S'agit-il de bananes de plantation ou de bananes biologiques ? Comment le sais-tu ?

de forêt tropicale. Ces bananes « cultivées à l'ombre » sont biologiques, cultivées sans engrais chimiques ni pesticides. Elles sont réduites en purée quand elles sont mûres. Ce produit équitable est exporté pour servir à la préparation de boissons fruitées.

Applique tes connaissances

1. À l'aide de la carte de la page G 124, indique les endroits où les deux types d'agriculture suivants sont pratiqués : **o**

   a) l'agriculture de plantation ;

   b) l'agriculture intensive.

2. Utilise ce que tu as appris dans cette section et, au besoin, fais une recherche afin d'expliquer pourquoi les types d'agriculture suivants sont considérés comme de l'agriculture spécialisée : **o**

   a) la production laitière (lait et fromage) ;

   b) la culture du riz.

3. Quelles sont les différences entre la culture des bananes « au soleil » et la culture des bananes « à l'ombre » ? **h**

4. Quels sont les avantages sociaux et environnementaux des bananes équitables « cultivées à l'ombre » ? **h** **co**

5. Selon toi, pourquoi certaines personnes sont-elles prêtes à payer un peu plus cher pour des produits équitables ? **h**

Les transformations de l'agriculture et leurs effets

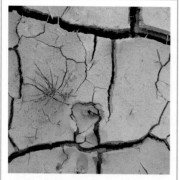

La désertification affecte l'environnement local, et donc le mode de vie des populations.

▓ Depuis une vingtaine d'années, l'agriculture subit d'importantes transformations. Afin d'augmenter la productivité des sols, plusieurs agriculteurs utilisent différentes méthodes qui, à long terme, pourraient avoir des effets négatifs sur l'environnement et sur la population.

La désertification et l'appauvrissement des sols

Dans certaines régions d'Afrique, comme au Sahel, la quantité de pluie reçue par année représente moins de 100 mm. Le Sahel est situé au sud du désert du Sahara et au nord de la forêt équatoriale. Il est constitué d'une population majoritairement rurale qui pratique surtout l'agriculture et l'élevage. Cette région semi-désertique a besoin d'eau pour l'irrigation des champs et pour abreuver les animaux. À cause du manque d'eau, les habitants ont dû construire des puits. Grâce aux puits, les bergers ont augmenté la taille de leurs troupeaux, mais cela a causé un phénomène de surpâturage. Le surpâturage est l'une des principales causes de la **désertification**. Les troupeaux détruisent la végétation et les plantes qui retiennent le sol avec leurs racines, ce qui appauvrit la terre. Le vent et les eaux de pluie transportent alors au loin la mince couche de terre **arable**. Après quelque temps, les terres fertiles deviennent stériles, et puisque plus rien n'y pousse, le bétail ne peut plus se nourrir.

L'utilisation des pesticides et des engrais chimiques

Les engrais chimiques sont utilisés par la plupart des agriculteurs pour augmenter la productivité des cultures.

Plus tôt dans ce chapitre, tu as appris ce qu'est l'agriculture commerciale. Les immenses fermes cherchent à faire d'importants profits. Pour augmenter leur production agricole, les agriculteurs utilisent donc des engrais chimiques. Que l'on parle d'un petit lopin de terre ou d'une ferme de plusieurs milliers d'hectares, le problème des insectes ravageurs et des mauvaises herbes est présent. Afin de lutter contre ces organismes nuisibles, les agriculteurs utilisent des pesticides et des herbicides chimiques. Ces produits les débarrassent des envahisseurs, mais ils créent un autre problème. Avec la pluie ou l'irrigation des champs, ces produits s'infiltrent dans le sol et se déversent dans les cours d'eau avoisinants. Ils se rendent ensuite jusque dans les lacs et les rivières. Ils contaminent les cours d'eau et peuvent avoir un impact majeur sur l'écosystème et sur la santé des êtres humains. Aujourd'hui, au Canada, plusieurs efforts sont déployés pour inciter les agriculteurs à remplacer les engrais chimiques et les pesticides par des engrais et des herbicides biologiques qui n'ont pas d'effets nuisibles sur l'environnement.

Les organismes génétiquement modifiés

La technologie est très présente dans le domaine de l'agriculture. Aujourd'hui, plusieurs fermes sont de grandes industries qui doivent produire des fruits, des légumes et du bétail de haut rendement. Pour augmenter la productivité et les profits, les scientifiques ont développé les organismes génétiquement modifiés (OGM). Ces manipulations génétiques permettent de modifier le bagage génétique de certaines plantes et de certains animaux en y insérant des gènes issus d'un autre organisme vivant. Par exemple, les chercheurs ont pris une fraise et lui ont transféré un gène qui résiste au gel.

Environ 50 % du maïs cultivé au Canada est génétiquement modifié.

Ainsi, les fraises restent mûres plus longtemps et peuvent résister au gel. Le maïs, le soja et le canola cultivés au Canada sont en grande partie des OGM. Ces plantes ont été modifiées génétiquement pour résister à certains insectes ou virus qui pouvaient détruire les récoltes.

Les OGM soulèvent de vifs débats. Alors que les partisans des OGM se réjouissent des progrès qu'ils apportent en agriculture et en médecine, les opposants dénoncent les effets à long terme mal connus des OGM sur les êtres vivants. ▪▪

La superficie des principales cultures génétiquement modifiées et non génétiquement modifiées dans le monde en 2007

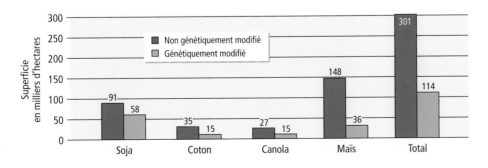

Ce jeu illustre comment des facteurs qui relèvent du hasard jouent un rôle dans la réussite en agriculture au cours d'une saison donnée. Il se joue en équipe de trois ou de quatre élèves. L'élève dont la somme des meilleures cartes de chaque série est la plus élevée remporte la partie.

Matériel

* Un jeu de 52 cartes

Série	Valeur	Signification
Pique	De 2 à 10	La fertilité du sol
Trèfle	De 2 à 10	Les conditions météoro-logiques de la saison
Cœur	De 2 à 10	La santé des cultures ou des animaux
Carreau	De 2 à 10	Les prix du marché

Règles du jeu

1. La personne la plus grande retourne une carte d'un jeu placé face contre table. Ce sera ensuite au tour de la personne à sa droite.

2. À mesure que tu retournes des cartes, place les cartes numérotées de 2 à 10 en quatre piles devant toi, face vers le haut, selon leur série.

Pique	Trèfle	Cœur	Carreau
Fertilité du sol	Conditions météorologiques	Santé des cultures et des animaux	Prix du marché

3. Si tu retournes une reine ou un valet, vérifie à quelle série elle ou il appartient. Tu dois donner la carte du dessus de la pile de cette série à l'élève à ta droite. Dépose la figure dans une pile à l'écart.

4. Si tu retournes un roi ou un as, tu peux retourner deux autres cartes. Dépose le roi ou l'as dans la pile à l'écart.

5. Le jeu se termine quand toutes les cartes ont été retournées.

6. Trouve la carte ayant la plus grande valeur dans chacune de tes quatre piles de séries. Additionne la valeur de ces quatre cartes (le maximum est 40) pour déterminer l'élève qui gagne.

Applique tes connaissances

1. Quel facteur (fertilité du sol, conditions météo-rologiques, santé ou prix) t'a été le plus favo-rable ? Lequel t'a été le moins favorable ? *c*

2. Construis un tableau pour montrer comment ce jeu peut à la fois représenter et ne pas représen-ter les facteurs concrets qui influencent l'agri-culture. *h*

EN RÉSUMÉ

Dans ce chapitre, tu as examiné les facteurs physiques et humains qui favorisent l'agriculture dans différentes régions du monde. Tu as appris que le climat, le sol et la végétation naturelle jouent un rôle important dans la localisation de toute activité agricole. Tu as aussi vu que l'agriculture de subsistance, l'agriculture commerciale et l'agriculture spécialisée reflètent divers types de sociétés humaines.

Idée principale	Détail
Tout ce qui peut être expliqué, défini ou qui est important	L'explication, la définition, un exemple

Après la lecture

Fais le point

Relis les rubriques « Prête attention » et réfléchis aux questions suivantes :
- Que se passerait-il si les agriculteurs canadiens ne pouvaient plus produire de nourriture ?
- Qu'est-ce qui pourrait provoquer cette situation ?

Vérifie tes connaissances

Utilise les questions suivantes pour faire une recherche, en équipe, et rédiger un rapport sur un type d'agriculture commerciale pratiqué en Océanie. Fais ton choix parmi : a) l'agriculture de plantation, b) l'élevage des moutons, c) l'élevage des bovins ou d) la culture des céréales. Consulte la **Boîte à outils** si tu as besoin d'aide.

1. Quels sont les effets du relief, du climat et du sol sur ce type d'agriculture ? *h co m*

2. Quels sont les effets des facteurs humains sur ce type d'agriculture (main-d'œuvre, transport et forces du marché) ? *h co m*

3. Quels sont les problèmes particuliers relatifs à ce type d'agriculture ? *h co m*

L'agriculture en Océanie

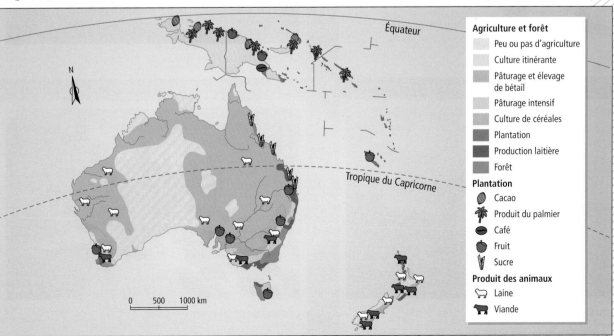

Chapitre 6 : Les constantes de l'agriculture dans le monde **G 137**

Retour à l'idée principale

Au début de ce module, tu as appris les détails sur la candidature de Vancouver en vue des Jeux olympiques d'hiver de 2010. Tu as vu que cette région avait une combinaison gagnante de reliefs, de climat et de réseaux de transport. Tu as vu que les constantes physiques pouvaient influencer les activités humaines, et tu as formulé des hypothèses sur la manière dont le relief et le climat peuvent jouer un rôle dans les activités humaines.

Maintenant que tu as terminé ce module, utilise tes notes pour réviser ce que tu as appris.

- Examine tes hypothèses. Étaient-elles fondées?
- Qu'as-tu appris sur la prise de décision en géographie? Comment ces connaissances pourraient-elles t'aider à choisir le meilleur endroit pour une activité comme des vacances hivernales?

Collingwood, en Ontario.

Chichen Itza, au Mexique.

Le parc d'attractions Epcot, à Orlando, en Floride.

Les plages de Varadero, à Cuba.

Montre ce que tu as compris

Avant de choisir un emplacement pour les Jeux olympiques d'hiver de 2010, le Comité international olympique devait prendre plusieurs éléments en considération. C'est aussi ce que tu feras dans cette activité. D'abord, tu feras une recherche sur les caractéristiques physiques et humaines d'une des destinations de vacances hivernales montrées à la page G 138. Ensuite, tu travailleras en équipe pour comparer ces destinations et choisir ta préférée. Les destinations hivernales proposées sont des lieux populaires situés au Canada, aux États-Unis, au Mexique et à Cuba. Amuse-toi bien pendant ta recherche !

Étape 1 Choisis une destination

Choisis une destination hivernale parmi les régions montrées dans les photos de la page précédente.

Étape 2 Fais une recherche

Fais une recherche sur les caractéristiques physiques et humaines de la région choisie et décris tes découvertes les plus importantes dans un court rapport.

Dans le cas des caractéristiques physiques, cherche de l'information sur le relief et le climat de la région. Souligne les effets de l'environnement physique sur le tourisme hivernal dans cette région.

Dans le cas des caractéristiques humaines, cherche de l'information sur les installations et les services de transport, les attractions et les lieux d'hébergement qui permettent de répondre aux besoins des touristes hivernaux dans cette région.

Conseil : Avant de commencer, révise la rubrique « Le processus de recherche » de la **Boîte à outils**.

Étape 3 Dessine des cartes et construis des diagrammes

Dessine des cartes et construis des diagrammes pour montrer les caractéristiques physiques et humaines importantes de cette région touristique.

Étape 4 Évalue les destinations et classe-les

Travaille avec quelques camarades pour déterminer des critères de comparaison afin d'évaluer les quatre destinations de vacances hivernales.

Après avoir comparé les destinations, classe-les en ordre, en commençant par celle qui est la plus attrayante.

Les ressources naturelles

La forêt est un exemple de ressources naturelles renouvelables. Cette photo illustre la coupe à blanc pratiquée en Colombie-Britannique. Cette méthode de coupe est utilisée parce qu'elle est économiquement avantageuse : c'est la façon la moins coûteuse et la plus rapide d'obtenir du bois.

Le pétrole est une ressource naturelle non renouvelable. Cette photo montre un site d'exploitation de sables bitumineux dans le nord de l'Alberta. L'exploitation des sables bitumineux joue un rôle important dans l'économie du Canada.

Le recyclage permet d'économiser les ressources naturelles de la Terre. Actuellement, seule une très petite portion des déchets est recyclée. Une autre façon d'économiser les ressources est de limiter la consommation d'énergie, d'eau et d'autres ressources. Les environnementalistes pensent que les humains consomment trop de ressources et qu'ils ne font pas assez d'efforts pour en économiser pour les générations futures.

La Terre abrite plus de six milliards de personnes qui dépendent des ressources naturelles. Ces ressources permettent de combler les besoins des humains en nourriture, en eau, en énergie et plusieurs autres besoins. De nombreuses ressources se renouvellent par des cycles naturels sur une courte période. D'autres ressources sont qualifiées de « non renouvelables », car il faut des millions d'années pour qu'elles se forment de nouveau. Le gaspillage et la surexploitation des ressources naturelles mettent la planète en péril, comme le montrent les reportages sur la pollution de l'eau et de l'air, et sur les espèces en voie de disparition. Les ressources de la Terre tiendront-elles le coup face aux pressions exercées par les sociétés industrialisées ?

Les attentes

Ce module explorera la question : **Les ressources de la Terre s'épuiseront-elles ?**

Ce module te permettra de répondre aux questions suivantes :

- Comment les êtres humains obtiennent-ils et exploitent-ils les ressources naturelles ?
- Quelle est l'importance des ressources naturelles pour le Canada et le monde ?
- Quelles activités humaines ont un effet positif ou négatif sur les ressources naturelles ?
- Comment est-ce que les humains peuvent préserver les ressources naturelles pour les générations futures ?
- Quelles habiletés est-ce que je peux utiliser pour faire de la recherche et rédiger des rapports sur les problèmes liés aux ressources naturelles ?

CHAPITRE 7

Les ressources renouvelables et les ressources permanentes

Les gens font-ils assez d'efforts pour protéger et renouveler les ressources de la Terre?

Avant la lecture

Fais des liens

Discute de la question suivante avec une ou un camarade : Que devrions-nous faire pour protéger et renouveler les ressources de la Terre ?

MOTS CLÉS

Forêt tropicale humide : Aire de végétation très étendue située dans une zone où les pluies sont abondantes et les températures sont très chaudes.

Les gens peuvent exploiter les ressources naturelles et ils peuvent aussi les protéger ou les renouveler. Des espèces végétales et animales sont détruites lorsque des **forêts tropicales humides** sont déboisées et brûlées en Amérique du Sud, en Amérique centrale, en Afrique et en Asie du Sud. Au Canada, le déboisement de zones forestières fait également beaucoup de dommages environnementaux. Même si plusieurs entreprises forestières transplantent de jeunes pousses à croissance rapide, cela permet-il de réparer les dommages faits à l'environnement ?

Les gens exploitent les ressources naturelles pour en tirer un profit et cela exerce une grande pression sur l'environnement. Cela peut même entraîner l'épuisement d'une ressource. Par exemple, de nombreuses espèces d'animaux sauvages sont en voie de disparition ou sont disparues. Les gens font-ils assez d'efforts pour protéger et renouveler les ressources de la Terre ? Ou bien exploitent-ils ce que la Terre leur offre sans se préoccuper réellement des besoins des générations futures ?

Ce chapitre te permettra de répondre aux questions suivantes :

- Quels termes géographiques décrivent les diverses catégories de ressources naturelles ?

- Quel est le rôle de la technologie par rapport à l'exploitation des diverses ressources naturelles ?

- Quel impact les gens ont-ils sur les ressources renouvelables et les ressources permanentes ?

- Quelle est l'importance des ressources naturelles pour divers pays ?

- Comment est-ce que je peux montrer la localisation de ressources naturelles à l'aide de cartes de répartition ?

Littératie en tête

Dans ce chapitre, tu dessineras des ressources et tu noteras leur importance et les problèmes qui s'y rapportent. Cela t'aidera à te représenter la ressource.

Dans un tableau comme celui ci-dessous, dessine une ressource naturelle dans la colonne de gauche. Dans la deuxième colonne, dessine un produit fabriqué à l'aide de cette ressource ou représente son utilité. Dans la troisième colonne, ajoute des détails sur l'importance de cette ressource ou sur les problèmes qu'entraîne son exploitation.

Ressource	Produit ou utilité	Importance ou problème
Ver à soie (renouvelable)	Vêtement	C'est une fibre naturelle.

Qu'est-ce qu'une ressource ?

Ressource

- Emplacement
- Produit
- Personne

MOTS CLÉS

Ressource : Quelque chose qui est utile à l'être humain.

Ressource naturelle : Matière présente dans la nature que les êtres humains peuvent exploiter et qui peut avoir une valeur économique.

Technologie : Outils, inventions ou connaissances scientifiques utilisés pour satisfaire un besoin, pour résoudre un problème ou pour exploiter une ressource naturelle.

Si quelque chose est utile à l'être humain, on peut dire qu'il s'agit d'une **ressource**. Au sens large du terme, les ressources peuvent être des lieux, des personnes ou des choses. Par exemple, une bibliothèque est un centre de ressources où l'on peut trouver toutes sortes de renseignements. Le travail et les connaissances des gens sont des ressources humaines. Les **ressources naturelles** sont des éléments physiques de la Terre qui sont utiles aux être humains, tels que les minéraux, les végétaux, les animaux, l'eau, l'air et le sol.

Les éléments physiques deviennent des ressources seulement lorsque les humains les exploitent ou exploitent leurs produits. Par exemple, les abeilles jouent un rôle important dans la nature, car elles permettent la reproduction des plantes en transportant le pollen d'une plante à une autre. Elles constituent aussi une ressource naturelle puisqu'elles sont productrices de miel, une denrée très appréciée. Savais-tu que les tissus de soie sont faits de fils sécrétés par le ver à soie ? Avant que les Chinois découvrent une façon de recueillir et de tisser ces filaments, le ver à soie n'était qu'un insecte mangeur de feuilles, et non pas la précieuse ressource naturelle à la base d'une industrie d'un milliard de dollars.

Les ressources et la technologie

Les gens dépendent de la **technologie** pour transformer les ressources naturelles. Certaines sociétés ont des technologies très simples et exploitent un petit nombre de ressources naturelles. D'autres ont acquis des connaissances et des habiletés complexes. La pierre, par exemple, est une ressource naturelle utilisée depuis des milliers d'années. Les premiers humains l'utilisaient pour gratter les peaux d'animaux pour y arracher la viande. Ensuite, ils ont appris à utiliser une pierre dure pour enlever des éclats d'une pierre plus tendre afin d'en faire des pointes de javelot et des pointes de flèche. En Égypte, les tailleurs de pierres utilisaient des outils spéciaux pour mesurer la pierre et la façonner en blocs pour construire les pyramides. La technologie développée par les Égyptiens était si avancée que la forme, la pente et la hauteur des pyramides étaient très précises.

Les Égyptiens ont construit les pyramides grâce à la technologie qu'ils ont développée.

La technologie de pointe : la puce électronique

De nombreux appareils fonctionnent grâce à des puces électroniques. Les ordinateurs et les téléphones cellulaires en sont deux exemples. Les puces simples des ordinateurs personnels sont fabriquées à l'aide de minces plaquettes de silicium. Le silicium est un type de minéral qui peut se désagréger pour devenir du sable. Les puces plus complexes, par exemple celles utilisées dans les circuits téléphoniques, sont conçues en laboratoire. Pour créer des circuits électroniques, les puces sont marquées de minces lignes à l'aide d'outils automatisés. Ces lignes sont ensuite remplies de métal, tel le cuivre ou l'or, qui sert de conducteur au courant électrique.

Les puces électroniques sont fabriquées dans des laboratoires à la fine pointe de la technologie.

La technologie influence notre façon de voir les ressources naturelles. Certaines personnes pensent que ce n'est pas grave si une ressource disparaît, puisque la technologie trouvera une façon de contourner ce problème. Par exemple, la consommation de pétrole est tellement élevée actuellement que les réserves mondiales seront épuisées d'ici 50 ans. Les réserves canadiennes sont aussi menacées. La majeure partie de la production pétrolière du Canada provient des sables bitumineux de l'Alberta et du gisement Hibernia, au large de Terre-Neuve-et-Labrador.

Les trois catégories de ressources naturelles

Les ressources naturelles peuvent être classées en trois catégories : les ressources renouvelables, non renouvelables et permanentes.

Les **ressources renouvelables** peuvent se régénérer en une période de temps relativement courte si les conditions nécessaires à leur renouvellement sont respectées. Les ressources vivantes, comme les végétaux et les animaux, se renouvellent par la reproduction. L'air, le sol et l'eau se renouvellent grâce aux cycles naturels. Cela se produit assez rapidement, à moins que la ressource ait subi des dommages importants.

Les **ressources non renouvelables,** elles, prennent des millions d'années à se régénérer. C'est le cas des matières qui proviennent de l'intérieur de la terre, comme les minéraux métalliques (or, argent, cuivre, etc.) et les combustibles fossiles (charbon, pétrole et gaz naturel). Il est important de préserver les ressources non renouvelables sous peine de les voir disparaître un jour.

MOTS CLÉS

Ressource renouvelable : Ressource utile aux humains qui se régénère naturellement, comme la forêt et les animaux.

Ressource non renouvelable : Ressource utile aux humains, par exemple le pétrole, qui ne peut pas être remplacée rapidement.

Les minéraux, comme le cuivre exploité dans cette mine, finiront un jour par s'épuiser.

Pendant la lecture

Prête attention

Construis un tableau et inscris les termes « renouvelable », « non renouvelable » et « permanente » à côté de la définition qui correspond à ce type de ressources.

MOTS CLÉS

Ressource permanente : Ressource qui peut être exploitée et régénérée en même temps, comme le courant d'une rivière ou l'énergie solaire. La ressource doit être exploitée à l'endroit où elle se trouve dans la nature et au moment où elle se manifeste.

Il existe des ressources naturelles qui ne sont ni renouvelables ni non renouvelables. Ce sont des **ressources permanentes**. Une ressource permanente est une ressource naturelle exploitée pour produire de l'énergie. Toutefois, une ressource permanente doit être exploitée à l'endroit où elle se trouve dans la nature et au moment où elle se manifeste. L'eau vive, le vent, les marées et le rayonnement solaire sont devenus des ressources naturelles permanentes parce que l'être humain a trouvé le moyen de les utiliser pour produire de l'énergie. Ces ressources, dont l'exploitation nécessite des technologies perfectionnées, produisent de l'énergie tout en nous permettant d'économiser les ressources non renouvelables.

Applique tes connaissances

1. Construis un tableau semblable à celui ci-dessous pour montrer comment les trois niveaux technologiques ont permis d'exploiter la roche et les minéraux comme ressources naturelles. **c**

Technologie simple	
Technologie avancée	
Technologie de pointe	

2. Dessine un schéma semblable à celui de la page G 145 et donne un exemple pour chacune des trois ressources. **c**

3. Crois-tu que les humains seront toujours en mesure de développer des technologies qui remplaceront les ressources lorsque celles-ci viendront à manquer ? Discute de cette question avec une ou un camarade. Mets ensuite tes idées sur papier. N'oublie pas d'utiliser le vocabulaire approprié. Compare ton point de vue avec celui de tes camarades de classe. **h**

Les ressources renouvelables

Les ressources renouvelables peuvent se régénérer à plusieurs reprises. Par exemple, les animaux et les plantes se reproduisent, l'air et le sol sont engagés dans des cycles naturels qui restaurent leur teneur en oxygène et en azote à mesure qu'ils sont utilisés, et l'eau est purifiée en suivant le **cycle de l'eau**.

L'eau douce

Les ressources naturelles font partie de **systèmes naturels**. Par exemple, le cycle de l'eau est un système naturel alimenté par l'énergie solaire et qui crée une réserve d'eau douce renouvelable. Dans un premier temps, la chaleur du Soleil fait évaporer l'eau. L'eau des cours d'eau, des océans, de la surface terrestre et des plantes s'élève sous forme de vapeur d'eau, en laissant derrière elle les sels et les polluants. Ensuite, à mesure qu'elle s'élève dans l'atmosphère, la vapeur d'eau se refroidit et se condense pour former des nuages. L'humidité revient au sol sous forme de précipitations comme la pluie, la neige, la **bruine**, la **grêle** ou le **grésil**. Enfin, les précipitations se frayent un chemin jusqu'à l'océan, ou s'infiltrent dans le sol, ce qui termine le cycle.

> **MOTS CLÉS**
>
> **Cycle de l'eau :** Cycle continu qui fournit l'eau à la Terre. Les étapes en sont l'évaporation, la condensation et les précipitations.
>
> **Système naturel :** Réseau équilibré d'éléments en interaction.
>
> **Bruine :** Petite pluie très fine.
>
> **Grêle :** Pluie constituée de petits grains de glace.
>
> **Grésil :** Pluie constituée de petits grains de glace plus fins que la grêle.

Le cycle de l'eau

Condensation — Précipitations — Atmosphère — Condensation — Terre — Rivière — Évaporation de l'eau, des plantes — Évaporation de l'eau des océans — Évaporation de l'eau des lacs et des cours d'eau — Ruissellement

Où se trouvent les réserves d'eau douce?

La plupart des plus grands lacs d'eau douce du monde se trouvent en Amérique du Nord. À l'échelle mondiale, l'eau douce est relativement rare, car 99 % de celle-ci est emprisonnée dans les glaciers et les calottes glaciaires. La majeure partie du 1 % qui reste constitue la **nappe phréatique**. De nombreuses communautés dans le monde dépendent des nappes phréatiques pour leur approvisionnement en eau. Les nappes phréatiques peuvent devenir polluées ou s'épuiser de la même façon que les lacs et les rivières.

MOTS CLÉS

Nappe phréatique: Eau qui se trouve sous la surface du sol et qui ne peut être atteinte que par des puits.

Les huit plus grands lacs d'eau douce du monde

Lac	Continent	Superficie (en km²)
Supérieur*	Amérique	82 260
Victoria	Afrique	62 900
Huron*	Amérique	59 580
Michigan	Amérique	58 020
Tanganyika	Afrique	32 000
Grand Lac de l'Ours*	Amérique	31 150
Malawi	Afrique	29 500
Baïkal	Asie	21 500

* Ces lacs se trouvent en totalité ou en partie au Canada.

Plusieurs raisons peuvent entraîner un déséquilibre dans le cycle de l'eau. Le niveau des lacs monte et descend de façon naturelle en raison des variations annuelles de températures et des taux de précipitations. Les êtres humains peuvent aussi perturber le cycle de l'eau lorsqu'ils épuisent les réserves d'eau au profit de l'agriculture. Par exemple, en Asie centrale, des fleuves qui se jettent dans la mer d'Aral ont été détournés pour irriguer des champs de coton. La superficie de cette mer a ainsi été réduite d'environ 50 %. Le déboisement des forêts et la construction de barrages perturbent également l'équilibre du cycle de l'eau.

Qu'est-il arrivé à la mer d'Aral?

▦ Les réserves d'eau douce sont-elles en danger?

Une grande partie des réserves d'eau douce de la planète se concentre dans les glaciers de l'Arctique et de l'Antarctique. Les scientifiques constatent que depuis le début de l'industrialisation, la température de l'eau des océans augmente et contribue à la fonte des glaciers. L'eau douce contenue dans ces glaciers se déverse dans l'océan et elle se mélange ensuite à l'eau salée des océans, ce qui affecte l'environnement. D'immenses icebergs se sont détachés de la calotte glaciaire à quelques endroits. En 2005, un groupe de chercheurs a révélé que le glacier Kangerdlugssuaq, situé à l'est du Groenland, avait reculé de 5 kilomètres depuis 2001, alors qu'il n'avait pas bougé depuis 40 ans. Toujours en 2005, l'explorateur américain Dennis Schmitt a découvert qu'une nouvelle île était apparue dans l'est du Groenland, après la fonte de la glace qui la recouvrait. Il a baptisé cette île « Warming Island », c'est-à-dire l'île du réchauffement, pour faire référence aux changements climatiques. ▦

Les forêts

À quoi penses-tu quand tu vois une forêt? Pour les peintres, la beauté du paysage peut représenter une grande source d'inspiration. Les randonneurs et les campeurs peuvent apprécier l'ombre et le bruit des oiseaux et des animaux qui y vivent. Ceux qui pratiquent le ski de fond dans les sentiers forestiers peuvent apprécier la protection contre les vents hivernaux. Les forêts ont aussi une valeur économique importante : elles fournissent des matériaux de construction, du papier et même de la nourriture, comme des noix et du sirop d'érable. De plus, certains arbres tropicaux sont une source de médicaments importants. Même si la forêt est une ressource renouvelable, certaines activités humaines mettent cette ressource en péril.

Pendant la lecture

Prête attention
Pour représenter une ressource renouvelable, tu peux dessiner un arbre dans ton tableau semblable à celui de la page G 143. Pourquoi la coupe des arbres constitue-t-elle un problème ? Quels sont certains des problèmes liés à la façon de couper les arbres ? Répondre à ces questions t'aidera à faire le point sur les problèmes liés à cette ressource.

Les exportations canadiennes de papier journal de 2002 à 2006

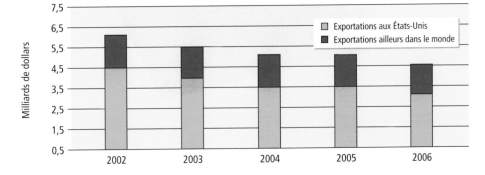

L'industrie forestière permet de fabriquer une grande variété de produits, dont le papier. Le Canada est le plus grand producteur et exportateur de papier journal du monde.

Les méthodes de coupe

L'exploitation commerciale des forêts produit des revenus importants. Trois méthodes de coupe sont couramment utilisées pour déboiser les forêts. Certaines d'entre elles ont moins d'impact sur l'environnement que d'autres.

Coupe sélective : Les entreprises forestières coupent seulement les arbres matures d'une même essence, individuellement ou en petits groupes, en laissant intacte la majeure partie de la forêt. Toutefois, plusieurs petits arbres sont endommagés lorsque les arbres tombent et que les billes sont transportées vers les industries. Cette méthode est peu utilisée en raison de ses coûts élevés.

Coupe progressive : Les entreprises forestières pratiquent la coupe progressive dans de petites zones de forêts où les arbres sont presque tous de la même essence et du même âge. Elles font des coupes de bois partielles et laissent intacts de petits îlots d'arbres qui fourniront les graines pour régénérer de manière plus naturelle la zone défrichée.

Coupe à blanc : Les entreprises forestières préfèrent la coupe à blanc, car c'est la méthode de coupe la moins coûteuse, la plus rapide et la plus sécuritaire pour amasser le bois. Tous les arbres d'une vaste zone sont coupés, mais seulement les arbres utilisables sont emportés. Si elles reboisent la zone, les entreprises forestières le font avec des pousses d'une essence à croissance rapide, en vue d'une exploitation future et pour réduire l'érosion du sol.

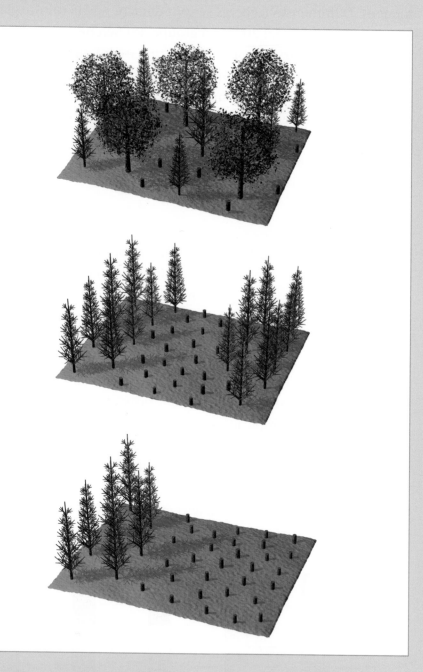

Qu'en penses-tu ?

Compare les illustrations et l'information qui se rapporte à chaque méthode de coupe. Selon toi, quelle est la meilleure méthode ? Pourquoi ? *h*

Les forêts tropicales humides

Les arbres ont une importance non seulement économique, mais aussi environnementale et récréative. Les problèmes liés à la destruction des forêts apparaissent clairement dans les régions tropicales de la Terre. Dans ces régions, la coupe à blanc est pratiquée pour produire du bois de construction. De plus, ces forêts sont souvent brûlées pour faire place à des terres agricoles, à des fermes d'élevage ou à des plantations commerciales. Des habitats fauniques sont détruits, mettant en péril la vie des plantes et des animaux. Les forêts tropicales humides sont considérées comme les « poumons de la planète », car elles produisent de grandes quantités d'oxygène qui purifient l'atmosphère. La carte ci-dessous montre la rapidité avec laquelle ces forêts sont détruites.

Avec une superficie de six millions de kilomètres carrés, la forêt amazonienne, située en Amérique du Sud, est la plus grande forêt tropicale de la planète. L'exploitation forestière a détruit près de 15 % de sa surface.

La destruction des forêts tropicales

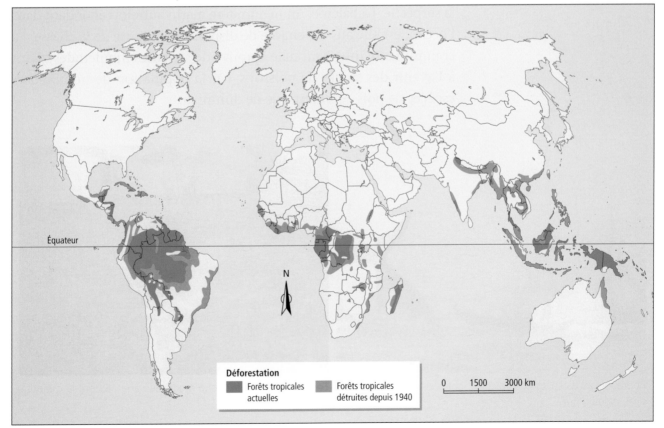

Équateur

N

Déforestation

Forêts tropicales actuelles

Forêts tropicales détruites depuis 1940

0   1500   3000 km

Prête attention

Dessine un poisson dans ton tableau semblable à celui de la page G 143. Ensuite, dans la deuxième colonne, dessine un produit créé à l'aide de cette ressource ou illustre l'importance de cette ressource. Dans la troisième colonne, nomme deux problèmes liés à la pêche.

MOTS CLÉS

Surpêche : Pêche excessive pratiquée sur certaines espèces de poissons ou de crustacés.

Plateforme continentale : Zone d'eau peu profonde qui entoure les continents.

Le poisson

As-tu déjà pêché ? La pêche est une activité populaire, mais, de nos jours, il faut savoir où pêcher si on veut attraper du poisson. Les océans couvrent environ les trois quarts de la surface de la Terre. Cela a amené certaines personnes à croire que les réserves de poissons étaient inépuisables. Pourtant, ce n'est pas le cas. La **surpêche** et la pollution mettent en péril la vie de plusieurs espèces de poissons. Même si le poisson est une ressource renouvelable, plusieurs espèces voient sans cesse leur nombre diminuer.

Les poissons se trouvent en abondance particulièrement à deux endroits. Le premier endroit riche en poissons se situe le long des **plateformes continentales**, parce que les cours d'eau sur le continent transportent vers le littoral les minéraux contenus dans le sol. Les substances nutritives de ces minéraux fertilisent la flore marine à la base de la chaîne alimentaire des poissons. Le deuxième endroit où le poisson se trouve en grande quantité se situe à la rencontre de deux courants océaniques : le courant froid du Labrador et le courant chaud du Gulf Stream, au large de Terre-Neuve. Cette rencontre crée un mouvement important qui fait remonter à la surface les substances nutritives du fond de l'océan. Autrefois, la morue était si abondante à cet endroit que l'explorateur Jean Cabot parvenait à attraper cette espèce de poisson à l'aide d'un simple panier. Aujourd'hui, la pêche à la morue est interdite sur la côte est, car la ressource y a été épuisée par la surpêche. La baleine, un mammifère marin autrefois abondant dans l'océan, est elle aussi menacée de disparition, à cause de la chasse. La communauté internationale éprouve de sérieuses inquiétudes quant à l'avenir des stocks de poissons, car la population de nombreuses espèces de poissons continue de diminuer.

Pourquoi tant d'espèces de baleines sont-elles en voie de disparition aujourd'hui ?

Les techniques de pêche modernes augmentent la quantité de poissons pêchés.

Les nouvelles technologies au service de la pêche

Le poisson est une source importante de protéines ; on le consomme dans de nombreux pays. C'est pourquoi il est rentable de pêcher le plus de poissons possible. Les nouvelles technologies permettent aux pêcheurs de plusieurs pays (consulte la carte de la page G 154) de pêcher loin de leurs propres côtes et de prendre une grande quantité de poissons. Voici comment les pêcheurs font :

- des sonars et des GPS localisent les bancs de poissons ;

- les chalutiers traînent d'immenses filets à une profondeur appropriée pour attraper les poissons ;

- les poissons pêchés sont nettoyés et congelés à bord des « navires-usines » ;

- les chalutiers peuvent rester en mer pendant plusieurs semaines avant de revenir à leur port d'attache.

Une pêche non sélective signifie que les espèces non désirées qui sont pêchées sont gaspillées, car les pêcheurs vont simplement les jeter.

Cette méthode de pêche a de graves conséquences sur l'environnement marin. D'abord, les immenses filets de pêche capturent tout sur leur passage, y compris des dauphins, des requins, des tortues de mer et de très jeunes poissons. Cela entraîne des millions de tonnes de perte chaque année. De plus, les populations de poissons ne peuvent pas se régénérer, puisque trop de jeunes poissons sont attrapés. Enfin, les filets de pêche endommagent le fond de la mer et détruisent l'environnement marin. À plusieurs égards, cette méthode de pêche ressemble à la coupe à blanc des forêts.

Applique tes connaissances

1. Sur une carte du monde, nomme et localise les plus grands lacs d'eau douce du monde. Quelles particularités ont-ils en commun ? **o**

2. Examine le schéma du cycle de l'eau de la page G 147. Nomme une activité humaine qui peut perturber de façon négative le cycle de l'eau. **c**

3. En petit groupe, discute des problèmes liés à trois ressources renouvelables : l'eau douce, la forêt et le poisson. Trouve une cause commune à ces problèmes. Laquelle de ces ressources renouvelables préoccupe le plus les membres de ton équipe ? Pourquoi ? **h**

Utiliser des cartes de répartition

Interpréter une carte en dégradé de couleur

Sur ce type de carte, un dégradé de couleur est utilisé pour illustrer la localisation d'un sujet. Pour bien interpréter ces cartes, il faut savoir que plus la couleur est foncée, plus la quantité ou la concentration qu'elle représente est grande.

Voici les étapes à suivre pour interpréter une carte en dégradé de couleur.

Étape 1 : Consulte la légende

Consulte la légende pour connaître la signification des nuances de couleur utilisées sur la carte. Sur la carte ci-dessous, les couleurs représentent le nombre de tonnes de poissons pêchés.

Étape 2 : Observe les zones

Cherche les zones de la carte où les couleurs sont foncées : elles indiquent les plus grandes pêches. Cherche les zones plus claires : elles indiquent les endroits où moins de poissons sont pêchés.

La répartition de la pêche dans le monde en 2006

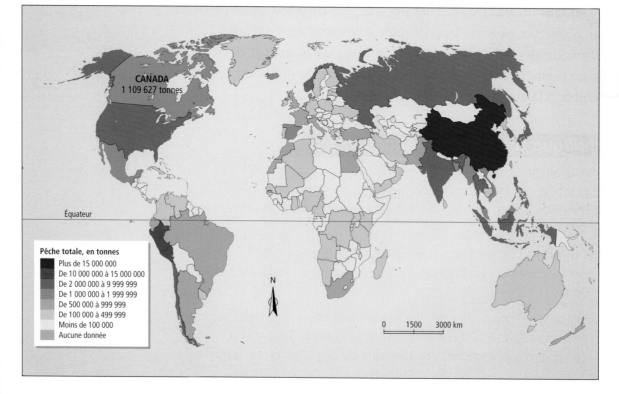

CANADA
1 109 627 tonnes

Équateur

Pêche totale, en tonnes
- Plus de 15 000 000
- De 10 000 000 à 15 000 000
- De 2 000 000 à 9 999 999
- De 1 000 000 à 1 999 999
- De 500 000 à 999 999
- De 100 000 à 499 999
- Moins de 100 000
- Aucune donnée

0   1500   3000 km

Interpréter une carte de répartition par points

Sur ce type de carte, les points représentent les emplacements précis de quelque chose. Par exemple, cette carte de l'Ontario montre la répartition de la population dans la province avec plus d'exactitude qu'une carte en dégradé de couleur.

Voici la façon d'interpréter une carte de répartition par points.

Étape 1 : Consulte la légende

Consulte la légende pour connaître la valeur de chaque point utilisé sur la carte. Sur la carte ci-contre, chaque point représente 200 personnes.

Étape 2 : Cherche des groupes de points rapprochés

Cherche des groupes de points rapprochés sur la carte : ils indiquent les endroits où le sujet (la population) est le plus regroupé. Si les points forment une ligne, la constante est dite « linéaire ». Des points dispersés dans une zone de la carte indiquent que le sujet (la population) n'est pas concentré à cet endroit.

La répartition de la population de l'Ontario en 2006

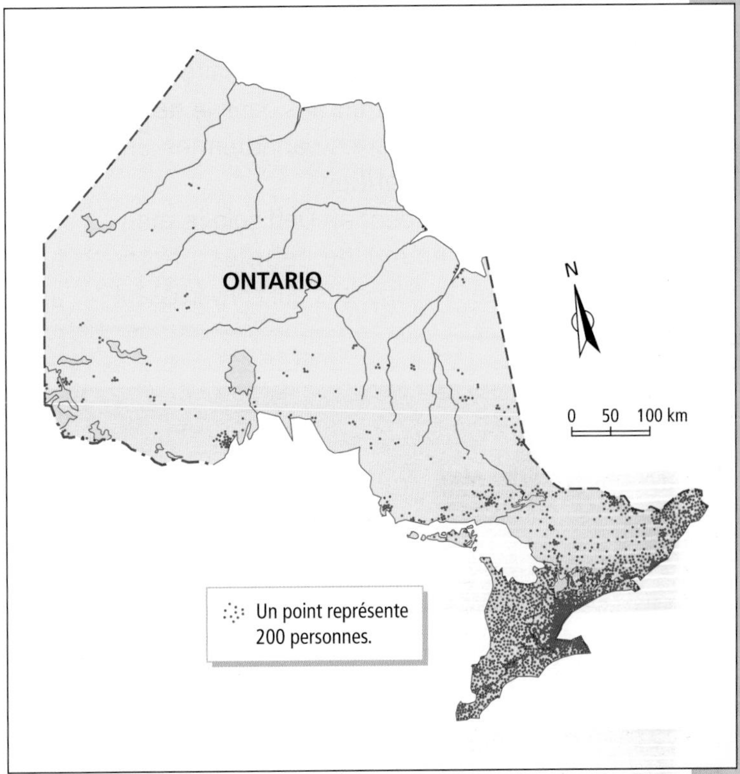

ONTARIO

N

0   50   100 km

Un point représente
200 personnes.

À ton tour

1. À l'aide de la carte de la page G 154, compare le nombre de tonnes de poissons pêchés en Amérique du Sud avec celui pêché en Asie. Que constates-tu ? Explique ta réponse. **◘**

2. Observe la carte ci-dessus et utilise les directions du compas pour décrire des zones de l'Ontario où la répartition de la population peut être qualifiée de : **◘**

   a) regroupée, **b)** linéaire, **c)** dispersée.

3. Construis un tableau semblable à celui ci-dessous pour comparer deux types de cartes de répartition. **◘**

Type de carte	Avantage	Désavantage
En dégradé de couleur		
Par points		

Le véhicule montré dans la photo semble sorti tout droit d'un film de science-fiction. En fait, il a été conçu par des étudiants universitaires en génie qui ont participé au Défi solaire mondial. Dans les années 1980, le Danois Hans Thostrup avait organisé une course de 4000 kilomètres à travers l'Australie à laquelle prenaient part 23 voitures solaires. Depuis 1987, un événement semblable, le Défi solaire mondial, se tient tous les deux ou trois ans dans le désert australien. Plusieurs universités canadiennes ont déjà participé à cette compétition.

Les véhicules qui participent au Défi solaire mondial dépendent uniquement de cellules photovoltaïques, c'est-à-dire de dispositifs qui convertissent la lumière du Soleil en énergie électrique, comme les panneaux solaires. Les véhicules solaires ont été tellement améliorés au fil des années que de nouveaux règlements ont dû être adoptés en 2007. En effet, la plupart des véhicules dépassaient 130 kilomètres à l'heure pendant la course de 2005, ce qui a amené les organisateurs à réduire la surface des voitures couverte par des panneaux solaires. Les conducteurs doivent maintenant être en position assise, et de nouvelles mesures de sécurité ont été mises en place.

Le Défi solaire mondial présente les véhicules du futur : non polluants, silencieux et propulsés par une ressource permanente, l'énergie solaire.

Le véhicule solaire de l'Université de Calgary a traversé l'Australie durant le Défi solaire mondial 2005.

Les ressources permanentes

Les sociétés du passé ont découvert comment produire de l'énergie en utilisant des moulins à vent et de grandes roues actionnées par une chute d'eau. Aujourd'hui, la technologie nous permet de construire de puissantes centrales hydroélectriques et de capter les rayons solaires. Le Canada produit même de l'électricité grâce à l'amplitude de 10 mètres des marées dans la baie de Fundy, à Annapolis Royal, en Nouvelle-Écosse. Les ressources permanentes sont indispensables, car elles offrent des solutions de rechange propres et durables aux combustibles non renouvelables, comme le charbon, le pétrole et le gaz naturel.

Pendant la lecture

Prête attention

Dans les sections précédentes, tu as étudié certaines ressources, leurs utilisations et les problèmes qui leur étaient liés. À l'aide de ton tableau semblable à celui de la page G 143, fais la même chose pour les ressources permanentes, individuellement ou en équipe de deux.

Le Canada possède une centrale qui utilise l'énergie des marées, ou énergie marémotrice, située en Nouvelle-Écosse.

L'eau vive

Le Canada, le Brésil, les États-Unis et la Chine sont les quatre plus grands pays producteurs d'hydroélectricité du monde. Ces quatre pays ont en commun certaines caractéristiques qui contribuent à favoriser la production d'hydroélectricité :

- un très grand territoire ;
- plusieurs grands fleuves et rivières qui s'écoulent vers les côtes des océans ;
- des zones accidentées qui conviennent à la construction de barrages sur les fleuves et les rivières ;
- une forte industrialisation ou une industrialisation rapide.

Les barrages construits sur les fleuves et les rivières ainsi que sur les sites qui conviennent à l'énergie marémotrice utilisent la puissance de l'eau vive pour produire de l'électricité. Même si les fleuves et les rivières sont plus souvent exploités que les marées, le processus est semblable dans les deux cas. L'eau vive qui descend des rapides ou s'écoule dans des canaux étroits fournit l'énergie mécanique qui sert à faire tourner de nombreuses roues appelées «turbines». À leur tour, les turbines font tourner des **générateurs**. Enfin, des transformateurs électriques augmentent la tension avant de propulser le courant électrique sur de longues distances grâce à des lignes à haute tension.

MOTS CLÉS

Générateur : Minicentrale électrique qui convertit l'énergie mécanique en énergie électrique.

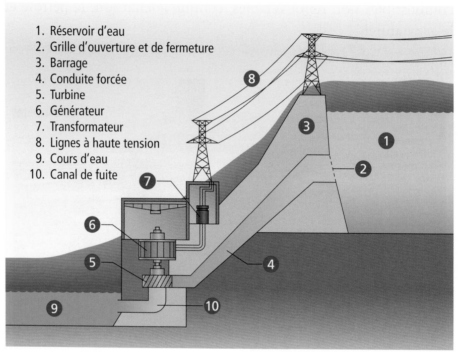

1. Réservoir d'eau
2. Grille d'ouverture et de fermeture
3. Barrage
4. Conduite forcée
5. Turbine
6. Générateur
7. Transformateur
8. Lignes à haute tension
9. Cours d'eau
10. Canal de fuite

Cherche la conduite forcée sur cette illustration. Pourquoi se rétrécit-elle? Pourquoi cela produit-il plus d'énergie?

Pendant la lecture

Prête attention

Que signifie l'expression «sérieux problèmes» dans le texte ci-contre? Ajoute cela dans la colonne des problèmes de ton tableau semblable à celui de la page G 143 pour cette ressource permanente.

Le barrage d'Assouan

L'eau vive constitue une source d'énergie propre et durable, mais elle peut aussi créer de sérieux problèmes. D'importants changements environnementaux sont causés par l'inondation de vastes zones situées en amont du barrage. Il y a de graves conséquences aussi en aval du barrage, car la rivière ou le fleuve peut être réduit à un simple filet d'eau. Le barrage d'Assouan, en Égypte, est un exemple des problèmes qui peuvent survenir dans ce type de projet. Le barrage d'Assouan a été terminé à la fin des années 1960. Le lac Nasser s'est rapidement formé derrière le barrage. Ce barrage, qui permet d'irriguer des terres, d'approvisionner des populations en eau potable, et de fournir de l'électricité aux industries, avait pour but d'empêcher l'élévation du niveau de l'eau du Nil ainsi que les sécheresses.

Le Nil transporte de grandes quantités de limon. Avant la construction du barrage, le limon se répandait sur les rives de la vallée inférieure et dans son delta. Maintenant, il s'accumule en amont du barrage. Les hautes crues printanières ne nettoient plus les canaux inférieurs du fleuve. L'eau y demeure stagnante, ce qui favorise la reproduction des escargots. Ces animaux sont porteurs de la bilharziose, une maladie qui peut entraîner la mort. Sans de nouveaux apports annuels de limon, le delta du Nil est érodé par les vagues et envahi par l'eau salée de la mer Méditerranée.

Quels avantages le barrage d'Assouan procure-t-il à l'Égypte?

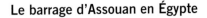

Le barrage d'Assouan en Égypte

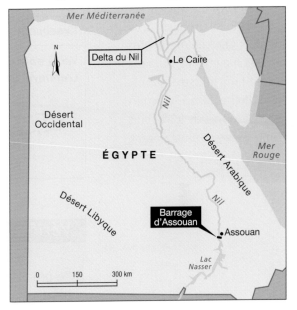

Applique tes connaissances

1. Dans tes propres mots, explique pourquoi l'énergie marémotrice est une ressource permanente plutôt qu'une ressource renouvelable. **c**

2. Cherche une carte de répartition qui montre la localisation des centrales hydroélectriques situées au Canada. Quelles régions produisent le plus d'hydroélectricité? Nomme les fleuves et les rivières qui comptent plusieurs barrages. Donne trois raisons pour expliquer cette constante. **o**

3. Construis un tableau pour comparer les avantages et les désavantages de l'énergie solaire. Ensuite, formule trois questions que tu aimerais poser au premier ministre provincial sur l'utilisation de l'énergie solaire dans la province. **h**

Après la lecture

Fais le point

Choisis la ressource naturelle qui, selon toi, est la plus menacée. Utilise l'information que tu as notée dans ton tableau afin de créer une affiche ou une brochure pour convaincre les élèves de ton école de protéger cette ressource. Cherche des photos dans des magazines ou dans Internet pour illustrer la ressource choisie. Rédige un court texte pour convaincre les lecteurs de l'importance de protéger cette ressource.

Dans ce chapitre, tu as appris qu'on peut parler de ressources naturelles quand les humains développent la technologie qui permet d'exploiter les diverses matières founies par la Terre. Il y a trois catégories de ressources naturelles : renouvelables, non renouvelables et permanentes. Tu as aussi appris que les ressources renouvelables peuvent se régénérer à condition que les êtres humains ne perturbent pas trop les cycles naturels. Tu as vu quelle était l'importance des ressources renouvelables et des ressources permanentes, ainsi que certains des problèmes liés à leur exploitation.

Ressource	Produit ou utilité	Importance ou problème
Ver à soie (renouvelable)	Vêtement	C'est une fibre naturelle.

Vérifie tes connaissances

Le premier ministre a commandé un rapport d'une page sur le potentiel d'exploitation de l'énergie solaire en Ontario. Aide-toi de la carte de répartition de la page suivante pour rédiger ton rapport. Consulte la **Boîte à outils** si tu as besoin d'aide.

1. Cette carte est-elle utile pour la préparation de ton rapport? Explique ta réponse. *c* *h*

2. Quelles régions ont le plus grand potentiel d'exploitation de l'énergie solaire? *h*

3. Dans quelle mesure l'énergie solaire devrait-elle être plus utilisée en Ontario? Utilise la carte de la page G 155 pour t'aider à répondre. Présente ton point de vue sur l'énergie solaire dans le rapport que tu soumettras au premier ministre. *c* *h* *co* *m*

Les heures d'ensoleillement intense au Canada

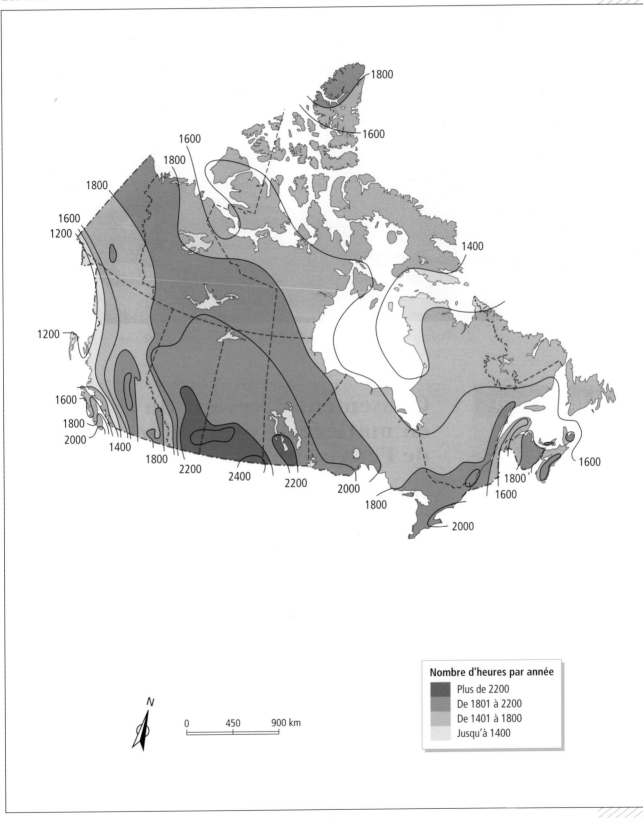

Nombre d'heures par année

- Plus de 2200
- De 1801 à 2200
- De 1401 à 1800
- Jusqu'à 1400

Combien d'heures d'ensoleillement ta région reçoit-elle par année?

CHAPITRE 8

Les combustibles et les ressources minérales

Pourquoi le Canada se classe-t-il si bas en matière de protection de l'environnement ?

Fais des liens

Note dans un tableau l'information contenue dans l'article ci-contre. Écris le titre, la source et les réponses aux questions importantes (qui, quoi, quand, où, pourquoi et comment).

MOTS CLÉS

Monoxyde de carbone : Gaz toxique rejeté par le système d'échappement des automobiles.

Composé organique volatil : Substance chimique libérée dans l'air sous forme de gaz.

Émission d'oxyde de soufre : Gaz libérés par la combustion des combustibles. Ces gaz sont responsables des pluies acides.

Classement décevant du Canada en matière de protection de l'environnement

Une étude révèle que le Canada se situe au 28ᵉ rang sur 30.

OTTAWA – Une nouvelle étude classe le Canada parmi les pires pays du monde industrialisé.

L'étude de l'Université Simon-Fraser, publiée par la Fondation David Suzuki, classe le rendement environnemental du Canada au 28ᵉ rang des 30 pays membres de l'Organisation de coopération et de développement économiques (OCDE).

L'étude portait sur 29 aspects environnementaux. Le Canada se classe au dernier rang en ce qui concerne la production de déchets nucléaires, de **monoxyde de carbone** et de **composés orga-** **niques volatils**. Il se classe au 29ᵉ rang en ce qui concerne la consommation d'eau par personne, les **émissions d'oxyde de soufre** et la consommation d'énergie. [...] Des pays européens comme la Suisse et le Danemark dominent le haut du classement, tandis que la Belgique et les États-Unis se classent derrière le Canada.

Le Canada ne s'est classé premier dans aucune des catégories et n'a pas obtenu la note de passage dans 24 des 29 catégories de rendement.   [Traduction libre]

Source : *The Observer,* Sarnia, 19 octobre 2005, p. B2.

Ce chapitre te permettra de répondre aux questions suivantes :

- Comment les gens obtiennent-ils des ressources non renouvelables et comment les utilisent-ils ?

- Quelles sont les constantes des ressources naturelles au Canada et dans le monde ?

- Quelle est l'importance économique des ressources non renouvelables ?

- Quels sont les effets des ressources non renouvelables sur l'environnement ?

- Comment est-ce que je peux interpréter des cartes qui montrent la localisation de ressources non renouvelables ?

Littératie en tête

Dans ce chapitre, tu utiliseras de nouveau la technique d'interprétation des photos que tu as utilisée au chapitre 3.

De plus, tu liras un article et tu t'exerceras à en écrire un. Utilise un tableau comme celui-ci pour t'aider à résumer un article.

Titre	
Source	
Qui ?	
Quoi ?	
Quand ?	
Où ?	
Pourquoi ?	
Comment ?	

Les ressources non renouvelables

Pendant la lecture

Prête attention

Construis un tableau d'interprétation des photos comme celui de la page G 43 du chapitre 3. Interprète les photos de ces deux pages à l'aide de ton tableau.

Le Canada possède d'importantes réserves de deux types de ressources non renouvelables : les minéraux combustibles et les minéraux non combustibles. Ces ressources se sont formées de façon différente et se trouvent dans diverses régions du Canada.

Le classement environnemental décevant du Canada s'explique par la dépendance des gens envers les minéraux combustibles non renouvelables. Ces minéraux combustibles comprennent le pétrole, le gaz naturel, le charbon et l'uranium.

Les Canadiens consomment d'énormes quantités de ressources naturelles par personne en raison de leur niveau de vie élevé. Ils consomment beaucoup de pétrole pour leurs déplacements quotidiens ainsi que pour des loisirs comme la motoneige, le bateau de plaisance et le véhicule tout-terrain. Les appareils de chauffage et les climatiseurs dévorent beaucoup d'énergie, surtout quand les températures sont extrêmes. Les entreprises canadiennes consomment aussi de l'énergie pour transporter et transformer le bois, les aliments et les minéraux. Le Canada possède des sources d'énergie combustibles, mais, pour protéger notre planète, les gens doivent apprendre à les utiliser de manière raisonnable et à ne pas les gaspiller.

Les trois R

Les trois R (réduire, réutiliser et recycler) représentent une stratégie qui permet de protéger tous les types de ressources. Appliquer cette stratégie aux ressources non renouvelables permet de faire la différence entre l'épuisement rapide d'une ressource et sa préservation pour les générations futures. C'est ce que les scientifiques appellent la « **durabilité** ».

MOTS CLÉS

Durabilité : Exploitation et préservation des ressources à un rythme qui en laisse une quantité suffisante pour les générations à venir.

Réduire : Les emballages jetables gaspillent des ressources. Les matières plastiques et les pellicules plastiques sont faites avec du pétrole brut, une ressource non renouvelable. L'industrie de la restauration rapide jette des millions de tonnes de ce type d'emballage chaque année. Y a-t-il des façons de cesser ce gaspillage ?

Réutiliser: L'achat de produits de qualité qui durent longtemps permet de préserver les ressources non renouvelables. Parfois, il est moins coûteux de réparer un produit que d'en acheter un nouveau. Les ventes-débarras, les boutiques d'articles d'occasion et les magasins d'anti-quités permettent de réutiliser des objets et d'économiser les ressources. Quelles autres idées as-tu sur la réutilisation?

Recycler: Plusieurs articles domes-tiques peuvent être recyclés en de nouveaux produits. Le tri des déchets domestiques signifie que les articles faits de ressources non renouvelables, comme les canettes en métal et les contenants en plas-tique, sont mis à part des autres ordures ménagères afin d'être col-lectés et envoyés vers un centre de recyclage. De la même façon, les garages recueillent les huiles usées, les débris métalliques et les batte-ries pour les recycler. Quels types de ressources renouvelables peu-vent être recyclés?

Applique tes connaissances

1. Exprime dans tes mots ce que signifie le terme « durabilité » et explique son importance. **c**

2. Quelle est ta réaction par rapport au classement environnemental du Canada? Selon toi, pourquoi son classement est-il si bas? **h**

3. En équipe, propose deux solutions pour améliorer le classement environnemental du Canada. **h**

Les minéraux combustibles

À une époque où l'énergie coûte cher, les pays qui ont leurs propres réserves de pétrole, de gaz naturel ou de charbon possèdent des ressources vitales. Ces trois minéraux combustibles sont appelés « combustibles fossiles », car ils contiennent les restes de végétaux et d'animaux disparus il y a longtemps. Les combustibles fossiles brûlent lorsqu'on les enflamme, parce qu'ils contiennent des molécules de carbone. La combustion d'un combustible fossile peut produire de la chaleur, de la lumière, de l'électricité ou de l'énergie pour alimenter des moteurs. Le Canada est le premier producteur d'hydroélectricité du monde et il possède également de vastes réserves de pétrole, de gaz, de charbon et d'uranium qui peuvent aussi servir à produire de l'électricité.

Les principaux producteurs d'énergie non renouvelable en 2006

Pétrole		Gaz naturel		Nucléaire	
Pays	Production mondiale (en milliers de bpj*)	Pays	Production mondiale (en milliards de pieds cubes)	Pays	Production mondiale (en milliards de kWh)
Arabie saoudite	10,665	États-Unis	23,507	États-Unis	806,5
Russie	9,677	Russie	23,167	France	418,6
États-Unis	8,330	Canada	7,785	Japon	266,4
Iran	4,148	Algérie	6,837	Russie	147,8
Chine	3,845	Iran	5,951	Corée du Sud	136,6
Canada	3,288	Norvège	4,760	Canada	96,5

* bpj : barils de pétrole par jour

Les pays qui ne possèdent pas suffisamment de minéraux combustibles, y compris l'uranium qui sert à produire l'énergie nucléaire, doivent en importer d'autres pays. Dans le tableau ci-dessus, tu peux voir que les États-Unis se classaient en 2006 parmi les principaux producteurs de minéraux combustibles. Pourtant, ce pays, qui compte presque 10 fois plus d'habitants que le Canada, doit s'approvisionner en combustibles, en particulier en pétrole, dans d'autres pays.

Au début des années 1960, comme la consommation de pétrole augmentait constamment, les pays producteurs ont pris conscience de leur pouvoir sur les pays importateurs. Les pays producteurs qui se trouvent dans la région du Moyen-Orient (voir la carte de la page G 46) ont alors formé l'Organisation des pays exportateurs de pétrole (OPEP) afin d'exercer un meilleur contrôle sur les prix du pétrole.

Après 1970, la consommation mondiale de pétrole a commencé à dépasser la découverte de nouvelles nappes de pétrole. Cela a permis aux pays membres de l'OPEP de retenir leurs réserves et de faire grimper le prix du pétrole.

Les réserves de pétrole sont des gisements de pétrole dont l'existence est connue, mais qui n'ont pas encore été exploités. Présentement, les réserves en pétrole s'élèvent environ à un trillion de barils. Au rythme où le pétrole est consommé (environ 25 milliards de barils par année), ces réserves pourront durer une cinquantaine d'années.

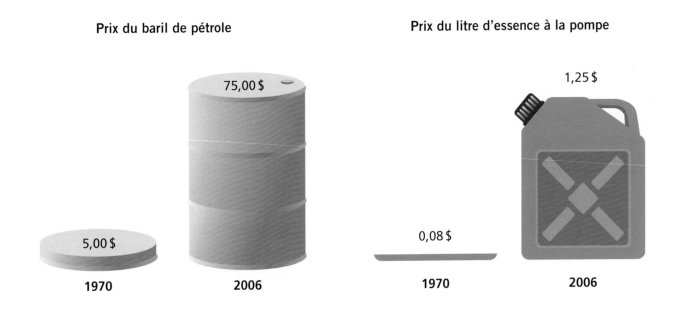

Prix du baril de pétrole

5,00 $ — 1970
75,00 $ — 2006

Prix du litre d'essence à la pompe

0,08 $ — 1970
1,25 $ — 2006

Portrait | *Les constructeurs automobiles sont-ils irresponsables ?*

Les constructeurs automobiles conçoivent toujours de nouveaux modèles pour attirer les consommateurs. Depuis les années 1990, les VUS (véhicules utilitaires sport) ont remplacé les fourgonnettes. Ces véhicules, qui combinent un habitacle spacieux et une grande puissance, consomment énormément d'essence. En ville, un VUS peut brûler un litre d'essence pour parcourir seulement quatre ou cinq kilomètres.

Les constructeurs automobiles produisent aussi des voitures à haute performance propulsées par des moteurs de 350 chevaux-vapeur. La consommation d'essence de ces voitures est encore plus élevée que celle des VUS. Les constructeurs prétendent que les consommateurs désirent de tels véhicules, c'est pourquoi ils les construisent. D'autres personnes affirment que la publicité à grande échelle crée la demande pour ce type de véhicule. Et toi, qu'en penses-tu ?

Pourquoi ce type de véhicule est-il si populaire ?

La formation des combustibles fossiles

Les combustibles fossiles sont constitués de restes d'organismes vivants. Il y a environ 300 millions d'années, les gisements de charbon ont commencé à se former le long des rives d'anciens marais. Les restes d'arbres et de végétaux riches en carbone se sont d'abord empilés, pour être ensuite fortement comprimés ensemble, puis ensevelis sous des couches de roches sédimentaires. Plus la couche de charbon est comprimée, plus sa teneur en carbone devient élevée et plus elle produit un combustible de qualité. L'**anthracite** est le type de charbon qui possède la plus haute teneur en carbone et qui pollue le moins en brûlant. Ce type de charbon a une grande valeur et est très coûteux. Le **lignite** est un type de charbon qui produit beaucoup de fumée polluante pendant sa combustion. La Chine possède d'importantes réserves de charbon de qualité inférieure, et l'utilisation du charbon entraîne un grave problème de pollution de l'air.

Tout comme les gisements de charbon, les gisements de pétrole et de gaz naturel se trouvent dans des couches de roches sédimentaires. Il y a 500 millions d'années, des restes d'animaux et de plantes ont commencé à s'accumuler dans les mers peu profondes. Ces restes, qui contiennent du carbone, sont demeurés emprisonnés sous de nombreuses couches de sable et de boue. Les formations de roche à relief plissé renferment également du pétrole et du gaz naturel. Les anciens **récifs coralliens** sont un autre endroit où le pétrole se dépose dans une roche calcaire **poreuse** qui ressemble à un nid d'abeilles. Les premiers puits de pétrole commerciaux du monde ont été forés à Oil Springs, en Ontario, en 1857. Plus tard, les foreurs de pétrole canadiens sont devenus des maîtres dans le forage de puits de pétrole, en particulier au Moyen-Orient.

MOTS CLÉS

Anthracite : Charbon dur ayant une forte teneur en carbone.

Lignite : Charbon tendre ayant une faible teneur en carbone.

Récif corallien : Structure sous-marine formée par l'accumulation de coraux, d'algues et de mollusques. C'est un habitat où vivent de nombreuses espèces animales et végétales.

Poreux : Qui présente une multitude de petits trous.

Des plantes et des animaux sont morts et ont été ensevelis au fond des océans.

Pendant les millions d'années qui ont suivi, les restes d'animaux et de végétaux sont demeurés enfouis jusqu'à ce que la chaleur et la pression les transforment en pétrole et en gaz naturel.

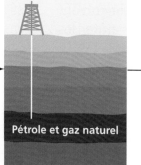

Aujourd'hui, le sol est foré jusqu'aux formations rocheuses qui contiennent du pétrole brut et du gaz naturel.

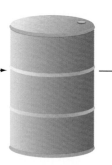

Une fois extrait du sol, le pétrole brut est acheminé à une raffinerie, où il est traité pour être transformés en divers produits.

L'essence, obtenue après divers procédés de raffinage du pétrole, sert à alimenter les voitures.

Le Canada possède la deuxième plus grande réserve connue de pétrole, derrière l'Arabie saoudite. La majeure partie du pétrole se trouve dans les sables bitumineux d'une région du nord de l'Alberta.

La production à grande échelle a débuté en 1967, et, aujourd'hui, plus d'un million de barils de pétrole y sont produits chaque jour. Le pétrole est mélangé à du sable et à de l'eau, et on extrait quotidiennement assez de sables bitumineux pour remplir la moitié du Centre Rogers à Toronto. Jusqu'à présent, environ 2 % seulement des réserves de sables bitumineux de l'Alberta ont été extraits.

Deux méthodes d'exploitation permettent d'extraire du pétrole des sables bitumineux. Ces sables ne contiennent qu'environ 10 % de **bitume**, la substance qui peut servir de combustible. Il s'agit d'une mince couche qui recouvre l'eau présente sur chaque grain de sable. Le processus d'extraction comporte plusieurs étapes : d'abord, le bitume est séparé du sable et de l'eau, puis il est débarrassé de ses impuretés. Le produit ainsi obtenu s'appelle du « **pétrole brut synthétique** ». Quand le bitume a été extrait, tout ce qui a été excavé des mines à ciel ouvert est remis en place. Le site est ensuite recouvert d'herbe et des arbres sont plantés. En 1993, un troupeau de bisons a été introduit et 250 bêtes vivent maintenant dans la zone reboisée. Même si elle se fait lentement, la **remise en état** peut réussir.

MOTS CLÉS

Bitume : Substance noire, visqueuse, composée principalement de carbone.

Pétrole brut synthétique : Produit fabriqué artificiellement en séparant le bitume des particules de sable et d'eau, puis en le purifiant.

Remise en état : Opération qui consiste à remettre un lieu dans son état original après son exploitation.

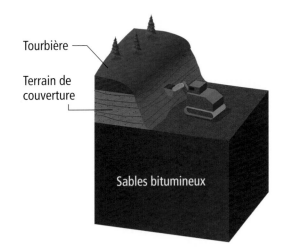

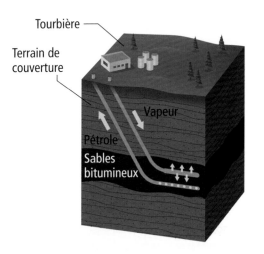

D'énormes pelles mécaniques sont utilisées dans les mines à ciel ouvert pour se rendre jusqu'aux sables bitumineux qui se trouvent à moins de 75 mètres sous la surface. Des couches humides de tourbière sont tout d'abord retirées, suivies de dépôts de roche, d'argile et de sable. Les sables bitumineux peuvent alors être extraits.

Pour les gisements plus profonds, deux puits sont forés dans les sables bitumineux. La vapeur injectée dans un des puits réchauffe les sables bitumineux et sépare le bitume liquide du sable. Le bitume s'infiltre dans le second puits et est pompé jusqu'à la surface.

Les combustibles fossiles et l'environnement

Lorsqu'ils brûlent, les combustibles fossiles produisent des résidus comme des émissions d'oxyde de soufre, du monoxyde de carbone et des déchets nucléaires. Le classement environnemental décevant du Canada résulte en grande partie de notre utilisation de minéraux combustibles.

MOTS CLÉS

Pluies acides : Pollution atmosphérique qui se combine avec les vapeurs d'eau et tombe au sol sous forme de précipitations.

Les **pluies acides** détruisent les forêts et les lacs. Elles sont dues à l'oxyde de soufre libéré dans l'air par les combustibles fossiles. Cette substance chimique se combine avec les vapeurs d'eau dans l'atmosphère, produisant des acides qui tombent au sol sous forme de précipitations. Les dommages causés par les pluies acides sont plus importants dans les régions industrielles de l'Amérique du Nord, de l'Europe et de la Chine.

Le smog est un problème dans les régions et les grandes villes industrialisées. Les véhicules en sont une des principales causes, car ils rejettent de grandes quantités de monoxyde de carbone et de composés volatils qui contiennent de l'oxyde d'azote. Au Canada, les problèmes de smog sont plus graves durant les journées chaudes et humides de l'été. C'est à ce moment que l'oxyde d'azote réagit avec la lumière du soleil pour produire le smog.

La gestion des déchets nucléaires

L'industrie nucléaire est la principale productrice de déchets toxiques dangereux du monde. Lorsqu'il est utilisé dans un réacteur, l'uranium crée une réaction nucléaire qui produit ensuite de l'électricité. À la fin du procédé, l'uranium doit être éliminé, mais il est encore à l'état radioactif. Il faut donc prendre des mesures particulières pour s'en débarrasser. Les principales méthodes de stockages utilisées aujourd'hui sont l'enfouissement au fond des mers et l'enfouissement dans la couche géologique. Ces méthodes inquiètent les environnementalistes, car il n'est pas encore prouvé qu'elles sont sécuritaires pour l'environnement.

Applique tes connaissances

1. Explique dans tes mots l'importance économique des sables bitumineux pour le Canada. **c**

2. a) Construis un tableau pour décrire deux méthodes utilisées pour extraire du pétrole des sables bitumineux. **c** **co**

b) Classe ensuite les effets sur l'environnement de chacune de ces méthodes, en commençant par la moins polluante. Justifie ton choix. **h**

Les minéraux non combustibles

Plusieurs minéraux contiennent des métaux précieux qui peuvent être polis. Parmi ces métaux, aucun n'atteint un prix aussi élevé que l'or sur les marchés internationaux. Les diamants brillent toutefois davantage que l'or. Ils sont des minéraux non métalliques, des cristaux de carbone purs durcis pendant des millions d'années au cœur d'anciens volcans.

Récemment, des mines de diamants ont été ouvertes dans les Territoires du Nord-Ouest, au Nunavut et dans le nord de l'Ontario. L'Afrique du Sud est le plus important producteur de diamants du monde.

Les mines : le trésor caché du Canada

Le Canada est l'un des principaux producteurs de minéraux du monde. Les importantes ruées vers l'or de Barkerville, en Colombie-Britannique, en 1858, et de Dawson City, au Yukon, en 1898, attirent l'attention sur les richesses minérales du Canada. Dès le début des années 1900, des prospecteurs et des **géologues** parcourent le pays à la recherche d'autres trésors cachés. Les géologues savent que les roches qui se forment par fusion dans le manteau de la Terre sont riches en minéraux. Cette roche en fusion, ou magma, s'élève à travers la croûte terrestre et s'écoule à la surface sous forme de lave, ou se refroidit et se solidifie dans la croûte terrestre avant d'atteindre la surface pour former une intrusion. Ces intrusions renferment souvent de riches filons d'or, d'argent, de cuivre et d'autres métaux.

Records mondiaux

La Grande Étoile d'Afrique

Le poids d'un diamant taillé se mesure en carats. Une pierre de qualité supérieure qui pèse un carat peut coûter environ 15 000 $. En 1905, un diamant de la taille d'une boule de quilles a été découvert en Afrique du Sud. Il pesait 3106 carats (environ 0,6 kilogramme). Ce diamant a été divisé en 9 grosses pierres, dont le diamant appelé la « Grande Étoile d'Afrique », et 96 petites pierres. La Grande Étoile d'Afrique pèse 530 carats (environ 100 grammes) et est le plus gros diamant taillé du monde. Elle fait partie des joyaux de la Couronne britannique.

MOTS CLÉS

Géologue : Spécialiste qui étudie les caractéristiques et la formation des éléments de la surface terrestre.

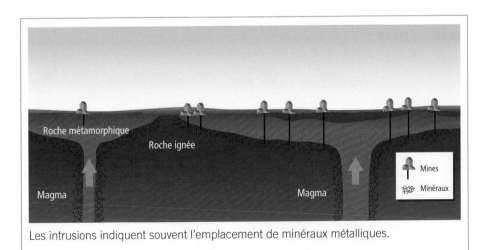

Les intrusions indiquent souvent l'emplacement de minéraux métalliques.

Les minéraux exploités au Canada en 2005

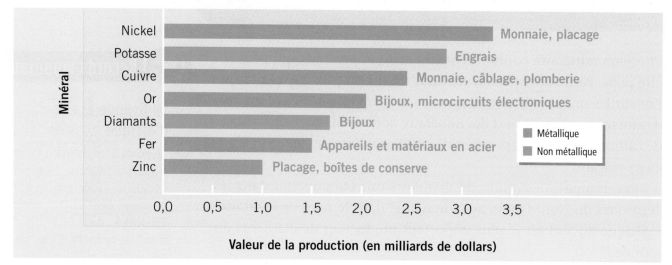

Bar chart: *Minéral* (axe vertical) vs *Valeur de la production (en milliards de dollars)* (axe horizontal, 0,0 à 3,5)

- Nickel — Monnaie, placage
- Potasse — Engrais
- Cuivre — Monnaie, câblage, plomberie
- Or — Bijoux, microcircuits électroniques
- Diamants — Bijoux
- Fer — Appareils et matériaux en acier
- Zinc — Placage, boîtes de conserve

Légende : Métallique / Non métallique

MOTS CLÉS

Magnétomètre : Appareil qui sert à mesurer le champ magnétique des minéraux contenus dans le sol.

Pendant **la lecture**

Prête attention

Ajoute les photos de ces deux pages dans ton tableau et interprète-les à l'aide des techniques que tu as déjà pratiquées.

L'exploitation minière

Plusieurs étapes mènent de l'exploration à l'exploitation. D'abord, les géologues utilisent des cartes et font des études sur le terrain pour repérer des gisements de minéraux. Lorsque c'est possible, ils recueillent des échantillons de minéraux à la surface. D'autres fois, les chercheurs doivent se servir d'un **magnétomètre** suspendu à un avion volant à basse altitude pour repérer les minéraux contenus dans le sol. Ensuite, des échantillons du sol sont prélevés pour déterminer la qualité du minerai et sa répartition dans la roche environnante. Les opérations minières ne débutent que si les minéraux peuvent être extraits du sol et vendus. Il y a deux principaux types de mines : à ciel ouvert et souterraine.

La mine de cuivre et d'or de Bingham Canyon, dans l'Utah, aux États-Unis, est la plus grande exploitation à ciel ouvert du monde. De gros camions empruntent une route en spirale pour circuler dans la mine. Les minéraux ont déjà été extraits des niveaux supérieurs de la mine, et des pelles mécaniques retirent le minerai du fond de la mine.

Parfois, les gisements de minéraux se trouvent à des centaines de mètres sous la surface terrestre. Un puits vertical est alors foré dans la roche pour permettre à un ascenseur de transporter les mineurs. Des tunnels horizontaux se déploient à partir du puits principal à diverses profondeurs. Ces tunnels traversent les filons de minéraux qui se trouvent dans la roche.

Les effets de l'exploitation minière sur l'environnement

L'exploitation minière est une industrie polluante. D'énormes quantités de roches sont dynamitées et extraites du sol, puis la roche est broyée et affinée. La séparation du minerai et de la roche produit de grandes quantités de déchets et de **résidus miniers**. Aujourd'hui, la majeure partie de ces résidus est utilisée pour remplir les terrains qui ont déjà été exploités. Des composés toxiques qui se trouvent dans la roche peuvent polluer les cours d'eau et la nappe phréatique. Les gaz émis par les cheminées des **affineries** peuvent causer des pluies acides et du smog. Les sociétés minières du Canada ont apporté de grandes améliorations qui ont permis de réduire la pollution de l'air et de l'eau. Elle poursuivent leurs efforts pour réduire les effets de l'exploitation minière sur l'environnement.

MOTS CLÉS

Résidus miniers : Mélange d'eau et de produits chimiques toxiques qui proviennent de la séparation du minerai et de la roche.

Affinerie : Usine où l'on procède à la transformation des métaux.

Applique tes connaissances

1. Comment les minéraux se forment-ils? Dans quels types de roches les trouve-t-on? Pourquoi? *c*

2. Construis un tableau pour comparer une exploitation minière à ciel ouvert et une exploitation minière souterraine. Donne deux caractéristiques pour chacune. *c*

3. Le Canada est-il riche en ressources non renouvelables? Donne des exemples. *c*

4. Pourquoi l'exploitation minière coûte-t-elle si cher? Fais un lien entre ta réponse et les méthodes d'exploitation. *h*

5. Selon toi, quelles ressources non renouvelables causent les plus importants problèmes environnementaux quand on les exploite : les combustibles fossiles ou les minéraux? Donne des exemples. *h*

Utiliser des cartes pour reconnaître des constantes des ressources

Dans le chapitre 7, tu as appris à interpréter des cartes de répartition. Ici, tu apprendras à reconnaître des constantes des ressources sur des cartes, puis à les expliquer. Dans cette activité, tu compareras la localisation de divers types de minéraux au Canada.

Voici les étapes qui te permettront de reconnaître des constantes des ressources.

Étape 1 : Prends connaissance des symboles utilisés sur les cartes

Consulte les légendes pour connaître la signification des symboles utilisés sur les cartes.

Étape 2 : Établis une relation entre les éléments et les lieux

Observe les zones colorées des deux cartes et compare les endroits où il y a des minéraux combustibles avec ceux où il y a des minéraux métalliques et non métalliques. Tu remarqueras que la plupart de ces minéraux se situent dans les basses terres, les plaines de l'Ouest ou dans le plateau continental. Une certaine quantité de charbon se trouve aussi dans des régions montagneuses. Tous les gisements d'uranium se trouvent dans le Bouclier canadien.

Étape 3 : Détermine ce que tu as appris

Explique la constante que tu as découverte. Tu as appris que le charbon, le pétrole et le gaz naturel sont emprisonnés dans des roches sédimentaires, le long des rives d'anciens marais ou dans le lit qu'occupaient autrefois des mers peu profondes. Ces structures rocheuses se trouvent dans les plaines, dans les basses terres et dans le plateau continental.

À ton tour

1. Que signifient les diverses couleurs et formes dans la légende de la carte des minéraux métalliques et non métalliques au Canada ? **0**

2. Au Canada, dans quelles régions trouve-t-on généralement les minéraux métalliques ? **0**

3. Observe les deux cartes. Quelle différence remarques-tu entre l'emplacement des minéraux métalliques et celui des minéraux combustibles ? Comment peux-tu expliquer ce phénomène ? **0**

Les minéraux combustibles au Canada

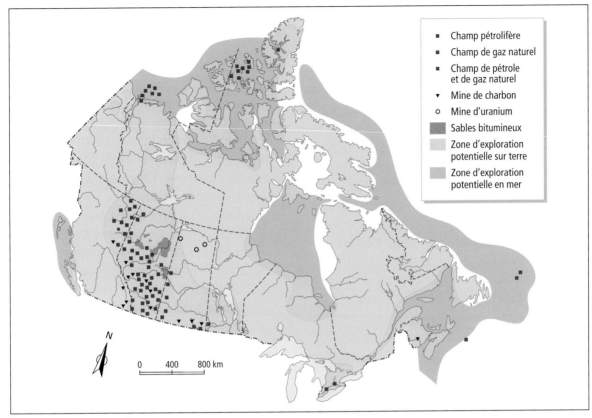

Légende :
- ■ Champ pétrolifère
- ■ Champ de gaz naturel
- ■ Champ de pétrole et de gaz naturel
- ▼ Mine de charbon
- ✿ Mine d'uranium
- Sables bitumineux
- Zone d'exploration potentielle sur terre
- Zone d'exploration potentielle en mer

N

0   400   800 km

Les minéraux métalliques et non métalliques au Canada

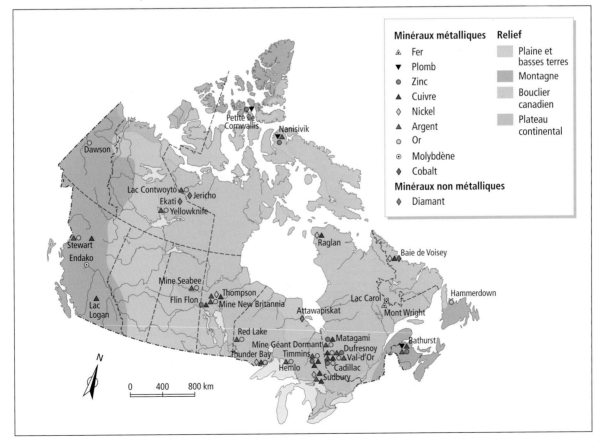

Minéraux métalliques
- △ Fer
- ▼ Plomb
- ● Zinc
- ▲ Cuivre
- ◇ Nickel
- ▲ Argent
- ○ Or
- ⊙ Molybdène
- ◆ Cobalt

Minéraux non métalliques
- ◆ Diamant

Relief
- Plaine et basses terres
- Montagne
- Bouclier canadien
- Plateau continental

Dawson
Lac Contwoyto
Jericho
Ekati
Yellowknife
Petite île Cornwallis
Nanisivik
Raglan
Baie de Voisey
Stewart
Endako
Mine Seabee
Thompson
Lac Carol
Hammerdown
Flin Flon
Mine New Britannia
Attawapiskat
Mont Wright
Lac Logan
Red Lake
Matagami
Bathurst
Mine Géant Dormant
Dufresnoy
Thunder Bay
Timmins
Val-d'Or
Hemlo
Cadillac
Sudbury

N

0   400   800 km

Les mines à ciel ouvert sont exploitées selon une spirale descendante qui permet aux camions de descendre dans la mine par une route circulaire. Pour des raisons de sécurité, personne ne travaille au-dessous du niveau en exploitation.

En commençant par le bloc A dans le schéma de la page suivante, les joueurs doivent extraire tout le niveau 1 dans l'ordre avant de pouvoir exploiter le niveau 2. Certaines parties de la mine sont plus rentables que d'autres, comme le montrent les valeurs en dollar inscrites sur les blocs. Certaines zones ne contiennent pas de minéraux, mais elles doivent quand même être excavées afin que la route en spirale descendante puisse être poursuivie.

But du jeu

Posséder la plus grande valeur en minéraux extraits de la mine.

Matériel

- Un dé
- Une feuille de pointage

Élève : _____				
Niveau	Lettre et valeur du bloc (en $)	Récom-pense (en $)	Amende (en $)	Total (en $)
1.				
2.				
3.				
4.				
	Résultat final : _____			

Règles du jeu

1. Lance le dé. Tu dois obtenir un 1 pour exploiter le niveau 1. La première personne à obtenir un 1 prend le bloc A. Note la lettre des blocs que tu as extraits et leurs valeurs sur la feuille de pointage. Une fois qu'un bloc est extrait, personne d'autre ne peut le prendre. En jouant à tour de rôle, les joueurs doivent extraire dans l'ordre les 12 blocs du niveau 1. La première personne qui obtient un 1 peut prendre un nouveau bloc. Ensuite, ils doivent obtenir des 2 pour exploiter le niveau 2, puis des 3 pour exploiter le niveau 3, et ainsi de suite. À chaque niveau, l'extraction des blocs doit se faire dans l'ordre, c'est-à-dire de gauche à droite.

2. Si tu obtiens un 5, tu as enfreint la réglementation environnementale quand tu as extrait ton dernier bloc de minerai. Soustrais la moitié de la valeur de ce bloc en guise d'amende.

3. Si tu obtiens un 6, on vient de te reconnaître comme un chef de file de l'industrie en matière de contrôle de la pollution. Ajoute 10 points à tes résultats en guise de récompense.

4. Continue à jouer pendant une période définie ou jusqu'à ce que tous les blocs des quatre niveaux aient été extraits.

5. Additionne la valeur des blocs que tu as extraits et tes récompenses, puis soustrais tes amendes. L'élève qui a le plus de points gagne la partie.

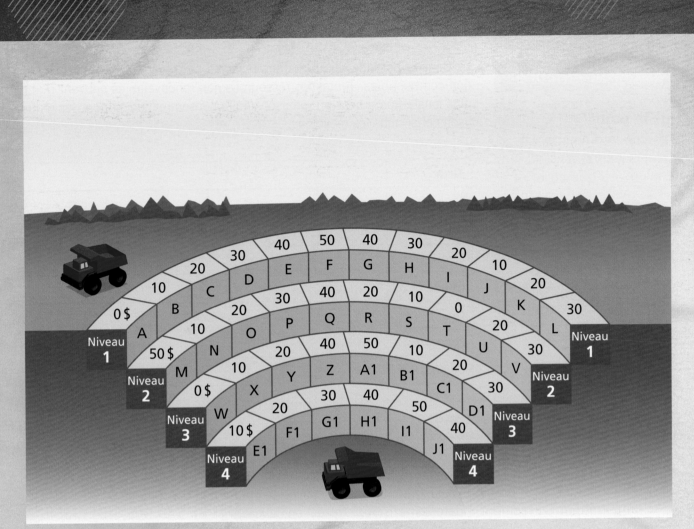

Les valeurs des minéraux sont en milliers de dollars.

Après la lecture

Fais le point

Avec une ou un camarade, dresse une liste d'idées qui, selon toi, pourraient convaincre les gens de consommer moins de combustibles. Trouve une photo qui illustre une de tes idées, rédige une légende pour la photo et un article pour l'accompagner. Utilise un tableau comme celui ci-contre pour organiser tes idées.

Le Canada possède d'importantes réserves de minéraux combustibles et non combustibles. Toutes les ressources non renouvelables peuvent durer plus longtemps si nous en réduisons notre consommation, si nous les réutilisons et si nous les recyclons.

Titre	
Source	
Qui ?	
Quoi ?	
Quand ?	
Où ?	
Pourquoi ?	
Comment ?	

Vérifie tes connaissances

1. À l'aide des cartes de la page suivante, construis un tableau avec trois colonnes (Exportateur, Importateur, Classement indéterminé) pour comparer la production et la consommation d'énergie des six pays indiqués sur ces cartes. Classe chaque pays selon qu'il est « Exportateur » (vendeur) ou « Importateur ». Si tu n'es pas certain de son classement, coche la colonne « Classement indéterminé ». *CD* *D*

2. Observe les cartes de la page suivante.

   a) Quels sont les avantages pour les pays qui exportent de l'énergie ? *h*

   b) Quels sont les problèmes pour les pays qui importent de l'énergie ? *h*

3. Pour chaque problème environnemental suivant, explique comment la consommation d'énergie est en cause. *C*

   a) Les pluies acides ;

   b) le smog ;

   c) le réchauffement planétaire.

4. Rédige un court paragraphe pour donner ton avis sur l'avenir des ressources énergétiques au Canada. Appuie ton opinion à l'aide d'arguments tirés de ce chapitre. *CD* *m*

La production d'énergie dans l'hémisphère Ouest   **La consommation d'énergie dans l'hémisphère Ouest**

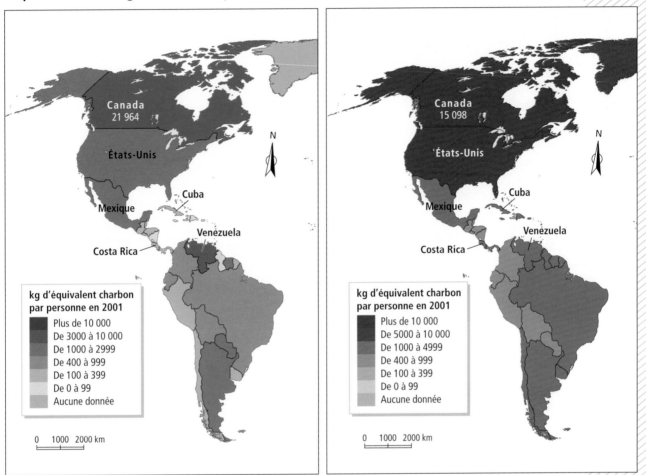

Des ressources pour l'avenir

Selon toi, ces photos illustrent-elles une bonne ou une mauvaise gestion des ressources?

Avant la lecture

Fais des liens

Rédige une lettre à la personne que tu seras dans 10 ans. Dans cette lettre, énumère toutes les sources d'énergie que tu utilises actuellement dans ton quotidien. Nomme les types de voitures les plus populaires aujourd'hui. Explique ce qui, selon toi, doit être fait pour réduire la consommation des combustibles fossiles, et ce que tu espères voir se produire dans les 10 prochaines années pour atteindre ce but.

Tu as déjà appris que plusieurs ressources naturelles de la Terre sont non renouvelables. Cela signifie qu'elles finiront par être épuisées. Passer du gaspillage des ressources à des pratiques responsables permettrait aux sources d'énergie non renouvelables de durer plus longtemps. De nouvelles pratiques plus écologiques diminueraient la pollution. Les ressources renouvelables comme les forêts, les animaux, l'eau et l'air ne seraient pas compromises. Des actions collectives peuvent restaurer la santé de la planète. Il est facile de penser que tous les problèmes environnementaux sont causés par les industries, mais ces constatations n'apportent aucune solution. Il existe une expression plus positive: «Pense mondialement, agis localement.» Tu peux améliorer la santé de la planète en adoptant des pratiques responsables à la maison et dans ta communauté.

Ce chapitre te permettra de répondre aux questions suivantes :

- Comment la technologie nous permet-elle d'avoir des ressources de rechange ?

- Comment la durabilité des ressources influence-t-elle la santé de l'environnement ?

- Quel est le vocabulaire de la géographie qui se rapporte à la durabilité des ressources ?

- Comment est-ce que je peux formuler des questions pour étudier l'exploitation des ressources ?

- Comment est-ce que je peux présenter et défendre un point de vue sur l'exploitation d'une ressource ?

Littératie en tête

Ce chapitre mettra l'accent sur les points de vue. Un point de vue est l'expression d'une opinion sur un sujet donné. Si quelqu'un est directement concerné par un sujet, cela peut influencer son point de vue. Par exemple, si ton travail à temps partiel consiste à vendre des bonbons et que tu veux convaincre les gens d'en acheter, tu ne leur diras pas que c'est mauvais pour eux ! Une ou un dentiste aura un tout autre point de vue.

Cherche les points de vue présentés dans ce chapitre. À la fin du chapitre, tu écriras une lettre d'opinion pour exposer ton propre point de vue.

Point de vue	
Premier point de vue	*Second point de vue*

Le développement durable

Les photos présentées dans l'introduction de ce chapitre illustrent des changements que nous pourrions apporter pour le bien de la planète. Nous pourrions limiter le plus possible notre utilisation des ressources non renouvelables en modifiant certaines de nos habitudes, ce qui permettrait aux générations futures de les utiliser, elles aussi. C'est ce qui s'appelle le « **développement durable** ». Toutefois, de nombreuses personnes ne partagent pas ce point de vue.

Prête attention
Des photos peuvent illustrer un point de vue. Quel point de vue la photo ci-contre illustre-t-elle ? La légende de la photo peut t'aider à répondre.

Une société qui produit beaucoup de déchets pratique-t-elle le développement durable ?

PRÈS DE CHEZ MOI

Le contenu de la poubelle

Examinons l'exploitation des ressources à une échelle locale. Imagine le contenu d'une poubelle (celle dans un corridor de l'école ou celle de la cuisine à la maison) et réponds aux questions qui suivent.

1. Que contient cette poubelle ? Quelles ressources naturelles ont servi à fabriquer les articles ou les restes qui s'y trouvent ?

2. Classe ces ressources en ressources renouvelables ou non renouvelables. Quels déchets auraient pu être recyclés ?

3. Choisis deux articles qui se trouvent dans cette poubelle. Pour chacun, explique quelles sources d'énergie (par exemple, l'essence, l'électricité) il a fallu utiliser à partir de l'étape de sa fabrication jusqu'à ce qu'il se trouve entre les mains des consommateurs. Au besoin, tu devras partir d'aussi loin que l'extraction des ressources naturelles (par exemple, le bois, l'aluminium) qui ont servi à fabriquer cet article.

4. Comment peut-on modifier nos pratiques et faire en sorte de réduire la quantité d'articles que nous jetons à la poubelle ?

Les propriétaires ou les gardiens de la planète ?

Il existe deux points de vue sur l'exploitation de la Terre par les êtres humains. Le premier point de vue soutient que les ressources de la planète sont là pour être recueillies et exploitées sans que nous ayons à nous soucier de leur renouvellement. Le second point de vue affirme que les gens doivent prendre soin des ressources de la Terre en les faisant durer le plus longtemps possible, car elles assurent notre survie.

Les propriétaires

Être propriétaire, c'est avoir le contrôle d'un territoire. Selon ce point de vue, les humains peuvent exploiter librement les richesses naturelles de la Terre. Les propriétaires utilisent les ressources en pensant uniquement à la nécessité de répondre à leurs besoins immédiats. Le point de vue du propriétaire est populaire depuis 500 ans. Qu'arrivera-t-il quand une ressource comme le pétrole sera épuisée ? Les propriétaires répondent que l'intelligence des humains résoudra les problèmes d'épuisement des ressources à l'aide de la technologie. De nouvelles inventions permettront d'utiliser de meilleures sources d'énergie, notamment des combustibles de rechange pour le pétrole et le gaz naturel. Les propriétaires proposent une vision de l'avenir basée sur la concurrence pour l'acquisition des ressources et sur l'esprit créateur des êtres humains.

Les gardiens

Une gardienne ou un gardien est une personne qui veille sur les ressources disponibles et les exploite de façon responsable. Ce point de vue gagne en popularité, surtout depuis les années 1970, avec la montée du mouvement environnementaliste. Selon les partisans de cette vision, il est important de ne pas gaspiller les ressources, car la Terre doit être laissée en bonne santé aux générations à venir.

Comment les gardiens protègent-ils les ressources ? Ils s'assurent que la consommation des ressources renouvelables soit moindre que la capacité de renouvellement de celles-ci, et que la consommation des ressources non renouvelables soit ralentie le plus possible. Par exemple, pour chaque arbre coupé, un autre est planté. De plus, s'il faut 50 ans pour qu'un arbre arrive à maturité, il ne faut pas abattre plus de 1 arbre sur 50 (2 %) chaque année. Être une gardienne ou un gardien signifie adopter un point de vue orienté vers l'avenir, qui repose sur la coopération et la protection de l'environnement.

Qu'en penses-tu ?

1. Construis un tableau semblable à celui ci-dessous pour comparer les propriétaires et les gardiens. *h* *co*

2. Quel est le point de vue que tu préfères ? Quel point de vue est le plus répandu dans ton entourage ? Explique tes réponses à tes camarades. *h*

Point de vue	Définition	Propriété des ressources	Période où le point de vue est populaire	Avenir des ressources
Propriétaires				
Gardiens				

Les pratiques mondiales

L'air et l'eau sont des ressources essentielles à notre survie. Pourtant, nous les polluons et, dans le cas de l'eau, nous la gaspillons. Les problèmes de pollution atmosphérique et de pollution de l'eau reflètent une multitude de pratiques néfastes. La combustion des combustibles fossiles est la principale cause de la pollution atmosphérique et des pluies acides. L'utilisation du cycle de l'eau pour l'élimination des déchets, par exemple le drainage agricole, la filtration et la purification des eaux usées dans les villes et le déversement des déchets des industries, contribue à la dégradation des océans.

Les problèmes de pollution dans le monde

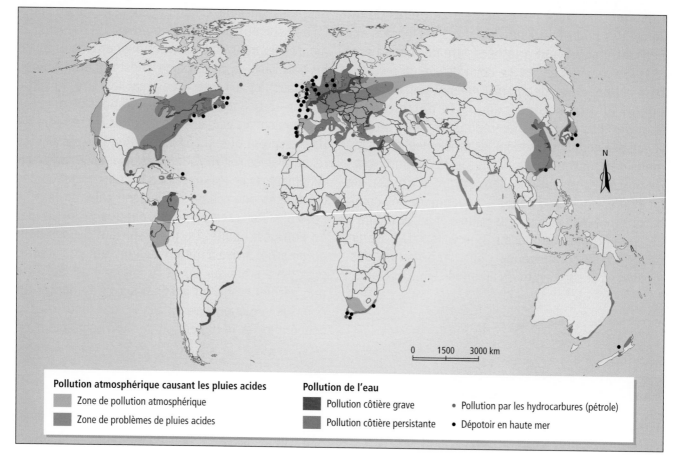

Pollution atmosphérique causant les pluies acides

- Zone de pollution atmosphérique
- Zone de problèmes de pluies acides

Pollution de l'eau

- Pollution côtière grave
- Pollution côtière persistante
- • Pollution par les hydrocarbures (pétrole)
- • Dépotoir en haute mer

Applique tes connaissances

1. Observe la carte ci-dessus. Localise les régions les plus polluées. Construis un schéma pour montrer que les facteurs suivants sont des causes de pollution mondiale : la surexploitation des ressources, les niveaux de vie et les attitudes. **c h o**

2. Quelles conclusions as-tu tirées de l'exercice d'analyse d'une poubelle? Explique ta réponse. **h**

La conservation des ressources renouvelables

T'arrive-t-il d'épargner de l'argent afin de l'utiliser plus tard? Ou de mettre de côté une part de ton dessert préféré pour le faire durer plus longtemps? «Conservation» signifie «épargne». La conservation de l'environnement constitue l'ensemble des actions ayant pour but d'utiliser et de protéger les ressources naturelles contre l'exploitation abusive ou le gaspillage. La conservation de l'environnement permet aux générations actuelles de profiter des ressources, tout en en laissant assez pour que les générations futures puissent répondre à leurs besoins. Dans cette section, tu examineras des actions qui visent à protéger des ressources renouvelables, comme le poisson, la forêt et les espèces en voie de disparition. L'**aquaculture**, la certification forestière et la création de parc naturels protégés sont des pratiques qui visent la conservation des ressources.

MOTS CLÉS

Aquaculture : Élevage des poissons destinés à la consommation dans des étangs ou des bassins artificiels situés en bordure de plans d'eau.

Aquaculteur : Personne qui fait l'élevage des poissons.

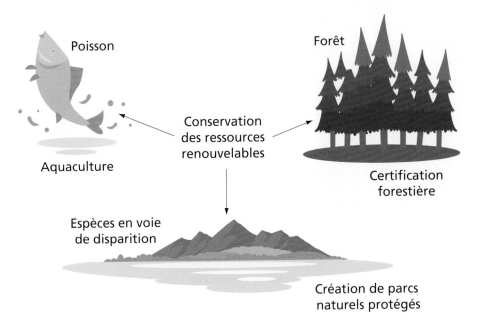

Poisson

Aquaculture

Forêt

Conservation des ressources renouvelables

Certification forestière

Espèces en voie de disparition

Création de parcs naturels protégés

L'aquaculture

Des **aquaculteurs** élèvent dans des étangs ou des bassins artificiels situés près d'un plan d'eau des espèces de poissons qui sont de plus en plus rares à l'état sauvage. Les alevins, c'est-à-dire les jeunes poissons, grandissent dans ces bassins en étant nourris par des humains, comme le sont les poulets dans une ferme avicole.

L'aquaculture est utilisée depuis longtemps en Chine, car le poisson représente la principale source de protéines pour les Chinois. Cette méthode d'élevage du poisson permet de créer un marché durable en fournissant une importante source alimentaire.

Prête attention

Pourquoi crois-tu que l'auteur présente deux points de vue différents sur l'aquaculture?

L'aquaculture représente environ un dixième de la récolte mondiale de poissons et elle croît à un rythme de 5% par année. Actuellement, les coûts élevés de production font en sorte que cette méthode n'est utilisée que pour élever les variétés de poissons et de fruits de mer les plus chères, comme le saumon, la truite, la crevette et l'huître. Toutefois, si la pêche dans les océans continue de diminuer, des espèces plus courantes pourraient aussi être élevées.

Cependant, cette méthode cause certaines inquiétudes. L'aquaculture se pratique généralement le long des rives, où la qualité de l'eau peut être inférieure à celle des eaux libres. Les aquaculteurs doivent vérifier la qualité de l'eau des bassins pour empêcher que des substances chimiques toxiques nuisent à la santé des poissons. Cela se produit souvent, car les bassins sont surpeuplés et les déchets de poisson s'accumulent. De plus, les poissons d'élevage peuvent transmettre des maladies aux poissons qui vivent dans des habitats naturels.

Pourquoi l'aquaculture est-elle une industrie durable?

La certification forestière

« Acheter vert », c'est choisir des produits qui ont été fabriqués sans nuire à l'environnement. En d'autres mots, ces produits reflètent les principes du développement durable. Le Forest Stewardship Council (FSC), dont le nom se traduirait par « Conseil de gestion de la forêt », est l'une des organisations qui assurent la protection des forêts. Les produits du bois et du papier qui portent le sceau d'approbation du FSC sont véritablement « verts ».

Le FSC a été mis sur pied à Toronto en 1993. Des représentants de l'industrie forestière et des groupes environnementalistes de plus de 25 pays ont établi un plan qui permet la certification des produits forestiers. Le bois d'œuvre et le papier reçoivent l'approbation du FSC seulement si chaque étape de la coupe des arbres, du traitement du bois et de la vente des produits respecte des normes strictes. C'est ce qu'on appelle une **chaîne de traçabilité**. Le bois d'œuvre et les produits du papier certifiés affichent clairement le sceau d'approbation du FSC. Ainsi, les consommateurs savent que le développement durable est mis en pratique de la forêt au magasin.

MOTS CLÉS

Chaîne de traçabilité : Voie par laquelle un produit peut être retracé depuis sa matière d'origine jusqu'à la fin de la chaîne d'approvisionnement. Dans le cas d'une brochure de papier, par exemple, la traçabilité débute avec la coupe de l'arbre et va jusqu'à la sortie de l'imprimerie, en incluant toutes les opérations entre ces étapes : la fabrication du papier, sa transformation et sa distribution.

Aujourd'hui, de nombreux détaillants reconnaissent les avantages de la **certification forestière**. Cette pratique devient de plus en plus populaire, car elle permet de rapprocher les gens de l'industrie et les environnementalistes, de même que les commerçants et les consommateurs. En 2007, les forêts du Canada certifiées FSC ont fourni près de 8 milliards de dollars en produits forestiers. Près d'un quart des forêts certifiées dans le monde se trouvent au Canada, la majeure partie en Alberta et en Ontario. Le reste est réparti dans plus de 70 pays. À l'échelle mondiale, la valeur des produits certifiés FSC représente une valeur économique de plus de 20 milliards de dollars US.

MOTS CLÉS

Certification forestière : Processus permettant de vérifier si les forêts sont gérées et exploitées d'une façon écologique et équitable.

Records mondiaux

Découvrir des géants

L'année 2006 a été excellente pour les environnementalistes qui se préoccupent des arbres. Trois arbres géants ont été découverts dans le parc national Redwood, en Californie. Ces trois arbres sont plus grands que tout autre arbre vivant. Leur âge est estimé entre 700 et 800 ans, et ils sont protégés au sein du parc. Leurs découvreurs, Chris Atkins et Michael Taylor, ont nommé le plus grand des 3, un séquoia de 116 mètres, Hypérion. Ce géant dépasserait en hauteur un immeuble de 35 étages. À la fin des années 1990, Julia Hill, une militante environnementaliste, a établi un record près de ce même parc national, en Californie. Elle a vécu pendant un peu plus de 2 ans sur une plateforme située à 50 mètres de hauteur dans un séquoia qu'elle appelait « Luna ». Son action visait à empêcher une compagnie forestière de couper l'arbre. Julia Hill est descendue après que des environnementalistes aient amassé la somme nécessaire pour acheter Luna et la zone environnante.

Le nombre d'hectares de forêt certifiés FSC au Canada de 2002 à 2008

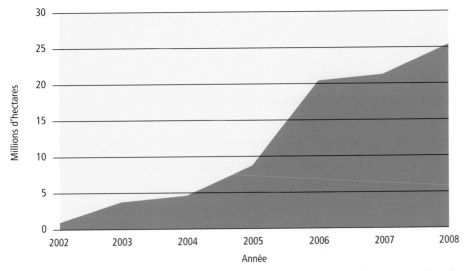

Quelle constante remarques-tu ? Quand s'est produite la plus grande augmentation du nombre d'hectares ?

La création de parcs naturels protégés

Plusieurs personnes se préoccupent des espèces en voie de disparition, par exemple, le tigre, le panda géant, l'éléphant et la baleine. Ces espèces ont toutes été considérées comme des ressources naturelles et ont été chassées de façon excessive pour leur peau, leurs défenses ou leur huile. Le schéma ci-contre montre qu'il y a pas moins d'un million de types d'organismes vivants sur Terre. Parmi les animaux, les mammifères sont le type le plus rare, même si environ 4000 espèces différentes ont été identifiées.

Le sort des pandas géants a touché le cœur de la population. Cet animal est devenu le symbole des espèces en voie de disparition. Le World Wildlife Fund (WWF), ou Fonds mondial pour la nature, un organisme qui veille à la protection des espèces en voie de disparition, en a d'ailleurs fait son emblème.

Différentes espèces vivantes

25 000 — Espèces animales
325 000 — Espèces végétales
1 000 000 — Autres organismes vivants

La mission de l'organisme World Wildlife Fund (WWF), ou Fonds mondial pour la nature, est de préserver la diversité et l'abondance de la vie sur Terre, ainsi que de protéger la santé des écosystèmes.

Les blaireaux d'Amérique sont une espèce en voie de disparition. Ils sont présents en Ontario.

La plus grande menace pour les espèces en voie de disparition est la **destruction des habitats**. Les lieux où poussent les plantes et où vivent les animaux ont souvent été détruits par les activités humaines. Pratiquer la coupe à blanc, traîner des filets au fond des océans et polluer l'air et l'eau sont des actions qui contribuent toutes à détruire des habitats.

Dans les années 1980, les Nations unies ont recommandé que chaque pays mette de côté un dixième de son territoire pour en faire une **zone protégée**. Il peut s'agir de réserves naturelles, de zones d'habitat naturel et de parcs nationaux. Le Canada a atteint son objectif de 10 % et continue d'agrandir son réseau de parcs nationaux.

MOTS CLÉS

Destruction des habitats : Destruction par les être humains des lieux où poussent des plantes et où vivent des animaux dans le but d'en extraire des ressources.

Zone protégée : Zone délimitée à l'intérieur de laquelle les habitats et les ressources naturelles sont protégés.

Le Costa Rica, en Amérique centrale, est le meneur dans ce domaine : 25 % de son territoire est protégé. Les parcs naturels constituent une méthode efficace pour protéger les espèces et préserver la santé de la planète.

Les zones protégées dans le monde

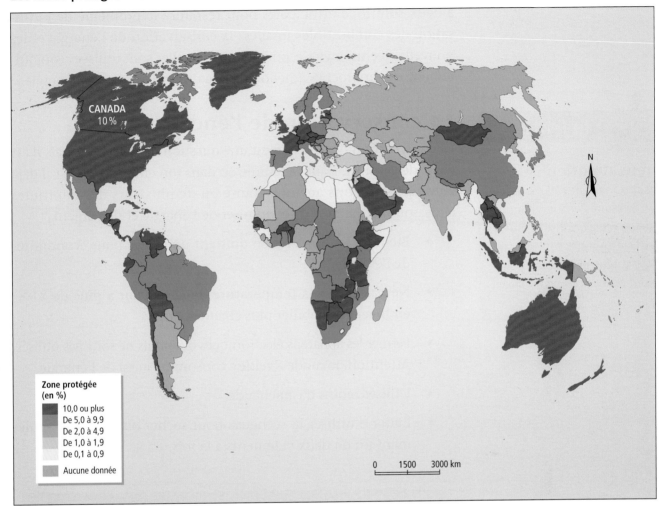

Observe bien la carte. Nomme les continents où il y a le plus de zones protégées.

Applique tes connaissances

1. Explique dans tes mots le processus de certification forestière. Pourquoi les produits du bois sont-ils bons à la fois pour les affaires et pour l'environnement ? *h*

2. a) Utilise la carte ci-dessus pour comparer le pourcentage de zones protégées du Canada avec celui de quatre pays de ton choix. Consulte la **Boîte à outils** si tu as besoin d'aide pour interpréter une carte. *h*

b) À l'aide d'exemples, montre comment, selon toi, un grand nombre de parcs naturels favorise la qualité de l'air et de l'eau ainsi que la conservation des espèces végétales et animales. *c*

3. Utilise cette section pour compléter le schéma de la page G 185. Note trois renseignements importants sur la conservation de chaque ressource indiquée. *c*

Les sources d'énergie de rechange

Tu as vu que l'utilisation des combustibles fossiles est à l'origine de plusieurs problèmes qui nuisent à la santé de la planète, en entraînant la pollution atmosphérique et le réchauffement planétaire. Il y a deux solutions principales pour résoudre le problème de l'utilisation des combustibles fossiles : la conservation de l'énergie et les nouvelles technologies éconergétiques. Si elles sont utilisées conjointement, ces approches amélioreront la durée des sources d'énergie.

La conservation de l'énergie

La conservation de l'énergie est une question de bon sens, mais il est facile de gaspiller. Dans ta famille ou dans ton entourage, y a-t-il déjà eu des discussions au sujet d'une ou de plusieurs des habitudes ci-dessous permettant d'économiser de l'énergie et de l'argent ?

- Éteindre les lumières en quittant une pièce pour économiser de l'énergie.

- Ne pas élever la température de la maison à plus de 21 °C en hiver et s'habiller plus chaudement.

- Fermer les appareils électroniques quand ils ne sont pas utilisés. Attention, le mode « veille » consomme aussi de l'énergie.

- Utiliser moins d'eau chaude.

- Éviter d'utiliser la sécheuse pour sécher ou rafraîchir seulement un ou deux vêtements à la fois.

Pendant la lecture

Prête attention

Discute avec tes camarades des pratiques éconergétiques que ton école favorise et dresse une liste de gestes concrets que les personnes de ton école pourraient poser pour économiser de l'énergie.

Ta famille applique-t-elle des mesures éconergétiques ?

Ta famille peut faire beaucoup plus pour contribuer à la conservation de l'énergie. Par exemple, utiliser des ampoules éconergétiques, plus respectueuses de l'environnement, car elles durent plus longtemps et consomment moins d'énergie. Isoler le grenier et le sous-sol est un autre geste efficace. Boucher les fentes autour des portes et des fenêtres empêche le froid d'entrer, le système de chauffage se met donc en marche moins souvent. Installer un thermostat qui règle automatiquement la température selon les niveaux appropriés pour le jour et la nuit est un choix judicieux. Ces simples gestes permettent d'économiser de l'énergie à peu de frais.

Quand vient le temps d'acheter de nouveaux appareils électroménagers, cherche l'étiquette ÉnerGuide. Il ne s'agit pas d'une marque de commerce, mais d'une cote qui indique combien d'énergie l'appareil consommera en un an.

Le tableau ci-dessous montre que les fabricants ont grandement amélioré l'efficacité énergétique de leurs produits. En fait, adopter de bonnes pratiques de consommation et utiliser des appareils et des produits éconergétiques peut réduire la consommation d'énergie à la maison de 20 à 50 %.

Les ampoules fluocompactes consomment moins d'électricité et durent plus longtemps que les ampoules traditionnelles.

La consommation énergétique annuelle moyenne d'appareils électroménagers (en kWh)

Année	Réfrigérateur	Lave-vaisselle	Laveuse	Sécheuse
1984	1457	1413	1243	1214
2004 Appareil certifié **ENERGY STAR®**	411	422	299	413

* En 2008, en Ontario, un kWh coûtait environ 0,055 $.

Les nouvelles technologies éconergétiques

Plusieurs constructeurs de véhicules automobiles fabriquent des véhicules hybrides qui permettent d'économiser l'essence. Ces véhicules utilisent deux sources d'énergie, l'essence et l'électricité, ce qui les rend très éconergétiques.

Le système hybride : Un petit moteur à essence alimente le véhicule quand il accélère. En tournant, les roues actionnent un générateur qui produit de l'électricité. Un ordinateur permet au véhicule de passer automatiquement du moteur à essence au moteur électrique afin de réduire la consommation d'essence.

1. Petit moteur à essence
2. Moteur électrique
3. Ordinateur
4. Batterie

Décharge la batterie
Recharge la batterie

Une entreprise de Vancouver a développé une pile à combustible à hydrogène produisant de l'électricité qui peut alimenter un véhicule ou chauffer une maison. Des véhicules expérimentaux l'aident à améliorer cette technologie énergétique innovatrice.

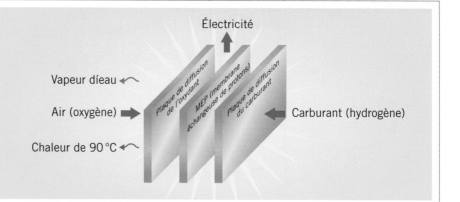

Les piles à combustible : L'hydrogène combiné à l'oxygène, qui provient de l'air, produit de l'électricité sans qu'il y ait combustion. La chaleur et l'eau sont les seuls déchets produits. La source d'hydrogène privilégiée est le méthanol, un combustible renouvelable fait à partir de la dégradation de matières organiques.

Électricité

Vapeur d'eau

Air (oxygène)

Chaleur de 90 °C

Plaque de diffusion de l'oxydant

MÉP (membrane échangeuse de protons)

Plaque de diffusion du carburant

Carburant (hydrogène)

L'énergie solaire : Les systèmes d'énergie solaire les plus simples utilisent le Soleil pour chauffer l'eau. Cette eau peut être emmagasinée dans un réservoir d'eau chaude pour une utilisation domestique ou elle peut circuler dans une piscine ou un spa. Les cellules photovoltaïques, qui sont les constituants des panneaux solaires, utilisent une technologie de pointe. Elles fonctionnent comme les cellules d'une calculatrice, mais ce qui les différencie, c'est qu'elles peuvent emmagasiner l'électricité dans des piles.

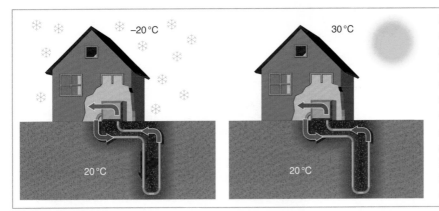

Le système géothermique : La température constante du sol sous la surface peut servir à chauffer les maisons en hiver et à les rafraîchir en été. Une pompe thermique fait circuler un fluide dans des canalisations souterraines. Elle extrait la chaleur du fluide et maintient la température de la maison. Avec ses nombreux geysers, l'Islande profite abondamment de cette source d'énergie. La plupart de ses habitants peuvent bénéficier de l'eau chaude et du chauffage domestique à un très bas prix.

L'énergie éolienne : Autrefois, les Hollandais utilisaient l'énergie éolienne pour pomper l'eau des terres arables. Aujourd'hui, les Pays-Bas sont un chef de file mondial dans l'utilisation des éoliennes pour produire de l'électricité. Le Canada commence lui aussi à exploiter l'énergie éolienne. Consulte la page G 194 pour en apprendre davantage sur l'énergie éolienne en Ontario.

L'énergie marémotrice : Quand la marée monte et descend, l'eau de mer traverse des barrières en béton. L'eau qui circule fait tourner de grandes turbines reliées à des alternateurs qui produisent du courant. Ce processus nécessite une amplitude de marée d'au moins 5 mètres pour qu'il soit économiquement rentable.

Les parcs éoliens

Utiliser le vent pour moudre le grain ou pomper l'eau est une technique ancienne. Aujourd'hui, de longues lignes d'éoliennes bordent les côtes venteuses de l'Allemagne et des Pays-Bas. Une hélice qui tourne lentement (la turbine) actionne un générateur électrique intégré. Le surplus d'électricité peut être emmagasiné dans des batteries pour un usage futur.

Certaines régions du Canada et de l'Ontario sont assez venteuses pour qu'on y exploite des parcs éoliens. Cela signifie que des **aérogénérateurs** sont construits près les uns des autres dans des lieux particulièrement venteux. Il y a des parcs éoliens à Pincher Creek, en Alberta, où des vents forts soufflent constamment des montagnes Rocheuses. En Ontario, il y a des parcs éoliens le long des rives du lac Huron. Il y a même une grosse éolienne à trois pales sur la rive du lac Ontario, à Toronto; elle produit de l'électricité pour alimenter des maisons de ce secteur.

MOTS CLÉS

Aérogénérateur : Appareil qui produit du courant électrique à l'aide de l'énergie du vent.

Les parcs éoliens en Ontario

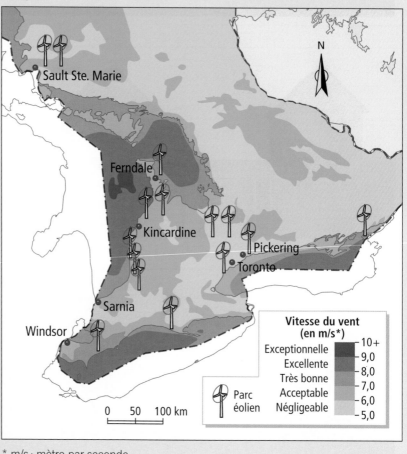

* m/s : mètre par seconde.

Applique tes connaissances

1. Quelles sont les méthodes utilisées chez toi pour économiser l'énergie? Classe-les dans un tableau ayant les deux colonnes suivantes : changements apportés à la maison, pratiques éconergétiques.
h

2. En équipe de deux, choisissez deux technologies éconergétiques présentées dans les pages 192 et 193. Construisez un tableau pour comparer les avantages et les inconvénients de ces deux technologies.
c *co*

3. Dessine une affiche visant à inciter les gens à économiser l'énergie à la maison. *co*

HABILETÉ GÉOGRAPHIQUE

> **Construire une carte des ressources**

Tu peux construire ta propre carte pour faire ressortir certaines caractéristiques indiquées sur une autre carte. Les étapes sont faciles à suivre.

Étape 1 : Trouve l'information à montrer sur la carte

Trouve une carte des ressources dans un atlas ou dans Internet.

Étape 2 : Reporte l'information sur une carte muette

Utilise une source imprimée ou électronique pour reproduire une carte muette de la même zone. Ensuite, reporte l'information choisie de la carte initiale sur ta reproduction, en utilisant des couleurs et des symboles appropriés.

Étape 3 : Annote la carte

Termine ta carte en y ajoutant les éléments suivants : un titre, une légende, une rose des vents et une échelle.

La production d'électricité en Ontario

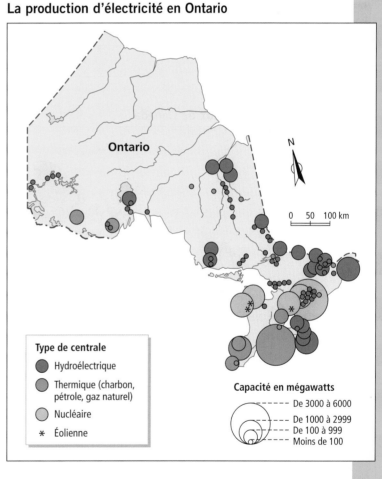

Type de centrale
- Hydroélectrique
- Thermique (charbon, pétrole, gaz naturel)
- Nucléaire
- * Éolienne

Capacité en mégawatts
- De 3000 à 6000
- De 1000 à 2999
- De 100 à 999
- Moins de 100

À ton tour

Utilise une carte muette pour montrer les sources d'électricité en Ontario. Simplifie ta carte en utilisant un symbole de couleur de la même taille pour représenter chaque centrale hydroélectrique qui produit 100 mégawatts ou plus. Indique aussi les parcs éoliens. **□**

Après la lecture

Fais le point

Un tableau qui présente de l'information sur deux colonnes est une bonne façon de comparer deux points de vue. Il est clair et facile à lire, mais moins habituel qu'un paragraphe écrit. Utilise un tableau semblable à celui ci-contre pour résumer des points de vue sur un problème que tu as étudié dans ce chapitre.

Plusieurs problèmes environnementaux entraînent des effets négatifs sur la santé de la planète; ils résultent d'un mauvais usage des ressources. Les ressources renouvelables, comme les ressources non renouvelables, peuvent être protégées en adoptant des pratiques plus écologiques, comme l'aquaculture, la certification forestière ou la création de parcs naturels protégés. La combustion des combustibles fossiles n'est pas une pratique durable. Toutefois, un changement est entrepris afin de permettre une plus grande utilisation des ressources permanentes et des nouvelles technologies éconergétiques. Les ressources de la Terre peuvent durer si les êtres humains modifient leurs habitudes.

Point de vue	
Premier point de vue	Second point de vue

Le réseau des parcs nationaux du Canada

Le réseau des parcs nationaux du Canada sera achevé.

Le gouvernement fédéral a promis d'achever le réseau des parcs nationaux du Canada, en commençant par la création d'un tout nouveau parc qui fait la transition entre la forêt boréale et la toundra. Le plan du gouvernement fédéral comprend l'agrandissement du parc national Nahanni (T. N.-O.), la création de parcs en Colombie-Britannique, au Manitoba et au Québec, ainsi que de trois aires de conservation marine. [...] La ministre de l'Environnement a fait son annonce à Lutsel K'e, une communauté autochtone située sur la rive sud-est du Grand Lac des Esclaves, dans les Territoires du Nord-Ouest. [...] Le Bras-Est-du-Grand-Lac-des-Esclaves abrite de vastes troupeaux de caribous, ainsi que des populations de castors, de rats musqués, de lynx, de renards roux, de carcajous, d'hirondelles, de visons, de loutres, d'orignaux et d'ours noirs. Ce territoire renferme de nombreux lacs, plusieurs îles dispersées dans le Grand Lac des Esclaves, de longs **escarpements de blocs faillés**, des gorges et des chutes d'eau. [Traduction libre]

Source : *The Observer*, Sarnia, 14 octobre 2006, p. A7.

Le parc national Bras-Est-du-Grand-Lac-des-Esclaves.

MOTS CLÉS

Escarpement de blocs faillés : Escarpement formé par l'affaissement du sol le long d'une fissure dans la croûte terrestre.

Vérifie tes connaissances

1. a) Où est situé le Bras-Est-du-Grand-Lac-des-Esclaves ? Pourquoi le qualifie-t-on de zone de transition ? *c*

b) Qu'est-ce qui fait du Bras-Est-du-Grand-Lac-des-Esclaves un site unique ? *h*

2. Utilise ce que tu as appris pour expliquer les avantages des parcs nationaux comme celui du Bras-Est-du-Grand-Lac-des-Esclaves. *c*

3. Écris une lettre d'opinion pour énoncer ton point de vue sur la question suivante : « Le gouvernement du Canada devrait-il établir des parcs nationaux, comme celui du Bras-Est-du-Grand-Lac-des-Esclaves, dans des écozones éloignées des visiteurs potentiels ? » Dans ta lettre, fais référence à la carte du réseau des parcs nationaux du Canada de la page G 196. *h m co*

Retour à l'idée principale

Au chapitre 7, tu as étudié les divers types de ressources renouvelables. Le chapitre 8 a présenté les ressources non renouvelables, et tu as examiné des moyens de les préserver, comme le recyclage et la conservation. Le chapitre 9 mettait l'accent sur de nouvelles approches qui pourraient garantir la disponibilité des ressources naturelles pour les générations à venir.

Maintenant que tu as terminé ce module, révise tes notes. Les questions ci-dessous te serviront de guide.

- Qu'as-tu appris sur les sujets illustrés par chacune des photos de l'introduction du module, aux pages G 140 et G 141 ?
- Ce module a-t-il répondu aux questions que tu te posais au sujet des ressources naturelles ?
- Quel est maintenant ton point de vue au sujet de l'avenir des ressources de la Terre ?

Montre ce que tu as compris

Tu es journaliste. Tu en as appris beaucoup sur les ressources. Tu as constaté que le développement durable est une façon d'exploiter les ressources de façon responsable. Prépare ton premier reportage sur une ressource naturelle de ton choix. Tu dois :

- produire un rapport sur les facteurs qui peuvent modifier les réserves actuelles et futures de la ressource naturelle que tu as choisie ;
- présenter et défendre ton point de vue sur la façon d'exploiter cette ressource.

Tu remettras ton reportage à ton enseignante ou enseignant.

Étape 1 Décide quel sera ton rôle

Tu pourrais être journaliste de la presse écrite, présentatrice ou présentateur à la télévision.

Étape 2 Fais une recherche sur la ressource naturelle que tu as choisie

Choisis la ressource naturelle sur laquelle tu feras ton reportage. Utilise ensuite des sources primaires et secondaires pour effectuer ta recherche.

Étape 3 Détermine la façon d'exploiter cette ressource pour en garantir des réserves pour l'avenir

Cette étape te permet de montrer ta compréhension du développement durable.

Étape 4 Prépare ton reportage

Pense à ton auditoire et adapte ton reportage au type de présentation que tu as choisi.

Types de présentations suggérés

- Un article de journal : Examine les articles présentés dans ce module. Remarque que les titres révèlent le sujet en peu de mots et que les paragraphes sont courts.
- Un reportage télévisé : Regarde un bulletin d'information télévisé pour savoir comment la présentatrice ou le présentateur couvre divers sujets en un seul bulletin.

Conseil : Si tu as besoin d'aide, tu peux consulter les sections de la **Boîte à outils** portant sur le processus de recherche et l'utilisation des sources primaires et secondaires.

Conseils :

- Trouve de l'information sur les réserves actuelles de la ressource que tu as choisie (où, pourquoi, combien).
- Quelles sont les « pratiques négatives » qui ont un effet sur la qualité de la ressource et sa quantité ?
- Comment l'utilisation (bonne ou mauvaise) de la ressource que tu as choisie touche-t-elle la santé de la planète ?
- Quelles sont les perspectives d'avenir de la ressource que tu as choisie par rapport à son rythme d'utilisation actuel ?

Conseil : Pour accompagner ton reportage, dessine une carte qui montre la répartition dans le monde de la ressource que tu as choisie.

GLOSSAIRE

Aérogénérateur : Appareil qui produit du courant électrique à l'aide de l'énergie du vent. G 194

Affaissement : Abaissement du sol consécutif à un glissement de terrain. G 105

Affinerie : Usine où l'on procède à la transformation des métaux. G 173

Agriculture : Culture des végétaux et élevage du bétail. G 118

Agriculture commerciale : Type d'agriculture qui produit un ou plusieurs types de culture, de bétail ou d'autres produits agricoles pour le vendre à profit. G 127

Agriculture de subsistance : Type d'agriculture qui nécessite très peu de main-d'œuvre et qui est pratiquée pour répondre aux besoins alimentaires des gens qui la pratiquent. G 124

Agriculture extensive : Forme d'agriculture qui nécessite peu de main-d'œuvre, mais qui a souvent besoin d'une machinerie de haute technologie pour exploiter de grandes fermes. G 124

Agriculture intensive : Forme d'agriculture qui nécessite une main-d'œuvre importante pour tirer de la nourriture de petits terrains. G 124

Agriculture spécialisée : Type d'agriculture commerciale où une seule culture ou un seul type de bétail est produit en vue de la vente. G 131

Aliment biologique : Aliment non modifié génétiquement et qui est produit sans engrais chimiques, pesticides, additifs, agents de conservation ou hormones de croissance. G 127

Altitude : Élévation en mètres par rapport au niveau de la mer. G 78

Anémomètre : Système électronique qui sert à mesurer la vitesse d'un objet en mouvement à partir d'ondes radio à hautes fréquences. G 100

Anthracite : Charbon dur ayant une forte teneur en carbone. G 168

Aquaculteur : Personne qui fait l'élevage des poissons. G 185

Aquaculture : Élevage des poissons destinés à la consommation dans des étangs ou des bassins artificiels situés en bordure de plans d'eau. G 185

Arable : Terre qui peut être cultivée et labourée. G 134

Arborescent : Qui prend la forme d'un arbre ou des rainures d'une feuille. G 84

Argile à Leda : Argile marine composée de particules rocheuses provenant de glaciers. G 105

Atmosphère : Couche de gaz, d'humidité et de poussières qui entoure la Terre. G 25

Avicole : Qui se rapporte à la culture d'oiseaux ou de volailles. G 128

Axe : Ligne imaginaire qui passe par le centre de la Terre. G 121

Bassin hydrographique : Partie de la surface terrestre drainée par un réseau hydrographique. G 48

Bitume : Substance noire, visqueuse, composée principalement de carbone. G 169

Bouclier : Partie très ancienne de relief qui forme le cœur d'un continent. G 74

Bruine : Petite pluie très fine. G 147

Caféier : Arbre dans lequel poussent les grains de café. G 132

Carnivore : Organisme vivant qui se nourrit d'animaux. G 26

Carte thématique : Carte qui présente des renseignements sur un sujet précis. G 32

Carte topographique : Carte très détaillée des caractéristiques physiques et humaines d'une région. G 78

Certification forestière : Processus permettant de vérifier si les forêts sont gérées et exploitées d'une façon écologique et équitable. G 187

Chaîne de traçabilité : Voie par laquelle un produit peut être retracé depuis sa matière d'origine jusqu'à la fin de la chaîne d'approvisionnement. Dans le cas d'une brochure de papier, par exemple, la traçabilité débute avec la coupe de l'arbre et va jusqu'à la sortie de l'imprimerie, en incluant toutes les opérations entre ces étapes : la fabrication du papier, sa transformation et sa distribution. G 186

Chalutier : Bateau de pêche auquel est attaché un filet qui traîne au fond de l'eau. G 27

Climat continental : Climat où les étés sont chauds et les hivers froids, combinés à de faibles précipitations. G 109

Climat de montagne : Climat plus frais qu'aux endroits situés à des altitudes inférieures. G 110

Climat désertique : Climat où les conditions météorologiques sont très arides, où il tombe moins de 250 mm de pluie par année. G 108

Climat maritime : Climat où les étés sont assez chauds et les hivers frais, combinés à des précipitations élevées. G 109

Climatologue : Scientifique qui étudie les climats et les phénomènes atmosphériques à l'échelle d'une région, d'un pays ou de la planète. G 88

Climat polaire : Climat où les hivers sont rigoureux et les étés frais. G 107

Climat tempéré : Climat où les températures sont modérées toute l'année. G 107

Climat tropical : Climat où les températures sont chaudes toute l'année, accompagnées de beaucoup d'humidité. G 107

Combustibles fossiles : Combustibles, comme le charbon, le pétrole et le gaz naturel, qui se sont formés à partir d'organismes vivants disparus. G 88

Commerce équitable : Mode de détermination des prix qui donne aux producteurs des pays en voie de développement un prix plus équitable pour leurs produits. G 132

Composé organique volatil : Substance chimique libérée dans l'air sous forme de gaz. G 162

Contreforts : Collines situées au pied des montagnes. G 49

Coupe à blanc : Opération qui consiste à abattre tous les arbres d'une zone. G 37

Coupe transversale : Vue intérieure d'un objet, comme s'il était coupé en deux. G 80

Courbes de niveau : Sur une carte, lignes qui relient des points de même altitude. G 78

Culture itinérante : Type de culture utilisée là où le sol n'est pas fertile, qui consiste à défricher de petites parcelles de forêts et à cultiver cette terre. Cette méthode est aussi appelée «culture sur brûlis» parce qu'on brûle les arbres et les herbages que l'on a coupés. G 120

Cycle de l'eau : Cycle continu qui fournit l'eau à la Terre. Les étapes en sont l'évaporation, la condensation et les précipitations. G 147

Cyclone : Tempête qui se forme dans l'océan Indien et dans l'océan Pacifique, caractérisée par un puissant tourbillon destructeur. G 95

Dégradé : Pollué ; dont la qualité est réduite. G 26

Delta : Endroit où s'accumulent les sédiments (sable, boue, galet, gravier) à l'embouchure d'un fleuve ou d'un cours d'eau. G 82

Désertification : Dégradation du sol causée par les variations climatiques et par les activités humaines. G 134

Destruction des habitats : Destruction par les êtres humains des lieux où poussent des plantes et où vivent des animaux dans le but d'en extraire des ressources. G 188

Développement durable : Pratique qui consiste à utiliser les ressources sans les épuiser de manière à en assurer une quantité suffisante pour les générations futures. G 182

Durabilité : Exploitation et préservation des ressources à un rythme qui en laisse une quantité suffisante pour les générations à venir. G 164

Écozone : Région définie par plusieurs facteurs environnementaux comme le relief, le climat, le sol, la végétation, les cours d'eaux et l'activité humaine. G 50

Effet de serre : Réchauffement de la surface terrestre causé par des gaz qui créent un «toit» au-dessus de l'atmosphère. G 90

Émission d'oxyde de soufre : Gaz libérés par la combustion des combustibles. Ces gaz sont responsables des pluies acides. G 162

Emplacement : Site étudié selon les caractéristiques physiques et humaines uniques à ce site. G 6

Emplacement urbain : Endroit où au moins 1000 personnes résident les unes près des autres. G 36

ENERGY STAR® : Symbole international qui permet de repérer facilement les produits qui consomment peu d'énergie. G 191

Environnement : Milieu et conditions dans lesquels les organismes vivants se développent. G 22

Érosion : Usure progressive des roches ou du sol par les glaciers, l'écoulement des eaux à la surface du sol et par la pluie, le vent et le gel. G 74

Escarpement de blocs faillés : Escarpement formé par l'affaissement du sol le long d'une fissure dans la croûte terrestre. G 197

Espèce en voie de disparition : Espèce végétale ou animale menacée de disparaître de la planète ou d'un pays. G 22

Estuaire : Endroit où un fleuve se termine et débouche sur la mer. G 82

Exploitation à ciel ouvert : Extraction de minerai en creusant directement dans les gisements près de la surface de la terre. G 31

Flux : Quantité de personnes, de produits, d'information et d'autres éléments qui se déplacent dans un système. G 14

Forêt de conifères : Forêt d'arbres dont le feuillage est composé d'aiguilles et dont les fruits sont des cônes. G 49

Forêt de feuillus : Forêt d'arbres qui perdent leurs feuilles à l'automne. G 49

Forêt tropicale humide : Aire de végétation très étendue située dans une zone où les pluies sont abondantes et les températures sont très chaudes. G 142

Gaz à effet de serre : Gaz qui emprisonnent la chaleur de la Terre. G 88

Générateur : Minicentrale électrique qui convertit l'énergie mécanique en énergie électrique. G 158

Géographie : Science qui étudie la surface de la Terre et la relation entre celle-ci et les gens. G 7

Géologue : Spécialiste qui étudie les caractéristiques et la formation des éléments de la surface terrestre. G 171

Graminée : Famille de plantes aux fleurs peu apparentes et groupées en épis, comme le blé et le maïs. G 120

Grêle : Pluie constituée de petits grains de glace. G 147

Grésil : Pluie constituée de petits grains de glace plus fins que la grêle. G 147

Hémisphère : Moitié d'une sphère ou du globe terrestre. G 9

Herbivore : Animal qui se nourrit de plantes. G 26

Hypsométrique : Qui se rapporte à l'altitude et au relief. G 80

Interaction : Influence que peuvent exercer des personnes, des animaux, des plantes, des phénomènes ou autres, les uns sur les autres. G 34

Latitude : Distance, vers le nord ou vers le sud, à partir de l'équateur. G 10

Ligne de crête : Limite désignant les points les plus hauts qui séparent les deux versants opposés d'une montagne. G 48

Lignite : Charbon tendre ayant une faible teneur en carbone. G 168

Limon : Dépôt de terre formé au fond des étangs, des fossés, ou entraîné par l'eau courante dans les parties basses des terrains. G 105

Litière : Paille qui est mise dans les étables et les écuries. G 128

Longitude : Distance, vers l'est ou vers l'ouest, à partir du méridien d'origine. G 10

Localisation absolue : Emplacement exact d'un lieu sur la surface de la Terre. G 9

Localisation relative : Description d'un emplacement par rapport à d'autres emplacements à l'aide de points de repère, de distances ou de directions. G 8

Magnétomètre : Appareil qui sert à mesurer le champ magnétique des minéraux contenus dans le sol. G 172

Manteau neigeux : Accumulation de neige au sol. G 104

Maraîchère : Qui se rapporte à la production de légumes. G 128

Méridional : Qui est au sud. G 7

Minerai : Roche qui renferme suffisamment de matière minérale pour que son exploitation soit rentable. G 31

Monoxyde de carbone : Gaz toxique rejeté par le système d'échappement des automobiles. G 162

Mouvement : Flux de personnes, de produits, d'information et d'éléments de la nature. G 14

Nappe phréatique : Eau qui se trouve sous la surface du sol et qui ne peut être atteinte que par des puits. G 148

Office de protection de la nature : Organisme qui gère les terres autour d'un système fluvial. G 47

Ouragan : Forte tempête qui prend naissance dans l'océan Atlantique, caractérisée par un vent très violent accompagné de pluie. G 95

Parasismique : Conçu pour résister aux effets des séismes. G 67

Pêcheur côtier : Pêcheur qui pêche dans de petits bateaux près des côtes. G 27

Pêcheur hauturier : Pêcheur qui pêche dans les eaux éloignées des côtes, et qui utilise de grands bateaux et une technologie très développée. G 27

Pétrole brut synthétique : Produit fabriqué artificiellement en séparant le bitume des particules de sable et d'eau, puis en le purifiant. G 169

Planète : Corps céleste qui tourne autour du Soleil. G 90

Plateforme continentale : Zone d'eau peu profonde qui entoure les continents. G 152

Pluies acides : Pollution atmosphérique qui se combine avec les vapeurs d'eau et tombe au sol sous forme de précipitations. G 170

Poreux : Qui présente une multitude de petits trous. G 168

Pression atmosphérique : Mesure de la densité de l'air. G 108

Profil pédologique : Coupe verticale d'un sol allant de la surface au matériau d'origine et dans laquelle les processus de décomposition et d'évolution ont produit des couches horizontales. G 119

Quadrillage alphanumérique : Lignes qui divisent une carte en cases. Chaque case est désignée par une lettre et un chiffre. G 11

Rayonnement solaire : Énergie émise par le Soleil. G 121

Réchauffement planétaire : Augmentation de la température de la surface terrestre. G 90

Récif corallien : Structure sous-marine formée par l'accumulation de coraux, d'algues et de mollusques. C'est un habitat où vivent de nombreuses espèces animales et végétales. G 168

Région : Partie de la surface terrestre qui a des caractéristiques communes sur toute son étendue. G 44

Région métropolitaine : Regroupement d'une ville et de sa banlieue, c'est-à-dire des localités qui l'entourent. G 56

Relief : Élévation des terres et profondeur des océans. G 32

Remise en état : Opération qui consiste à remettre un lieu dans son état original après son exploitation. G 169

Réseau dendritique : Réseau hydrographique rappelant la forme d'un arbre créé quand les cours d'eau suivent la pente douce d'un terrain constitué principalement d'un seul type de roche. G 84

Réseau en treillis : Réseau hydrographique de forme rectangulaire créé quand les affluents sont perpendiculaires au cours d'eau principal et traversent des bandes successives de roche dure et de roche tendre. G 84

Réseau hydrographique : Système qui comprend toutes les parties d'une rivière principale ainsi que tous ses affluents. G 48

Résidus miniers : Mélange d'eau et de produits chimiques toxiques qui proviennent de la séparation du minerai et de la roche. G 173

Ressource : Quelque chose qui est utile à l'être humain. G 144

Ressource naturelle : Matière présente dans la nature que les êtres humains peuvent exploiter et qui peut avoir une valeur économique. G 144

Ressource non renouvelable : Ressource utile aux humains, par exemple le pétrole, qui ne peut pas être remplacée rapidement. G 145

Ressource permanente : Ressource qui peut être exploitée et régénérée en même temps, comme le courant d'une rivière ou l'énergie solaire. La ressource doit être exploitée à l'endroit où elle se trouve dans la nature et au moment où elle se manifeste. G 146

Ressource renouvelable : Ressource utile aux humains qui se régénère naturellement, comme la forêt et les animaux. G 145

Roche ignée : Roche qui résulte du refroidissement du magma. G 74

Roche métamorphique : Roche qui a subi une transformation à cause de la chaleur ou de la pression présente dans la croûte terrestre. G 74

Roche sédimentaire : Roche formée de sédiments qui se sont lentement solidifiés pour former de la roche. G 74

Rose des vents : Symbole à quatre ou à huit pointes qui indique les orientations principales. G 12

Scorie : Fragment de lave solidifiée qui se dépose sur le sol. G 70

Sismographe : Appareil qui mesure la force des vibrations du sol produites par un séisme. G 69

Sismologue : Scientifique qui étudie les séismes. G 69

Site : Lieu géographique. G 6

Sonar : Instrument de détection sous-marine qui utilise les ondes sonores pour localiser des éléments comme les bancs de poissons et les rochers. G 27

Surpêche : Pêche excessive pratiquée sur certaines espèces de poissons ou de crustacés. G 152

Système de transport de marchandises par conteneur : Système qui permet de transporter des produits à l'aide de boîtes métalliques de même dimension qui se fixent sur des camions, des trains et des navires. G 17

Système fluvial : Réseau de rivières et de lacs qui se combinent pour former un cours d'eau unique. G 82

Système naturel : Réseau équilibré d'éléments en interaction. G 147

Technologie : Outils, inventions ou connaissances scientifiques utilisés pour satisfaire un besoin, pour résoudre un problème ou pour exploiter une ressource naturelle. G 144

Tectonique des plaques : Théorie selon laquelle le mouvement des plaques terrestres est à l'origine de nouvelles constantes du relief. G 73

Tempête tropicale : Tempête qui naît dans les tropiques, marquée par de grands vents et souvent accompagnée de fortes pluies. G 94

Toundra : Région composée de lichens, de mousses et de petits arbustes. G 49

Transport en commun : Système de transport qui comprend les autobus, les métros, les tramways et les trains de banlieue. G 16

Tsunami : Immense vague produite par un séisme ou une éruption volcanique au fond de l'océan. G 64

Typhon : Tourbillon marin très violent qui se forme dans l'océan Pacifique. G 95

Urbanisation : Déplacement des populations rurales vers les villes. G 56

Végétation naturelle : Végétation qui pousse naturellement dans un lieu, selon les conditions du sol et du climat. G 26

Vinicole : Qui se rapporte à la production de vin. G 127

Vortex : Partie intérieure de l'entonnoir d'une tornade. G 99

Zone de transition : Zone dans laquelle une région physique se transforme progressivement en une autre. G 49

Zone protégée : Zone délimitée à l'intérieur de laquelle les habitats et les ressources naturelles sont protégés. G 188

INDEX

SOURCES

Photographies

Couverture
DYNAMIC EARTH IMAGING: SCIENCE PHOTO LIBRARY.

AIRSCAPES.CA
G 3 (hc): Ron Garnett.

ALAMY
G 2 (b): PCL; G 6 (b): Gary Cook; G 9: Richard Wainscoat; G 18 (h): Marmaduke St. John; G 18 (c): Transtock inc.; G 18 (b): Dennis MacDonald; G 24: bkmedia.de; G 25 (b): blickwinkel; G 26 (b): Nigel Nicholson; G 28 (g): Daniel Dempster Photography; G 51 (hd): John E. Marriott; G 51 (bd): Janusz Wrobel; G 55: Dennis MacDonald; G 65: Mark Pearson; G 128 (h): Colin Woodbridge; G 164: John James; G 165 (b): JupiterImages Unlimited; David R. Frazier Photolibrary; G 167: Transtock inc.

ALLYSON FULLER
G 93 (d).

AP PHOTO
G 64-65: Dudi Anung.

AP WORLD WIDE PHOTOS
G 98: Mark Elian; G 192 (hg).

BIBLIOTHÈQUE ET ARCHIVES DU CANADA
G 152 (g).

BOBBÉ CHRISTOPHERSON
G 84.

CORBIS
G 2 (h): Nik Wheeler; G 3 (hd): Layne Kennedy; G 3 (bd): Paul A. Souders; G 22-23: Sea World of California; G 25 (hg): Tim Davis; G 25 (hd): DLILLC; G 28 (d): Natalie Forbes; G 53: Look Photography/Beateworks; G 71: Sergio Dorantes; G 77 (hg): Jonathan Blair; G 77 (bd): David Muench; G 83 (d): Liu Liqun; G 97: Smiley N. Pool/Dallas Morning News; G 105: Reuters; G 110 (g): Hervé Collart; G 111 (h): Galen Rowell; G 111 (b): Arctic-Images; G 114-115: Gunter Marx Photography; G 125 (h): Kazuyoshi Nomachi; G 125 (b): Gustavo Gilabert; G 126: Reinhard Eisele; G 127: Michael S. Yamashita; G 128 (b): Morton Beebe; G 129 (h): Paul A. Souders; G 131 (h): Kevin Fleming; G 132: Michael S. Yamashita; G 133: Gary Braasch; G 140 (h): Paul A. Souders; G 140 (b): Greg Smith; G 141: Christinne Muschi/Reuters; G 142-143: Joao Luiz Bulcao; G 145: John Madere; G 152 (d) Natalie Fobes; G 153: Jacques Pavlovsky; G 159: Lloyd Cluff; G 172: Melvyn Lawes/Papilio; G 180-181: Gunter Marx Photography; G 181: Andrew Wallace/Reuters; G 186: Natalie Fobes; G 192 (c): Arctic-Images.

CP IMAGES
G 15 (d): Boris Spremo; G 29: Ryan White; G 30: Jonathan Hayward; G 68; G 88-89; G 89; G 91; G 93 (g).

DANITADELIMONT.COM
G 104 (h): Walter Bibikow.

DE AGOSTINI EDITORE PICTURE LIBRARY
G 103.

DRK PHOTO
G 73 (g): Steve Kaufman.

FIRSTLIGHT
G 15 (g): Toronto Star; G 47: James Smedley; G 51 (g); G 109 (d): Dave Reede; G 138 (hg): Puzant Apkarian.

GETTY IMAGES
G 26 (h): Image Source Pink; G 36: Barry Rowland/Stone; G 42-43: Franz Aberhem/Digital Vision; G 43: Sam Robinson/Digital Vision; G 66: AFP/Agence France Presse; G 131: Peter Cade/Stone/Allstock; G 138 (bd): Tony Hopewell/Taxi; G 162-163: Telegraph Colour Library/Marco Polo/Taxi; G 165 (b): John Edwards/Stone Allstock.

INDEX STOCK IMAGERY
G 35 (g): Walker.

ISTOCKPHOTO
G 4-5; G 10; G 38; G 75; G 83 (g); G 134 (b); G 135; G 151; G 188; G 190; G 191.

JUPITER IMAGES UNLIMITED
G 62; G 62-63; G 76; G 77 (hd); G 109 (g); G 115; G 120 (g); G 120 (d); G 144; G 193 (b).

JUSTIN MERLE
G 7.

LANDOV LLC
G 192 (hd): Andy Rain/Bloomberg News.

LONELY PLANET IMAGES
G 5: Jonathan Smith; G. 35 (d): Keren Su.

MASTERFILE CORPORATION
G 2 (c): Michael Mahovlich; G 21: Garry Black; G 117: Alberto Biscaro.

NASCAR, NEXTEL CUP SERIES
G 54.

NATIONAL GEOGRAPHIC IMAGE COLLECTION
G 197.

NATIONAL RESOURCES CANADA
G 73 (c); G 73 (d).

NOAA
G 34.

NOVA SCOTIA POWER
G 157.

ODYSSEY PRODUCTIONS
G 112: Robert Frerck.

OMNI-PHOTO COMMUNICATIONS
G 110 (d): W. Lynn Seldon Jr.

PETER ARNOLD
G 146: Friedrich Stark/Das Fotoarchiv; G 182: David Woodfall.

PHOTO EDIT
G 6 (h): Mary Kate Denny; G 60: Cindy Charles; G 129 (b): Dennis MacDonald.

PHOTO RESEARCHERS
G 92: Bernhard Edamier; G 138 (bg): Eunice Harris; G 163: Mark Boulton; G 193: Lowell Georgia.

ROBERT FRIED PHOTOGRAPHY
G 138 (hd).

SHUTTERSTOCK
G 104 (b); G 134 (h).

SKYSCANS
G 156: David Hancock.

THE IMAGE WORKS
G 148: Josef Polleross; G 173: Larry Mangino.

THE KOBAL COLLECTION
G 90: LUCASFILM/20TH CENTURY FOX.

TOM & SUSAN BEAN
G 77 (bg).

TOM STACK & ASSOCIATES
G 143: Thomas Kitchin.

VOISEY'S BAY NICKEL COMPAGNY LIMITED
G 31.

WWF-CANADA
G 188 (g).

Tableaux et textes

G 16 (h) Statistique Canada, Recensement de la population de 2006; (b) Statistique Canada, Recensement de la population de 2006; G 17 Statistique Canada; G 28 Imprints; G 29 Reproduit avec la permission de Travaux publics et Services gouvernementaux Canada, 2007; G 37 *The Observer*, Sarnia, 15 juillet 2006, B8 / The Canadian Press; G 57 Statistique Canada; G 88 *The Observer*, Sarnia, 4 novembre 2006; G 93 (g) The Cato Institute; *Regulation*, vol. 23, n° 3, 14; (d) *The Observer*, Sarnia, 15 décembre 2006, A4; G 101 Quentin H. Stanford et Linda Masci Linton, *Canadian Oxford School Atlas*, Oxford University Press Canada, Don Mills, 2003; G 103 Quentin H. Stanford et Linda Masci Linton, *Canadian Oxford School Atlas*, Oxford University Press Canada, Don Mills, 2003; G 135 Gouvernement du Québec, Source d'information sur les organismes génétiquement modifiés, 2009; G 148 Ressources naturelles Canada / Statistique Canada, 2006; G 162 *The Observer*, Sarnia, 19 octobre 2005, B2; G 172 Ressources naturelles Canada / Statistique Canada, 2005; G 187 Forest Stewardship Council (FSC) Canada; G 191 Ressources naturelles Canada, 2005; G 197 *The Observer*, Sarnia, 14 octobre 2006, A7.

Histoire
du Canada 7

Colin M. Bain

PEARSON
ERPI

5757, RUE CYPIHOT, SAINT-LAURENT (QUÉBEC)   H4S 1R3
TÉLÉPHONE: 514 334-2690   TÉLÉCOPIEUR: 514 334-4720
erpidlm@erpi.com   **www.erpi.com**

POUR L'ÉDITION FRANÇAISE

Directrice de l'édition
Andrée Thibeault

Traductrice
Johanne Tremblay

Chargée de projet
Marie-Claude Rioux

Réviseures linguistiques
Stéphanie Bourassa
Diane Plouffe

Correctrice d'épreuves
Pauline Gélinas

Recherchiste (photos et droits)
Pierre Richard Bernier

Directrice artistique
Hélène Cousineau

Coordonnatrice aux réalisations graphiques
Sylvie Piotte

Conception graphique et édition électronique
Fenêtre sur cour

Cartographie
Dimension DPR

Histoire du Canada 7, manuel de l'élève,
édition française publiée par ERPI
(ÉDITIONS DU RENOUVEAU PÉDAGOGIQUE INC.)

© 2009 PEARSON/ERPI

Traduction et adaptation autorisées de *Pearson Canadian History 7,* Colin M. Bain, publié par Pearson Canada Inc.

© 2008 Pearson Canada Inc.

POUR L'ÉDITION ORIGINALE

Éditrice
Susan Cox

Équipe éditoriale
Gaynor Fitzpatrick, Audrey Dorsch, Jane A. Clark

Production
Patti Henderson, Allana Barron, Marg Bukta,
Christine Higdon, Jennifer Howse, Laura Peetoom,
Sharlene Ross

Conception graphique
Alex Li

Édition électronique
David Cheung, Carolyn Sebestyen, Crowle Art Group

Cartographie
Crowle Art Group

Illustrateurs
Kevin Cheng, Paul McCusker

Recherchistes (photos et droits)
Lisa Brant, Karen Hunter, Hamish Robertson,
Lesley Sparks

Histoire du Canada 7, manuel de l'élève, French
language édition, published by ERPI (ÉDITIONS
DU RENOUVEAU PÉDAGOGIQUE INC.)

© 2009 PEARSON/ERPI

Authorized translation and adaptation from the
English language edition, entitled Pearson *Canadian
History 7,* Colin M. Bain, published by Pearson
Canada Inc.

© 2008 Pearson Canada Inc.

Dépôt légal: Bibliothèque et Archives nationales du Québec, 2009
Dépôt légal: Bibliothèque et Archives Canada, 2009

Imprimé au Canada   4567890 HLN 14 13 12
ISBN 978-2-7613-2754-1   11080 ABCD   CM12

Les noms d'organismes pour lesquels il n'existe pas de
traduction officielle en français ont été laissés en anglais.
Plusieurs titres d'œuvres d'art présentées dans ce manuel
sont en anglais. Lorsqu'il n'a pas été possible d'obtenir
une traduction officielle de ces titres, ceux-ci ont fait
l'objet d'une traduction libre. Les traductions sont placées
entre crochets dans les légendes qui accompagnent les
œuvres d'art.

REMERCIEMENTS

POUR L'ÉDITION FRANÇAISE

Consultant principal et adaptateur
Martin Larocque,
Conseil scolaire de district catholique
de l'Est ontarien (CSDCEO)

Consultants pédagogiques
Tammy Cantin,
Conseil scolaire catholique Franco-Nord

Helen Griffin,
Commission scolaire de Thames Valley

Chantal Pigeon,
Durham District School Board (DDSB)

Denis Sauvé,
enseignant retraité
Conseil scolaire de district catholique
de l'Est ontarien (CSDCEO)

Brian Svenningsen,
Toronto District School Board

Marie Turcotte,
consultante en éducation

POUR L'ÉDITION ORIGINALE ANGLAISE

Rédacteurs
Tom Smith

Tamar Stein

Réviseurs scientifiques
Carrol Jaques

Robert M. Leavitt

Dr. Ardis D. Kamra

Sheila Staats/Goodminds

Consultants pédagogiques
Scott Brennan,
Lambton Kent District SB

Renata Bubelis,
Peel District SB

Marc Caterini,
Halton Catholic District SB

Michelle Ciarloni,
Halton Catholic District SB

Janet Clark,
Peel District SB

Adolfo M. Di Iorio,
District School Board of Niagara

Debbie Doland,
Upper Canada District SB

Elizabeth Ford,
District School Board of Niagara

Tracey Joyce,
Renfrew County Catholic District DSB

Ramanan Mahalingam,
Durham District SB

Paul McMann,
Durham District SB

Sandra Mirabelli,
Dufferin-Peel Catholic District SB

Clint Monaghan,
Ottawa-Carleton Catholic SB

Audra Morgan,
Toronto District SB

Becky Morris,
Ottawa-Carleton Catholic SB

David Moskal,
Halton District SB

Mary Moxon,
Peel District SB

Peter Nayler,
Hastings and Prince Edward District SB

Troy Ralph,
Peel District SB

Jennifer Rawes,
Peel District SB

Bradley Reid,
Catholic District School Board of Eastern Ontario

Ann Marie Ricardo,
Dufferin-Peel Catholic District SB

Anita Sabatini,
Lambton Kent District SB

Charlene Sacher,
Peel District SB

Holly Taylor,
Waterloo Region District SB

Caroline Thuss,
Huron-Perth Catholic District SB

Ken Venhuizen,
Thames Valley District SB

Karen Walker,
Lambton Kent District SB

Susan Ward,
Hamilton-Wentworth District SB

Brian Weigl,
Waterloo Region District SB.

TABLE DES MATIÈRES

COMMENT UTILISER TON MANUEL

Le **numéro du module** et le **titre**.

Des **photos** et des **images** illustrent les sujets traités.

Les **attentes** représentent les concepts à assimiler, les connaissances à acquérir et les habiletés à maîtriser dans chaque module.

Un court texte d'introduction.

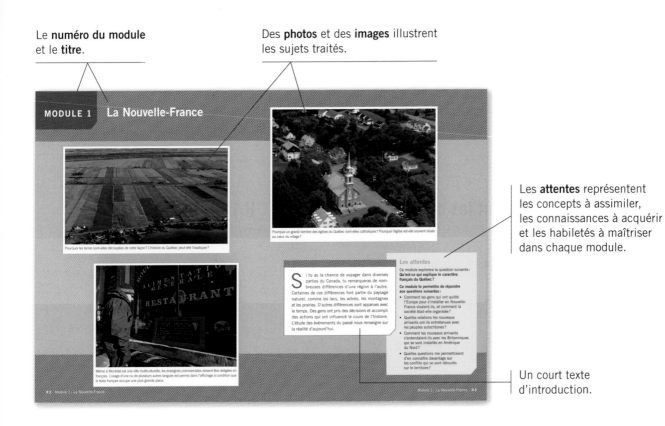

Chaque module se compose de **trois chapitres** liés à un même thème.

La rubrique **Avant la lecture** t'invite à tenter ta propre expérience pour mieux comprendre le sujet étudié.

Les encadrés **mots clés** définissent les mots écrits en caractères gras dans le texte. Tous les mots clés se trouvent dans un glossaire à la fin de ton manuel.

Des **questions** éveillent ta curiosité sur le contenu du chapitre.

La rubrique **Littératie en tête** te permet d'acquérir des habiletés en lecture et en écriture.

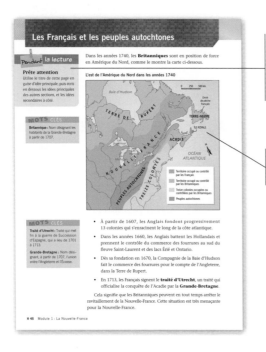

La rubrique **Pendant la lecture** te guide dans ta lecture et te permet de vérifier ta compréhension section par section.

Des **cartes** t'aident à situer les lieux où se déroule l'histoire.

La rubrique **Portrait** te présente des personnages ou des événements importants en lien avec le sujet du chapitre.

Le **pictogramme** ▦ permet de reconnaître les ajouts apportés au contenu de l'édition originale, qui sont spécifiques au curriculum d'histoire et de géographie en français de l'Ontario.

La rubrique **Et si c'était moi !** te présente, sous la forme d'une bande dessinée, un court récit sur un personnage historique.

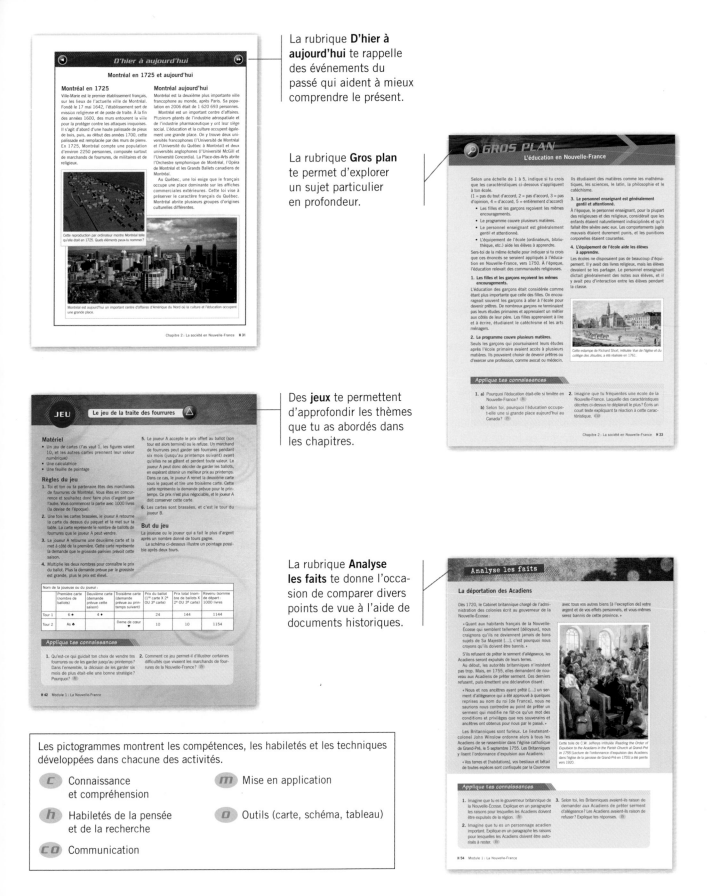

La rubrique **D'hier à aujourd'hui** te rappelle des événements du passé qui aident à mieux comprendre le présent.

La rubrique **Gros plan** te permet d'explorer un sujet particulier en profondeur.

Des **jeux** te permettent d'approfondir les thèmes que tu as abordés dans les chapitres.

La rubrique **Analyse les faits** te donne l'occasion de comparer divers points de vue à l'aide de documents historiques.

Les pictogrammes montrent les compétences, les habiletés et les techniques développées dans chacune des activités.

C Connaissance et compréhension

h Habiletés de la pensée et de la recherche

CO Communication

m Mise en application

O Outils (carte, schéma, tableau)

La rubrique **Explore divers points de vue** te permet de comparer plusieurs points de vue sur une problématique ou un enjeu lié au thème du chapitre.

La rubrique **Première canadienne** te présente des faits particuliers ou étonnants sur divers sujets historiques.

La rubrique **Applique tes connaissances** vérifie ta compréhension.

Un court texte te résume le contenu du chapitre.

La rubrique **Après la lecture** t'invite à résumer l'idée principale du chapitre, à tirer tes conclusions ou à intégrer tes nouvelles connaissances en réalisant une expérience similaire.

Un court texte te résume le contenu du module.

Une **activité** t'invite à mettre en pratique ce que tu as appris dans le module.

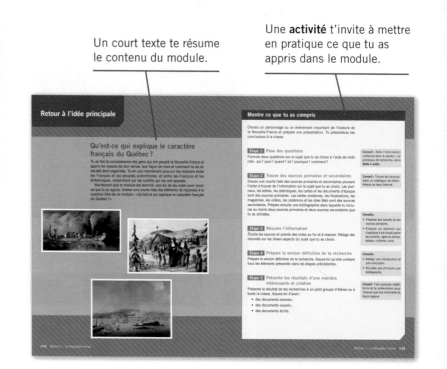

La rubrique **Vérifie tes connaissances** évalue ta compréhension.

Pourquoi les terres sont-elles découpées de cette façon ? L'histoire du Québec peut-elle l'expliquer ?

Même si Montréal est une ville multiculturelle, les enseignes commerciales doivent être rédigées en français. L'usage d'une ou de plusieurs autres langues est permis dans l'affichage à condition que le texte français occupe une plus grande place.

Pourquoi un grand nombre des églises du Québec sont-elles catholiques? Pourquoi l'église est-elle souvent située au cœur du village?

Si tu as la chance de voyager dans diverses parties du Canada, tu remarqueras de nombreuses différences d'une région à l'autre. Certaines de ces différences font partie du paysage naturel, comme les lacs, les arbres, les montagnes et les prairies. D'autres différences sont apparues avec le temps. Des gens ont pris des décisions et accompli des actions qui ont influencé le cours de l'histoire. L'étude des événements du passé nous renseigne sur la réalité d'aujourd'hui.

Les attentes

Ce module explorera la question suivante: **Qu'est-ce qui explique le caractère français du Québec?**

Ce module te permettra de répondre aux questions suivantes:

- Comment les gens qui quittent l'Europe pour s'installer en Nouvelle-France vivent-ils, et comment la société est-elle organisée?

- Quelles relations les nouveaux arrivants entretiennent-ils avec les peuples autochtones?

- Comment les nouveaux arrivants s'entendent-ils avec les Britanniques qui se sont installés en Amérique du Nord?

- Quelles questions me permettraient d'en connaître davantage sur les conflits qui se sont déroulés sur le territoire de la Nouvelle-France?

Les nouveaux arrivants

Cette toile, intitulée *L'arrivée de Champlain à Québec*, a été peinte en 1908 par Henri Beau.

Avant **la lecture**

Fais des liens

Le résumé d'un texte est une version plus courte de ce texte. Il doit en présenter les points principaux.

Décris la vie des nouveaux arrivants. Résume ce que tu sais sur la question.

MOTS CLÉS

Colonie : Territoire contrôlé et exploité par un pays étranger.

Il t'est sans doute arrivé, au cours de ta vie, d'être une nouvelle venue ou un nouveau venu dans un lieu, que ce soit, par exemple, une ville, une école ou un club. Les nouveaux arrivants vivent parfois des émotions déroutantes ou difficiles.

Dans les années 1530, la France commence à envoyer des explorateurs à la recherche de nouveaux territoires. Certains de ces explorateurs découvrent le vaste territoire qui borde le fleuve Saint-Laurent. Par la suite, la France décide d'y établir une **colonie**. C'est là que s'installent les nouveaux arrivants. Imagine ce qu'ils ont dû ressentir. Ils ignorent tout des rigueurs de l'hiver. Ils n'ont aucune idée de ce qu'ils peuvent cultiver et se demandent s'ils pourront survivre en se nourrissant des ressources que la nature leur offre. Ils ignorent si les premiers habitants des lieux, les peuples autochtones, accepteront leur présence.

Tu peux sans doute te représenter l'inquiétude de ces gens. Peux-tu imaginer aussi la curiosité des peuples autochtones à la vue des immenses bateaux qui remontaient le fleuve, de personnes qui ne leur ressemblaient pas et qui parlaient une drôle de langue ?

Georges Latour a réalisé en 1918 cette gravure intitulée *Louis Hébert semant*. Elle représente Louis Hébert, l'un des premiers agriculteurs de la Nouvelle-France.

Ce chapitre te permettra de répondre aux questions suivantes :

- Pourquoi l'Amérique du Nord intéresse-t-elle les explorateurs français ?

- Comment les Français établissent-ils des colonies ?

- Quel est le rôle de l'Église catholique et des missionnaires en Nouvelle-France ?

- Pourquoi la traite des fourrures est-elle si importante dans la colonie ?

- À quoi ressemble la vie quotidienne des colons français ?

- Comment l'arrivée des Européens influence-t-elle la vie des peuples autochtones ?

Littératie en tête

Dans ce module, tu survoleras le texte pour trouver de l'information et la prendre en note. Survoler un texte, c'est le parcourir rapidement pour trouver une information précise.

Sers-toi d'un schéma semblable à celui ci-dessous pour prendre des notes. Tu peux aussi noter des renseignements et tes observations sur une carte du Canada, près du lieu dont il est question.

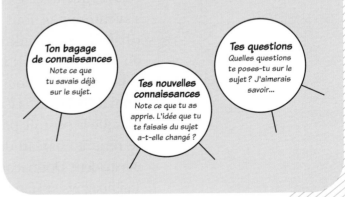

Ton bagage de connaissances
Note ce que tu savais déjà sur le sujet.

Tes nouvelles connaissances
Note ce que tu as appris. L'idée que tu te faisais du sujet a-t-elle changé ?

Tes questions
Quelles questions te poses-tu sur le sujet ? J'aimerais savoir...

MOTS CLÉS

Autosuffisance : Capacité de subvenir à ses propres besoins.

Matrilinéaire : Type d'organisation sociale où la lignée familiale se transmet par la mère.

Clan : Famille ou groupe de familles chez les peuples autochtones.

Pendant **la lecture**

Prête attention

Survole cette section pour trouver des dates ou des mots clés qui indiquent les réalisations de Jacques Cartier.

L'explorateur français Jacques Cartier (1491-1557) effectue trois voyages dans la région du Saint-Laurent.

Avant l'arrivée des Européens

Les peuples autochtones vivent sur le continent nord-américain depuis des milliers d'années. Ils forment des sociétés **autosuffisantes** et organisées. Ces peuples vivent en étroite relation avec la nature, car leur subsistance en dépend. À leurs yeux, la nature n'appartient à personne et suffit à combler les besoins de tous. Ils y trouvent de quoi manger, se vêtir, s'abriter, se déplacer et se soigner. Les peuples autochtones respectent tous les éléments de la nature : les animaux, le temps, les saisons, la terre et l'eau.

L'organisation sociale des peuples autochtones accorde une place importante aux aînés, qui sont respectés pour leur jugement et leur sagesse. Certaines sociétés sont organisées en sociétés **matrilinéaires**, ce qui signifie que la lignée familiale se transmet par la mère. Le bien-être du **clan** dépend de la doyenne, la femme la plus âgée.

Les peuples autochtones ont aussi leur propre spiritualité. Leurs légendes expliquent la création du monde. Au moment des récoltes, les autochtones remercient le Grand Esprit, créateur du monde. L'arrivée des Européens va bouleverser leur mode de vie.

Jacques Cartier

En 1534, François Ier, roi de France, envoie Jacques Cartier en mission d'exploration. Sur ordre du roi, Jacques Cartier doit trouver deux choses :

- une route pour atteindre la Chine, par laquelle les commerçants français pourront importer de la soie et d'autres produits fins en Europe ;

- des pierres, des métaux précieux, tel l'or, des épices et d'autres produits pour enrichir la France.

En trois semaines, Jacques Cartier parvient au large de l'île de Terre-Neuve, que des explorateurs avaient découverte auparavant. Puis, il s'aventure plus loin vers l'Île-du-Prince-Édouard et vers la baie des Chaleurs, située entre le Nouveau-Brunswick et la Gaspésie. À la fin du mois de juillet 1534, Jacques Cartier érige une grande croix dans la baie de Gaspé pour prendre possession de ce « nouveau » monde au nom de la France. Le chef iroquois Donnacona comprend que la croix marque la prise de possession du territoire. Avec son frère et ses fils, il se rend au bateau de Jacques Cartier pour protester. Les Français persuadent Donnacona de laisser partir deux de ses fils, Domagaya et Taignoagny, en France, afin que Cartier les présente au roi. À leur retour,

un an plus tard, les fils racontent qu'ils ont été bien traités, ce qui contribue à établir de bonnes relations entre Jacques Cartier et les Iroquois du Saint-Laurent. Pendant leur séjour en France, Domagaya et Taignoagny apprennent le français. Ils serviront d'interprètes lors de prochaines expéditions.

En 1535-1536, pendant son second voyage, Jacques Cartier explore le fleuve Saint-Laurent, toujours dans l'espoir de trouver un passage vers la Chine. Donnacona lui révèle l'existence d'un territoire lointain, le royaume du Saguenay, où l'explorateur français pourrait trouver des métaux précieux. Il affirme que des gens aux cheveux d'or vivent à cet endroit et qu'ils possèdent ces métaux.

Donnacona raconte ces récits et bien d'autres dans l'espoir de détourner Jacques Cartier de son projet de remonter le fleuve jusqu'à Hochelaga (Montréal). À l'époque, des conflits déchirent le peuple iroquois. Donnacona veut contrôler le commerce entre la France et la Nouvelle-France. Il craint de perdre son influence si l'explorateur français se lie d'amitié avec les Iroquois du Saint-Laurent, établis à Hochelaga depuis longtemps.

Malgré le souhait de Donnacona, Jacques Cartier finit par se rendre à Stadaconé (Québec), puis à Hochelaga. Donnacona refuse cependant que ses deux fils l'accompagnent. L'incapacité de Jacques Cartier à communiquer avec les Iroquois compromet le succès du voyage à Hochelaga. Par ailleurs, Cartier ne peut aller plus loin que Hochelaga à cause des rapides du fleuve. Croyant que la Chine est proche, il les appelle les « rapides de Lachine ».

Jacques Cartier passe l'hiver près de Stadaconé, mais presque tout son équipage, composé de 110 personnes, souffre du **scorbut**. Plusieurs sont sauvés grâce à une tisane autochtone à base d'aiguilles et d'écorce d'un conifère appelé « anneda ». La compagnie française, à l'exception de 25 d'entre eux, survit au long hiver.

MOTS CLÉS

Scorbut : Maladie causée par un manque de vitamine C.

Les voyages de Jacques Cartier

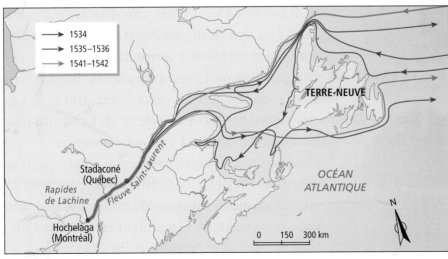

Chaque voyage de Jacques Cartier le mène un peu plus loin à l'intérieur du continent nord-américain.

Au printemps 1536, Jacques Cartier se prépare à rentrer en France. Il doit convaincre le roi que l'exploration du Canada vaut les efforts qui y sont consacrés. Il enlève alors Donnacona, ses fils et sept autres Iroquois pour les emmener en France. Cartier espère qu'une fois en France, Donnacona parlera de nouveau de l'or et d'autres richesses.

Jacques Cartier fait son troisième et dernier voyage en 1541 et 1542. Les relations avec les peuples autochtones se sont détériorées depuis le voyage précédent, quand Jacques Cartier a exploré le Saint-Laurent contre la volonté de Donnacona. Cette fois, l'explorateur français croit trouver de grandes quantités d'or et de diamants. À son retour en France, il apprend que sa cargaison ne contient en fait que de la pyrite et du quartz, des minéraux sans valeur. Jacques Cartier n'a réussi à trouver ni richesses ni route vers la Chine. Ce sera sa dernière expédition pour la France.

Samuel de Champlain

Comme Jacques Cartier l'a fait un siècle avant lui, Samuel de Champlain met les voiles pour trouver des richesses pour la France et une route vers la Chine. De 1603 jusqu'à sa mort, en 1635, Champlain traverse l'océan Atlantique de nombreuses fois. Ses voyages lui permettent d'accomplir beaucoup de choses. Géographe de formation et habile cartographe, il dessine des cartes détaillées de la côte de l'Atlantique, de la voie navigable du Saint-Laurent et de ses affluents, ainsi qu'une représentation de l'intérieur du continent, ce que les Européens n'avaient encore jamais vu.

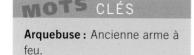

MOTS CLÉS

Arquebuse : Ancienne arme à feu.

Lors de ses premiers voyages, Champlain explore les régions côtières de l'Amérique du Nord. En juillet 1608, il fonde une colonie à Québec, créant ainsi le premier établissement européen permanent sur le territoire qui est devenu le Canada. Champlain conclut une alliance militaire avec les Hurons. En 1609, il combat à leurs côtés près d'un lac qui porte aujourd'hui son nom. Au cours de cette bataille, Champlain se sert de son **arquebuse** pour tirer sur le groupe d'Iroquois qui attaque ses alliés. D'un seul coup de feu, il abat deux chefs iroquois. Les Iroquois n'ont jamais rien vu de tel. Ils font demi-tour et accordent la victoire à l'alliance huronne.

Au cours des 20 années suivantes, Champlain se consacre sans relâche à établir une colonie pour la France. À sa mort, Québec abrite les bases d'une colonie florissante, et Champlain entre dans l'histoire à titre de « père de la Nouvelle-France ».

Samuel de Champlain (1567-1635) fonde une colonie à Québec en 1608. Comme il n'existe aucun portrait de Champlain, l'artiste s'est inspiré d'une illustration ancienne.

Les militaires

Les habitants de la Nouvelle-France comptent de nombreux soldats qui ont choisi de s'y installer après leur service militaire. Ainsi, en 1665, le régiment de Carignan-Salières débarque en Nouvelle-France pour défendre la colonie contre les attaques des Iroquois. Le régiment comprend quelque 1200 soldats et 80 officiers. Ces personnes construisent trois forts le long de la rivière Richelieu. En 1667, après une série de batailles, les autorités de la Nouvelle-France et les Iroquois signent un traité de paix.

La France rappelle son régiment en 1668, mais plus de 400 soldats choisissent de rester en Nouvelle-France. Le roi les encourage à s'y établir et à peupler la colonie. Il offre même une récompense en argent à ceux qui acceptent de rester.

Portrait | Étienne Brûlé (vers 1592-1633)

En 1610, Samuel de Champlain envoie Étienne Brûlé, âgé de 18 ans, en voyage avec les Hurons. Étienne Brûlé aide les Français et les Hurons à tisser des liens entre eux. Cependant, cet homme à l'esprit libre irrite les Iroquois, les ennemis des Hurons, qui n'aiment pas le voir en si bons termes avec les Hurons. Puis, il met Champlain en colère en donnant son appui aux Anglais lorsqu'ils s'emparent de Québec en 1629. Québec est ensuite rendu à la France, mais Étienne Brûlé n'y est plus le bienvenu. Aux yeux de Champlain, il a trahi la France.

Étienne Brûlé part vivre avec les Hurons, avant d'être capturé par les Iroquois. On raconte que les Iroquois l'ont torturé et tué. D'autres disent que ce sont les Hurons qui l'ont tué.

Étienne Brûlé était-il un héros ou un traître ? D'une part, c'était un coureur des bois, c'est-à-dire qu'il voyageait en compagnie des autochtones et faisait du commerce avec eux. Il avait compris que, pour survivre en Nouvelle-France, les Français devaient entretenir de bonnes relations avec les peuples autochtones. D'autre part, il a trahi les Français et s'est rangé du côté des Anglais.

Étienne Brûlé est par ailleurs le premier explorateur à avoir visité l'Ontario et les Grands Lacs.

Applique tes connaissances

1. François Ier demande à Jacques Cartier de trouver deux choses au cours de ses voyages. Quelles sont ces deux choses ? **c**

2. Pourquoi la France continue-t-elle à financer l'exploration de l'Amérique du Nord après l'échec du premier voyage de Jacques Cartier ? **c**

3. **a)** Comment les explorateurs français s'entendent-ils avec les peuples autochtones ?

   b) Quelle importance les Français accordent-ils à leurs relations avec les autochtones ?

   c) Pourquoi les Hurons sont-ils prêts à coopérer avec les Français ? **h** **co**

4. Les soldats du régiment de Carignan-Salières viennent-ils défendre la Nouvelle-France ou envahir le territoire des peuples autochtones ? Réponds à la question comme l'aurait fait un Français habitant la Nouvelle-France dans une lettre au gouverneur, et comme l'aurait fait un chef huron dans un discours. **h** **co**

Les Ursulines

Ce tableau représentant Marie de l'Incarnation (1599-1672) a été peint en 1885.

En 1619, Marie Martin (née Guyart) est une veuve de 20 ans, mère d'un garçon de 6 mois. Son mari était un marchand de soie, dont l'entreprise a fait faillite. Des amis incitent Marie Guyart à se remarier rapidement, mais elle préfère prendre le temps d'y réfléchir. En 1632, elle décide d'entrer au **couvent** de l'ordre de Sainte-Ursule, aussi appelé les « Ursulines », et de se faire religieuse. Après avoir eu quelques visions, elle se croit destinée à se rendre en Nouvelle-France pour convertir les autochtones au christianisme. Au mois d'août 1639, elle arrive à Québec avec deux autres ursulines et fonde un couvent ainsi qu'une école pour les filles. Elle prend le nom de Marie de l'Incarnation et construit la mission des Ursulines, qui devient l'un des plus puissants bras de l'Église catholique en Nouvelle-France.

Jusqu'à l'arrivée des Ursulines, la Nouvelle-France ne compte que des écoles pour garçons fondées par les Jésuites. Ces écoles visent à former des prêtres, des médecins et des avocats. Les écoles pour garçons enseignent des matières comme le latin, les mathématiques, les sciences, la philosophie et le **catéchisme**. Les Ursulines fondent des couvents et des écoles pour les filles des habitants et pour les jeunes filles autochtones. Ces écoles enseignent à lire, à écrire, à compter et à tenir la maison. Les jeunes filles diplômées deviennent religieuses ou épouses et mères. Certains bâtiments originaux des Ursulines existent encore aujourd'hui. L'ordre de Sainte-Ursule accomplit toujours sa mission religieuse et charitable dans diverses régions du Canada.

Applique tes connaissances

1. Quelles restrictions les protestants subissent-ils en France ? Pourquoi n'y a-t-il pas de protestants en Nouvelle-France ? **c**

2. Selon toi, l'expérience de Sainte-Marie-au-pays-des-Hurons est-elle une réussite ? À ton avis, les Iroquois veulent-ils détruire la mission parce qu'ils s'opposent à son message religieux ou pour d'autres raisons ? Explique ta réponse. **h** **co**

3. Aujourd'hui, Sainte-Marie-au-pays-des-Hurons est un lieu historique que l'on peut visiter. Sers-toi de l'information et de l'illustration présentées à la page précédente pour décrire les avantages de l'établissement et de son emplacement pour les Jésuites. **h** **co**

4. Devant les perspectives d'avenir de Marie Guyart lorsqu'elle devient veuve, et celles des jeunes filles qui fréquentent son école à Québec, quelle conclusion tires-tu du rôle des femmes à cette époque ? **h** **co**

Les commerçants de fourrures

Avec les explorateurs, les militaires et les religieux, les commerçants de fourrures constituent un autre groupe ayant joué un rôle important en Nouvelle-France.

À l'époque, la faune du Canada compte beaucoup d'animaux à fourrure, et les peuples autochtones ne demandent pas mieux que d'échanger des peaux contre des marchandises qui proviennent de France. Les poils de castor sont utilisés pour fabriquer des chapeaux de feutre de grande qualité très populaires en Europe.

Le commerce des fourrures est très réglementé. De 1627 à 1663, la Compagnie des Cent-Associés, une société commerciale privée, gère les ressources de la Nouvelle-France au nom du roi. Seuls les agents autorisés par la compagnie peuvent faire du **troc** avec les peuples autochtones de façon légale. Les **trappeurs** et les chasseurs apportent les fourrures dans les établissements que sont aujourd'hui Montréal, Québec et Trois-Rivières, où des agents les prennent en échange de haches, de casseroles et d'autres marchandises.

Les **coureurs des bois** parcourent le territoire pour négocier directement avec les trappeurs et les autochtones. À partir des années 1650, les premiers coureurs des bois rapportent une énorme quantité de fourrures dans les établissements et les **postes de traite**. Les coureurs des bois Médard Chouart des Groseilliers et Pierre-Esprit Radisson, par exemple, arrivent avec 50 canots chargés de peaux de castor.

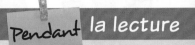

Pendant la lecture

Prête attention
Survole cette section pour trouver les défis que posait le commerce des fourrures.

MOTS CLÉS

Troc : Échange d'une marchandise contre une autre sans utiliser d'argent.

Trappeur : Chasseur d'animaux à fourrure.

Coureur des bois : Nom donné aux Européens qui parcouraient le territoire pour faire le commerce des fourrures.

Poste de traite : Endroit où les Européens faisaient du commerce avec les peuples autochtones.

Cornelius Krieghoff a peint le tableau *Coureurs des bois au coucher du soleil, en hiver* entre 1852 et 1868. Quels indices fournis par l'artiste nous renseignent sur les conditions de vie des coureurs des bois ?

Le poil du castor, très populaire en Europe, servait à confectionner toutes sortes de chapeaux élégants.

La quantité moyenne de peaux de castor (en kg) rapportées par les coureurs des bois

Année	Peaux de castor rapportées (en kg)
1675-1684	40 680
1685-1687	63 600
1689	363 600

En 1663, le roi Louis XIV prend en charge l'administration de la Nouvelle-France. À partir de ce moment, toutes les personnes qui possèdent un permis peuvent négocier des fourrures avec les peuples autochtones. Plusieurs personnes décident alors de devenir coureurs des bois. Ils se rendent dans les territoires des **Pays-d'en-Haut**, où souvent ils vivent avec les peuples autochtones. Les coureurs des bois peuvent passer des mois, même des années loin de la colonie. Or, cela ne plaît pas à tous. Le gouverneur essaie de contrôler la traite des fourrures pour son bénéfice personnel. Les coureurs des bois risquent de lui faire perdre ce contrôle puisqu'ils travaillent pour leur propre compte. La dispute finit par éclater entre les coureurs des bois et le gouverneur.

Au début des années 1670, de 300 à 400 coureurs des bois vivent loin de la colonie de façon quasi permanente. Les autorités s'inquiètent et craignent que leur absence nuise au développement de la colonie. Les coureurs des bois négligent leur terre et leur famille, et ils ne peuvent défendre la Nouvelle-France contre ses ennemis, particulièrement les Anglais. En 1688, la Nouvelle-France compte une population de 11 500 personnes, dont 800 coureurs des bois partis dans les Pays-d'en-Haut.

La France a besoin d'environ 20 000 kilogrammes de fourrures par année. Or, les coureurs des bois lui en fournissent bien plus encore. Le roi met donc fin à ces abus. Ses ordres, donnés en 1696, interdisent :

« [...] à toutes personnes de quelque qualité et condition qu'elles soient d'aller en traite, ni dans la profondeur des terres sous quelque prétexte que ce soit [...] et enjoint aux Français habitués (installés) ou en course chez les Sauvages de s'en retirer sous les mêmes peines. »   [Traduction libre]

L'heure de gloire des coureurs des bois est terminée.

Applique tes connaissances

1. Pourquoi y a-t-il moins de coureurs des bois avant 1663 ? Pourquoi cela change-t-il ? Pourquoi l'époque des coureurs des bois prend-elle fin ? *h* *co*

2. a) Décris la vie des coureurs des bois en te servant de l'information présentée dans le texte et du tableau de Cornelius Krieghoff de la page précédente. *h* *co*

b) Trouve d'autres renseignements sur la vie des coureurs des bois. Pourquoi tant de jeunes Canadiens sont-ils partis vivre dans les Pays-d'en-Haut ? *c*

Les seigneurs et les habitants

Le dernier groupe important de nouveaux arrivants en Nouvelle-France est celui qui est responsable du développement et de l'exploitation des terres : les **seigneurs** et les **habitants**.

Les seigneurs et les seigneuries

Les seigneurs sont des personnes qui ont gagné la faveur du roi. En France, certains étaient des soldats, d'autres des partisans du roi. Le roi les a récompensés en leur accordant une **seigneurie** en Nouvelle-France. Il s'agit d'un territoire dont la superficie varie de 12 à 150 km². Le seigneur garde une portion du territoire pour lui et sa famille, mais il doit diviser la seigneurie en lots et les céder aux habitants qui en font la demande. Ceux-ci deviennent ainsi des **censitaires**. Ils s'établissent sur leur terre et la cultivent. Le schéma ci-dessous illustre le plan d'une seigneurie. Remarque les éléments clés de son aménagement.

- Elle se trouve en bordure d'un cours d'eau pour assurer une réserve d'eau pour l'agriculture et les besoins personnels, et pour offrir une voie de transport.

- Les terres sont longues et étroites afin que le plus grand nombre possible de familles ait accès à l'eau.

- Le seigneur réserve une grande portion du territoire pour la construction d'une église et d'un moulin à farine.

- Le terrain commun sert de site de rassemblement pour les événements sociaux et récréatifs.

Le plan d'une seigneurie

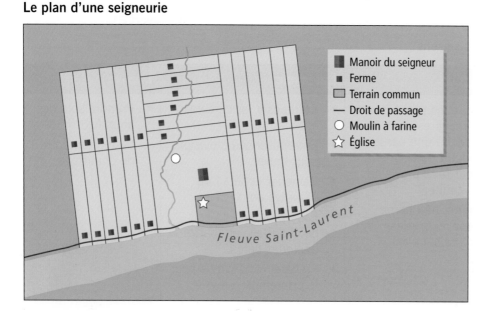

Légende :
- Manoir du seigneur
- Ferme
- Terrain commun
- Droit de passage
- ○ Moulin à farine
- ☆ Église

Fleuve Saint-Laurent

Cornelius Krieghoff a peint cette toile intitulée *Cabane en bois rond sur la Saint-Maurice* en 1862.

Pendant la lecture

Prête attention

Vérifie si tu as bien compris. Quelles sont tes responsabilités à la maison? Pourquoi les habitants avaient-ils autant de responsabilités?

MOTS CLÉS

Redevances : Sommes payées au seigneur par le censitaire, en argent ou en produits.

Dîme : Partie des récoltes ou somme d'argent versée à l'Église pour assurer son fonctionnement.

Les habitants

Les familles d'habitants travaillent durement. Elles ont plusieurs responsabilités. En plus de défricher la terre, elles doivent :

- cultiver la terre et élever des animaux pour se nourrir ;
- payer des **redevances** annuelles au seigneur ;
- travailler sans salaire pendant une dizaine de jours chaque année pour l'ensemencement des champs du seigneur et la récolte ;
- travailler sans salaire à la construction et à l'entretien de l'église et des chemins de la seigneurie ;
- payer la **dîme** à l'Église.

Il y a du travail à faire toute l'année. Les tâches sont épuisantes, et les habitants ne peuvent pas compter sur une morte-saison pour se reposer. Tous les membres de la famille, même les enfants, doivent participer aux travaux.

Les tâches des habitants au fil des saisons

Le printemps	L'été	L'automne	L'hiver
• Mener le bétail au pâturage. • Labourer et ensemencer les champs de légumes et de céréales (blé, avoine, orge). • Réparer les clôtures.	• Faire les récoltes céréalières et en faire moudre une partie au moulin du seigneur, pour faire provision de farine. • Semer de l'herbe pour nourrir les animaux l'hiver.	• Entreposer les céréales et la farine. • Entreposer des provisions pour l'hiver. • Ramener le bétail du pâturage pour l'hiver. • Faire provision de bois de chauffage et abattre quelques bêtes. • Préparer les champs pour le printemps.	• Prendre soin des animaux. • Couper du bois de chauffage.

Les Filles du roi

La Nouvelle-France manque de femmes célibataires. La plupart des explorateurs, des commerçants de fourrures et des soldats sont célibataires, mais la colonie n'a rien pour attirer les femmes seules.

À la suite du **recensement** de 1665-1666, l'intendant Jean Talon décide de faire venir des jeunes femmes, dont plusieurs orphelines, qu'on appelle les « **Filles du roi** ». Le roi leur offre le voyage jusqu'en Nouvelle-France, paye leurs dépenses d'installation et leurs **dots**.

Encouragées par l'Église, la plupart des Filles du roi ne tardent pas à se marier. Beaucoup d'entre elles préparent un contrat de mariage détaillé avant la cérémonie. En 1668, le contrat qui unit Isabelle Hubert et Louis Bolduc précise que les époux ont promis de se marier devant l'Église catholique romaine le plus tôt possible. Les biens de chaque époux deviennent propriété commune, comme le veut la loi française. Isabelle Hubert promet une contribution de 400 **livres** lors du mariage. Advenant une rupture, elle récupérera des biens pour une valeur de 500 livres. Au décès de l'un des époux, la veuve ou le veuf hérite de la totalité des biens et propriétés.

Les Filles du roi ont joué un rôle important en Nouvelle-France. Elles ont contribué au développement de la colonie en fondant des familles stables. Sans leur dur **labeur**, la Nouvelle-France ne se serait pas développée aussi vite qu'elle l'a fait.

Au début des années 1900, Eleanor Fortescue-Brickdale a peint ce tableau qui représente l'arrivée des Filles du roi à Québec en 1667.

Applique tes connaissances

1. Décris dans tes mots l'organisation physique d'une seigneurie. N'oublie pas de parler de la forme particulière des champs. **C**

2. En quoi les Filles du roi jouent-elles un rôle si important dans le développement de la Nouvelle-France ? **C**

Pierre Boucher a 11 ans quand sa famille quitte la France pour s'établir dans l'actuelle ville de Québec.

Il y a tant à faire. C'est à peine si j'ai le temps d'écrire.

Pendant deux ans, Pierre et sa famille défrichent la terre de leur nouvelle propriété.

Presque tout ce dont la famille a besoin pour survivre vient de la nature.

J'aurais préféré que ma mère et mes sœurs servent du caribou ou du saumon.

Le castor, le wapiti et l'orignal sont quelques-uns des animaux que la famille aime manger.

À 13 ans, Pierre entre au collège des Jésuites, la seule école en Nouvelle-France.

Au collège, les garçons apprennent le catéchisme, les mathématiques, la philosophie, les sciences et le latin.

L'apprentissage d'un métier est une partie importante de l'éducation des garçons.

Un jour, tu seras un excellent charpentier.

Pierre parcourt la Nouvelle-France et apprend les langues huronne, algonquine, montagnaise et iroquoise. Il sert d'interprète entre les Français et les peuples autochtones.

Les relations avec les peuples autochtones

Les pages précédentes t'ont présenté les nouveaux arrivants, mais d'autres groupes importants vivaient déjà en Nouvelle-France. Ce sont les peuples autochtones.

Des alliés ou des sujets ?

Les colons ne peuvent survivre en Nouvelle-France sans l'aide des autochtones. Mais quel type de relation entretiennent-ils ? Les peuples autochtones sont-ils des alliés que le roi de France respecte ? Deviendront-ils des sujets du roi ? S'ils sont des alliés, ils agiront comme des peuples indépendants qui coopèrent avec les Français. S'ils sont des sujets du roi, ils doivent lui obéir.

Certains Français, dont les missionnaires, font quelques tentatives pour **assimiler** les autochtones en les convertissant au christianisme et aux coutumes françaises. Cependant, les efforts d'assimilation ne sont pas constants. Les Français se consacrent davantage à établir et à développer la colonie qu'à assimiler ou à convertir les autochtones. Dans les années 1670, le gouverneur de la Nouvelle-France organise des rencontres annuelles avec les chefs des peuples autochtones alliés, près de l'actuelle ville de Kingston, en Ontario. Ces rencontres donnent à penser que les Français sont prêts à accepter les différences qu'il y a entre eux et les peuples autochtones.

Des rivalités entre les peuples autochtones

Plusieurs peuples autochtones occupent déjà la région avant l'arrivée des Français. Il y a notamment des Montagnais, des Algonquins, des Hurons et des Iroquois. Les Hurons et les Iroquois sont des ennemis de longue date. Or, le début de la traite des fourrures augmente la rivalité entre les deux peuples. Un peuple autochtone qui agrandit son territoire peut chasser plus de castors et obtenir, en échange, plus de marchandises des Français.

En 1609, les Hurons persuadent Samuel de Champlain de les aider à attaquer les Iroquois. Champlain décrit ainsi la rencontre entre les Français et les guerriers iroquois :

> « J'ai couché mon arquebuse en joue et visé un des trois chefs, et de ce coup, il en est tombé deux par terre, et un de leurs compagnons qui a été blessé est mort quelque temps après [...].

Prête attention
Quelle relation les nouveaux arrivants entretiennent-ils avec les peuples autochtones ?

MOTS CLÉS

Assimiler : Adopter la culture de la société environnante en abandonnant sa culture d'origine.

[...] Les Iroquois ont été très étonnés de voir deux hommes tués si rapidement [...]. Ils en ont été fort alarmés. Alors que je rechargeais mon arme, l'un de mes compagnons a tiré un coup des boisés, ce qui les a étonnés à un tel point que, voyant leurs chefs tués, ils ont perdu courage, fait demi-tour [...] en fuyant dans les bois. » [Traduction libre]

Samuel de Champlain écrit que les Iroquois ont « perdu courage ». Nous pourrions aussi interpréter leur comportement devant une nouvelle arme aussi puissante comme de la prudence : faire demi-tour plutôt que de rester et de perdre d'autres personnes.

Les Français ne sont pas les seuls à s'intéresser au commerce des fourrures. Les Hollandais tentent aussi de faire la traite des fourrures avec les Mohawks (autrefois appelés Agniers), l'un des peuples autochtones faisant partie de la Confédération des **Cinq-Nations**. Les Mohawks cherchent à agrandir leur territoire pour échanger plus de peaux de castor avec les Hollandais. Ils empiètent ainsi sur le territoire des Hurons.

En juillet 1609, Champlain et ses alliés autochtones combattent les Iroquois. La bataille se déroule près d'un lac auquel il donne son nom. Champlain a réalisé cette gravure en 1613.

La religion

Les Français tentent de convertir les peuples autochtones au christianisme parce qu'ils estiment que c'est leur devoir de le faire. Les missionnaires jugent que les autochtones ont des croyances et des pratiques insensées. Ils trouvent farfelues leurs légendes et leur façon de concevoir le monde, et ne respectent pas les **chamans** qui parlent aux esprits. Ce mépris à l'égard de leur spiritualité insulte les peuples autochtones. C'est une des raisons pour lesquelles ils prennent parfois pour cibles les missions religieuses des Français lorsqu'ils partent en guerre contre les colonisateurs.

Les unions interraciales

Comme tu le sais, il n'y a pas beaucoup de femmes en Nouvelle-France. À l'époque, de nombreux coureurs des bois se marient avec une femme autochtone ou vivent avec elle en union libre. Ce type d'union leur permet d'entretenir de meilleures relations avec ceux qui peuvent leur fournir des fourrures. Elle leur permet aussi d'apprendre comment survivre aux rigueurs du climat. À l'opposé, très peu de Françaises se marient avec un autochtone.

En Nouvelle-France, l'Église catholique tente de réglementer ces unions. Elle ne s'oppose pas aux **unions interraciales** si la ou le partenaire autochtone accepte d'être baptisé à l'église. Cependant, l'Église a du mal à gérer ces questions, et de nombreuses unions se poursuivent sans la bénédiction catholique. Un nouveau peuple naît de ces unions mixtes. Les **Métis** ont un parent autochtone et un parent européen. Lorsque, plus tard, les Métis fondent des familles à leur tour, leur population devient encore plus nombreuse.

D'autres conséquences de la venue des Européens

Les Européens apportent dans la colonie des maladies inconnues des peuples autochtones, comme la **variole**. Les autochtones ne sont pas immunisés contre ces maladies. La Nouvelle-France enregistre ses premiers cas de variole en 1616. La contagion se transforme en épidémie et fait de nombreuses victimes.

Cette illustration d'un artiste inconnu représente les effets désastreux de l'épidémie de variole sur les peuples autochtones du Massachusetts.

L'alcool est inconnu des sociétés autochtones avant l'arrivée des commerçants de fourrures et des colons. En Nouvelle-France, l'Église interdit le troc d'alcool contre des fourrures. Cependant, les autorités croient que les Anglais et les Hollandais feront quand même du troc, et que les Français doivent être concurrentiels. Ils échangent donc parfois de l'alcool contre des fourrures avec leurs partenaires commerciaux. Cette pratique a un effet néfaste sur le mode de vie des peuples autochtones.

L'attrait pour les nouveaux produits européens, comme les marmites en métal, les couteaux, les haches, les couvertures et les fusils entraînent des changements dans le mode de vie des autochtones. Pendant des siècles, ils ont fait la cuisine dans des pots de terre cuite, ils ont taillé leurs couteaux et leurs haches dans la pierre, ils se sont habillés de vêtements en peaux d'animaux et ont chassé avec des arcs et des flèches. C'est la nature qui leur permettait de subvenir à leurs besoins. Avec les nouveaux outils en métal, ils exploitent davantage leurs ressources afin de les échanger contre des biens européens desquels ils deviennent de plus en plus dépendants. Une nouvelle économie basée sur la production se met en place et rompt l'équilibre économique qui reposait sur l'autosuffisance depuis des milliers d'années.

Les objets en métal apportés par les Français, comme ces marmites, étaient très convoités par les peuples autochtones.

Conclusion

Les Français ont introduit en Nouvelle-France des marchandises qui simplifiaient la vie des autochtones. Leur intention était de faire du commerce et de propager le christianisme. Les rivalités et la concurrence se sont accrues entre les peuples autochtones pour approvisionner les Français en fourrures. L'alcool a déstabilisé plusieurs peuples autochtones, et les maladies venues d'Europe ont tué des milliers d'autochtones.

Applique tes connaissances

1. Selon toi, Champlain a-t-il raison de se mêler des querelles qui opposent des peuples autochtones? Explique ton point de vue. *h* *co*

2. La politique française d'assimilation des peuples autochtones semble-t-elle réussir? Sur quoi appuies-tu ta réponse? *c*

3. Compare dans un tableau les effets positifs et négatifs que les Français ont sur les peuples autochtones. Quels effets l'emportent? Explique ta réponse. *h* *co*

EN RÉSUMÉ

Tu as appris que les Français sont venus en Amérique du Nord pour explorer les fleuves et autres voies navigables, pour trouver des richesses, pour convertir les peuples autochtones au christianisme et pour s'établir et cultiver la terre. Tu as vu comment les Français ont fondé la Nouvelle-France et aménagé des seigneuries. Ils y ont importé leurs institutions, dont l'Église catholique. La vie était difficile pour les colons français, et ils ont appris à coopérer avec les peuples autochtones pour survivre. Les relations entre les colons et les autochtones ont eu des effets durables.

Après la lecture

Fais le point
Relis les notes que tu as prises dans ton schéma semblable à celui ci-dessous. Rédige un résumé de ce que tu as appris dans ce chapitre. Tu peux choisir un style télégraphique ou rédiger quelques paragraphes.

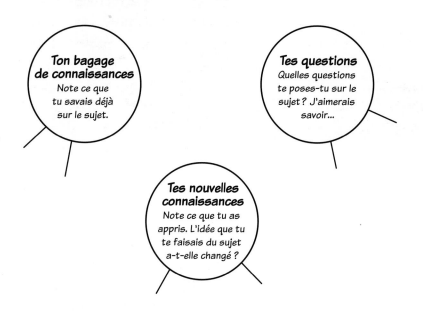

Ton bagage de connaissances
Note ce que tu savais déjà sur le sujet.

Tes questions
Quelles questions te poses-tu sur le sujet ? J'aimerais savoir...

Tes nouvelles connaissances
Note ce que tu as appris. L'idée que tu te faisais du sujet a-t-elle changé ?

Vérifie tes connaissances

Pense à trois groupes de nouveaux arrivants que tu as découverts dans ce chapitre, soit les habitants, les prêtres et les religieuses, et les coureurs des bois. Quel mode de vie aurais-tu préféré ? Construis un tableau à trois colonnes dans lequel :

a) tu montreras les éléments attrayants du mode de vie que tu aurais préféré ;

b) tu montreras les inconvénients de ce mode de vie ;

c) tu expliqueras pourquoi tu aurais préféré ce mode de vie aux deux autres, en trouvant dans le texte des exemples pour appuyer ton choix.

Écris ensuite un extrait de journal de bord en adoptant le point de vue d'une personne issue de l'un de ces groupes. 🄷 🄲🄾

La société en Nouvelle-France

Est-ce que ta communauté ressemble à l'un ou à l'autre de ces endroits?

Avant la lecture

Fais des liens
Écris une lettre ou un courriel à une personne imaginaire qui vit sur un autre continent, et décris-lui la communauté dont tu fais partie. Il peut s'agir du voisinage, d'une ville, de ta communauté religieuse, ou même de ton école, qui est aussi une forme de communauté. Ta lettre peut aborder divers aspects de ta communauté, comme sa taille, ses habitants, de même que les écoles, les activités économiques et les religions qui la composent.

Une communauté est un groupe de personnes qui vivent dans le même espace géographique, parfois très petit ou parfois très étendu, et qui ont un passé et des intérêts communs. Une personne peut appartenir, en même temps, à plusieurs communautés: communauté culturelle, communauté de voisinage, communauté linguistique, communauté d'élèves.

Si tu penses à toutes les communautés qui existent actuellement au Canada et en Ontario, tu remarqueras qu'elles sont aujourd'hui très différentes les unes des autres.

Au cours de l'histoire, une grande variété de communautés se sont formées en fonction des valeurs, des intérêts, des buts communs et de la vision que les gens avaient de leur communauté. Les gens ont dû s'entendre sur l'avenir de leur communauté et les moyens de lui assurer un futur.

Tu verras dans ce chapitre que les communautés à l'époque de la Nouvelle-France avaient plus de points en commun que de différences. Tu constateras aussi à quel point la Nouvelle-France était différente de la société d'aujourd'hui.

Ce chapitre te permettra de répondre aux questions suivantes :

- Qui sont les personnes qui composent la société de la Nouvelle-France ?

- Quelle sorte de gouvernement dirige la société, et qui sont les dirigeants en poste en Nouvelle-France ?

- Qui sont les principaux représentants de l'Église catholique en Nouvelle-France, et en quoi consistent leur pouvoir et leurs responsabilités ?

- Qui fréquente l'école, et quelles sont les matières à l'étude ?

- Comment fonctionne l'économie de la Nouvelle-France ? Sur quels principes repose-t-elle ?

Littératie en tête

Dans ce chapitre, tu parcourras le texte et formuleras des questions et des réponses. Pour chaque section du chapitre, examine les titres, les éléments visuels et les légendes.

Sers-toi d'un tableau comme celui ci-dessous pour prédire l'idée principale de chaque section. Écris ensuite une question à laquelle, selon toi, le texte répondra et note la réponse lorsque tu la trouveras. Si le texte ne fournit pas la réponse à ta question, fais une recherche pour la trouver.

Tableau de prédictions		
Idée principale	Question à laquelle le texte répondra	Réponse

La hiérarchie en Nouvelle-France

Pendant la lecture

Prête attention

Survole le chapitre 2 pour relever des dates ou des mots en caractères gras et trouver les idées principales.

MOTS CLÉS

Société hiérarchique : Société qui comporte plusieurs échelons, où chaque personne ou groupe exerce son autorité sur les personnes ou les groupes suivants.

Monopole : Situation où une compagnie est la seule à avoir le droit d'exploiter et de vendre une ressource.

Ministre de la Marine : Ministre français responsable de l'administration des colonies, de la marine et du commerce maritime.

La Nouvelle-France est une « **société hiérarchique** ». Une hiérarchie constitue une forme d'organisation qui classe les personnes selon des échelons. Chaque échelon correspond à un degré de pouvoir et de responsabilité. Les personnes qui se trouvent au sommet de la hiérarchie prennent les décisions et dirigent. Celles qui sont au bas de la hiérarchie ont très peu de pouvoir ou n'en ont pas du tout. Le système éducatif d'aujourd'hui est un bon exemple de hiérarchie. La ou le ministre de l'Éducation se trouve au sommet, puis viennent les conseils scolaires, les directions d'école, le personnel enseignant, et, enfin, les élèves.

Au début de la colonie, la France laisse aux compagnies marchandes le soin de développer la colonie. Le roi de France accorde aux compagnies le **monopole** de la traite des fourrures. Ce sont ces compagnies qui gèrent le territoire.

Parmi les compagnies qui ont œuvré en Nouvelle-France, une des plus connues est la Compagnie des Cent-Associés (1627-1663), fondée par Armand Jean du Plessis, cardinal de Richelieu. Samuel de Champlain en fait partie. Avec la création de la Compagnie des Cent-Associés, un nouveau mode de distribution des terres est aussi instauré : le système seigneurial. Avec le temps, la Compagnie des Cent-Associés éprouve de graves difficultés et ne réussit pas à peupler la colonie.

En 1663, Louis XIV, roi de France, avec l'aide de son **ministre de la Marine**, Jean-Baptiste Colbert, décide de prendre en main l'administration de la Nouvelle-France. Il dissout la Compagnie des Cent-Associés et donne à la Nouvelle-France le statut de colonie royale.

L'ancien système de gestion par les compagnies est remplacé par un gouvernement royal. Au sommet de la hiérarchie se trouve le roi, qui détient tous les pouvoirs et les privilèges. Ce type de régime politique s'appelle une « monarchie absolue ». Le roi gouverne son royaume avec l'aide de ministres et de conseillers qu'il a lui-même nommés.

Louis XIV (1638-1715) est roi de France de 1643 jusqu'à sa mort. Son règne est l'un des plus longs de l'histoire de France.

Dans le schéma ci-dessous, les personnes dont le titre apparaît dans l'encadré bleu vivent en France, et les personnes dont le titre apparaît dans l'encadré jaune se trouvent en Nouvelle-France. Ainsi, le roi et le ministre de la Marine ne vivent pas en Nouvelle-France, mais ils prennent d'importantes décisions à son sujet. Le Conseil souverain exécute les ordres du roi. Il se compose du gouverneur général, de l'intendant et de l'évêque, qui sont des gens puissants en Nouvelle-France. Le gouverneur général représente le roi. Il est le personnage le plus important de la colonie. Il est responsable des relations de la colonie avec les peuples autochtones et les colonies anglaises voisines. L'intendant est le principal administrateur de la colonie. Il supervise les activités quotidiennes de la colonie, comme la justice et les finances. L'évêque est le représentant de l'Église catholique. À cette époque, il est nommé par le roi de France, et sa nomination est confirmée par le pape. Il est responsable des **paroisses**, des prêtres et des religieuses de la Nouvelle-France. La population ne participe pas au gouvernement de la colonie. Il n'y a pas d'élection. Les personnes au sommet de la hiérarchie règnent sur le gouvernement.

MOTS CLÉS

Paroisse : Territoire sur lequel un prêtre exerce ses fonctions.

Capitaine de la milice : Personne responsable de la milice, qui représente l'intendant sur le territoire de la paroisse, publie et fait respecter les ordres de ce dernier.

Le gouvernement royal en 1663

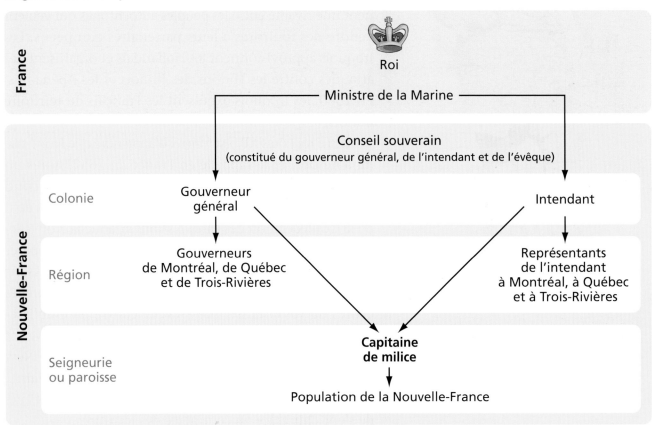

Maintenant que tu connais la structure du gouvernement, examinons de plus près les responsabilités et la personnalité de quelques dirigeants en poste en Nouvelle-France.

Le gouverneur général

Un des gouverneurs les plus célèbres de la Nouvelle-France est Louis de Buade, comte de Frontenac. Il arrive en Nouvelle-France avec la mission de développer des villes le long du fleuve Saint-Laurent, l'unique route commerciale pour acheminer les ressources de la colonie vers la France. Le roi lui donne aussi l'ordre de développer des seigneuries, mais pas celui d'étendre le commerce des fourrures. Le roi croit que le développement du commerce des fourrures risque de susciter des querelles avec les Hollandais et les Anglais, qui ont des postes de traite plus au sud. Frontenac ignore les ordres du roi. Il juge le commerce des fourrures bien plus avantageux que la colonisation du territoire, surtout s'il peut en profiter aussi. Il envoie donc des équipes de militaires explorer le territoire et trouver comment tenir à distance les Hollandais et les Anglais.

Les démarches des Français dans l'arrière-pays entraînent une rivalité entre les peuples autochtones qui veulent vendre des fourrures à leurs partenaires européens. Les Iroquois approvisionnent les Hollandais et organisent des attaques contre les Hurons, les Illinois et les Abénaquis. En 1680, les Iroquois expulsent les Français du territoire illinois.

Le roi Louis XIV est furieux d'apprendre que Frontenac lui a désobéi et le rappelle en France en 1682. Après un séjour en Europe, Frontenac revient pour un second mandat à titre de gouverneur général en 1689, au moment où la Confédération des Cinq-Nations attaque la Nouvelle-France. Cette fois, Frontenac reçoit l'ordre de s'emparer de la région de New York, où les Anglais fournissent des armes aux Iroquois. De nouveau, Frontenac ignore les ordres du roi et lance une attaque contre les établissements anglais de la Nouvelle-Angleterre. Ses attaques visent les établissements de Schenectady, dans l'État de New York, Salmon Falls et Fort Loyal, dans l'État du Maine. Les attaques sont un franc succès, et Frontenac continue de s'enrichir grâce au commerce des fourrures.

Cette statue du sculpteur Louis-Philippe Hébert (1850-1917) représente Louis de Buade, comte de Frontenac (1622-1698). Il occupe le poste de gouverneur général de la Nouvelle-France de 1672 à 1682, et de 1689 jusqu'à sa mort. Cette statue est érigée devant l'hôtel du Parlement, à Québec.

Le comte de Frontenac joue un rôle important dans le développement de la future province de l'Ontario. Il est à l'origine de la construction d'un fort à Cataraqui, à l'est du lac Ontario. Ce même fort sera nommé plus tard le fort Frontenac (aujourd'hui Kingston). Frontenac continue l'expansion territoriale de la colonie dans le but premier de la protéger des Iroquois. Les habitants se sentent dorénavant protégés contre les attaques iroquoises. Du côté anglais, la frustration grandit, et un projet d'attaque se prépare contre la Nouvelle-France.

Les Anglais décident de conduire deux expéditions. La première attaque a lieu à Montréal et se révèle un échec à cause du manque d'organisation du camp anglais. Le général de la **flotte** anglaise, sir William Phips, décide alors de se diriger vers Québec avec une flotte comprenant une trentaine de bateaux et plus de 2000 personnes. Arrivé au port de Québec, William Phips envoie un messager qui ordonne à Frontenac de livrer la ville de Québec aux Anglais. Frontenac refuse la demande du général Phips en disant : «Je n'ai point de réponse à faire à votre général que par la bouche de mes canons et à coups de fusil!» Le siège de Québec débute le 18 octobre 1690 et dure 3 jours. Frontenac et son armée résistent aux attaques de William Phips. Le général britannique doit **déclarer forfait** à cause des températures glaciales et parce que les eaux du fleuve commencent à geler. Il bat en retraite et se résigne à rentrer à Boston. La ville de Québec doit sa sauvegarde à la détermination de Frontenac. ▪

MOTS CLÉS

Flotte : Ensemble de navires.

Déclarer forfait : Abandoner, renoncer à quelque chose.

Frontenac est à l'origine de la construction d'un fort à Cataraqui, à l'est du lac Ontario. Ce fort est nommé le plus tard le fort Frontenac, situé à l'emplacement actuel de la ville de Kingston, en Ontario. Au début des années 1980, des fouilles archéologiques ont permis de mettre au jour une partie des fortifications originales du fort, dans le centre-ville de Kingston.

Jean Talon (1625-1694) est le premier intendant de la Nouvelle-France.

L'intendant

De 1665 à 1668, Jean Talon est intendant des territoires français du Nord, notamment la Nouvelle-France, l'Acadie (aujourd'hui la Nouvelle-Écosse, le Nouveau-Brunswick et l'Île-du-Prince-Édouard) et Terre-Neuve. Dès son arrivée en Nouvelle-France, il tente de mettre fin aux attaques iroquoises dans la colonie. Afin de remédier à la situation, il fait venir de France le régiment de Carignan-Salières. Ce groupe de 1200 soldats français aide les colons à se protéger contre les Iroquois.

Afin d'accroître la population, Jean Talon offre des récompenses aux gens qui se marient jeunes et aux familles qui auront 10 enfants et plus. Il retourne en France en 1668. Il est nommé pour un second mandat de 1670 à 1672. Voici quelques-unes de ses autres réalisations:

- il supervise la construction de **forges**, de chantiers navals et d'une brasserie;

- il diversifie l'agriculture en introduisant en Nouvelle-France la culture du lin, de l'orge, du **chanvre** et du **houblon**;

- il met en place un réseau commercial entre la France, la Nouvelle-France et les colonies françaises des Antilles;

- il accroît l'**immigration** française et organise la venue des Filles du roi.

Malgré les efforts de Jean Talon, des difficultés attendent la Nouvelle-France. Le commerce avec les colonies françaises des Antilles ne fonctionne pas, les nouvelles industries sont en baisse et le développement de l'agriculture ralentit. Jean Talon a mis en place une administration efficace, mais Louis XIV, qui s'est engagé dans des guerres contre l'Angleterre, ne peut investir plus d'argent en Nouvelle-France, si bien que certaines des démarches de Jean Talon ne produisent pas les résultats attendus. La Nouvelle-France ne se développe pas à son plein potentiel. Par conséquent, elle est vulnérable aux attaques des Anglais.

MOTS CLÉS

Forge: Atelier où l'on travaille les métaux, notamment le fer.

Chanvre: Plante qui fournit une fibre textile utilisée pour fabriquer le cordage des navires.

Houblon: Plante utilisée dans la fabrication de la bière.

Immigration: Action de venir dans un pays pour s'y établir.

Applique tes connaissances

1. Quels sont les principaux devoirs et responsabilités du gouverneur général et de l'intendant? Lequel de ces deux rôles aurais-tu préféré? Pourquoi? **c**

2. Dans un tableau sur deux colonnes, dresse une liste des réalisations du comte de Frontenac et de Jean Talon au cours des années 1600. **h** **cd**

Montréal en 1725 et aujourd'hui

Montréal en 1725

Ville-Marie est le premier établissement français, sur les lieux de l'actuelle ville de Montréal. Fondé le 17 mai 1642, l'établissement sert de mission religieuse et de poste de traite. À la fin des années 1600, des murs entourent la ville pour la protéger contre les attaques iroquoises. Il s'agit d'abord d'une haute palissade de pieux de bois, puis, au début des années 1700, cette palissade est remplacée par des murs de pierre. En 1725, Montréal compte une population d'environ 2250 personnes, composée surtout de marchands de fourrures, de militaires et de religieux.

Montréal aujourd'hui

Montréal est la deuxième plus importante ville francophone au monde, après Paris. Sa population en 2006 était de 1 620 693 personnes.

Montréal est un important centre d'affaires. Plusieurs géants de l'industrie aérospatiale et de l'industrie pharmaceutique y ont leur siège social. L'éducation et la culture occupent également une grande place. On y trouve deux universités francophones (l'Université de Montréal et l'Université du Québec à Montréal) et deux universités anglophones (l'Université McGill et l'Université Concordia). La Place-des-Arts abrite l'Orchestre symphonique de Montréal, l'Opéra de Montréal et les Grands Ballets canadiens de Montréal.

Au Québec, une loi exige que le français occupe une place dominante sur les affiches commerciales extérieures. Cette loi vise à préserver le caractère français du Québec. Montréal abrite plusieurs groupes d'origines culturelles différentes.

Cette reproduction par ordinateur montre Montréal telle qu'elle était en 1725. Quels éléments peux-tu nommer?

Montréal est aujourd'hui un important centre d'affaires d'Amérique du Nord où la culture et l'éducation occupent une grande place.

L'Église en Nouvelle-France

Pendant la lecture

Prête attention

L'Église catholique exerce une grande influence en Nouvelle-France. Certaines communautés religieuses, par exemple, ont la responsabilité de fonder des institutions d'enseignement. Lis cette section pour avoir plus de détails sur ce sujet.

MOTS CLÉS

Clergé : Ensemble des prêtres, des religieuses et des religieux faisant partie de l'Église catholique.

Séminaire : Établissement d'enseignement où sont formés les futurs prêtres.

Diocèse : Région placée sous la responsabilité d'un évêque.

Évêque : Représentant religieux le plus élevé dans la hiérarchie de la Nouvelle-France, habituellement responsable d'un diocèse.

Organisation missionnaire laïque : Organisation religieuse gérée par des personnes qui ne sont pas membres du clergé.

Mgr de Laval (1623-1708) est le premier évêque de la Nouvelle-France.

Au début de la Nouvelle-France, tous les membres du **clergé** venaient de France puisque la colonie ne disposait pas de **séminaires** pour former des prêtres. Cependant, une fois la Nouvelle-France bien établie, l'Église met sur pied ses propres institutions d'enseignement. Des églises apparaissent petit à petit dans les villes et les villages.

L'évêque

Le 16 juin 1659, François de Montmorency-Laval arrive à Québec. En 1674, la Nouvelle-France devient un **diocèse**. Lorsqu'il est nommé à la tête de ce diocèse, Mgr de Laval devient le premier **évêque** de la colonie. Il consacre toute son énergie à l'organisation de l'Église. La fondation du Séminaire de Québec, en 1663, constitue une de ses grandes réalisations. Ainsi, de nouveaux prêtres peuvent être formés.

Le clergé

Une fois nommé évêque de Québec, Mgr de Laval crée de nouvelles paroisses en Nouvelle-France. Les jeunes prêtres qui sortent du séminaire se voient aussitôt confier une paroisse. Ils peuvent ainsi accroître l'influence de l'Église à mesure que s'accroît la population. L'Église catholique parvient donc à occuper un rôle important en Nouvelle-France.

Les organisations missionnaires laïques

La Nouvelle-France compte de nombreuses **organisations missionnaires laïques**. Celles-ci étendent l'influence de l'Église en fournissant aux colons des occasions de travailler, d'apprendre et de participer à la vie de la Nouvelle-France. Par exemple, la Congrégation de Notre-Dame est une organisation de femmes missionnaires laïques fondée en 1658 par Marguerite Bourgeoys. Cette dernière devient la première institutrice de Montréal. Les membres de la congrégation ouvrent ensuite des écoles pour filles dans plusieurs paroisses.

Applique tes connaissances

1. Selon toi, de quelle façon Mgr de Laval réussit-il à accroître l'influence de l'Église catholique en Nouvelle-France? *h*

2. Qu'est-ce qu'une paroisse? Selon toi, pourquoi est-il essentiel de créer de nouvelles paroisses à mesure que la population augmente? *h*

Selon une échelle de 1 à 5, indique si tu crois que les caractéristiques ci-dessous s'appliquent à ton école.

(1 = pas du tout d'accord, 2 = pas d'accord, 3 = pas d'opinion, 4 = d'accord, 5 = entièrement d'accord)

- Les filles et les garçons reçoivent les mêmes encouragements.
- Le programme couvre plusieurs matières.
- Le personnel enseignant est généralement gentil et attentionné.
- L'équipement de l'école (ordinateurs, bibliothèque, etc.) aide les élèves à apprendre.

Sers-toi de la même échelle pour indiquer si tu crois que ces énoncés se seraient appliqués à l'éducation en Nouvelle-France, vers 1750. À l'époque, l'éducation relevait des communautés religieuses.

1. Les filles et les garçons reçoivent les mêmes encouragements.

L'éducation des garçons était considérée comme étant plus importante que celle des filles. On encourageait souvent les garçons à aller à l'école pour devenir prêtres. De nombreux garçons ne terminaient pas leurs études primaires et apprenaient un métier aux côtés de leur père. Les filles apprenaient à lire et à écrire, étudiaient le catéchisme et les arts ménagers.

2. Le programme couvre plusieurs matières.

Seuls les garçons qui poursuivaient leurs études après l'école primaire avaient accès à plusieurs matières. Ils pouvaient choisir de devenir prêtres ou d'exercer une profession, comme avocat ou médecin.

Ils étudiaient des matières comme les mathématiques, les sciences, le latin, la philosophie et le catéchisme.

3. Le personnel enseignant est généralement gentil et attentionné.

À l'époque, le personnel enseignant, pour la plupart des religieuses et des religieux, considérait que les enfants étaient naturellement indisciplinés et qu'il fallait être sévère avec eux. Les comportements jugés mauvais étaient durement punis, et les punitions corporelles étaient courantes.

4. L'équipement de l'école aide les élèves à apprendre.

Les écoles ne disposaient pas de beaucoup d'équipement. Il y avait des livres religieux, mais les élèves devaient se les partager. Le personnel enseignant dictait généralement des notes aux élèves, et il y avait peu d'interaction entre les élèves pendant la classe.

Cette estampe de Richard Short, intitulée *Vue de l'église et du collège des Jésuites,* a été réalisée en 1761.

Applique tes connaissances

1. a) Pourquoi l'éducation est-elle si limitée en Nouvelle-France? **h**

   b) Selon toi, pourquoi l'éducation occupe-t-elle une si grande place aujourd'hui au Canada? **h**

2. Imagine que tu fréquentes une école de la Nouvelle-France. Laquelle des caractéristiques décrites ci-dessus te déplairait le plus? Écris un court texte expliquant ta réaction à cette caractéristique. **CD**

Qui se trouve au bas de l'échelle ?

Selon la hiérarchie qui existe en Nouvelle-France, la plus grande partie de la population se trouve au bas de l'échelle.

MOTS CLÉS

Engagé : Personne qui s'engage par contrat à servir un employeur pour une période d'au moins trois ans.

Pendant la lecture

Prête attention

Reprends ton tableau de prédictions et ajoutes-y des notes.

Les engagés

Le manque de main-d'œuvre en Nouvelle-France pousse le gouvernement à recruter des **engagés**. Il s'agit de Français, généralement des hommes, qui vivent dans la misère et qui acceptent de venir travailler pour une famille de colons. Les engagés reçoivent un maigre salaire et accomplissent un travail physique très exigeant. Après quelques années de service, ils cherchent souvent un emploi mieux payé ou se lancent dans la traite des fourrures.

Les soldats

Le nombre de soldats en Nouvelle-France varie selon les époques. Ils sont recrutés et payés en temps de guerre pour défendre la colonie. Lors des périodes de paix, les soldats doivent se trouver du travail ailleurs pour subvenir à leurs besoins.

Les manœuvres

Les manœuvres sont un groupe de gens peu nombreux en Nouvelle-France. Ils exécutent différentes tâches non spécialisées. Par exemple, ils occupent des postes dans les chantiers navals du roi, qui se trouvent à Montréal, à Québec et à Trois-Rivières. Leur travail consiste à réparer les navires français endommagés lors des voyages en mer. Les manœuvres ont un niveau de vie modeste, car ils ne travaillent qu'une partie de l'année en raison de la fermeture des chantiers durant l'hiver.

Les domestiques

Les domestiques représentent un groupe nombreux dans la colonie. Leur travail consiste à servir les gens de la noblesse et de la bourgeoisie. Ce sont surtout des orphelines ou des femmes pauvres qui occupent ces emplois. Elles sont nourries et logées en échange de leurs services.

En 1665-1666, parmi les métiers et les professions les plus courants en Nouvelle-France, il y a ceux de soldat et de charpentier.

Les criminels

Tout comme les autres pays européens, la France envoie certains de ses criminels dans les colonies. Les prisonniers constituent une bonne source de colons potentiels. Il s'agit, le plus souvent, de voleurs. Certains d'entre eux ont eu à choisir entre la prison ou la colonie. Ceux qui choisissent la colonie ont l'assurance d'être libérés de leur peine après trois ans de service comme engagés. Ils peuvent ensuite commencer une nouvelle vie dans le Nouveau Monde. Cette perspective en persuade un grand nombre de tenter leur chance en Nouvelle-France. Le nombre de prisonniers envoyés dans la colonie demeure quand même limité et dépasse rarement 150 par année.

Les esclaves

Certains membres de la noblesse et de la bourgeoisie font venir des esclaves des colonies françaises des Antilles pour les faire travailler. Ces esclaves sont la propriété légale de ceux qui les achètent et ils obtiennent rarement leur liberté. La Nouvelle-France ne comptera pas plus de 400 esclaves environ.

Les peuples autochtones

La Nouvelle-France a été implantée sur les territoires de plusieurs peuples autochtones, qui y vivaient depuis des milliers d'années. Les autochtones ont joué un rôle clé dans la survie des premiers arrivants européens. De plus, la traite des fourrures repose en grande partie sur leurs talents de chasseurs et de trappeurs. Les Français considèrent cependant que les autochtones ne font pas partie de la société de la Nouvelle-France. Ils ne figurent donc pas dans les recensements de l'époque.

Comme tu peux le constater, la Nouvelle-France était composée d'un grande diversité de gens, ce qui en faisait un endroit très animé.

Applique tes connaissances

1. Qu'est-ce que le recensement de 1665-1666 révèle au sujet de la proportion d'hommes et de femmes en Nouvelle-France? Selon toi, est-ce que cette répartition de la population a une influence sur le développement de la Nouvelle-France? **c** **h**

2. Illustre dans un diagramme à bandes les six plus importants établissements de la Nouvelle-France. Sers-toi de la carte de la page H 34 pour décrire chaque type d'établissement. Au besoin, consulte la **Boîte à outils**. **h** **co**

3. Explique dans tes mots le sens du mot « hiérarchie ». Selon toi, pour quelles raisons certaines personnes se trouvent-elles au sommet ou au dernier échelon de la hiérarchie? **c** **h**

L'économie de la Nouvelle-France

Pendant *la lecture*

Prête attention

N'oublie pas de consulter ton tableau de prédictions lorsque tu auras lu cette section.

Tu as vu au chapitre 1 que la fourrure est importante pour la Nouvelle-France, car l'économie repose essentiellement sur ce commerce.

Le commerce

Déjà, au tout début de la colonie, lorsque Samuel de Champlain explorait le territoire, il faisait parvenir en France des rapports très favorables sur l'avenir économique de la Nouvelle-France.

Afin d'obtenir encore plus d'appuis du roi et des marchands, il présente en 1618 un mémoire adressé au roi de France. Il vante tous les avantages que la France peut trouver en Nouvelle-France : un vaste territoire, des ressources diversifiées, telles que le poisson, le bois, les minéraux, le chanvre et la fourrure. Dans son rapport, il détaille les revenus liés aux ressources de la colonie :

> « L'utilité qui viendrait en premier rang de la pêcherie des morues [serait de] plus d'un million de livres par an. Plus la pêcherie des saumons [...] que l'on en pourrait tirer par an : 100 000 livres. [...] Plus des bois, qui sont de hauteur [impressionnante] et s'en ferait, par an, pour 400 000 livres. Quant à la nature [culture] de la terre, il s'en tirerait, par an, pour 400 000 livres. [...] Après ces choses, on met en considération le fruit qui se tirera de plusieurs sortes de mines, par an, pour 1 000 000 livres. Plus se ferait des toiles, [...] câbles, cordages [...] pour toutes sortes de vaisseaux, pour plus de 400 000 livres. Plus le trafic et commerce des [fourrures], on en peut tirer plus de 400 000 livres. » [Traduction libre]

Samuel de Champlain estime que la Nouvelle-France peut rapporter la somme importante de 6 500 000 livres par année.

Champlain vante les possibilités qu'offre la colonie sur le plan commercial. Il souhaite sensibiliser le roi et les marchands à l'importance de faire venir des colons en Nouvelle-France.

Avec le temps, les dirigeants de la Nouvelle-France, notamment Jean Talon, espèrent diversifier l'économie et faire prospérer le commerce extérieur entre la France, la Nouvelle-France et les colonies françaises des Antilles. Il est alors question d'exporter les surplus de bois, de poisson, d'huile et de produits agricoles.

Le commerce triangulaire

À la fin des années 1660, Jean Talon met en place un réseau commercial entre la France, la Nouvelle-France et les colonies françaises des Antilles : le **commerce triangulaire**.

Dans ce système commercial, les colonies doivent approvisionner la France en matières premières et acheter les produits que celle-ci fabrique. Par exemple, des produits comme la mélasse, le sucre et le tabac viennent des Antilles et sont achetés par la France et la Nouvelle-France. Les produits manufacturés en France, comme la vaisselle, les tissus, les objets de fer et les armes sont exportés dans les colonies françaises des Antilles et de la Nouvelle-France. Le bois, le blé, l'huile, le poisson et les fourrures de la Nouvelle-France sont exportés dans les colonies françaises des Antilles et en France.

MOTS CLÉS

Commerce triangulaire : Échanges commerciaux entre la France, la Nouvelle-France et les colonies françaises des Antilles, qui ont pour but de diversifier l'économie et de trouver des débouchés pour les produits de la Nouvelle-France.

Le commerce triangulaire au XVIIIe siècle

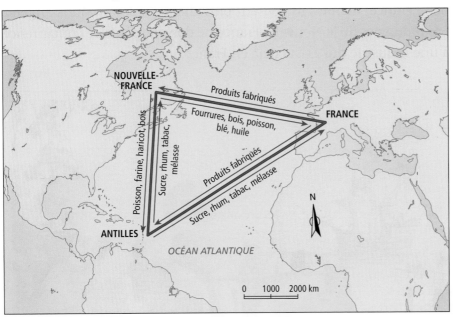

Les exportations et les importations de la Nouvelle-France de 1730 à 1743

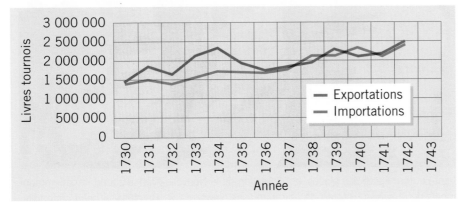

Tout au long de cette période, les exportations et les importations augmentent.

Jean-Baptiste Colbert (1619-1683) est ministre de la Marine de 1669 jusqu'à sa mort.

Le mercantilisme

Pour accumuler le plus de richesses possible, un pays comme la France doit vendre aux autres plus de produits qu'il ne leur en achète. Il doit aussi développer son industrie pour éviter d'acheter à l'étranger. Ce système contribue à enrichir la mère patrie. Plus un pays compte de colonies, plus il devient riche. Cette doctrine économique s'appelle le « **mercantilisme** ».

C'est le ministre de la Marine de Louis XIV, Jean-Baptiste Colbert, qui se fait le promoteur du mercantilisme en France. Le but qu'il vise en développant l'empire colonial est de mieux servir les intérêts de la mère patrie. Pour protéger les industries françaises de la concurrence, il est interdit à la Nouvelle-France de commercer avec d'autres pays que ceux faisant partie de l'Empire français. Elle peut envoyer des matières premières en France ou dans les colonies françaises, mais pas dans les colonies anglaises. La Nouvelle-France doit aussi acheter ses produits de la France, même s'ils coûtent plus chers que les produits anglais. Les industries de la Nouvelle-France ne doivent pas faire concurrence à une industrie qui existe déjà en France.

Au printemps, une fois le fleuve Saint-Laurent libéré des glaces, la population de la Nouvelle-France attend impatiemment l'arrivée des premiers bateaux français de la saison, remplis de marchandises. Lawrence R. Batchelor a peint cette toile, intitulée *The Arrival of Ships from France in 1660* [L'arrivée de bateaux provenant de France en 1660], vers 1931.

La pêche

L'économie de la Nouvelle-France repose longtemps sur la fourrure et le poisson. Les eaux de la Nouvelle-France regorgent de poissons, notamment de morue, de flétan, d'anguille et de maquereau. Les pêcheurs attrapent le poisson à l'aide de filets et d'hameçons. Sur la **grève**, les gens vident les poissons, les découpent en filets, les trempent dans la **saumure** et les laissent sécher pendant des semaines sur de petites caisses en bois. Le poisson séché est ensuite emballé et chargé sur les bateaux en partance pour la France.

Cette gravure d'un campement de pêche est tirée d'une carte de l'Amérique du Nord de 1710. La gravure illustre les étapes de préparation de la morue pour le marché européen.

La Nouvelle-France enrichit-elle la France?

La Nouvelle-France ne rend probablement pas la France aussi riche que Jean Talon l'espérait. Louis XIV est peu disposé à investir beaucoup d'argent dans cette colonie. De plus, la population reste limitée par rapport à celle des colonies britanniques de la Nouvelle-Angleterre. En 1720, la population de la Nouvelle-Angleterre est d'environ 475 000 alors que la Nouvelle-France compte 24 438 personnes. Le climat de la Nouvelle-France est plus rigoureux que celui de la Nouvelle-Angleterre. La saison des cultures est relativement courte, et les hivers sont très froids. D'autre part, la Nouvelle-France est coupée de la mère patrie durant six mois, au moment où la glace recouvre le fleuve Saint-Laurent et empêche les bateaux de naviguer. Toutes ces raisons ont contribué à décevoir les attentes que plusieurs nourrissaient à l'égard de la Nouvelle-France.

> **MOTS CLÉS**
>
> **Grève:** Bord de mer fait de sable et de gravier.
>
> **Saumure:** Préparation salée utilisée pour conserver les aliments.

Applique tes connaissances

1. Construis un schéma pour montrer le type de marchandises **a)** que les colonies exportent en France, **b)** que la France exporte vers ses colonies et **c)** que les colonies s'échangent entre elles. _C_ _CD_

2. Selon toi, qui profite le plus du commerce triangulaire? Pourquoi? _h_

3. Pourquoi le commerce avec la Nouvelle-France n'a-t-il pas donné des résultats aussi grands que la France l'espérait? _C_

4. Observe la peinture de la page H 40. Choisis deux personnages dans ce tableau et rédige un dialogue plausible entre eux. _CD_

La chute de la Nouvelle-France

Ce tableau, intitulé *A Sea Battle off the Coast of Louis Berg*, Canada [Bataille au large de la côte de Louisbourg, au Canada], a été peint vers 1748 par Peter Monamy.

Avant la lecture

Fais des liens

Indique des mesures qui, selon toi, assurent la liberté et la sécurité des individus dans notre société ?

Aujourd'hui, la sécurité préoccupe beaucoup les gens. Nous voulons la sécurité pour nous-mêmes et nos familles, nos maisons et nos biens, notre mode de vie. Nous voulons aussi garantir notre avenir en tant que société. Qui peut assurer notre sécurité ? Quelle part de responsabilité avons-nous personnellement ? Quelle part de responsabilité relève du gouvernement et d'autres institutions qui détiennent des pouvoirs dans la société ?

Comme tu le verras dans ce chapitre, le gouvernement de la Nouvelle-France se préoccupe beaucoup de la sécurité de la colonie. Les Britanniques entourent les Français de tous côtés. La Nouvelle-France doit résister aux menaces de ses ennemis. Tu découvriras dans quelle mesure les Français en Amérique ont réussi à assurer leur survie.

La citadelle d'Halifax est un lieu historique important du Canada.

Ce chapitre te permettra de répondre aux questions suivantes :

- Quel type d'alliance existe entre les peuples autochtones et les Français venus d'Europe ?

- En quoi la traite des fourrures aggrave-t-elle le conflit entre les Français et les Britanniques ?

- Pourquoi les Français et les Britanniques entrent-ils en guerre dans les années 1750 ?

- Comment les Britanniques conquièrent-ils la Nouvelle-France en 1759 ?

- Après la défaite des Français, quels droits les Britanniques accordent-ils à la population de la Nouvelle-France ?

Littératie en tête

Tu dois trouver les idées principales de ce chapitre et des idées secondaires qui développent le sujet.

Organise tes idées dans un tableau sur deux colonnes. Note les idées principales dans une colonne et les idées secondaires dans l'autre. N'oublie pas de survoler le texte pour relever les dates et les mots en caractères gras.

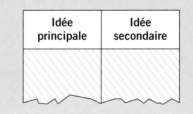

Idée principale	Idée secondaire

Les Français et les peuples autochtones

Pendant la lecture

Prête attention

Utilise le titre de cette page en guise d'idée principale, puis écris en dessous les idées principales des autres sections, et les idées secondaires à côté.

MOTS CLÉS

Britannique : Nom désignant les habitants de la Grande-Bretagne à partir de 1707.

Dans les années 1740, les **Britanniques** sont en position de force en Amérique du Nord, comme le montre la carte ci-dessous.

L'est de l'Amérique du Nord dans les années 1740

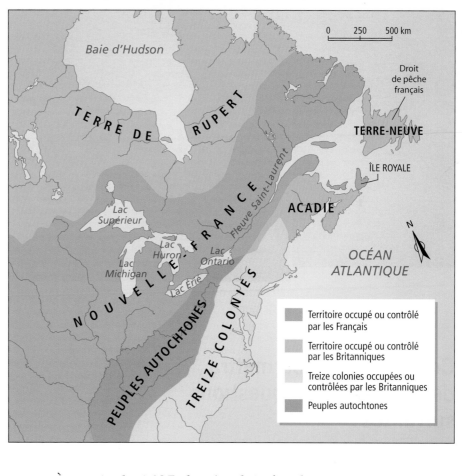

MOTS CLÉS

Traité d'Utrecht : Traité qui met fin à la guerre de Succession d'Espagne, qui a lieu de 1701 à 1713.

Grande-Bretagne : Nom désignant, à partir de 1707, l'union entre l'Angleterre et l'Écosse.

- À partir de 1607, les Anglais fondent progressivement 13 colonies qui s'enracinent le long de la côte atlantique.

- Dans les années 1660, les Anglais battent les Hollandais et prennent le contrôle du commerce des fourrures au sud du fleuve Saint-Laurent et des lacs Érié et Ontario.

- Dès sa fondation en 1670, la Compagnie de la Baie d'Hudson fait le commerce des fourrures pour le compte de l'Angleterre, dans la Terre de Rupert.

- En 1713, les Français signent le **traité d'Utrecht**, un traité qui officialise la conquête de l'Acadie par la **Grande-Bretagne**.

Cela signifie que les Britanniques peuvent en tout temps arrêter le ravitaillement de la Nouvelle-France. Cette situation est très menaçante pour la Nouvelle-France.

Pour concurrencer les Britanniques, la Nouvelle-France a besoin de l'appui des peuples autochtones, ses proches partenaires dans la traite des fourrures. Avec l'aide des Hurons, notamment, les commerçants de fourrure français mettent en place un système efficace de transport des fourrures. De plus, les autochtone apprennent aux Français à fabriquer des canots, qu'ils utilisent dans les Pays-d'en-Haut. Les canots présentent de multiples avantages : ils sont petits et n'exigent que deux rameurs ; ils sont étroits et peuvent donc avancer rapidement ; ils sont légers et faciles à porter pour contourner les chutes et les autres obstacles.

Lorsqu'ils arrivent à un point central, les commerçants transportent les fourrures dans des canots plus grands pour les acheminer à Montréal ou à Québec. Ces « canots de maître » mesurent jusqu'à 1,8 mètre de largeur et 12 mètres de longueur.

Les commerçants de fourrure apprennent également des autochtones comment se déplacer l'hiver. Grâce aux raquettes faites de bois et de peaux d'animaux, ils peuvent marcher sur la neige sans s'y enfoncer.

Ils apprennent aussi comment fabriquer des traîneaux à chiens. Un attelage de 6 à 12 chiens peut parcourir de longues distances et transporter de grandes quantités de fourrures.

La coopération entre les commerçants de fourrure et les peuples autochtones mène à la fondation de la Compagnie du Nord-Ouest en 1783. Cette compagnie établit une chaîne de postes de traite à l'embouchure des fleuves et des rivières de la Terre de Rupert. Avec le temps, la Compagnie du Nord-Ouest et la Compagnie de la Baie d'Hudson entrent en rivalité pour s'approprier le contrôle de la traite des fourrures.

Les peuples autochtones apprennent aux Français comment fabriquer et utiliser deux types de raquettes : celles à bout rond pour la neige molle et celles à bout pointu pour la glace.

Les raquettes d'aujourd'hui sont inspirées des modèles d'autrefois.

Ce tableau intitulé *Shooting the Rapids* [Descente des rapides] a été peint en 1879 par Frances Anne Hopkins. Il illustre un canot de maître.

Porter ou non de la fourrure ?

Dans les années 1600 et 1700, les riches Européens garnissent leurs manteaux avec de la fourrure. Les femmes portent des **étoles** et des **manchons**. La fourrure sert aussi à la fabrication des chapeaux. La mode des chapeaux de feutre fabriqués avec des poils de castor devient très populaire auprès de la bourgeoisie et de la noblesse européenne. Pour répondre à cette demande, des marchands européens organisent des expéditions en Amérique afin d'en rapporter des peaux de castor. Peu à peu, le commerce des fourrures gagne en popularité et s'organise sur une grande échelle.

Manteaux et garnitures de fourrure restent populaires auprès des femmes et des hommes jusque dans les années 1980. Le commerce des fourrures suscite alors peu d'opposition. Les trappeurs des régions éloignées en tirent un revenu qui permet de faire vivre leur famille. Ce commerce permet aussi de maintenir les populations animales à des taux acceptables.

Or, depuis quelques années, les attitudes changent. Divers organismes militent pour persuader les gens de ne plus acheter de produits de la fourrure. Ils rappellent certains aspects de cette industrie : par exemple, chaque année, à l'échelle mondiale, plus de 40 millions d'animaux sont tués pour leur fourrure, dont certains à l'aide de pièges primitifs qui les retiennent prisonniers par la patte. Les campagnes de ces organismes ont eu un tel succès que l'achat de fourrure a considérablement diminué au Canada.

Aujourd'hui, le trappage est permis seulement avec des pièges qui ne font pas souffrir les animaux. Pour maintenir les populations animales, les responsables provinciaux de la faune accordent aux trappeurs un nombre limite de prises. À présent, le trappage commercial est très réglementé.

Es-tu pour ou contre la chasse aux animaux pour leur fourrure ? Pourquoi ?

MOTS CLÉS

Étole : Bande de fourrure qui se porte sur les épaules.

Manchon : Rouleau de fourrure dans lequel on entre ses mains pour les protéger du froid.

La Grande Paix de Montréal de 1701

Dans le chapitre 1, tu as vu qu'aux débuts de la Nouvelle-France, les relations entre les Français et les peuples autochtones étaient parfois instables. Cependant, elles s'améliorent peu à peu avec le développement de la Nouvelle-France. En 1701, à Montréal, les dirigeants de la Nouvelle-France rencontrent 1300 représentants de plus de 40 peuples autochtones, dont ceux de la Confédération des Cinq-Nations, ennemie des Français depuis les années 1630. Les peuples autochtones et les Français signent alors un traité par lequel les deux parties s'engagent à coopérer.

Les chefs autochtones s'adressent aux représentants autochtones à Montréal. Ces négociations débouchent sur un traité d'alliance entre les Français et les peuples autochtones.

Ce traité, appelé la « Grande Paix de Montréal », est important parce qu'il signifie que de nombreux peuples autochtones n'aideront pas les Anglais, ennemis des Français. Quand une guerre éclate entre les Britanniques et les Français, dans les années 1750, la Confédération des Cinq-Nations reste neutre.

Certains peuples autochtones préfèrent les Français aux Britanniques. Ces derniers semblent vouloir s'étendre dans tous les territoires autochtones et y installer des colons en permanence. Les Français, eux, préfèrent entretenir de petits établissements dans certaines régions et commercer avec les autochtones de l'intérieur. Il apparaît donc inévitable que l'avenir des peuples autochtones soit lié aux conflits qui opposent les Français et les Britanniques.

Applique tes connaissances

1. Quels indices montrent que les Britanniques sont en position de force en Amérique du Nord dans les années 1740 ? **c**

2. Comment les Français comptent-ils se servir de leurs relations avec les peuples autochtones pour renforcer leur position contre les Britanniques ? **c**

3. Imagine que tu es un fonctionnaire français en poste dans la colonie dans les années 1750. Écris une lettre au gouverneur de la Nouvelle-France pour lui décrire l'évolution des relations entre les Français et les peuples autochtones du début de la colonie à 1750. **h** **co**

▦ Les Pays-d'en-Haut et le commerce des fourrures

La région de l'Ontario actuelle, au nord des Grands Lacs, était appelée à l'époque les « Pays-d'en-Haut ». Cette région joue un rôle important dans la traite des fourrures. Afin de protéger le commerce des fourrures contre les attaques des Britanniques, les Français construisent ou renforcent la sécurité des forts dans cette grande région. Ainsi, en 1715, le fort Michillimackinac, à la sortie du lac Michigan, et le fort La Tourette, aussi appelé « La Maune », au nord-est du lac Nipigon, sont fortifiés. Le fort Michillimackinac accueille même quelques familles de colons établies autour de ses remparts. Plus tard, en 1725, le fort Michipicoten, au nord-est du lac Supérieur, est érigé. Ces forts servent de points de départ aux expéditions de **pelleteries** vers la baie d'Hudson et empêchent, du même coup, les autochtones de faire du commerce avec les Britanniques. Afin d'étendre la traite des fourrures vers l'ouest des Pays-d'en-Haut, Zacharie Robutel de La Noue reconstruit le fort Kaministiquia (Thunder Bay) en 1717. L'objectif des Français est clair : il faut renforcer leur position militaire dans la région des Grands Lacs et établir des stratégies contre d'éventuelles attaques britanniques. ▦

L'emplacement des principaux forts français au début du XVIIIe siècle

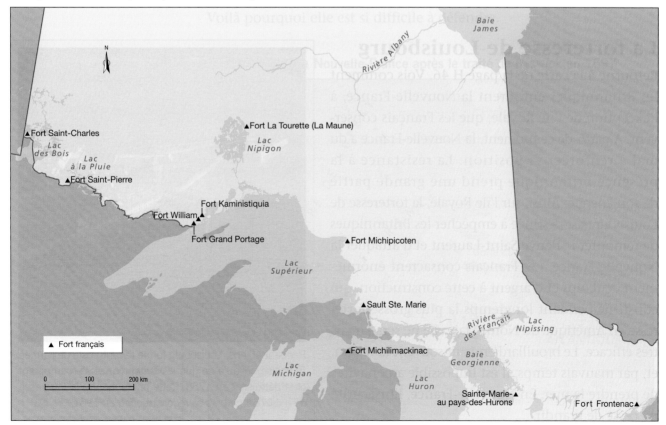

La déportation des Acadiens

Pendant de nombreuses années, la Grande-Bretagne n'accorde pas beaucoup d'attention à l'Acadie. Pour les Britanniques, l'important est que les Acadiens ne se révoltent pas contre eux. Après 1713, ils tentent d'amener les Acadiens à prêter un **serment d'allégeance** au roi de Grande-Bretagne. Or, ce roi est britannique et protestant, et les Acadiens, francophones et catholiques, refusent de prêter serment.

Les Acadiens vivent dans la région depuis quelques générations et désirent continuer de vivre en paix. Ils sont toujours restés neutres durant les conflits qui ont opposé la France et la Grande-Bretagne. Cependant, ils ont de plus en plus de mal à supporter la domination des soldats britanniques, qui les harcèlent pour des riens et que la population harcèle en retour. Cette fois, ce sont les Britanniques qui ne se sentent pas en sécurité. Ils craignent que les Acadiens se rangent du côté des Français plutôt que du coté des Britanniques en cas de conflit entre la France et la Grande-Bretagne.

En 1755, les Britanniques commencent la déportation des Acadiens, à la demande du gouverneur britannique de la Nouvelle-Écosse, Charles Lawrence. Les Acadiens sont transportés par bateau dans les Treize colonies, dans les Antilles et en Europe. D'autres s'établissent en Louisiane, où ils forment toujours une minorité importante. La déportation des Acadiens se termine en 1763. Près de 10 000 Acadiens vivent ce qui est appelé « le Grand Dérangement ».

MOTS CLÉS

Serment d'allégeance : Promesse de fidélité et d'obéissance envers son roi et son royaume.

De 1755 à 1763, près de 10 000 Acadiens sont chassés de leurs terres. Ce tableau intitulé *The Expulsion of the Acadians in 1755* [L'expulsion des Acadiens en 1755] a été peint par Henri Beau vers 1900.

La déportation des Acadiens

Dès 1720, le Cabinet britannique chargé de l'administration des colonies écrit au gouverneur de la Nouvelle-Écosse :

« Quant aux habitants français de la Nouvelle-Écosse qui semblent tellement [déloyaux], nous craignons qu'ils ne deviennent jamais de bons sujets de Sa Majesté [...], c'est pourquoi nous croyons qu'ils doivent être bannis. » [Traduction libre]

S'ils refusent de prêter le serment d'allégeance, les Acadiens seront expulsés de leurs terres.

Au début, les autorités britanniques n'insistent pas trop. Mais, en 1755, elles demandent de nouveau aux Acadiens de prêter serment. Ces derniers refusent, puis émettent une déclaration disant :

« Nous et nos ancêtres ayant prêté [...] un serment d'allégeance qui a été approuvé à quelques reprises au nom du roi [de France], nous ne saurions nous contredire au point de prêter un serment qui modifie ne fût-ce qu'un mot des conditions et privilèges que nos souverains et ancêtres ont obtenus pour nous par le passé. » [Traduction libre]

Les Britanniques sont furieux. Le lieutenant-colonel John Winslow ordonne alors à tous les Acadiens de se rassembler dans l'église catholique de Grand-Pré, le 5 septembre 1755. Les Britanniques y lisent l'ordonnance d'expulsion aux Acadiens :

« Vos terres et [habitations], vos bestiaux et bétail de toutes espèces sont confisqués par la Couronne avec tous vos autres biens [à l'exception de] votre argent et de vos effets personnels, et vous-mêmes serez bannis de cette province. » [Traduction libre]

Cette toile de C.W. Jefferys intitulée *Reading the Order of Expulsion to the Acadians in the Parish Church at Grand-Pré in 1755* [Lecture de l'ordonnance d'expulsion des Acadiens dans l'église de la paroisse de Grand-Pré en 1755] a été peinte vers 1920.

Applique tes connaissances

1. Imagine que tu es le gouverneur britannique de la Nouvelle-Écosse. Explique en un paragraphe les raisons pour lesquelles les Acadiens doivent être expulsés de la région. *h*

2. Imagine que tu es un personnage acadien important. Explique en un paragraphe les raisons pour lesquelles les Acadiens doivent être autorisés à rester. *h*

3. Selon toi, les Britanniques ont-ils raison de demander aux Acadiens de prêter serment d'allégeance ? Les Acadiens ont-ils raison de refuser ? Explique tes réponses. *h*

La guerre de Sept Ans

Les conflits qui opposent les Français et les Britanniques atteignent un sommet durant la guerre de Sept Ans, qui se déroule en Europe de 1756 à 1763. En Amérique du Nord, cette guerre, aussi connue sous le nom de « guerre de la Conquête », se déroule de 1754 à 1760. En 1758, la guerre prend de l'ampleur lorsque les Britanniques s'emparent de Louisbourg avec 200 navires et bombardent la forteresse à coups de canon.

La prise de la vallée de l'Ohio

Dans les années 1750, la vallée de l'Ohio est très importante pour la France. Plusieurs forts français sont construits pour faire la traite des fourrures avec les peuples autochtones. Les Britanniques tiennent à éliminer les forts français, qui leur font concurrence dans le commerce des fourrure. Les Français réussissent à tenir tête aux attaques britanniques, mais, en 1758, le lieutenant-colonel John Bradstreet s'empare du fort Frontenac, qui appartient aux Français. Quelques mois plus tard, le fort Duquesne, dans la vallée de l'Ohio, tombe aux mains des Britanniques. Le fort Duquesne est rebaptisé du nom de « fort Pitt ». Dorénavant, les Britanniques peuvent naviguer librement jusqu'au cœur de la Nouvelle-France. ▪▪

L'emplacement des principaux forts français et britanniques en 1754

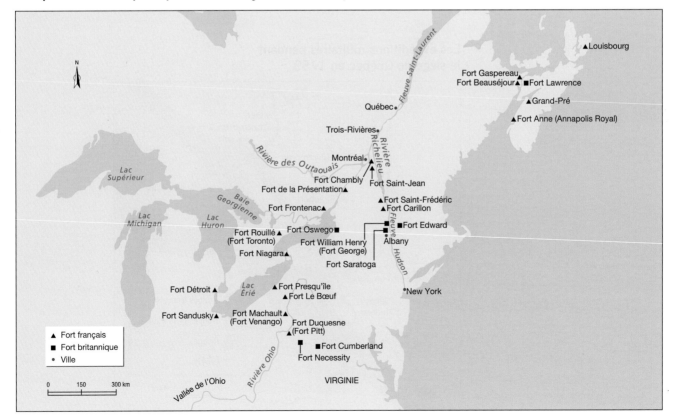

La prise de Québec

Au printemps de 1759, le général britannique James Wolfe dirige une campagne pour s'emparer de Québec. Il quitte la Grande-Bretagne au printemps avec une force composée de :

- 49 navires de guerre ;
- 80 navires de transport ;
- 9000 soldats.
- 2000 canons ;
- 40 000 boulets ;

Au mois de juin 1759, lorsqu'elle remonte le fleuve Saint-Laurent, la flotte britannique s'étend sur une longue file de plus de 150 kilomètres. Elle jette l'ancre près de l'île d'Orléans, en aval de Québec. Le général Wolfe doit alors décider du lieu de l'attaque. En bordure du fleuve, les falaises sont très escarpées, et Québec trône au sommet. L'endroit est très difficile à attaquer. Le général Wolfe considère diverses possibilités.

L'attaque de la côte de Beauport

À la fin du mois de juillet 1759, le général James Wolfe envoie une force de 4000 soldats attaquer la côte de Beauport, où la rive descend en pente plus douce. Le commandant français, Louis-Joseph de Montcalm, qui s'attendait à cette attaque, met en place une importante force défensive de 10 000 soldats français et miliciens canadiens. Les Français tirent et repoussent l'attaque, faisant quelque 440 morts ou blessés parmi les soldats britanniques.

Les expéditions militaires pendant le siège de Québec en 1759

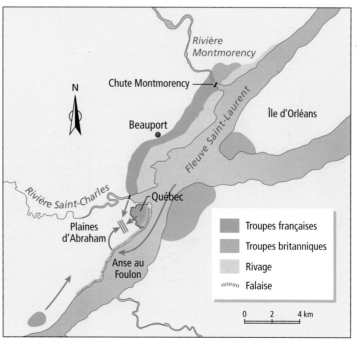

La feinte de Beauport

Le général Wolfe dispose une partie de ses navires de façon à faire croire aux Français qu'il veut de nouveau attaquer la côte de Beauport. Il approche ses navires d'observation aussi près que possible de la côte, comme pour en étudier les défenses. Le commandant Montcalm, convaincu qu'une deuxième attaque se prépare, envoie d'autres troupes sur la côte de Beauport.

Le débarquement à l'anse au Foulon

À l'origine, le général Wolfe a l'intention d'attaquer la côte de Beauport, mais il se ravise et décide d'attaquer Québec par l'ouest. C'est un plan beaucoup plus risqué puisque ses troupes vont devoir gravir une falaise à l'anse au Foulon. Il s'agit d'un sentier étroit et raide que les Français utilisent pour aller chercher l'eau du fleuve. Le général Wolfe se demande s'il peut envoyer ses troupes gravir ce sentier bien défendu durant la nuit. S'il réussit, il atteindra le terrain élevé juste à côté de Québec.

Dans la nuit du 12 au 13 septembre, le général Wolfe envoie une petite troupe s'emparer du poste de garde au bas du sentier. Des soldats britanniques qui parlent français prétendent apporter un message d'un général français posté en amont. Les gardes les laissent entrer dans le poste, où les attaquants les éliminent rapidement. Peu après, James Wolfe arrive pour mener les quelque 5000 soldats au sommet du sentier jusque sur les plaines d'Abraham, un terrain dégagé situé à l'ouest de Québec.

Cette toile réalisée en 1763 par Francis Swaine illustre le débarquement des troupes britanniques à l'anse au Foulon en 1759.

Les plaines d'Abraham

Le matin du 13 septembre 1759, le général Wolfe se tient devant son armée sur les plaines d'Abraham. Il ne peut pas attaquer Québec, qui est protégé par de hauts murs de pierre. Le général Wolfe sait que le commandant Montcalm enverra des troupes combattre l'envahisseur. Malheureusement pour le commandant français, ses meilleures troupes sont sur la côte de Beauport, envoyées là à la suite de la feinte du général Wolfe.

Ce tableau intitulé *Vue de la prise de Québec, 13 septembre 1759* a été réalisé en 1797.

Première canadienne

La « mince ligne rouge »

Au cours de la bataille des Plaines d'Abraham, et pour la première fois en Amérique du Nord, les Britanniques utilisent la stratégie décrite dans le texte ci-contre. Par la suite, elle devient la principale méthode de combat de l'armée britannique partout dans le monde. Durant une bataille de la guerre de l'Indépendance américaine (1775-1783), les soldats britanniques ont appliqué la même stratégie. Dans les années 1850, cette stratégie permet de remporter des victoires décisives contre l'armée russe durant la guerre de Crimée. Les journaux de l'époque relatent ces victoires et donnent à cette stratégie le nom de « mince ligne rouge ».

La « mince ligne rouge »

Épaules contre épaules dans leurs uniformes rouges, les soldats britanniques se placent sur trois rangées. Tous ont chargé leur **mousquet**. Le commandant Montcalm et ses soldats se dirigent hors de Québec et avancent en direction des Britanniques. Plus ils avancent, plus leurs rangs se distancent et laissent des trous. Lorsqu'ils sont assez proches pour tirer, les soldats sont fatigués et essoufflés. Leurs tirs sont imprécis.

Quand les ennemis se trouvent à 70 mètres de distance, le général Wolfe ordonne à la ligne de front de tirer. Les troupes britanniques sont alertes et bien alignées. Elles portent des coups mortels. Pendant que les soldats de la ligne de front mettent un genou à terre pour recharger leurs armes à feu, le général Wolfe ordonne à la deuxième ligne de tirer. Quand la deuxième ligne met un genou à terre pour recharger, la troisième ligne tire à son tour. Puis la ligne de front se relève et tire de nouveau. Les Britanniques tirent une **salve** toutes les 20 secondes. Les Français subissent de lourdes pertes.

À la suite de la prise de Québec, les forces françaises se replient vers Montréal. Les Britanniques décident donc de suivre le fleuve Saint-Laurent pour se rendre vers ce dernier bastion de la Nouvelle-France. Brûlant toutes les récoltes sur leur passage, les Britanniques arrivent à Montréal le 8 septembre 1760. Encerclée par une armée imposante d'uniformes rouges, et voulant épargner les derniers soldats qui défendent la ville, Montréal capitule. Le gouverneur général de la Nouvelle-France, Pierre de Rigaud, marquis de Vaudreuil, rend les armes au général britannique Jeffrey Amherst.

Les termes de la capitulation

Au moment de la **capitulation** de la Nouvelle-France, le marquis de Vaudreuil présente au général Jeffrey Amherst une liste de demandes visant à protéger la population de Québec. Pour les Français, l'acceptation des articles 27 et 28 constitue une victoire importante. Même si la plupart des Britanniques sont protestants, Jeffrey Amherst accepte que la population puisse continuer à pratiquer la religion catholique.

MOTS CLÉS

Capitulation : Action, pour une armée, d'accorder la victoire à l'ennemi après un combat.

Les principales demandes du marquis de Vaudreuil

Demande des Français	Réponse des Britanniques
27. La religion catholique pourra être pratiquée en toute liberté.	Accordé.
28. Les représentants de l'Église catholique doivent être autorisés à exercer leur fonction comme avant.	Accordé.
41. Les gens qui ont été sujets du roi de France n'auront pas l'obligation de prendre part à de futurs combats contre la France.	Ils deviennent les sujets du roi de Grande-Bretagne.
46. Les marchands français seront autorisés à continuer de commercer comme avant.	Accordé.

Le traité de Paris de 1763

La guerre de Sept Ans se termine en 1763, lorsque les Français et les Britanniques signent le **traité de Paris**. Par ce traité, la France cède la Nouvelle-France à la Grande-Bretagne. Elle conserve cependant les îles Saint-Pierre-et-Miquelon ainsi que ses droits de pêche sur les bancs de Terre-Neuve et dans le golfe du Saint-Laurent. Ainsi prend fin l'Empire français dans cette partie de l'Amérique du Nord.

MOTS CLÉS

Traité de Paris : Traité de paix qui met fin à la guerre de Sept Ans, signé le 10 février 1763 à Paris.

Applique tes connaissances

1. Observe le tableau de la page H 58 illustrant l'attaque de James Wolfe contre Québec. Fais trois commentaires sur la bataille en t'appuyant sur les éléments du tableau. *h*

2. Pourquoi les articles 27 et 28 de la capitulation ont-ils une telle importance ? Discute avec tes camarades des raisons possibles qui amènent les Britanniques à accorder ces demandes. Demandez-vous comment l'histoire aurait pu se dérouler si ces articles avaient été refusés. *h* *co*

L'importance de la Nouvelle-France

Pendant la lecture

Prête attention

En lisant cette section, trouve des réponses à certaines questions présentées dans l'introduction du module I.

Les événements de l'histoire entraînent des conséquences importantes, à la fois lorsqu'ils se produisent, et plus tard. Deux aspects permettent de dire que la Nouvelle-France a eu une grande influence sur ce qu'est devenu le Québec.

Les peuples autochtones

Avant l'arrivée des Français, les peuples autochtones vivent selon leurs coutumes. Pour les autochtones, par exemple, la terre présente une dimension spirituelle. Nul ne peut l'acheter ni la vendre parce que les humains n'en sont pas les propriétaires, mais les gardiens spirituels. Ils doivent donc respecter la terre et l'utiliser avec sagesse.

À l'époque de la Nouvelle-France, les missionnaires français veulent convertir les peuples autochtones au christianisme. Les commerçants français, pour leur part, veulent que les autochtones les approvisionnent en fourrures pour en faire le commerce. Auparavant, les autochtones ne chassaient que pour la survie ou leur usage personnel. De plus, la concurrence entre les Français et les Britanniques incite les autochtones à prendre parti et à participer à des guerres qui ne les concernent pas. La vie des peuples autochtones change à mesure qu'ils s'adaptent aux façons de faire des étrangers.

Les Français en Amérique du Nord

Même si la Grande-Bretagne s'empare de la Nouvelle-France, celle-ci établit pour toujours une population francophone et catholique en Amérique du Nord. Pour la première fois dans l'histoire, les Britanniques dirigent une colonie francophone et catholique au sein de l'Empire britannique. Encore aujourd'hui, la population du Québec est principalement francophone et catholique. Au Québec, le **droit civil** repose toujours sur le droit français. Dans le reste du Canada, le droit civil est basé sur le droit anglais.

La Nouvelle-France a eu une influence durable en Amérique du Nord. Quelque 250 ans après sa conquête par les Britanniques, la présence française demeure toujours vivante.

MOTS CLÉS

Droit civil : Ensemble des lois qui couvrent les questions de propriété et de droit familial.

Applique tes connaissances

En tenant compte de ce que tu as appris dans ce chapitre et les précédents, indique quels avantages et quels inconvénients les autochtones ont eus, selon toi, à collaborer avec les Français. *h*

EN RÉSUMÉ

Dans ce chapitre, tu as appris quel effet déterminant la traite des fourrures a eu sur le genre de relations qui se sont tissées entre les Français et les peuples autochtones. Tu as vu aussi à quel point la traite des fourrures a alimenté la concurrence entre les Français et les Britanniques. C'est ce qui a notamment mené à la perte de l'Acadie aux mains des Britanniques en 1713. En 1755, les Britanniques ont déporté les Acadiens et resserré leur emprise sur la Nouvelle-France. En 1759, ils ont battu les Français et se sont emparés officiellement de la Nouvelle-France en 1763.

Après la lecture

Fais le point

À l'aide des idées principales et secondaires que tu as écrites dans ton tableau sur deux colonnes, rédige un résumé de ce que tu as appris.

Idée principale	Idée secondaire

Vérifie tes connaissances

Avec trois camarades, fais une recherche sur la façon dont les Français et les peuples autochtones finissent par s'entendre malgré leur différence de culture et leurs coutumes respectives. Consulte la **Boîte à outils** si tu as besoin d'aide pour faire ta recherche et pour poser des questions pertinentes.

a) La moitié d'entre vous s'occupera de la culture, de la spiritualité et des coutumes des peuples autochtones avant l'arrivée des Français. Portez une attention particulière aux éléments suivants :

- leur culture et leur spiritualité ;

- leurs coutumes à l'égard du territoire et de ses ressources.

b) L'autre moitié de l'équipe s'occupera de la culture et des coutumes des Français en Nouvelle-France au XVIIe siècle. Portez une attention particulière aux éléments suivants :

- leur culture et leurs coutumes religieuses ;

- leur attitude à l'égard du territoire (système seigneurial) et de ses ressources (traite des fourrures).

c) Préparez ensemble une courte présentation (pièce de théâtre, diaporama électronique, etc.) sur les croyances, les coutumes et les attitudes des peuples autochtones et des Français de la Nouvelle-France. Vous pouvez présenter des exemples de conflit ou de coopération qui ont opposé ou uni les deux groupes.

Retour à l'idée principale

Qu'est-ce qui explique le caractère français du Québec ?

Tu as fait la connaissance des gens qui ont peuplé la Nouvelle-France et appris les raisons de leur venue, leur façon de vivre et comment la vie en société était organisée. Tu en sais maintenant plus sur les relations entre les Français et les peuples autochtones, et entre les Français et les Britanniques, notamment sur les conflits qui les ont opposés.

Maintenant que le module est terminé, sers-toi de tes notes pour revoir ce que tu as appris. Dresse une courte liste des éléments de réponses à la question titre de ce module : « Qu'est-ce qui explique le caractère français du Québec ? »

Montre ce que tu as compris

Choisis un personnage ou un événement important de l'histoire de la Nouvelle-France et prépare une présentation. Tu présenteras tes conclusions à la classe.

Étape 1 Pose des questions

Formule deux questions sur le sujet que tu as choisi à l'aide de mots clés : qui ? quoi ? quand ? où ? pourquoi ? comment ?

Conseil : Relis l'information contenue dans la section « Le processus de recherche » de la **Boîte à outils**.

Étape 2 Trouve des sources primaires et secondaires

Dresse une courte liste des sources primaires et secondaires pouvant t'aider à trouver de l'information sur le sujet que tu as choisi. Les journaux, les lettres, les statistiques, les cartes et les documents d'époque sont des sources primaires. Les cartes modernes, les illustrations, les magazines, les vidéos, les cédéroms et les sites Web sont des sources secondaires. Prépare ensuite une bibliographie dans laquelle tu incluras au moins deux sources primaires et deux sources secondaires que tu as utilisées.

Conseil : Trouve les sources dans un catalogue de bibliothèque ou dans Internet.

Conseils :
- Présente des extraits de tes sources primaires.
- Prépare un élément qui s'applique à ton travail parmi les suivants : ligne du temps, tableau, schéma, carte.

Étape 3 Résume l'information

Étudie tes sources et prends des notes au fur et à mesure. Rédige des résumés sur les divers aspects du sujet que tu as choisi.

Étape 4 Prépare la version définitive de ta recherche

Prépare la version définitive de ta recherche. Assure-toi qu'elle contient tous les éléments présentés dans les étapes précédentes.

Conseils :
- Rédige une introduction et une conclusion.
- N'oublie pas d'inclure une bibliographie.

Étape 5 Présente tes résultats d'une manière intéressante et créative

Présente le résultat de tes recherches à un petit groupe d'élèves ou à toute la classe. Assure-toi d'avoir :
- des documents sonores ;
- des documents visuels ;
- des documents écrits.

Conseil : Fais quelques répétitions de ta présentation pour t'assurer que tout s'enchaîne de façon logique.

L'Amérique du Nord britannique

En 1952, Élisabeth II est devenue reine du Royaume-Uni et de quelques autres pays, dont le Canada. Pourquoi le Canada a-t-il une reine?

Que nous apprennent les cimetières sur l'histoire?

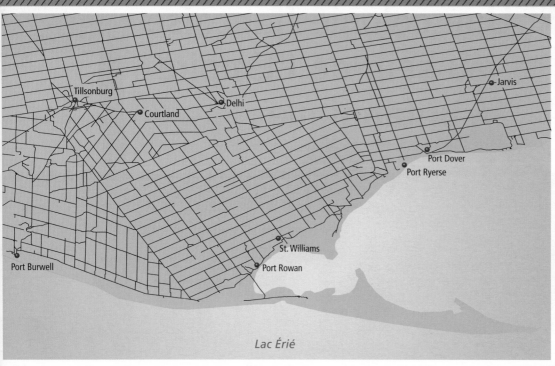

Dans le sud de l'Ontario, le tracé des routes ressemble à un grillage. Les routes ne semblent pas changer de direction pour contourner les lacs, les montagnes et les autres obstacles naturels. Selon toi, à quelle époque de l'histoire du Canada, l'Ontario a-t-elle adopté ce type de tracé ?

Sur les pièces de la monnaie canadienne, la reine Élisabeth II apparaît du côté face. Le chef officiel du Canada est une reine ou un roi. Le Canada est une monarchie. Beaucoup de pays sont des républiques. Dans une république, les gens élisent le chef d'État. Dans une monarchie, c'est le roi ou la reine qui hérite du poste de chef d'État.

Pourquoi le Canada est-il une monarchie ? La réponse réside dans notre histoire. En parcourant ce module, tu trouveras la réponse à cette question et à celles qui accompagnent les photos de la page précédente.

Les attentes

Ce module explorera les questions suivantes : **Pourquoi l'Amérique du Nord est-elle britannique ? Pourquoi est-elle nord-américaine ?**

Ce module te permettra de répondre aux questions suivantes :

- Comment une colonie française peut-elle survivre dans l'Empire britannique ?
- Quelle influence la Révolution américaine exerce-t-elle sur la *Province of Quebec* ?
- Quelles répercussions l'arrivée des loyalistes a-t-elle sur les populations autochtone, française et britannique déjà établies ?
- Quelles sont les causes de la guerre de 1812 ainsi que les événements et les personnages marquants de ce conflit ?
- Comment est-ce que je peux, à l'aide de diverses sources, connaître les conséquences de la guerre de 1812 sur l'Amérique du Nord britannique ?

Une colonie française au sein de l'Empire britannique

Les cimetières de pionniers sont nombreux en Ontario.

Avant la lecture

Fais des liens

Survole le chapitre et lis les titres de section, qui apparaissent sur une bande violette dans le haut des pages, et les sous-titres qui apparaissent en bleu ou en vert. Transforme les titres et les sous-titres de ce chapitre en questions.

On trouve de nombreux cimetières de pionniers en Ontario. Les gens qui y sont enterrés ont contribué à établir des fermes et à construire des routes, des canaux et des églises. Il n'était pas facile de défricher la terre pour la cultiver, ni de construire des routes ou des bâtiments. Il fallait souvent abattre des forêts et enlever les roches et les racines du sol. Les pionniers qui ont accompli tout ce travail nourrissaient des espoirs et des rêves. Certains ont connu des succès, tandis que d'autres ont connu des déceptions et des frustrations.

Si tu examines les pierres tombales des cimetières de pionniers, tu constateras qu'un grand nombre de pionniers venaient de France, de Grande-Bretagne ou des États-Unis. Certains sont morts par accident ou de maladie alors qu'ils étaient jeunes. En revanche, certains ont vécu jusqu'à 80 ans, même s'ils avaient eu une vie difficile et que les soins de santé étaient loin d'être aussi bons ou accessibles qu'aujourd'hui.

Ce chapitre te permettra de répondre aux questions suivantes :

- Quels groupes s'intéressent à la *Province of Quebec,* et que désirent-ils ?

- Comment les Britanniques tentent-ils de satisfaire les divers groupes qui vivent dans la colonie ?

- Comment les Britanniques en viennent-ils à entrer en conflit avec les habitants des Treize colonies ?

- Pourquoi la population de la *Province of Quebec* et les peuples autochtones des Grands Lacs et de la vallée de l'Ohio restent-ils neutres ou se rangent-ils majoritairement du côté des Britanniques lors de la Révolution américaine ?

- Quelles conséquences les lois britanniques, telles que la Proclamation royale ou l'Acte de Québec, adoptées après la Conquête ont-elles sur les habitants de la *Province of Quebec*, les Britanniques et les peuples autochtones ?

Littératie en tête

C'est important de te poser des questions pendant ta lecture. Cela t'aide à trouver des éléments clés, à comprendre et à mémoriser ce que tu lis. Quand tu formules des questions, tu donnes un but à ta lecture. Tu sais ce que tu cherches avant même de commencer à lire.

Utilise un tableau semblable à celui-ci pour noter tes questions.

Question	Réponse
Qui ?	
Quoi ?	
Quand ?	
Où ?	
Pourquoi ?	
Comment ?	

Pendant la lecture

Prête attention

Quels groupes sont mêlés aux affaires de la *Province of Quebec* à cette époque ?

Tu as appris au chapitre 3 qu'après plusieurs années de conflit, la France et la Grande-Bretagne signent le traité de Paris en 1763. Les Britanniques prennent alors officiellement possession de la Nouvelle-France, qu'ils nomment « *Province of Quebec* ». Ils se rendent rapidement compte que les populations qui vivent dans la colonie diffèrent les unes des autres. Évidemment, aucun groupe ne veut la même chose, et il ne sera pas possible de satisfaire tout le monde. De plus, les habitants des Treize colonies s'intéressent aussi à l'avenir économique et politique de la colonie. Le tableau ci-dessous résume les intérêts de chaque groupe.

MOTS CLÉS

Canadien : À l'époque, personne d'ascendance française.

Institutions : Ensemble des formes ou des structures sociales et politiques établies par la loi ou la coutume.

Les groupes intéressés par la *Province of Quebec* dans les années 1760

Groupe	Nombre	Demande
Canadiens	70 000	• Conserver leurs **institutions** françaises et le droit de pratiquer la religion catholique. • Permettre aux coureurs des bois d'agrandir leur territoire de traite à l'intérieur des terres.
Marchands et agriculteurs britanniques	De 300 à 500	• Remplacer les institutions françaises par des institutions britanniques. • S'établir à l'intérieur des terres et les obtenir gratuitement. • Exercer un plus grand contrôle sur le commerce des fourrures. • Construire des fermes.
Peuples autochtones	59 000	• Conserver leurs terres ancestrales et leur droit de faire le commerce des fourrures. • Empêcher d'autres colons de venir s'installer à l'intérieur des terres. • Demeurer maître de la vallée de l'Ohio.
Treize colonies	2 500 000	• Étendre leurs établissements de la côte de l'Atlantique vers Québec et la vallée de l'Ohio. • Exercer un plus grand contrôle sur le commerce des fourrures.

La politique britannique dans la *Province of Quebec*

Comme tu le verras plus tard dans ce chapitre, les Britanniques hésitent parfois avant de choisir la meilleure approche pour chaque groupe. Pendant ta lecture, note les changements dans la politique britannique et les raisons qui les motivent.

Les Canadiens qui vivent dans la *Province of Quebec* après 1763 souhaitent préserver leur langue, leur religion, leurs lois et leur culture. Ce tableau peint en 1848 par Cornelius Krieghoff s'intitule *Habitants canadiens-français jouant aux cartes.*

Applique tes connaissances

1. Sers-toi de l'information du tableau de la page précédente pour déterminer **a)** quels groupes auraient été d'accord avec les règles ci-dessous, **b)** quels groupes se seraient sans doute opposés à ces règles ? *c*

   - Limiter la *Province of Quebec* à un petit territoire autour du fleuve Saint-Laurent ;

   - Remplacer les institutions françaises par les institutions britanniques ;

   - Interdire aux colons d'aller s'établir à l'intérieur des terres, y compris dans la vallée de l'Ohio ;

   - Exiger de tous les coureurs des bois qu'ils obtiennent un permis du gouverneur avant de s'aventurer à l'intérieur des terres, y compris dans la vallée de l'Ohio.

2. Selon toi, quels groupes ont davantage la chance d'obtenir ce qu'ils veulent ? Quels groupes risquent de ne pas obtenir ce qu'ils veulent ? Explique pourquoi. *h*

La Proclamation royale

Quelques mois après la signature du traité de Paris qui a mis fin à la guerre de Sept Ans, la Grande-Bretagne procède à l'organisation du pouvoir sur son nouveau territoire. Le 7 octobre 1763, la **Proclamation royale** est ordonnée par le roi George III de Grande-Bretagne. Toutefois, elle ne commence à être appliquée que le 10 août 1764.

En complément de la Proclamation royale, Londres envoie aussi des instructions au gouverneur pour l'administration de la colonie. Voici quelques points de la Proclamation royale et certaines directives administratives :

- Diminution du territoire de la *Province of Quebec*. La province se limite à la vallée du Saint-Laurent, de Gaspé à la rivière des Outaouais.

- Nomination d'un gouverneur par Londres.

- Application des lois britanniques.

- Libre exercice de la religion catholique, mais interdiction pour les curés de percevoir la dîme.

- Obligation de prêter le **serment du Test** pour occuper des postes administratifs. Par ce serment, une personne doit rejeter certaines croyances essentielles de la religion catholique.

- Refus de l'autorité du pape.

- Établissement d'églises protestantes.

- Création d'écoles protestantes.

- Immigration de colons britanniques.

- Accès à l'intérieur du continent (bassin des Grands Lacs et zone qui s'étend des Treize colonies jusqu'au fleuve Mississippi) réservé à l'usage exclusif des peuples autochtones. Cette mesure vise à freiner l'expansion territoriale des Treize colonies.

- Obligation pour toute personne impliquée dans la traite des fourrures sur le territoire autochtone d'obtenir un permis de la Couronne britannique pour commercer.

George III (1738-1820), roi de Grande-Bretagne, a annoncé la Proclamation royale le 7 octobre 1763. Ce portrait de George III a été réalisé par Allan Ramsay en 1762.

L'Amérique du Nord après la Proclamation royale de 1763

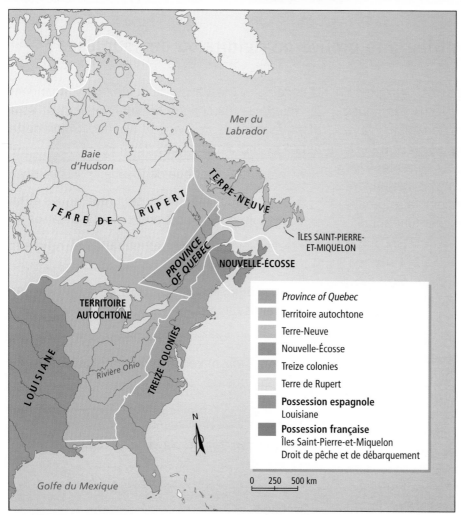

Applique tes connaissances

1. Résume dans tes mots ce que Minweweh, le chef des Ojibwés, déclare à un groupe de marchands de fourrure britanniques. **c**

2. Quelle tactique les Britanniques utilisent-ils au fort Pitt ? **c**

3. D'après la carte ci-dessus et les détails de la Proclamation royale, évalue la réaction possible des groupes suivants à la nouvelle constitution. Utilise une échelle de 1 (très insatisfait) à 5 (très satisfait) et explique chaque réponse. **h** **o**

   a) Les Canadiens;

   b) Les marchands britanniques;

   c) Les peuples autochtones;

   d) Les habitants des Treize colonies.

   Au besoin, relis le tableau de la page H 68, intitulé « Les groupes intéressés par la *Province of Quebec* dans les années 1760 ».

Les Britanniques doivent-ils faire preuve de rigidité ou de souplesse ?

En 1763, après la défaite des Français, deux points de vue circulent sur la façon dont les Britanniques devraient se comporter envers les Canadiens : faire preuve de rigidité ou de souplesse. D'une part, les Britanniques pourraient traiter durement les Canadiens et ainsi leur montrer qu'ils détiennent l'autorité. D'autre part, ils pourraient faire preuve de compréhension et tenter de gagner leur appui.

Les partisans de la rigidité

Les dirigeants en Grande-Bretagne penchent généralement pour une approche rigide. Depuis des siècles, des pays s'emparent des biens des peuples conquis et leur imposent leurs lois. En 1746, les Britanniques ont vaincu les Écossais lors de la bataille de Culloden. Ils ont ensuite imposé des lois qui interdisaient le port du **kilt** et de l'écharpe en **tartan**, de même que l'utilisation de la **cornemuse** et de la langue gaélique. Les Britanniques se disaient alors qu'en éliminant ces symboles de l'Écosse, ils élimineraient chez les Écossais l'envie de se rebeller.

Au moment de la chute de la Nouvelle-France, le comte de Shelburne est responsable de toutes les colonies britanniques. Shelburne privilégie la ligne dure. C'est aussi ce que lui recommandent les quelques marchands britanniques qui se sont installés dans la *Province of Quebec.* Selon cette approche, les Britanniques devraient :

- interdire la pratique de la religion catholique ;

- exiger l'application des lois britanniques et ne pas tolérer l'application des lois françaises ;

- renvoyer tous les fonctionnaires et religieux français en France ;

- empêcher les catholiques de se mêler des affaires de l'État ;

- assimiler totalement les Canadiens ;

- confier aux marchands britanniques la gestion du commerce des fourrures.

MOTS CLÉS

Kilt : Jupe de lainage faisant partie du costume national des Écossais.

Tartan : Étoffe de laine écossaise à larges carreaux de couleur.

Cornemuse : Instrument de musique à vent.

Le Conseil du commerce, ou *Board of Trade,* est un organisme qui s'occupe des questions commerciales de la Grande-Bretagne et des colonies britanniques. Ce tableau de T. Rowlandson et A. C. Pugin, intitulé *Board of Trade* [Conseil du commerce], a été peint vers 1808.

Les partisans de la souplesse

Les administrateurs britanniques en poste dans la *Province of Quebec* recommandent une approche différente. James Murray est nommé gouverneur de la *Province of Quebec* en 1763. Murray croit que s'ils sont bien traités par les Britanniques, les Canadiens leur accorderont leur appui. De plus, il est conscient que les Canadiens sont beaucoup plus nombreux que les Britanniques et qu'il n'est pas souhaitable de se mettre à dos les premiers habitants, qui forment 95 % de la population. Il espère aussi amener les Canadiens à s'assimiler d'eux-mêmes aux Britanniques. Voilà pourquoi James Murray entend :

- permettre aux catholiques de pratiquer leur religion librement ;
- nommer un évêque catholique (Mgr Briand) ;
- s'entourer de conseillers sympathiques aux Canadiens ;
- permettre d'appliquer les lois françaises ;
- créer des Cours de justice pour les Canadiens ;
- tolérer que les Canadiens refusent de prêter le serment du Test ;
- permettre aux marchands français de continuer à participer au commerce des fourrures.

James Murray fait aussi des **concessions** aux Canadiens français, ce qui déplaît beaucoup aux marchands britanniques. Accusé par la Couronne britannique d'exercer un certain **favoritisme** à l'égard des Canadiens de la *Province of Quebec*, Murray est rappelé à Londres en avril 1766.

Le 7 avril 1766, Guy Carleton devient le deuxième gouverneur de la nouvelle colonie. Lui aussi est d'avis que, pour bien administrer la colonie, il faut l'appui des Canadiens français. Guy Carleton insiste auprès du gouvernement britannique pour obtenir que les Canadiens français conservent leurs institutions.

Qu'en penses-tu ?

1. Résume dans tes mots en quoi consistent les deux approches présentées dans cette rubrique. Quels avantages les partisans de chaque approche y voient-ils ? *c*

2. Dans l'ensemble, quelle approche te semble fonctionner le mieux dans ce type de situation ? Pourquoi ? *h*

MOTS CLÉS

Concession : Privilège accordé à un adversaire.

Favoritisme : Tendance à accorder des faveurs injustifiées.

Guy Carleton (1724-1808) va dans la même voie que son prédécesseur, James Murray, en appliquant une politique de conciliation envers les Canadiens. Ce tableau, d'un artiste inconnu, a été peint vers 1763.

Pendant la lecture

Prête attention

Dans les deux sections précédentes, cette rubrique te proposait une question. À toi, maintenant, de formuler des questions et de trouver les réponses dans cette section.

Les Treize colonies en 1750

En 1750, les Britanniques ont 13 colonies américaines le long de la côte est, au sud du Québec actuel. Elles s'étendent du Massachusetts (Maine actuel), au nord, jusqu'à la Géorgie, au sud. Chaque colonie a été fondée par des groupes et des individus différents. Les colonies elles-mêmes sont très différentes les unes des autres. Celles du nord sont couvertes de vastes forêts, et les hivers y sont très rigoureux. Les colonies du centre abritent de riches terres agricoles, parfaites pour la culture des céréales et des légumes. Le chaud climat des colonies du sud convient bien à la culture du coton, du riz et du tabac.

Les colonies se distinguent aussi en matière de pratiques religieuses. La Virginie compte beaucoup de fidèles de l'Église d'Angleterre, ou anglicane. Le Maryland reçoit un grand nombre de familles catholiques de Grande-Bretagne. Le Massachusetts a été fondé en 1620 par un groupe de protestants, les Pères pèlerins.

Même si les Treize colonies présentent de nombreuses différences, leurs populations partagent le même sentiment que la Grande-Bretagne les empêche de se développer librement. Certains sentent même que le moment est venu de se séparer de la Grande-Bretagne.

Les Treize colonies en 1750 et leur date de fondation

Date de fondation

1607	Jamestown (Virginie en 1788)
1620	Massachusetts
1623	New Hampshire
1625	Nouvelle Amsterdam (New York en 1664)
1632	Maryland
1635	Connecticut
1636	Rhode Island
1638	Delaware
1653	Caroline du Nord
1663	Caroline du Sud
1664	New Jersey
1681	Pennsylvanie
1733	Géorgie

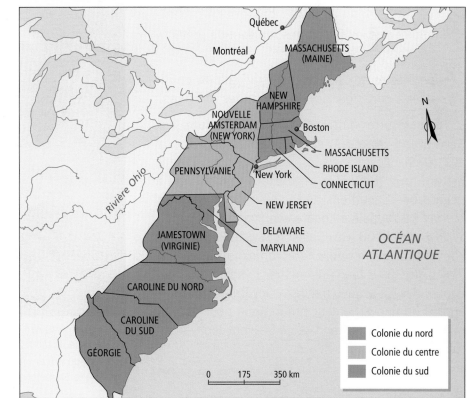

La guerre de Sept Ans et la question des impôts

Pendant la guerre de Sept Ans (1756-1763), le gouvernement britannique a dépensé plus de 82 millions de livres (unité monétaire britannique) pour vaincre la France. En dollars d'aujourd'hui, cela représente environ 35 milliards. La victoire des Britanniques rend les Treize colonies moins vulnérables aux attaques extérieures. La Grande-Bretagne juge que les colonies devraient donc participer au remboursement des dépenses qu'a entraînées la guerre. Elle entend faire participer les colons aux dépenses de la métropole et adopte différentes lois. Ces lois visent principalement à taxer les colonies. Les colons se voient imposer des mesures qu'ils jugent injustes.

Quelques lois britanniques pour payer les dépenses de la guerre de Sept Ans

Loi du Parlement	Date	Effet
Loi sur le sucre	1764	Impose une taxe sur le sucre, le vin et la mélasse en provenance des autres colonies britanniques.
Loi du timbre	1765	Oblige les gens à payer pour obtenir le timbre du gouvernement sur tous les documents officiels.
Acte déclaratoire	1766	Affirme que le gouvernement de Londres peut imposer des lois et des taxes aux colonies.
Lois Townshend	1767	Imposent une taxe sur le verre, le papier, le plomb, la peinture et le thé en provenance des autres colonies britanniques.
Lois **intolérables**	1774	Entraînent, entre autres effets, la fermeture du port de Boston et l'interdiction d'assemblées publiques.

MOTS CLÉS

Intolérable : Que l'on ne peut admettre ou accepter.

Chacune des 13 colonies possède sa propre Assemblée législative. Il s'agit d'une institution où des représentants élus par la population votent des lois et des budgets, ce qui leur donne du pouvoir par rapport au gouvernement britannique. Dans toutes les colonies, de nombreuses personnes pensent que les lois britanniques sont illégales, car elles sont votées au Parlement de Londres, où les colonies ne sont pas représentées. Leur discours est clair : « Pas de taxation sans représentation » (*no taxation without representation*).

L'opposition aux nouvelles taxes

Les colons commencent donc à protester contre les taxes. En 1770, les troupes britanniques tirent sur la foule qui manifeste à Boston et tuent trois personnes. En 1773, toujours à Boston, des rebelles vêtus comme des autochtones prennent d'assaut les bateaux britanniques amarrés dans le port et jettent à la mer des caisses de thé. Cet événement passe à l'histoire sous le nom de « ***Boston Tea Party*** ». Une bonne partie de la population des colonies est désormais prête à prendre les armes contre les Britanniques.

Cette illustration montre des gens furieux jetant des caisses de thé à la mer dans le port de Boston, en décembre 1773.

Applique tes connaissances

Comment aurais-tu réagi à ces taxes si tu avais vécu dans les Treize colonies à cette époque ? Écris une lettre d'opinion à un journal pour faire part de ton point de vue sur ce sujet. Appuie ton opinion sur des faits.
h *co*

La vallée de l'Ohio

Durant cette période, la prise de contrôle de la vallée de l'Ohio devient un enjeu de taille. Tu peux deviner, d'après la carte de la page H 73, l'importance que prend la vallée de l'Ohio pour les Treize colonies, les marchands canadiens et britanniques et les peuples autochtones. Le tableau ci-dessous montre l'intérêt que présente la vallée de l'Ohio pour chaque groupe et l'utilisation qu'il désire en faire.

Selon la Proclamation royale de 1763, les frontières de la *Province of Quebec* sont limitées à la région du fleuve Saint-Laurent. Les Canadiens n'ont pas le droit de s'établir à l'extérieur de ces frontières. La Couronne exige que tous les Canadiens détiennent un permis lorsqu'ils s'aventurent à l'intérieur des terres pour y faire du commerce. De plus, cette région est interdite aux commerçants de fourrure et aux colons des Treize colonies.

Les Britanniques sont en position de force en Amérique du Nord, et tous les intéressés attendent de voir ce qu'ils feront de la vallée de l'Ohio. De toute évidence, ils ne pourront plaire à tout le monde.

Les groupes intéressés par la vallée de l'Ohio

Groupe	Raison de leur intérêt	Solution
Treize colonies	La vallée se trouve directement à l'ouest de New York, de la Pennsylvanie et de la Virginie. Les marchands postés dans la région veulent étendre leurs colonies dans cette direction. Les Treize colonies manquent de terres agricoles et les terres de la vallée de l'Ohio sont très fertiles.	La région devrait être ouverte à l'expansion et à la colonisation.
Marchands canadiens et britanniques	La vallée, riche en animaux à fourrure, se trouve au sud de la *Province of Quebec*. Le lac Érié permet de s'y rendre facilement en canot.	La région devrait être ouverte aux coureurs des bois et aux marchands de la *Province of Quebec* qui veulent commercer avec les peuples autochtones.
Peuples autochtones	La vallée a toujours appartenu aux peuples autochtones.	La région doit demeurer un territoire distinct, à l'usage exclusif des peuples autochtones.

Applique tes connaissances

1. Sur une carte, indique l'emplacement :

   a) de la vallée de l'Ohio ;

   b) des Treize colonies ;

   c) de la *Province of Quebec*.

   Explique dans tes mots l'importance économique, politique et sociale de la vallée de l'Ohio pour les Treize colonies, les peuples autochtones et la *Province of Quebec*. **c** **o**

2. Selon toi, pourquoi est-il difficile de satisfaire les trois groupes qui s'intéressent à la vallée de l'Ohio ? **h**

La *Province of Quebec* et la Révolution américaine

Pendant la lecture

Prête attention

Formule six questions pour cette section, une pour chaque type de questions du groupe « qui, quoi, où, quand, pourquoi, comment ».

MOTS CLÉS

Acte de Québec : Deuxième constitution adoptée en 1774 qui agrandit le territoire de la *Province of Quebec*, rétablit les lois civiles françaises et reconnaît officiellement aux Canadiens la liberté religieuse.

Constitution : Texte qui détermine la forme de gouvernement d'un pays, d'une colonie.

Les concessions de l'Acte de Québec

Alors que l'agitation grandit dans les Treize colonies, le gouvernement britannique adopte l'**Acte de Québec** en juin 1774. Cette **constitution** apporte des changements importants dans l'administration de la *Province of Quebec*. Voici un résumé de ces changements :

- agrandissement du territoire de la *Province of Quebec*, englobant la vallée de l'Ohio ;

- création d'un Conseil législatif qui prépare les lois et les règlements concernant le territoire. Les membres sont nommés par le gouverneur ;

- liberté religieuse officiellement reconnue. La hiérarchie religieuse catholique est aussi reconnue, et les curés peuvent percevoir la dîme ;

- suppression du serment du Test. Autorisation aux catholiques d'occuper des postes administratifs ou de siéger au Conseil législatif ;

- rétablissement des lois civiles françaises en ce qui a trait à la propriété et à tous les autres droits civils (en matière criminelle, le droit britannique continue de s'appliquer). Cela signifie que le régime seigneurial est remis en vigueur.

Le territoire de la *Province of Quebec* après l'Acte de Québec de 1774

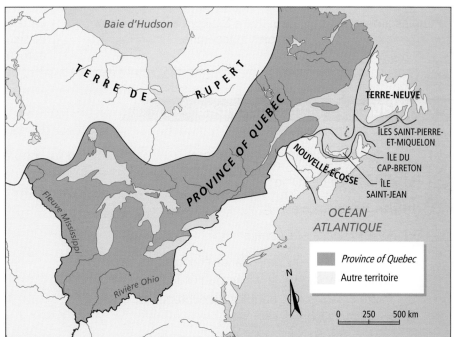

Les réactions à l'Acte de Québec

Les articles de l'Acte de Québec suscitent diverses réactions.

Les principaux articles de l'Acte de Québec

Article	Pour	Contre
Élargissement des frontières de la *Province of Quebec*.	Canadiens Marchands canadiens et britanniques	Peuples autochtones
Accès à la région des Grands Lacs et à la vallée de l'Ohio interdit aux Treize colonies.	Peuples autochtones	Colons des Treize colonies
Droit pour les catholiques de faire partie de l'administration et du Conseil législatif.	Canadiens	Colons des Treize colonies
Reconnaissance du système seigneurial.	Canadiens	Colons des Treize colonies

Les habitants des Treize colonies s'opposent à l'Acte de Québec, alors qu'une grande partie de la population de la province l'approuve. Les peuples autochtones ne sont pas très enthousiastes à l'idée de voir des colons de la *Province of Quebec* empiéter sur leur territoire. Cependant, ils jugent les Canadiens moins menaçants que les colons des Treize colonies. Si la guerre éclate entre la Grande-Bretagne et les Treize colonies, les autochtones de la région se rangeront probablement du côté de la Grande-Bretagne.

La déclaration d'Indépendance des États-Unis d'Amérique

Les nouvelles taxes et l'Acte de Québec ont provoqué la colère des habitants des Treize colonies. La **Révolution** américaine, que l'on appelle aussi « la guerre de l'Indépendance américaine », débute en 1775 lorsqu'une fusillade éclate entre des **patriotes** américains et des soldats britanniques à Lexington, au Massachusetts. Au cours de l'été de 1776, des représentants des Treize colonies se réunissent à Philadelphie. La ville devient le siège du **Congrès continental** où se planifie la Révolution américaine. Le 4 juillet 1776, le Congrès approuve une déclaration d'Indépendance rédigée par Thomas Jefferson. La nouvelle de l'adoption de la déclaration d'Indépendance se répand partout dans le monde.

MOTS CLÉS

Révolution : Brusque changement politique, social.

Patriote : Personne qui aime sa patrie et qui est prête à la servir.

Congrès continental : Assemblée de délégués des Treize colonies britanniques d'Amérique qui se sont unies pour défendre leurs droits.

Des délégués du Congrès continental, dont Benjamin Franklin et Thomas Jefferson, présentent la déclaration d'Indépendance lors d'une réunion en juin 1776. En juillet, 12 des 13 colonies votent pour la déclaration, et, le 4 juillet 1776, les États-Unis déclarent leur indépendance de la Grande-Bretagne.

De quel côté se rangera la population de la *Province of Quebec* durant la guerre de l'Indépendance américaine ? Le Congrès continental et George Washington s'adressent aux Canadiens afin qu'ils se rangent du côté des Américains dans leur lutte contre les Britanniques. Les Canadiens ne manifestent pas immédiatement leur appui aux Américains et préfèrent rester neutres. Plusieurs obéissent aussi aux demandes de Mgr Briand, évêque de Québec, qui rappelle à la population leurs obligations envers la Couronne britannique. Les marchands britanniques de la province sont plutôt d'accord avec les Américains, mais leurs intérêts commerciaux les incitent à ne pas se retourner contre la métropole. Les soldats des Treize colonies décident alors d'envahir la *Province of Quebec*. Ils comptent ainsi protéger leurs territoires du nord contre toute intervention britannique.

Les Américains mettent sur pied deux armées. La première, commandée par le général américain Richard Montgomery, s'avance vers Montréal. La seconde, sous les ordres du général Benedict Arnold, se dirige vers Québec.

▦ L'invasion de la *Province of Quebec*

L'attaque de la *Province of Quebec* se fait sur deux fronts : celui de Québec et celui de Montréal. En septembre 1775, le général américain Richard Montgomery et ses troupes s'avancent vers Montréal et s'emparent du fort Chambly, sur les bords de la rivière Richelieu. En octobre, c'est au tour du fort Saint-Jean de capituler, ce qui oblige le gouverneur Guy Carleton à abandonner Montréal, qui tombe sous l'emprise américaine au mois de novembre. Le général Montgomery part alors rejoindre le général Benedict Arnold.

Au même moment, le général Arnold et ses soldats se dirigent vers Québec. Les conditions sont dures : ils souffrent du froid, de la maladie, et commencent à manquer de nourriture. Plusieurs soldats désertent l'armée du général Arnold. Le 31 décembre 1775, les généraux Arnold et Montgomery décident d'attaquer Québec pendant une tempête de neige. Ils pensent surprendre les Canadiens, car ces derniers réveillonnent en cette veille du jour de l'An. Durant cette attaque, le général Montgomery est tué. Quelques Américains rebroussent chemin, mais les autres continuent le siège de la ville jusqu'au début du mois de mai 1776. Les Américains doivent cependant se retirer à l'arrivée de renforts britanniques. Les troupes américaines qui occupaient Montréal quittent les lieux le 9 mai 1776 et rentrent chez elles. L'invasion de la *Province of Quebec* par les Américains se termine donc par un échec. ▦

Cette toile peinte par John Trumbull en 1788 représente la mort du général Montgomery pendant l'attaque de Québec, le 31 décembre 1775.

Les Loyalistes

La population des Treize colonies n'appuie pas à l'unanimité la guerre contre la Grande-Bretagne. La société américaine est divisée. Les patriotes appuient l'indépendance, alors que les **Loyalistes** s'y opposent. Quand le conflit entre la Grande-Bretagne et les Treize colonies s'amplifie, plus personne ne doute que les États-Unis vont gagner. Que feront les Loyalistes ? Un grand nombre d'entre eux ont vu leur maison et leurs récoltes brûlées par des groupes de patriotes, et ils craignent pour leur vie.

Pour affaiblir le soutien aux patriotes, les Britanniques offrent aux Loyalistes des terres gratuites dans la *Province of Quebec*, y compris dans l'actuelle Ontario, en Nouvelle-Écosse, sur l'île Saint-Jean ou au Nouveau-Brunswick. Environ 50 000 Loyalistes s'installent dans ces colonies britanniques. Comme d'autres pionniers, ils travaillent dur pour construire des maisons, des fermes, des routes et des églises.

Portrait | Benedict Arnold (1741-1801)

Benedict Arnold est un général de l'armée américaine. En 1776, il retarde l'arrivée des troupes britanniques parties de la *Province of Quebec* pour envahir New York. Durant la bataille de Saratoga, en 1777, l'assaut qu'il dirige contre les forces britanniques donne la victoire aux Américains.

Cependant, le général Arnold est très endetté. Pour gagner plus d'argent, il décide de vendre de l'information aux Britanniques, et devient un espion. Il informe donc les Britanniques des projets d'invasion de la *Province of Quebec* par les Américains. En 1780, un officier britannique fait prisonnier révèle aux forces américaines que Benedict Arnold est un espion pour le compte des Britanniques.

Benedict Arnold se réfugie auprès des Britanniques et devient général de leur armée. Il déclare plus tard que les Britanniques lui ont versé 10 000 $ pour la perte de sa propriété dans les Treize colonies.

Après s'être rallié aux Britanniques, il prend de grands risques en dirigeant les troupes britanniques au cours des batailles. Son courage lors des batailles de Richmond, en Virginie, et de New London, dans le Connecticut, a inspiré ses troupes.

Benedict Arnold a finalement été loyal à la Couronne. À la fin de la guerre, il s'installe à Saint John, au Nouveau-Brunswick, avant de retourner vivre à Londres, où il devient commerçant.

Cette gravure réalisée au XIXe siècle représente la fuite de Benedict Arnold chez les Britanniques.

Le traité de Versailles de 1783

En 1783, les Américains ont désarmé les Britanniques qui se trouvent dans les Treize colonies. Les anciens adversaires doivent maintenant trouver une façon de vivre ensemble et en paix. Les négociations ont déjà commencé le 27 septembre 1782, alors que se produisent encore des querelles et des actes de guerre. L'ambassadeur des États-Unis, Benjamin Franklin, est déterminé à forcer la Grande-Bretagne à reconnaître les États-Unis en tant que nation indépendante. La Grande-Bretagne finit par accepter, et les parties signent un traité à Versailles le 3 septembre 1783, environ un an après le début des négociations.

Voici les principaux éléments de ce traité ;

- la Grande-Bretagne reconnaît l'indépendance des États-Unis d'Amérique ;
- la Grande-Bretagne cède la vallée de l'Ohio aux États-Unis ;
- les Américains obtiennent le droit de pêcher au large de Terre-Neuve et de la Nouvelle-Écosse ;
- toutes les troupes britanniques doivent quitter les États-Unis ;
- les poursuites en justice contre les Loyalistes doivent cesser, et le Congrès recommande de redonner aux Loyalistes les propriétés qui leur ont été confisquées.

Ce manuscrit du traité de Versailles de 1783 est marqué du sceau des signataires.

Conclusion

L'Amérique du Nord connaît de grands bouleversements entre 1759 et 1783. La Nouvelle-France devient une colonie britannique nommée « *Province of Quebec* ». En 1783, un nouveau pays est créé : les États-Unis d'Amérique. La *Province of Quebec* est restée loyale à la Couronne britannique en refusant d'aider les Américains.

Applique tes connaissances

1. Relis tes notes sur la Proclamation royale de 1763. Quelles parties de ce document ne plaisent pas aux Canadiens ? **C**

2. Relis tes notes sur l'Acte de Québec de 1774 et repère les éléments qui semblent plus acceptables pour les Canadiens. Puis, avec une ou un camarade, rédige un dialogue entre une Canadienne ou un Canadien qui exprime son désaccord au sujet de la Proclamation et un membre de l'administration britannique qui essaie de lui faire voir les aspects positifs du document. **h CO**

3. Que penses-tu des décisions des autorités britanniques sur la façon de traiter les différents groupes qui vivent en Amérique du Nord ? Explique ton point de vue. **h CO**

4. a) Pourquoi les Loyalistes viennent-ils s'installer dans la *Province of Quebec* à cette époque ? **h**

   b) Si tu avais vécu dans l'une des 13 colonies, aurais-tu fait partie du groupe des Loyalistes ? Pourquoi ? **CO**

EN RÉSUMÉ

Tu as appris qui étaient les divers groupes qui vivaient dans la *Province of Quebec* au début du régime britannique. Les Britanniques pouvaient imposer leur volonté à la population ou essayer d'obtenir son appui. Tu as vu que les Britanniques devaient satisfaire à la fois les Canadiens, les peuples autochtones ainsi que les marchands et les agriculteurs britanniques. La politique des Britanniques à l'égard de la *Province of Quebec* a porté fruit quand la Révolution américaine a éclaté en 1775. Les Canadiens ont alors refusé d'appuyer les Américains et sont restés loyaux à la Couronne.

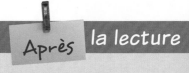

Fais le point

Sers-toi des questions que tu as formulées et des réponses que tu as trouvées pour écrire un résumé du chapitre.

Question	Réponse
Qui?	
Quoi?	
Quand?	
Où?	
Pourquoi?	
Comment?	

Vérifie tes connaissances

Découvre de quelle façon les événements décrits dans ce chapitre ont influencé la vie des personnes qui y étaient mêlées. Choisis l'une des personnes suivantes :

- un membre d'une famille canadienne ;

- une ou un autochtone de la région des Grands Lacs ou de la vallée de l'Ohio ;

- un marchand britannique qui vit dans la *Province of Quebec* ;

- une Américaine ou un Américain de New York qui veut vaincre les Britanniques.

1. Sers-toi du modèle de questions « qui, quoi, quand, où, pourquoi, comment » et fais une recherche pour trouver ce que la personne que tu as choisie a pu penser de la prise de pouvoir des Britanniques en Nouvelle-France en 1763, et de la guerre de l'Indépendance des États-Unis

(1775-1783). Les conditions de vie de cette personne se sont-elles améliorées ou détériorées entre 1763 et 1783 ? Prépare un compte rendu et présente-le à la classe. **h**

2. Crée un visuel pour compléter ton compte rendu et expliques-en l'importance. Tu peux choisir une carte, un graphique, un diagramme, une image ou un tableau. **CD**

3. Écris une introduction et une conclusion pour donner un fil conducteur à ton compte rendu. **CD**

Consulte la **Boîte à outils** si tu as besoin d'aide.

L'influence des Loyalistes sur l'Amérique du Nord britannique

Ce tableau, réalisé en 1784 par James Peachey, illustre un campement loyaliste à New Johnstown (aujourd'hui Cornwall, en Ontario).

Avant la lecture

Fais des liens

Lis le paragraphe ci-contre, qui traite des symboles. En équipe, crée un symbole pour ton école ou pour ta classe. Vous aurez à expliquer la signification de votre symbole.

Un symbole est un objet qui représente une idée précise et que la plupart des gens reconnaissent facilement. La photo de la page suivante montre une couronne, qui représente la monarchie. Rappelle-toi que les Loyalistes s'opposaient à la création d'un État indépendant en Amérique et qu'ils sont demeurés loyaux à la monarchie britannique lors de la Révolution américaine. L'indépendance américaine provoque ainsi l'immigration de Loyalistes britanniques dans les territoires correspondant aujourd'hui à l'Ontario, au Nouveau-Brunswick, à la Nouvelle-Écosse et à l'Estrie, dans le sud du Québec. Les Loyalistes nouvellement établis ont utilisé des symboles de la monarchie partout où ils le pouvaient, pour montrer leur fidélité à la Couronne britannique. Un grand nombre de ces symboles existent encore de nos jours.

Ce chapitre te permettra de répondre aux questions suivantes :

- Qui sont les Loyalistes ?

- Quand et pourquoi émigrent-ils en Amérique du Nord britannique ?

- Pourquoi plusieurs Loyalistes s'établissent-ils dans le Haut-Canada ?

- Quelle influence les Loyalistes exercent-ils sur le développement du Haut-Canada et du Bas-Canada ?

Littératie en tête

Lorsqu'on te pose des questions à développement, tu dois recueillir de l'information afin de trouver des réponses. Ces questions t'aident à déterminer quelle information a le plus d'importance. Elles facilitent ta prise de notes, car elles donnent un but, une raison, à ta lecture.

Lis les questions à développement ci-contre et essaie d'y répondre durant ta lecture. Relis ces questions de temps à autre et vois si tu peux y répondre d'ici à la fin du chapitre. Prépare un tableau en trois colonnes pour prendre des notes sur chaque question. Indique également le numéro de la page où tu as trouvé ta réponse et résume l'information dans tes propres mots.

Question à développement	Numéro de page	Réponse

Qui sont les Loyalistes?

MOTS CLÉS

Amérique du Nord britannique: Ensemble des colonies et des territoires britanniques d'Amérique du Nord demeurés sous l'autorité de l'Empire britannique après la séparation des États-Unis d'avec la Grande-Bretagne.

Après l'indépendance des États-Unis, la *Province of Quebec* n'est pas la seule colonie britannique d'Amérique du Nord. En 1784, la Nouvelle-Écosse, l'île Saint-Jean (qui devient plus tard l'Île-du-Prince-Édouard), l'île du Cap-Breton, Terre-Neuve et le Nouveau-Brunswick sont aussi des colonies britanniques. Ces colonies forment l'**Amérique du Nord britannique**.

La distribution des territoires de l'Amérique du Nord avant 1791

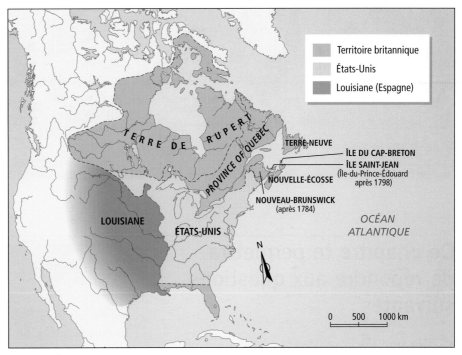

Pendant la lecture

Prête attention

Les tableaux sont utiles pour repérer de l'information, car les données y sont présentées par catégories. Dans le tableau ci-contre, la deuxième colonne montre des données (nombre ou pourcentage) associées à chacun des éléments de la première colonne. Pourquoi l'auteur a-t-il choisi de présenter cette information dans un tableau plutôt que dans un paragraphe?

Tu as fait brièvement connaissance avec les Loyalistes au chapitre 4. Le tableau ci-dessous te fournit des statistiques sur eux.

L'opposition à la Révolution américaine (données approximatives)	
Population des Treize colonies en 1776	2,5 millions
Pourcentage des colons contre la Révolution américaine	15 %
Nombre de Loyalistes qui ont décidé de partir	100 000
Nombre de Loyalistes qui ont **émigré** en Amérique du Nord britannique	50 000

MOTS CLÉS

Émigrer: Quitter son pays pour aller s'établir dans un autre pays.

Les Loyalistes viennent de tous les milieux de la société américaine. Ils ont peu de choses en commun, mais ils s'opposent tous à la Révolution américaine.

Voici quelques groupes de personnes qui font partie des Loyalistes.

Groupe	Précision
Commerçants et agriculteurs	• Ils ont abandonné les propriétés qu'ils avaient dans l'une des 13 colonies.
Propriétaires de terres, anciens soldats britanniques et gens à la recherche d'un endroit où pratiquer librement leur religion	• Ils sont partis avec leurs vêtements et quelques biens seulement. • Ils espèrent s'enrichir en Amérique du Nord britannique.
Engagés	• Ils travaillent pour une période d'au moins trois ans pour une famille et souhaitent trouver un meilleur emploi.
Esclaves	• Ils accompagnent les Loyalistes qui les possèdent.
Esclaves en fuite	• Ils espèrent se libérer de leurs propriétaires et améliorer leur sort.

Plusieurs Loyalistes renoncent à tout ce qu'ils ont pour chercher refuge ailleurs dans l'Empire britannique. Ils émigrent en Grande-Bretagne, dans les Antilles et en Amérique du Nord britannique. L'isolement est l'une des plus grandes difficultés qui les attendent à leur arrivée. Voici ce qu'une femme écrit au sujet de son arrivée par bateau à Saint John (Nouveau-Brunswick actuel), en 1783 :

« J'ai grimpé au sommet de la côte Chipman et j'ai regardé les voiles des bateaux au loin. Un sentiment d'avoir été abandonnée m'a envahie. Je n'avais pas versé une larme pendant la guerre, mais j'ai ressenti ici une telle solitude que je me suis assise, mon bébé sur les genoux, et j'ai pleuré. » [Traduction libre]

Les premières années sont difficiles pour les Loyalistes qui viennent de s'installer. Cependant, ils reçoivent de l'aide des autorités britanniques pour s'établir, et un grand nombre d'entre eux améliorent leur sort.

John David Kelly a peint cette toile plus de 150 ans après l'arrivée des Loyalistes à Saint John, au Nouveau-Brunswick. Selon toi, pourquoi est-il important, pour les historiens, de connaître l'année de création d'une image?

La Couronne britannique reconnaît la loyauté des Loyalistes et leur contribution à la colonie de l'Amérique du Nord britannique. En novembre 1789, le gouverneur de Québec, sir Guy Carleton, décide de leur rendre hommage:

> «Ces Loyalistes qui ont adhéré à l'unité de l'Empire et se sont ralliés sous le Royal Standard (drapeau officiel de la Grande-Bretagne) avant le traité de séparation de 1783, et tous leurs enfants et leurs descendants de l'un ou l'autre sexe, se distingueront par les majuscules U.E., ajoutées à leur nom, en référence à leur grand principe: l'unité de l'Empire.» [Traduction libre]

L'usage des lettres U.E. est plutôt rare aujourd'hui, mais l'influence des Loyalistes sur l'évolution de l'Amérique du Nord britannique demeure visible.

Applique tes connaissances

1. Environ combien de personnes quittent les Treize colonies parce qu'elles s'opposent à la Révolution américaine? Combien vont s'établir en Amérique du Nord britannique? **c**

2. Analyse le tableau des groupes de Loyalistes qui émigrent en Amérique du Nord britannique, à la page H 89. D'après toi, est-ce que tous ces groupes se sont organisés ensemble pour planifier leur départ? Justifie ton opinion et donne ton interprétation de ce qui a pu se passer. **h**

3. Les Loyalistes doivent traverser plusieurs épreuves. Nomme deux défis qu'ils doivent relever. **c**

L'établissement des Loyalistes en Amérique du Nord britannique

Lorsqu'ils émigrent, les Loyalistes s'installent dans trois régions principales. Un premier groupe va en Nouvelle-Écosse et au Nouveau-Brunswick. Un deuxième groupe s'établit dans la *Province of Quebec*. Un troisième groupe commence à coloniser l'actuel territoire de l'Ontario.

Les Loyalistes en Nouvelle-Écosse et au Nouveau-Brunswick

Dès le printemps 1776, un bateau qui transporte de nombreux Loyalistes quitte New York en direction de la Nouvelle-Écosse. C'est l'un des premiers groupes à quitter les Treize colonies à cause de la Révolution américaine. D'autres Loyalistes partent au fil des victoires remportées par les patriotes dans leur guerre contre les Britanniques. En tout, environ 30 000 Loyalistes s'établissent en Nouvelle-Écosse et au Nouveau-Brunswick, qui fait partie de la Nouvelle-Écosse jusqu'en 1784. Certains des Loyalistes qui s'établissent en Nouvelle-Écosse et au Nouveau-Brunswick sont des personnes suffisamment riches pour se passer de la protection des autorités britanniques. Toutefois, un grand nombre de Loyalistes font partie de petits groupes, particulièrement de groupes religieux, qui sentent le besoin d'être protégés. Parmi ces groupes se trouvent les **huguenots** et les **quakers**.

De nombreux soldats noirs qui s'étaient battus pour les Britanniques pendant la guerre émigrent aussi en Nouvelle-Écosse. En intégrant les forces britanniques, ils avaient eu la promesse d'obtenir des terres à la fin de leur service militaire. Or, ces promesses ne sont pas respectées. La société blanche rejette les Loyalistes noirs, si bien que nombre d'entre eux fondent leur propre communauté. En 1783, Boston King et sa femme Violet font partie d'un groupe de 3500 Loyalistes qui fondent Birchtown, une communauté située à proximité de Shelburne, en Nouvelle-Écosse. Birchtown devient la plus importante communauté noire en Amérique du Nord.

Pendant la lecture

Prête attention

Qu'ont en commun les huguenots, les quakers et les Noirs qui se sont joints aux Loyalistes ?

MOTS CLÉS

Huguenot : Protestant français.

Quaker : Membre d'une communauté religieuse protestante qui s'oppose à la guerre et à toute forme de violence.

Cette illustration de Robert Petley représente des Loyalistes noirs en Nouvelle-Écosse, vers 1835.

En plus des Loyalistes noirs qui vivent à Birchtown, plusieurs Noirs de Shelburne sont toujours réduits à l'esclavage. De riches Loyalistes se sont établis dans la région avec tous leurs biens, y compris leurs esclaves. Ils louent les services de leurs esclaves à peu de frais à des agriculteurs ou les proposent comme domestiques à des familles fortunées de Shelburne. Cette situation déplaît aux travailleurs blancs de Shelburne qui sont dans le besoin et se sentent désavantagés. Les 26 et 27 juillet 1784, ils incendient des maisons et chassent des travailleurs noirs de Shelburne. De nombreux Loyalistes quittent les lieux pour tenter leur chance au Nouveau-Brunswick, dans l'Île-du-Prince-Édouard ou dans les nouveaux établissements de la *Province of Quebec*.

De leur côté, Boston King et sa femme, qui ont échappé à l'esclavage dont ils étaient victimes en Caroline du Sud, travaillent dur pour refaire leur vie en Nouvelle-Écosse. Boston King est charpentier, puis pêcheur, en plus de tous les autres emplois qu'il a exercés, avant de devenir **pasteur méthodiste**. Cependant, la façon dont sa femme et lui sont traités par les colons blancs et les difficultés qu'ils doivent surmonter finissent par les décourager. En janvier 1792, les King quittent la Nouvelle-Écosse et s'embarquent pour la Sierra Leone, un pays de la côte ouest de l'Afrique. De nombreux autres Loyalistes noirs ont aussi renoncé à leurs rêves de sécurité et de réussite en Nouvelle-Écosse, et sont partis chercher une vie meilleure en Afrique.

La Nouvelle-Écosse et le Nouveau-Brunswick après 1784

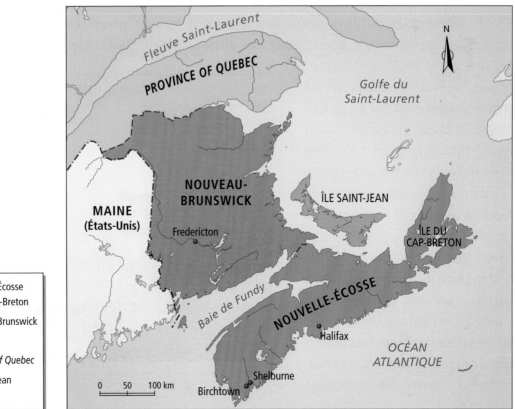

Hannah Ingraham a 11 ans quand son père rejoint l'armée britannique pour combattre la Révolution américaine.

Les rebelles s'emparent de la quasi-totalité du bétail et des récoltes de la famille.

Père reviendra bientôt, j'en suis sûre.

Après sept ans d'absence, le père d'Hannah rentre de la guerre, mais la famille doit s'enfuir à New York.

De New York, des milliers de familles s'embarquent à bord de bateaux en partance pour la Nouvelle-Écosse et le Nouveau-Brunswick.

Pourrons-nous revenir un jour, mère ?

Une fois arrivées, les familles vivent sous la tente pendant des mois.

Des centaines de Loyalistes meurent en raison des dures conditions hivernales.

Et si nous n'aimons pas la terre que nous obtenons ?

Eh bien, vous l'échangerez ou la vendrez. Vous ne tirez qu'une fois. Suivant !

Près de Fredericton, Hannah regarde son père tirer le lot où ils s'établiront.

Malgré le peu d'outils dont elle dispose, la famille cultive la terre de sa nouvelle propriété.

La ferme des Ingraham prospère et fournit quantité de nourriture.

Nous avons réussi à survivre !

Hannah passe sa vie dans la région de Fredericton. Elle meurt en 1869, à 97 ans.

Les Loyalistes dans la *Province of Quebec*

Certains Loyalistes quittent les Treize colonies et émigrent vers le nord, dans la vallée du Saint-Laurent. Les régions qui entourent Montréal et Québec sont déjà colonisées, si bien que les Loyalistes cherchent un autre endroit où s'installer. Plus de 10 000 Loyalistes s'installent dans la *Province of Quebec,* notamment au nord du lac Érié et du lac Ontario, dans la région des **Cantons-de-l'Est**, dans la vallée du Saint-Laurent, dans le Bas-Saint-Laurent et en Gaspésie. Le gouvernement britannique leur donne des terres et des vivres pour les récompenser de leur loyauté.

Si tu consultes une carte moderne du Québec, tu verras que la majorité des villes et des villages ont un nom français. En revanche, tu remarqueras que plusieurs villes et villages portent des noms qui rappellent l'histoire britannique, comme Drummondville, Sherbrooke et Granby.

MOTS CLÉS

Cantons-de-l'Est : Région située à l'est de Montréal, colonisée par les Loyalistes.

Les Cantons-de-l'Est aujourd'hui

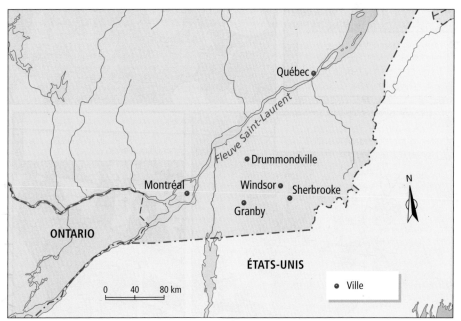

Applique tes connaissances

1. Quelles conclusions tires-tu de l'histoire de Boston et de Violet King, qui ont fondé Birchtown, et qui ont fini par quitter la Nouvelle-Écosse pour la Sierra Leone ? **h**

2. Observe la carte ci-dessus. Relève les noms à consonance anglaise des communautés loyalistes. Dans un paragraphe, explique si, selon toi, les Canadiens et les Loyalistes vont s'entendre. Tes arguments doivent s'appuyer sur un raisonnement et des éléments valables. **CO**

3. Connais-tu d'autres villes du Québec que celles énumérées sur la carte ci-dessus qui portent un nom anglais ? Si oui, lesquelles ? **c**

Les Loyalistes dans les régions du lac Érié et du lac Ontario

Les Loyalistes exercent une grande influence sur le développement des régions des lacs Érié et Ontario. Jusque dans les années 1780, seuls les peuples autochtones habitaient ces régions. Il n'y a pas, ou alors très peu, de colons d'origine européenne. Cependant, la région abrite de bonnes terres que les Loyalistes veulent exploiter.

La distribution des terres aux Loyalistes

John Graves Simcoe devient le premier lieutenant-gouverneur du **Haut-Canada** en 1791. Nommé par le roi George III, il arrive dans le Haut-Canada en 1792 et se donne pour objectif de créer, au nord des Grands Lacs, une société basée sur les coutumes et les traditions britanniques. Pour y arriver, il développe un système de distribution des terres qui favorise le développement de cette société. Dans le Haut-Canada, un nouveau mode de division des terres est mis en place. Les cantons, ou ***townships***, sont implantés autour des seigneuries. Les *townships* accueillent les Loyalistes américains. Chaque nouvel arrivant reçoit gratuitement une terre d'environ 75 hectares en échange de sa fidélité au roi, de la promesse de s'engager dans la milice pour maintenir l'ordre et de cultiver sa terre. Cette offre attire des milliers de Loyalistes désireux de quitter les États-Unis.

Ce portrait de John Graves Simcoe (1752-1806) a été peint par George Theodore Berthon vers 1881.

La région du sud de l'Ontario dans les années 1780

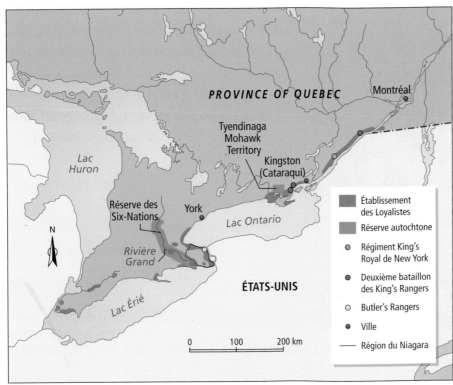

Les régiments loyalistes dissous

Un grand nombre des premiers Loyalistes sont des familles de soldats qui ont combattu pour les Britanniques durant la guerre. Le colonel John Butler est un riche **propriétaire foncier** de la vallée des Mohawks, dans l'état de New York. Pendant la Révolution américaine, il a organisé le régiment loyaliste des Butler's Rangers pour combattre les patriotes. En 1784, John Butler conduit son régiment dans la région du Niagara, au sud de l'Ontario, et le dissout.

Beaucoup d'autres régiments loyalistes dissous viennent ensuite s'installer dans ce qui est aujourd'hui l'Ontario. La carte de la page précédente montre l'emplacement de certains de leurs établissements.

Le développement de la région

Les gens qui accompagnent John Butler fondent la ville de Newark, connue aujourd'hui sous le nom de Niagara-on-the-Lake. Newark devient la première capitale du Haut-Canada en 1792.

York (Toronto) devient également une ville prospère à la fin du XVIIIe siècle. Un ingénieux système de routes, mis en place par John Graves Simcoe, facilite le transport et le commerce. Des marchés, des boutiques, un chantier naval et une forge s'implantent dans la région. La rue Yonge, à Toronto, est l'un des meilleurs exemples de ce type d'infrastructure.

Des civils loyalistes fondent à leur tour d'autres villes et villages, dont Burlington et Kingston. Burlington est située entre l'actuelle ville de Hamilton et Toronto. Elle doit son nom à des Loyalistes de Burlington, au Vermont, qui sont venus s'établir dans la région par voie maritime. Quant à la ville de Kingston, elle s'est d'abord appelée King's Town, en hommage au roi George III. Elle se situe plus loin au nord-ouest, sur les rives du lac Ontario.

John Butler (1728-1796) dirige les Butler's Rangers, un régiment loyaliste. Le quartier général de son régiment se trouve à Niagara-on-the-Lake, en Ontario, et constitue un lieu historique national.

MOTS CLÉS

Propriétaire foncier : Personne qui possède un terrain avec ou sans bâtiment.

Cette gravure de C.W. Jefferys représente John Graves Simcoe et Augustus Jones supervisant la construction de la rue Yonge en 1795.

Les Loyalistes viennent de tous les milieux. Les nouveaux établissements abritent donc des citoyens aux compétences variées, tels des forgerons, des marchands, des entrepreneurs en construction, des banquiers, des agriculteurs et des médecins, qui contribuent à la bonne marche de la ville. Cette diversité de savoir-faire est une garantie de succès pour les nouvelles communautés de Loyalistes.

Certains d'entre eux, comme les Loyalistes du régiment de John Butler, montent vers le nord pour occuper les terres au nord des Grands Lacs. D'autres arrivent par bateau en remontant le fleuve Saint-Laurent, et s'établissent à l'ouest de Québec et de Montréal, pour s'installer au-delà des établissements canadiens. Des villages apparaissent le long de la rive nord des Grands Lacs, et une nouvelle société, inspirée de la tradition britannique, prend forme.

Vers la fin des années 1790, environ 12 000 Loyalistes sont installés dans ce qui deviendra le sud de l'Ontario. Ils jugent qu'ils méritent toujours un traitement de faveur de la Couronne britannique pour l'avoir soutenue pendant la guerre. Ils demandent au gouvernement de changer le système juridique de la *Province of Quebec* pour le rendre plus conforme au droit britannique, auquel ils sont habitués.

La ferme des Loucks, à Upper Canada Village, à Morrisburg, en Ontario, est une reconstitution d'une ferme typique des années 1860.

Thayendanegea (1742-1807) est un chef de guerre mohawk qui a combattu aux côtés des Britanniques durant la Révolution américaine.

Les peuples autochtones

Plusieurs peuples autochtones se battent aux côtés des Britanniques durant la Révolution américaine. Après la guerre, près de 2000 Mohawks quittent leurs terres de la vallée des Mohawks, dans l'État de New York, pour s'installer dans la région du lac Ontario. L'un de leurs plus célèbres chefs est Thayendanegea, que les Britanniques appellent «Joseph Brant».

À l'issue de la Révolution américaine, les Britanniques cèdent le territoire mohawk aux États-Unis, par le traité de Versailles de 1783. Par ce geste, les Britanniques trahissent Thayendanegea et son peuple. Le gouverneur de la *Province of Quebec*, Frederick Haldimand, croit pour sa part que les loyaux services que les Mohawks ont rendus à la Couronne britannique méritent une forme de reconnaissance. Il acquiert pour eux une portion de territoire qui sera réservée aux peuples autochtones.

Thayendanegea installe son peuple sur une bande de terre longue d'environ 10 kilomètres de chaque côté de la rivière Grand. En tout, la superficie du territoire octroyé fait environ 2750 kilomètres carrés. La **réserve des Six-Nations** (consulte la carte de la page H 95) est censée appartenir aux Six-Nations, en récompense de la loyauté de Thayendanegea et de son peuple à la Couronne britannique.

Par la suite, les gouverneurs qui se succèdent ont une opinion différente des services rendus par les alliés autochtones. Le territoire qui leur a été donné rapetisse au fil des années. Des routes, des villes et des établissements non autochtones empiètent peu à peu sur le territoire. Aujourd'hui, moins d'un dixième du territoire originel de la réserve des Six-Nations leur appartient encore.

MOTS CLÉS

Réserve des Six-Nations : Bande de terre qui longe les rives de la rivière Grand, où le chef mohawk Thayendanegea a conduit ses partisans.

Applique tes connaissances

1. Selon toi, pourquoi le gouvernement britannique se réjouirait-il de voir d'anciens militaires s'établir dans la région du lac Ontario? **C**

2. D'après ce que tu as lu dans cette section, est-ce que tous les Loyalistes venus s'installer dans la région qui allait devenir le sud de l'Ontario sont traités de façon juste? Explique ta réponse. **C**

3. Une fois installés dans ce qui allait devenir l'Ontario, les Loyalistes demandent quel changement au gouvernement? Selon toi, devraient-ils l'obtenir? **C**

Comment les Loyalistes changent le cours des événements

La *Province of Quebec* au moment de l'arrivée des Loyalistes

Sitôt arrivés dans la *Province of Quebec*, les Loyalistes s'installent sur les terres qui leur ont été données. Ils sont cependant choqués par les différences qu'ils observent entre leur terre d'accueil et le régime dans lequel ils vivaient aux États-Unis. Le tableau ci-dessous résume certaines de ces différences.

Pendant la lecture

Prête attention

Selon toi, quelle est la plus grande différence entre la *Province of Quebec* et les États-Unis dans les années 1780?

Les principales différences entre la *Province of Quebec* et les États-Unis dans les années 1780

Thème	Dans la *Province of Quebec*	Aux États-Unis
Système judiciaire	Le **droit foncier** est soumis au Code civil français. Dans le système seigneurial, on confie à des administrateurs (les seigneurs) une vaste portion de terre sur laquelle ils doivent établir des habitants (les censitaires). La Couronne en assure la surveillance. Les habitants peuvent occuper un terrain et le cultiver, mais ils ne peuvent pas le vendre pour en tirer un profit.	Le droit foncier relève de la **common law**. Il est possible d'acheter des terres et d'en être propriétaire. Les propriétaires qui améliorent leurs terres peuvent les vendre et en tirer un profit.
Gouvernement	Un conseil de représentants nommés par le gouverneur, donc qui ne sont pas élus, décide des lois et assure la bonne marche du gouvernement. Il n'y a pas d'élections.	Les pratiques ne sont pas les mêmes dans toutes les colonies, mais il y a des élections partout. Les gens élisent des représentants qui votent des lois et assurent la bonne marche du gouvernement.

Les Loyalistes se considèrent comme des héros. Ils ont renoncé à leur patrie par fidélité à la Couronne britannique. Ils ont subi les attaques des patriotes. Un grand nombre ont combattu dans l'armée britannique, et certains ont perdu des parents proches.

« Est-ce une façon de traiter des héros? demandent-ils. Nous sommes venus ici pour vivre en liberté. Vous nous donnez le droit foncier français et pas d'élections. »   [Traduction libre]

Les Loyalistes exercent des pressions sur le gouvernement de Londres. Ils veulent abolir les lois françaises et le régime seigneurial. Ils réclament la mise en place d'institutions représentatives, c'est-à-dire que des personnes élues les représentent dans une Chambre d'assemblée. De leur côté, les Canadiens sont aussi en faveur de l'instauration d'une Chambre d'assemblée.

MOTS CLÉS

Droit foncier : Ensemble des règles qui concernent le droit de propriété.

Common law : Droit britannique qui évolue à partir des décisions des tribunaux.

L'Acte constitutionnel de 1791

Après quelques hésitations, le Parlement britannique finit par apporter des changements à l'organisation politique et au système judiciaire de la *Province of Quebec*. En 1791, il adopte une loi connue sous le nom d'« **Acte constitutionnel** ».

L'Acte constitutionnel apporte quelques changements à l'Acte de Québec adopté en 1774, mais les Britanniques ne veulent pas faire trop de concessions aux Loyalistes. S'ils le faisaient, ils pourraient perdre l'appui des Canadiens et des peuples autochtones. Voici un résumé des changements qu'amène l'Acte constitutionnel :

- il divise le Québec en deux : le **Bas-Canada** et le Haut-Canada. La ligne de division entre les deux territoires est la rivière des Outaouais ;

- le Haut-Canada et le Bas-Canada sont administrés par un gouvernement doté d'une Chambre d'assemblée composée de personnes élues par la population ;

- chaque colonie a un Conseil législatif qui examine, rejette ou approuve les lois, et un Conseil exécutif qui les met en application une fois qu'elles sont adoptées et approuvées ;

- l'essentiel du pouvoir repose entre les mains du gouverneur général, qui s'occupe des deux colonies ;

MOTS CLÉS

Acte constitutionnel : Loi britannique entrée en vigueur en 1791, qui divise la *Province of Quebec* en deux territoires : le Haut-Canada et le Bas-Canada.

Bas-Canada : Territoire qui correspond à l'ancienne colonie française, comprenant les terres du sud et de l'est du Québec actuel, jusqu'au Labrador.

Le Haut-Canada et le Bas-Canada en 1791

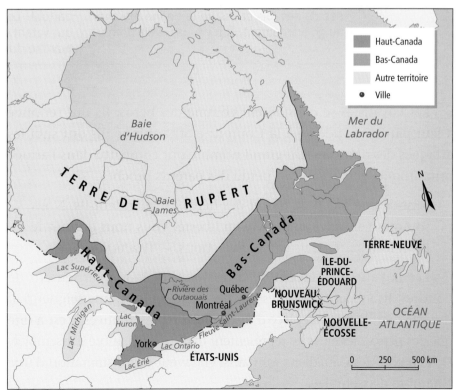

Les Loyalistes viennent de tous les milieux. Les nouveaux établissements abritent donc des citoyens aux compétences variées, tels des forgerons, des marchands, des entrepreneurs en construction, des banquiers, des agriculteurs et des médecins, qui contribuent à la bonne marche de la ville. Cette diversité de savoir-faire est une garantie de succès pour les nouvelles communautés de Loyalistes.

Certains d'entre eux, comme les Loyalistes du régiment de John Butler, montent vers le nord pour occuper les terres au nord des Grands Lacs. D'autres arrivent par bateau en remontant le fleuve Saint-Laurent, et s'établissent à l'ouest de Québec et de Montréal, pour s'installer au-delà des établissements canadiens. Des villages apparaissent le long de la rive nord des Grands Lacs, et une nouvelle société, inspirée de la tradition britannique, prend forme.

Vers la fin des années 1790, environ 12 000 Loyalistes sont installés dans ce qui deviendra le sud de l'Ontario. Ils jugent qu'ils méritent toujours un traitement de faveur de la Couronne britannique pour l'avoir soutenue pendant la guerre. Ils demandent au gouvernement de changer le système juridique de la *Province of Quebec* pour le rendre plus conforme au droit britannique, auquel ils sont habitués.

Pendant *la lecture*

Prête attention
Comment l'information qui se trouve dans cette section répond-elle à tes questions et à celles présentées au début du chapitre ?

La ferme des Loucks, à Upper Canada Village, à Morrisburg, en Ontario, est une reconstitution d'une ferme typique des années 1860.

L'Acte constitutionnel de 1791

Après quelques hésitations, le Parlement britannique finit par apporter des changements à l'organisation politique et au système judiciaire de la *Province of Quebec*. En 1791, il adopte une loi connue sous le nom d'« **Acte constitutionnel** ».

L'Acte constitutionnel apporte quelques changements à l'Acte de Québec adopté en 1774, mais les Britanniques ne veulent pas faire trop de concessions aux Loyalistes. S'ils le faisaient, ils pourraient perdre l'appui des Canadiens et des peuples autochtones. Voici un résumé des changements qu'amène l'Acte constitutionnel :

- il divise le Québec en deux : le **Bas-Canada** et le Haut-Canada. La ligne de division entre les deux territoires est la rivière des Outaouais ;

- le Haut-Canada et le Bas-Canada sont administrés par un gouvernement doté d'une Chambre d'assemblée composée de personnes élues par la population ;

- chaque colonie a un Conseil législatif qui examine, rejette ou approuve les lois, et un Conseil exécutif qui les met en application une fois qu'elles sont adoptées et approuvées ;

- l'essentiel du pouvoir repose entre les mains du gouverneur général, qui s'occupe des deux colonies ;

MOTS CLÉS

Acte constitutionnel : Loi britannique entrée en vigueur en 1791, qui divise la *Province of Quebec* en deux territoires : le Haut-Canada et le Bas-Canada.

Bas-Canada : Territoire qui correspond à l'ancienne colonie française, comprenant les terres du sud et de l'est du Québec actuel, jusqu'au Labrador.

Le Haut-Canada et le Bas-Canada en 1791

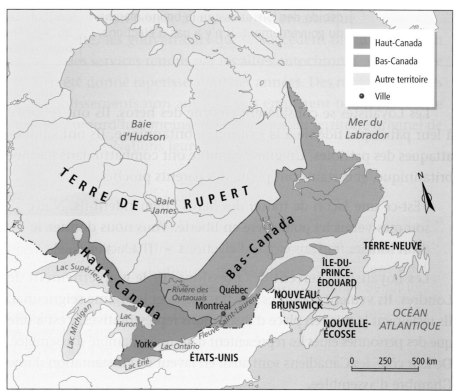

- le Haut-Canada et le Bas-Canada ont leur propre lieutenant-gouverneur nommé par le roi ;

- le Haut-Canada est soumis aux lois britanniques, tandis que le Bas-Canada conserve le système établi par l'Acte de Québec, soit des lois civiles françaises et des lois criminelles britanniques ;

- les propriétaires de terres dans le Bas-Canada peuvent choisir le système seigneurial ou le régime de propriété britannique. Dans le Haut-Canada, toutes les terres sont attribuées selon le régime de propriété britannique ;

- les terres déjà données aux peuples autochtones ne sont pas accessibles aux colons ;

- les catholiques des deux Canadas doivent payer la dîme à leur église. L'Église protestante du Haut-Canada reçoit un septième de toute nouvelle terre assignée. Cette parcelle est réservée à la construction d'écoles et d'églises protestantes.

L'Acte constitutionnel est bien reçu. Tous les groupes concurrents sont pour l'instant satisfaits. Le Haut-Canada et le Bas-Canada entrent alors dans une période de développement rapide.

Pendant la lecture

Prête attention

Tout sujet britannique propriétaire, vivant sur le territoire de l'une ou l'autre des colonies, et âgé de 21 ans, a le droit de vote. Comme l'Acte constitutionnel ne précise pas le sexe de cette personne, les femmes ont le droit de voter. Ce droit leur sera cependant retiré en 1849. Que révèle cette information sur le système électoral de l'époque ?

Les institutions politiques du Haut-Canada et du Bas-Canada en 1791

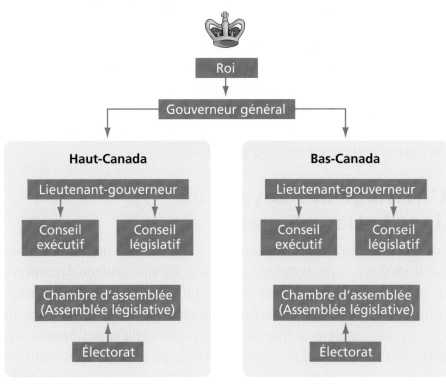

L'influence des Loyalistes dans le Haut-Canada

Le système de cantons est une façon de faire qui vient des États-Unis. Selon ce système, les **arpenteurs** divisent de grandes portions du territoire en lots carrés individuels. À moins que des obstacles naturels ne l'empêchent, tous les chemins sont tracés en lignes droites, et les lots sont généralement de forme carrée. Voici un diagramme d'un canton type.

Le plan d'un canton type du Haut-Canada

- Les concessions (C.) vont d'ouest en est.

- Les rangs (R.) vont du nord au sud.

- Toutes les intersections sont tracées selon un angle de 90 degrés.

- Les cantons sont tracés en mesures impériales, c'est-à-dire en milles, en verges et en acres.

- Le canton fait 10 milles (environ 16 kilomètres) du nord au sud et d'est en ouest.

- La superficie du canton est de 36 milles carrés (93,2 kilomètres carrés).

En général, les arpenteurs alignent un canton par rapport au cours d'eau le plus près. Les cantons entre les villes actuelles de Toronto et d'Hamilton forment une ligne parallèle avec la rive du lac Ontario. Les cantons situés un peu plus au nord sont alignés avec le lac Huron et la baie Georgienne. S'il t'arrive de franchir la limite d'un canton aujourd'hui, tu t'apercevras que les routes croisent toujours les autres routes du canton à un angle de 90 degrés.

L'héritage des Loyalistes dans le Haut-Canada

Les Loyalistes ont demandé la mise en application du mode britannique de division des terres et d'arpentage selon le système de cantons. Ils ont exigé des institutions représentatives. Ils ont consacré beaucoup d'énergie à fonder quelques communautés d'importance. Tu verras, au chapitre 6, que la Grande-Bretagne et les États-Unis entreront de nouveau en guerre en 1812. Le plus gros des combats aura lieu dans le Haut-Canada. Si les Loyalistes ne s'étaient pas établis là et n'avaient pas prospéré aussi vite, les États-Unis auraient peut-être gagné la guerre. Tu vois donc que le Canada doit beaucoup aux Loyalistes.

▦ La présence française dans le Haut-Canada

Après 1760, il existe encore quelques régions de peuplement français dans ce qui deviendra le Haut-Canada. Il ne faut pas oublier que la traite des fourrures s'exerce toujours et que la colonisation passe encore au second plan. En 1744, le père jésuite Pierre-Philippe Potier dirige une mission pour les Hurons et les Français à l'île aux Bois blancs (aujourd'hui Bob-Lo Island), sur la rivière Détroit. En 1767, il fonde aussi, sur la rive sud de cette rivière, la première paroisse francophone et catholique dans l'histoire de l'Ontario français : Notre-Dame-de-l'Assomption de La Pointe de Montréal. Pierre-Philippe Potier est le premier curé de cette paroisse.

En 1784, on y construit un presbytère et une salle paroissiale. Deux ans plus tard, la première école de langue française en Ontario voit le jour. Cette colonie est choyée par son doux climat et ses terres fertiles. En 1790, la population s'élève à 1600 habitants. Notre-Dame-de-l'Assomption est un cas unique puisqu'il s'agit du seul noyau de peuplement né du commerce des fourrures. Après les années 1800, quelques colonies francophones s'établissent, entre autres à La Passe, à Penetanguishene, et à Bytown, qui deviendra la ville d'Ottawa. Le commerce des fourrures s'éteint graduellement pour faire place à l'industrie du bois, qui favorise elle aussi l'installation d'une main-d'œuvre francophone en Ontario. ▦

Applique tes connaissances

1. Dans tes mots, résume les différences entre ce que les Loyalistes laissent aux États-Unis et ce qu'ils trouvent dans la *Province of Quebec*. Pourquoi sont-ils mécontents ? **c**

2. Réponds aux questions ci-dessous et explique chaque réponse. **c**

   a) Nomme deux choses que les Loyalistes ont dû apprécier de l'Acte constitutionnel.

   b) Nomme deux choses que les Canadiens ont dû apprécier de l'Acte constitutionnel.

   c) Nomme une chose que les peuples autochtones ont dû apprécier de l'Acte constitutionnel.

3. Dessine le plan d'un canton dans ton cahier et nommes-en les parties. Sous ton croquis, dresse la liste des différences entre ce système d'arpentage et le système seigneurial utilisé en Nouvelle-France (voir la page H 15). **h**

4. Quelle est la raison première de la présence française dans le Haut-Canada ? **c**

La course à la propriété

Matériel

- Une planche de jeu
- Deux dés (de couleurs ou de tailles différentes)
- Une calculatrice
- Une feuille de pointage

Règles du jeu

1. Les joueurs sont des chefs de famille qui essaient de s'approprier gratuitement les meilleures terres d'un nouveau canton. Le jeu se joue en équipe de quatre personnes.

2. La planche de jeu représente le plan d'un nouveau canton. Chaque lot a une valeur de 1 à 10, selon sa distance par rapport au cours d'eau et la qualité du sol. La première tâche des joueurs est d'assigner les lots qui appartiendront à la Couronne et ceux qui appartiendront à l'Église. Selon l'Acte constitutionnel de 1791, chacune de ces deux institutions doit recevoir un septième du nombre total de lots du canton.

Déterminez quel dé représente les colonnes A à F (1 = A, 2 = B, etc.). L'autre dé représentera les rangées 1 à 6. La joueuse ou le joueur A lance les deux dés. Le nombre qui se trouve à l'intersection de la rangée et de la colonne indiquées représente le nombre de points remportés. Notez-le sur la feuille de pointage sous la colonne des terres de la Couronne. Lancez les dés de nouveau, et notez le lot obtenu sous la colonne des terres de l'Église. Lancez les dés à tour de rôle jusqu'à ce que vous ayez attribué cinq lots à la Couronne et cinq lots à l'Église. Si un lancer de dés indique un lot déjà attribué, lancez les dés de nouveau, jusqu'à ce que vous puissiez choisir un lot libre.

3. Il reste maintenant 26 lots à partager entre les familles. La joueuse ou le joueur A lance les dés et s'attribue le lot désigné par les dés. La joueuse ou le joueur B joue à son tour, et ainsi de suite jusqu'à ce que tous les lots aient été attribués. Si les dés désignent un lot qui a déjà été attribué, la joueuse ou le joueur qui a lancé les dés passe son tour sans obtenir de lot.

Faites 10 tours, ou jouez jusqu'à ce que tous les lots aient été attribués.

4. Additionnez la valeur des lots de chaque joueur. La personne qui obtient le plus grand nombre de points gagne la partie. Additionnez aussi la valeur des points gagnés par la Couronne et l'Église.

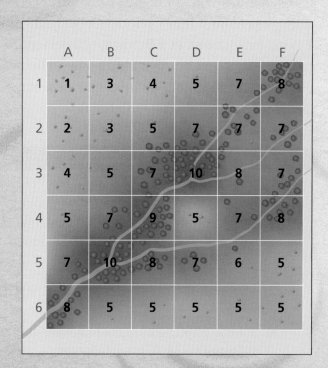

	A	B	C	D	E	F
1	1	3	4	5	7	8
2	2	3	5	7	7	7
3	4	5	7	10	8	7
4	5	7	9	5	7	8
5	7	10	8	7	6	5
6	8	5	5	5	5	5

EN RÉSUMÉ

Dans ce chapitre, tu as fait la connaissance d'un nouveau groupe de personnes : les Loyalistes. Ceux-ci s'opposaient à la Révolution américaine et ont immigré dans la *Province of Quebec*, en Nouvelle-Écosse, au Nouveau-Brunswick ainsi que dans la région des lacs Ontario et Érié. Leur venue a bouleversé la vie de certains peuples autochtones. Les Loyalistes ont aussi influencé le développement de la *Province of Quebec* : en 1791, ils ont obtenu que la province soit divisée en deux parties, le Haut-Canada et le Bas-Canada. Ils ont introduit le système des cantons et exigé des élections pour élire des représentants à l'Assemblée législative. Ils ont implanté la common law dans le Haut-Canada. C'est grâce à eux que l'Ontario d'aujourd'hui a obtenu un bon nombre de ses caractéristiques modernes.

Après la lecture

Fais le point

Utilise l'information contenue dans le tableau que tu as complété pour rédiger un résumé de ce que tu as appris dans ce chapitre.

Question à développement	Numéro de page	Réponse

Vérifie tes connaissances

Imagine que tu es journaliste et que tu voyages dans le temps pour te retrouver dans le Haut-Canada des années 1790. Réalise l'un des deux projets de recherche suivants :

A. Fais une recherche sur la vie des Loyalistes. *h*

1. Sers-toi de sources primaires et secondaires pour connaître les difficultés que vivaient les familles loyalistes du Haut-Canada dans les années 1790. Consulte la **Boîte à outils** si tu as besoin d'aide.

2. Indique trois difficultés rencontrées par les Loyalistes et explique comment ils les ont surmontées.

B. Fais une recherche sur le développement historique de ta collectivité. *m*

1. Sers-toi de sources primaires et secondaires pour connaître les origines de ta collectivité, les personnalités qui y ont joué un rôle important et les contributions de divers groupes culturels. Consulte la **Boîte à outils** pour t'aider.

2. Détermine si les Loyalistes ont joué un rôle dans l'histoire de ta collectivité.

3. Trouve quels peuples autochtones ont vécu dans ta collectivité.

Suis les consignes de ton enseignante ou ton enseignant pour savoir comment présenter le résultat de tes recherches.

La guerre de 1812

Cette gravure, réalisée vers 1833, représente la bataille de la rivière Thames et la mort du chef autochtone Tecumseh en 1813.

Fais des liens

Le Canada a été formé par des individus qui partageaient les mêmes intérêts. Pense aux groupes ou aux équipes avec qui tu as travaillé dans ta classe, dans d'autres classes ou à l'extérieur de l'école.

La plupart des citoyens canadiens sont nés au Canada. Toutes les personnes qui sont nées à l'extérieur du Canada doivent faire une demande de citoyenneté pour devenir citoyens canadiens. Il y a plusieurs étapes à franchir avant d'obtenir sa citoyenneté canadienne. La dernière étape consiste à prononcer le serment de citoyenneté suivant :

« Je jure fidélité et sincère allégeance à Sa Majesté la reine Élisabeth II, reine du Canada, à ses héritiers et successeurs et je jure d'observer fidèlement les lois du Canada et de remplir loyalement mes obligations de citoyen canadien. »

Dans les chapitres précédents, tu as découvert l'importance de la monarchie à l'époque des Loyalistes. Durant la guerre de 1812, des habitants du Haut-Canada et du Bas Canada prennent de nouveau les armes pour empêcher les États-Unis d'envahir le territoire. Ils veulent demeurer dans l'Empire britannique. Le serment de citoyenneté que l'on prête aujourd'hui montre que les défenseurs de la monarchie l'ont emporté. C'est là un autre exemple de l'influence de l'histoire sur la vie d'aujourd'hui.

De nouveaux citoyens canadiens prononcent leur serment de citoyenneté au Musée canadien des civilisations, à Gatineau, au Québec.

Ce chapitre te permettra de répondre aux questions suivantes :

- Quelles sont les causes de la guerre de 1812 ?

- Comment se terminent les principales batailles de la guerre de 1812 ?

- Quels sont les principaux personnages de ces batailles ?

- Quels effets cette guerre a-t-elle sur le développement du Haut-Canada ?

Littératie en tête

Dans les marges des pages qui suivent, des questions et des remarques t'aideront à réagir au texte. Elles te permettront de mieux comprendre le texte. Tu peux poser des questions quand tu ne comprends pas quelque chose, ou si tu t'interroges sur un point précis. Ainsi, tu peux te demander pourquoi les auteurs ont choisi un exemple en particulier pour illustrer leurs propos. Maintenant que tu comprends mieux l'utilité de poser des questions, passe à l'action ! Écris tes propres questions et tes remarques.

Tu peux te servir d'un schéma comme celui présenté ci-contre pour noter tes questions et tes remarques.

Pendant la lecture

Prête attention

Pourquoi l'auteur nous rappelle-t-il la Révolution américaine ? Celle-ci doit avoir un lien avec le sujet du chapitre.

MOTS CLÉS

Guerres napoléoniennes : Luttes qui ont opposé plusieurs États européens, dont la Grande-Bretagne et la France sous le règne de Napoléon.

Royaume-Uni : Nom donné à partir de 1801 à l'État qui regroupe la Grande-Bretagne et l'Irlande.

Tu as vu au chapitre 4 que la Grande-Bretagne et les Treize colonies se sont fait la guerre de 1775 à 1783. Or, en 1812, les États-Unis déclenchent de nouveau une guerre dans laquelle ils entraînent le Haut-Canada et le Bas-Canada.

Les causes à long terme en Europe

Lorsqu'ils tentent d'expliquer pourquoi un événement s'est produit, les historiens en étudient les causes. Ils cherchent tout d'abord les causes à long terme, celles dont les signes sont apparus longtemps auparavant. Puis, ils se penchent sur les causes immédiates, qui ont eu lieu juste avant l'événement et qui ont servi de déclencheurs.

Les causes à long terme de la guerre de 1812 ont débuté en Europe. Au début du XIXᵉ siècle, Napoléon Bonaparte dirige la France et cherche à conquérir toute l'Europe. Il entre en guerre contre plusieurs puissances européennes, dont la Grande-Bretagne. Les luttes que tous ces pays se livrent s'appellent les **guerres napoléoniennes**. Ces événements ont une répercussion directe sur l'Amérique du Nord britannique et les États-Unis, devenus un État indépendant.

Pour la France, la perte de la Nouvelle-France aux mains de la Grande-Bretagne durant la guerre de Sept Ans est une défaite pénible. La France prend sa revanche en aidant les colonies américaines à combattre la Grande-Bretagne durant la guerre de l'Indépendance américaine, qui prend fin en 1783.

Au début du XIXᵉ siècle, Napoléon Bonaparte, qui est devenu empereur, souhaite faire de la France la plus grande puissance européenne. Pour y parvenir, il cherche à affaiblir la puissance économique du **Royaume-Uni**, notamment en perturbant ses activités commerciales avec d'autres pays. Le Royaume-Uni fait de même.

Ce tableau, réalisé en 1801 par Jacques Louis David, représente Napoléon Bonaparte (1769-1821), qui a été empereur de France de 1804 à 1815.

Tour à tour, la France et le Royaume-Uni imposent des **blocus** qui empêchent le commerce maritime. D'autres pays d'Europe sont alors entraînés dans cette crise. Ces blocus nuisent aux États-Unis, qui possèdent de nombreux navires de commerce, en les empêchant de commercer avec la France et le Royaume-Uni.

MOTS CLÉS

Blocus : Ensemble des moyens qu'un pays utilise pour empêcher des pays concurrents d'avoir des relations commerciales normales avec d'autres pays.

Les causes immédiates en Amérique du Nord

L'intervention britannique sur des navires de commerce américains

Les Britanniques savent que plusieurs Américains appuient les Français durant les guerres napoléoniennes. Les navires de guerre britanniques s'empressent donc de stopper les navires de commerce américains pour les inspecter. Parfois, les Britanniques trouvent des marins britanniques à bord, car les Américains offrent de meilleurs salaires et de meilleures conditions de travail. Ils les capturent et les forcent à travailler sur leurs navires de guerre. Cette pratique est légale si le marin est un **déserteur** britannique. Or, ce n'est pas toujours le cas, et l'enrôlement forcé est contraire aux droits que possèdent les habitants des États-Unis. Les Américains protestent, mais les Britanniques font la sourde oreille.

MOTS CLÉS

Déserteur : Personne qui abandonne le service militaire sans permission.

Des représentants de la Marine royale britannique capturent un marin britannique travaillant à bord d'un navire américain.

Les principales batailles de la guerre de 1812

En juin 1812, les États-Unis déclarent la guerre au Royaume-Uni. Les Américains semblent disposer de plusieurs atouts. Le Royaume-Uni possède une force navale beaucoup plus importante, mais la plupart de ses navires sont en Europe. L'armée américaine est supérieure en nombre, et les Britanniques doivent défendre une très longue frontière. Environ 2000 kilomètres séparent Halifax, en Nouvelle-Écosse, de l'emplacement actuel de Sarnia, à l'extrémité sud du lac Huron. Or, pour empêcher les Américains de franchir la frontière, les Britanniques ne disposent que de 10 000 soldats. Ils doivent trouver des volontaires sur place pour défendre l'Amérique du Nord britannique.

La guerre de 1812 est le théâtre de nombreuses batailles terrestres, de même que navales sur les Grands Lacs et le long de la côte Atlantique. Le Haut-Canada et le Bas-Canada semblent avoir bien peu de chances de repousser les États-Unis. Les colonies britanniques ont cependant à leur tête deux chefs importants : le général britannique Isaac Brock et Tecumseh, un chef **shawnee**.

MOTS CLÉS

Shawnee : Peuple autochtone faisant partie de la famille des Algonquiens, qui vit dans la vallée de l'Ohio.

Pendant la lecture

Prête attention

Selon toi, les Américains ont-ils raison de croire que la guerre sera de courte durée et facile pour eux ? Pourquoi ?

Les lieux principaux des batailles de la guerre de 1812

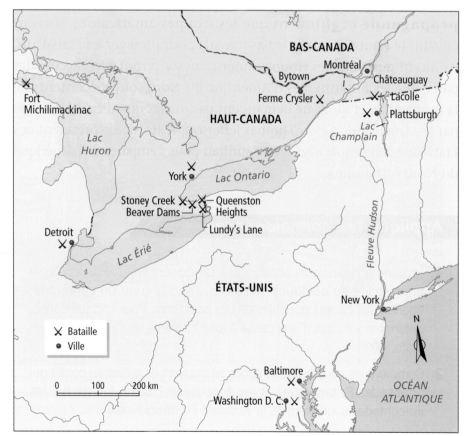

Au début de la guerre de 1812, le major général Isaac Brock commande les troupes britanniques dans le Haut-Canada. Avec son allié, le chef shawnee Tecumseh, le major-général Brock prévoit surprendre les Américains avant qu'ils parviennent à s'organiser. Il a l'intention de les empêcher d'entrer dans la colonie à partir de l'ouest, en prenant possession de quelques-uns de leurs forts. Il met son plan à exécution avec ses alliés autochtones. Quelques semaines seulement après le début de la guerre, il s'attaque au fort Michilimackinac, sur l'île de Mackinac. Le général américain William Hull est mal préparé à cette attaque-surprise. L'alliance des forces britanniques et autochtones l'oblige à se rendre avant même qu'un seul coup de feu soit tiré.

La confiance du général Hull dans sa campagne du Nord-Ouest commence à faiblir lorsque le fort de Michilimackinac tombe aux mains de l'ennemi. En août 1812, sous l'ordre du général américain, le fort Dearborn (Chicago) est évacué, et sa **garnison** est dirigée vers le fort Wayne, où elle sera plus en sécurité. Une force importante de 500 autochtones, alliés des Britanniques, dresse une **embuscade** et tue plusieurs soldats et civils américains au cours de l'épisode appelé « le massacre du fort Dearborn », qui a lieu le 15 août.

MOTS CLÉS

Garnison : Troupe de soldats établie dans une ville ou une forteresse.

Embuscade : Stratégie qui consiste à attaquer son ennemi par surprise.

La bataille de Detroit

Après ces victoires faciles, les forces britanniques et autochtones se dirigent vers Detroit. Avec 400 soldats et 600 guerriers autochtones, le major général Brock et Tecumseh se préparent à affronter la troupe du général Hull qui compte plus de 2500 soldats retranchés dans le fort Détroit. Le major général Brock ne se laisse pas décourager par ce désavantage et déploie une série de ruses pour semer la crainte parmi les Américains. Il demande à ses soldats de s'habiller d'uniformes rouges pour qu'ils ressemblent à des soldats britanniques. Il ordonne à chacun de ses soldats d'allumer son propre feu de camp, alors qu'habituellement, plusieurs personnes s'attroupent autour du même feu. Il demande aussi à ses soldats de faire le tour du camp en passant à plusieurs reprises entre les arbres, pour ainsi faire croire qu'ils sont des milliers, et non des centaines.

Le chef Tecumseh fait la même chose avec ses guerriers : ils s'arrêtent souvent pour lancer leurs cris de guerre qui effraient les Américains. Dans le camp américain, le général Hull sait que le fort Dearborn a subi des pertes et il craint pour la vie de ses soldats.

Simulant une attaque contre le fort, le major général Brock force le général Hull à lever le drapeau blanc et à se rendre. Grâce à cette victoire, il récupère 33 fusils, 2500 mousquets et plusieurs provisions pour armer les défenses canadiennes. Ces actions permettent de sécuriser l'ouest de la colonie et de défendre d'autres régions du Haut-Canada et du Bas-Canada.

Cette gravure représente le général américain William Hull qui se rend aux Britanniques, au fort Détroit, en août 1812.

La bataille de Queenston Heights

L'une des plus célèbres batailles de la guerre de 1812 est livrée près de Niagara-on-the-Lake. Le 13 octobre 1812, à partir de l'État de New York, l'armée américaine envahit le Haut-Canada en traversant la rivière Niagara. À Queenston Heights, elle s'empare d'un **promontoire** où sont postés les Britanniques qui tirent dans leur direction. Le major-général Brock rassemble une petite troupe et contre-attaque pour repousser les Américains. À ce moment, le major général Brock est atteint par un tireur isolé. Il meurt presque sur le coup, mais sa contre-attaque ralentit juste assez les Américains pour permettre l'avancée d'autres troupes britanniques. Les Américains sont repoussés jusqu'à la rivière. Les Britanniques gagnent la bataille, mais perdent un chef.

Pour les Britanniques et la population du Haut-Canada, dont font partie les guerriers des **Six-Nations**, cette victoire est décisive. Leurs pertes sont minimes, et ils font près de 1000 prisonniers américains. Par contre, la mort du major général Brock représente une perte énorme. Aujourd'hui, on le considère encore comme un héros de guerre, comme en témoigne le monument érigé à sa mémoire à Queenston Heights, en Ontario.

Un imposant monument a été érigé à la mémoire d'Isaac Brock, à Queenston Heights, en Ontario.

▦ L'attaque de Lacolle

En novembre 1812, le général américain Henry Dearborn décide d'attaquer Montréal. Il rassemble un régiment de 6000 soldats, qu'il conduit à Plattsburgh. Le 27 novembre, cette armée traverse la frontière près de Lacolle, au sud de Montréal. Le régiment américain est accueilli près d'un moulin par le lieutenant-colonel Charles-Michel de Salaberry, accompagné de ses 300 **Voltigeurs** canadiens, ainsi que de 230 guerriers mohawks. Le lieutenant-colonel de Salaberry et ses troupes doivent toutefois se retirer, car ils ne sont pas assez nombreux. Ils cèdent le moulin aux Américains. Durant la nuit, le moulin est de nouveau attaqué. Le général Dearborn riposte, avant de se rendre compte qu'il est en train de combattre une autre unité américaine qui vient de traverser la frontière. Le lieutenant-colonel de Salaberry en profite pour contre-attaquer, et le général Dearborn doit battre en retraite. L'hiver qui s'installe oblige les Américains à rentrer chez eux. La première tentative d'invasion du Bas-Canada par les Américains se révèle donc un échec. ▦

La bataille de York (Toronto)

À la fin du mois d'avril 1813, plus de 1700 soldats américains traversent le lac Ontario à bord de 14 navires et défont la petite garnison britannique de York. Même si les soldats américains ne restent que quelques jours avant d'incendier la ville et de rentrer aux États-Unis, la bataille montre que les forces américaines peuvent frapper le cœur du Haut-Canada.

La bataille de Stoney Creek

Durant la nuit du 5 au 6 juin 1813, une armée formée de 700 miliciens canadiens et soldats britanniques, dirigée par le lieutenant-colonel John Harvey, lance une attaque-surprise contre les 3500 soldats américains postés près de Stoney Creek, dans le Haut-Canada. Pour surprendre les troupes américaines, les Britanniques lancent une attaque de nuit. En raison de l'obscurité, ils ratent le camp principal des adversaires. Dans la confusion qui suit, plusieurs soldats des deux camps meurent. Finalement, les Américains décident de se retirer du côté de Forty Mile Creek, laissant le champ de bataille aux Britanniques. Les forces britanniques saluent l'événement comme une grande victoire.

La bataille de Beaver Dams (Thorold)

Le 24 juin 1813, 550 soldats américains, sous les ordres du lieutenant-colonel Charles Boerstler, campent à Queenston. Le commandant et ses officiers sont installés à l'auberge de James et de Laura Secord. Cette dernière entend une conversation concernant le plan d'attaque du lieutenant-colonel Boerstler. Durant la nuit, elle franchit une distance de 23 kilomètres à pied, à travers les bois et les champs, pour révéler le plan des Américains au colonel britannique James FitzGibbon. Celui-ci se prépare à faire face à l'attaque à Beaver Dams.

Avec 80 soldats et 250 guerriers mohawks, James FitzGibbon prépare une embuscade et attend les Américains. La troupe principale du lieutenant-colonel Boerstler est en tête et se trouve prise dans des tirs croisés. Charles Boerstler, blessé, est cerné par les Mohawks. Dans le feu de l'action, le colonel FitzGibbon s'avance et offre aux Américains de les protéger contre les Mohawks s'ils acceptent de se rendre. Toute la troupe du lieutenant-colonel Boerstler dépose les armes. La bataille est terminée.

MOTS CLÉS

Vétéran : Ancien soldat.

Cette photo montre trois **vétérans** de la guerre de 1812. De gauche à droite, on voit John Smoke Johnson, Jacob Warner et John Tutlee. Jacob Warner et John Tutlee comptent parmi les alliés autochtones qui ont croisé Laura Secord et l'ont conduite au colonel FitzGibbon.

Charles de Salaberry et ses Voltigeurs ont joué un rôle important dans la victoire de la bataille de Châteauguay.

La bataille de Châteauguay

En septembre 1813, deux armées américaines, composées de 5700 soldats et commandées par les généraux James Wilkinson et Wade Hampton, partent des États-Unis dans le but d'envahir la ville de Montréal. Les troupes du général Hampton empruntent une route qui longe la rivière Châteauguay, tandis que les troupes du général Wilkinson suivent les rives du fleuve Saint-Laurent pour gagner Montréal.

Le lieutenant-colonel Salaberry, informé des mouvements des troupes américaines, tente par plusieurs moyens de les ralentir, mais sans succès. Le 21 septembre, plus de 3000 soldats, dirigés par le général Hampton et le colonel Izard, traversent la frontière et s'installent sur des terres situées aujourd'hui à Ormstown (Québec). Pendant ce temps, Salaberry établit son campement sur la rive nord de la rivière Châteauguay. Il place également des soldats sur la rive sud, sous les ordres du capitaine Brugière, afin d'empêcher l'avance des Américains.

Le 25 octobre au soir, près de 1000 soldats américains, menés par le colonel Purdy, sont envoyés par Hampton dans les forêts **denses** et les terrains **marécageux** de la rive sud de la rivière Châteauguay afin de contourner les troupes canadiennes. Leur marche est pénible et les troupes se perdent dans les bois pour finalement faire face aux Canadiens le lendemain matin. La bataille éclate, les coups de feux sont entendus par Salaberry, toujours installé sur la rive nord de la rivière Châteauguay. Les Voltigeurs canadiens réussissent finalement à repousser les Américains.

Quelques heures plus tard, dans la journée du 26 octobre, le général Hampton s'avance vers les troupes canadiennes du lieutenant-colonel Salaberry. En criant, en courant dans les bois et en sonnant le **clairon** pour annoncer la venue des renforts, les soldats canadiens tentent de faire croire aux Américains qu'ils sont 3000, même s'ils ne sont qu'une petite armée de 300 personnes. Le général Hampton ordonne le retrait de ses troupes qui repartent vers le sud le 28 octobre. Salaberry s'attend à une seconde attaque des Américains, mais rien ne se produit. Les Américains rentrent chez eux le 29 octobre 1813.

La bataille de la ferme Crysler

En novembre 1813, un mois après la bataille de Châteauguay, plus de 13 000 soldats américains entreprennent la descente du fleuve Saint-Laurent en direction de Montréal. Une force d'environ

900 personnes, composée de soldats britanniques, de Voltigeurs et d'autochtones, s'interpose entre eux et la ville. Ce petit groupe installe son poste de défense à la ferme Crysler, bloquant ainsi le passage à l'armée qui approche. Le 11 novembre, environ 2000 Américains lancent une attaque contre leurs opposants. Les défenseurs de Montréal tiennent bon et tirent sans relâche sur les Américains qui avancent. Ces derniers finissent par se replier de l'autre côté de la frontière. L'avancée sur Montréal est encore stoppée.

La bataille de Lundy's Lane

L'après-midi du 25 juillet 1814, une force de 1500 Américains, sous le commandement du général Winfield Scott, attaque un contingent britannique d'environ 1700 soldats. La bataille dure jusque tard dans la nuit. Au terme de la bataille, chaque camp a perdu plus de 800 personnes. Les Américains battent en retraite. Ce sera leur dernière tentative d'invasion du Canada. Jamais, dans l'histoire du Canada, une bataille n'aura fait autant de victimes en sol canadien.

Washington et Baltimore

En août 1814, pour se venger des Américains qui avaient incendié des villes du Haut-Canada, les forces britanniques attaquent et incendient la Maison Blanche et d'autres édifices gouvernementaux à Washington. Les Britanniques essaient ensuite de faire de même à Baltimore. De leurs navires, ils bombardent le fort McHenry, qui protège le port de Baltimore.

La guerre de 1812 prend fin quelques mois plus tard. Le **traité de Gand** est signé, en Belgique, le 24 décembre 1814.

Cette toile illustre l'incendie de la Maison Blanche, à Washington, en 1814.

Les conditions de vie dans l'armée

De tous les groupes qui vivent dans les colonies de l'Amérique du Nord britannique au début des années 1800, les simples soldats comptent parmi ceux qui vivent dans les pires conditions. Pour cette raison, l'armée a beaucoup de mal à recruter des volontaires prêts à se battre.

MOTS CLÉS

Traité de Gand : Traité signé le 24 décembre 1814 mettant fin à la guerre de 1812 entre le Royaume-Uni et les États-Unis.

Des conditions dangereuses

En temps de guerre, le soldat mène une vie dangereuse. Dans l'armée britannique, le soldat régulier est bien entraîné, parce qu'il est engagé à temps plein. Par contre, il en est autrement pour les soldats des nombreux régiments de milice. La milice est composée de volontaires locaux qui sont formés et qui servent à temps partiel. Certains officiers de milice ont combattu durant la guerre de l'Indépendance américaine. Mais, en général, peu de miliciens ont l'expérience de la guerre. Il y a donc plus de morts et de blessés parmi les miliciens.

Des conditions malsaines

Les armées se battent dans toutes sortes de conditions climatiques. Le mauvais état des routes rend le ravitaillement des troupes difficile. L'armée manque souvent de tentes et d'autres pièces d'équipement de base pour protéger les soldats des intempéries. Même la nourriture vient souvent à manquer. La santé des soldats se détériore, et ils contractent plus facilement des maladies. Le rhume et la grippe sont des maladies courantes, et la liste des malades, c'est-à-dire les soldats incapables de servir, s'allonge. Les conditions sont tellement horribles que de nombreux soldats désertent. Or, la désertion est un crime grave. Un déserteur qui est attrapé par l'armée risque la pendaison.

La vie après la guerre

La guerre ruine parfois les miliciens. Ils doivent quitter leur demeure pour suivre leur régiment. Les maisons laissées sans défense deviennent des cibles faciles pour les troupes ennemies. À la fin de la guerre, les miliciens de retour chez eux trouvent parfois leur famille dispersée et leur maison détruite.

Analyse les faits

La vie de soldat

Lis les extraits qui suivent, tirés de documents de l'époque. Résume les extraits dans tes mots. Explique en quoi chaque extrait t'aide à mieux comprendre à quoi ressemblait la vie à la guerre.

1. « J'ai des casernes meublées pour 120 hommes, qui sont tous sur place [...]. Et tous ont le plus grand besoin d'à peu près toutes les nécessités. J'ai reçu aujourd'hui une lettre du colonel Vincent, qui me renvoie à vous-même pour obtenir des poêles, des couvertures, etc. ; et je dois souligner que nous avons aussi grand besoin de chaussures, de pantalons, de vestes et de paletots pour les gardes. » [Traduction libre]

   Source : Lettre du colonel Joel Stone au colonel Lethbridge, 25 octobre 1812.

2. « Permettez-moi, Monsieur, de souligner que je me dois, par égard pour mes camarades et en tant que loyal patriote à mon pays, de vous rappeler le désastre certain qui nous attend si les miliciens continuent d'être séparés de leurs familles. S'ils s'absentent de leur ferme un mois ou six semaines, ils sont empêchés de faire les semailles, et, en conséquence, leurs familles en souffriront inévitablement. La famine menace même avant la récolte suivante, lorsqu'il y a peu à moissonner. Si les fermiers sont empêchés de semer au printemps, la famine sera sans aucun doute terrible. » [Traduction libre]

   Source : Lettre du lieutenant-colonel Benoni Wiltse au colonel Joel Stone, 13 avril 1813.

3. « La désertion atteint de telles proportions que 8 ou 10 hommes disparaissent tous les jours. C'est cette canaille de 104 [le 104e Régiment] qui a donné le mauvais exemple. Malgré tout, l'armée n'est pas tout à fait aussi mal en point qu'avant. » [Traduction libre]

   Source : Lettre de Thomas G. Ridout à son frère George Ridout, 16 septembre 1813.

Le traité de Gand

Des représentants britanniques et américains se rencontrent à Gand, en Belgique, pour tenter de parvenir à un accord de paix. Le 24 décembre 1814, ils signent le traité de Gand qui met fin à la guerre. Aucune des parties ne fait de gain majeur. La frontière entre l'Amérique du Nord britannique et les États-Unis demeure la même. La guerre a fini dans une **impasse**, mais elle aura son importance pour le développement de l'Amérique du Nord britannique. Dans la prochaine partie, tu découvriras l'effet de la guerre sur les gens, en particulier sur les habitants du Haut-Canada, et sur leurs sentiments envers l'Amérique du Nord britannique.

MOTS CLÉS

Impasse : Situation sans issue.

Ce tableau réalisé par A. Forestier illustre la signature du traité de Gand, en Belgique, le 24 décembre 1814.

Applique tes connaissances

1. Sers-toi de la carte de la page H 112 pour déterminer l'emplacement des principales batailles de la guerre de 1812. Décris les principaux événements. **C** **O**

2. D'après ce que tu as lu, est-ce que l'un des camps a remporté une victoire décisive? Explique ta réponse. **C**

3. Imagine que tu vis dans le Haut-Canada et que la guerre est terminée. Écris une lettre à une personne de ta parenté qui vit en Europe pour lui faire part de tes sentiments. Décris des événements de la guerre pour exprimer ta fierté à l'égard de tes compatriotes qui ont su résister aux forces américaines, beaucoup plus nombreuses. **CO**

Les effets de la guerre de 1812 sur l'Amérique du Nord britannique

Les guerres ont habituellement de profonds effets sur les empires et leurs colonies qui y participent. Elles changent les gens, les liens qui existent entre le peuple et la mère patrie et l'unité du pays. La guerre de 1812 a plusieurs effets sur le Bas-Canada, mais davantage sur le Haut-Canada, où ont lieu la plupart des combats.

- L'agriculture est sur son déclin parce que plusieurs agriculteurs combattent dans la milice. De plus, les combats des armées endommagent de nombreux champs.

- Les récoltes sont moins abondantes, et cela menace l'approvisionnement en nourriture.

- La demande de matériel pour soutenir les troupes augmente. Certaines entreprises qui se spécialisent dans l'**importation** prospèrent, puisque les biens qui entrent dans les deux Canadas viennent du Royaume-Uni.

Aussi, la guerre a parfois pour effet de rapprocher des groupes qui affrontent le même ennemi.

- Des politiciens, des dirigeants religieux et d'autres personnes importantes demandent à la population de faire tout ce qui est possible pour résister à l'ennemi.

- Les habitants du Haut-Canada et du Bas-Canada entendent cet appel. Des volontaires s'engagent dans la milice.

- Les Canadiens français, du Bas-Canada en particulier, se sentent menacés par les Américains qu'ils trouvent **francophobes**. Ils considèrent que le Régime britannique les traite relativement bien. Aussi, ils appuient les Britanniques durant la guerre de 1812, comme ils l'avaient fait durant la Révolution américaine.

La loyauté envers le Royaume-Uni survit donc à la guerre. Les habitants des colonies britanniques d'Amérique du Nord ne veulent pas faire partie de la république américaine, et ils sont prêts à se battre pour le démontrer. La monarchie devient un puissant symbole de l'indépendance du Canada par rapport aux États-Unis.

MOTS CLÉS

Importation : Entrée dans un pays de biens ou de services provenant d'un autre pays.

Francophobe : Qui n'aime pas la France, les Français et les francophones.

Pendant la lecture

Prête attention

Parmi les effets de la guerre de 1812 sur l'Amérique du Nord britannique énumérés dans cette page, quels sont ceux qu'une guerre moderne pourrait entraîner ?

La guerre de 1812 a des répercussions sur le développement du Canada. Elle favorise l'unité entre les Canadiens français et les Britanniques, qui ont fait front commun pour résister aux États-Unis. Elle leur permet aussi de montrer ce dont ils sont capables en temps de crise. Par conséquent, la confiance en soi de la population de l'Amérique du Nord britannique grandit.

Cette illustration, réalisée en 1889 par John David Kelly, représente la milice du Haut-Canada.

Première canadienne

Unis pour l'Amérique du Nord britannique

En temps de crise, les gens se serrent les coudes devant un ennemi commun. C'est ce qui s'est produit durant la guerre de 1812 dans le Haut-Canada. Autochtones, immigrants d'Europe, Britanniques, Canadiens-français et Loyalistes : tous s'unissent pour défendre le Haut-Canada. Lorsque le Haut-Canada sort de la guerre, tout le monde est fier d'avoir contribué à sa survie.

Le nationalisme signifie l'amour et la fierté à l'égard de sa nation ou de son pays. Avant la guerre de 1812, il n'existe pas vraiment de **sentiment nationaliste** dans le Haut-Canada. Après la guerre, toutefois, beaucoup plus de gens commencent à être fiers de leurs réalisations et fiers d'appartenir à une colonie britannique.

Applique tes connaissances

1. Dessine un schéma pour montrer les causes à long terme et les causes immédiates de la guerre de 1812. **c o**

2. Décris dans tes mots trois conséquences négatives à court terme de la guerre de 1812. **c**

3. Selon toi, quelle a été la plus importante conséquence positive à long terme de la guerre de 1812 ? Explique ta réponse. **h**

4. Discute de la question suivante avec des camarades : « Si une guerre peut entraîner des conséquences positives à long terme pour la population, est-ce une raison suffisante pour qu'un pays y participe ? » Explique ton raisonnement. Compare ton point de vue avec celui d'autres élèves. Êtes-vous tous d'accord sur le sujet ? **h co**

Les grands personnages du Haut-Canada

En étudiant la vie des gens du passé, on peut mieux comprendre à quoi ressemblait la vie à leur époque. Dans cette section, tu découvriras six personnages qui se sont distingués au cours de la guerre de 1812.

Isaac Brock (1769–1812)

Ses origines

Isaac Brock est né le 6 octobre 1769 sur l'île britannique de Guernesey. Il est le huitième garçon d'une riche famille. Il s'enrôle dans l'armée à l'âge de 15 ans et y reste jusqu'à sa mort en 1812. Il sert dans les Antilles ainsi qu'en Europe.

Ses réalisations

En 1802, le régiment d'Isaac Brock est posté dans le Bas-Canada, où il consacre la plus grande partie de son temps à construire les défenses de la ville de Québec. En 1810, il prend les commandes des défenses de Montréal. Plus tard, cette année-là, il est envoyé dans le Haut-Canada pour prendre en charge les défenses de toute la colonie. Il est alors nommé major général.

Isaac Brock se rend compte qu'il serait plus facile de se défendre contre les Américains si les Britanniques pouvaient compter sur la coopération des peuples autochtones. Il dresse donc des plans pour s'emparer de Detroit et de Michilimackinac, parce que ce sont des établissements situés à des endroits stratégiques pour les Américains et que les peuples autochtones sont impatients de les voir partir de là. Sous la gouverne du chef Tecumseh, les Shawnees s'allient avec le major général Brock. En août 1812, ils attaquent Detroit et les Américains se rendent. Isaac Brock retourne aussitôt défendre la région du Niagara.

Ce portrait du major général Isaac Brock a été peint vers 1883 par George Theodore Berthon.

En octobre 1812, les Américains s'emparent de Queenston Heights. Posté tout près, à fort George, le major général Brock fait sortir ses troupes et tente de reprendre Queenston Heights. Comme le veut la tradition à l'époque, Isaac Brock porte son plus bel uniforme, qui l'identifie comme l'officier commandant. Un tireur d'élite américain lui tire une balle dans la poitrine. Isaac Brock meurt peu après.

Son importance

Comme les généraux Wolfe et Montcalm à Québec, le major général Brock meurt en héros sur le champ de bataille. Il s'était battu pour le Royaume-Uni ailleurs dans le monde. Il ne fait aucun doute que ses qualités de chef militaire ont permis de reprendre Queenston Heights.

Tecumseh (1768–1813)

Ses origines

Tecumseh est le chef des Shawnees. Son père est tué en 1774 au cours d'une guerre entre les Britanniques et les peuples autochtones. Pendant la Révolution américaine, un grand nombre de villages shawnees sont détruits par les soldats américains. Tecumseh se rend compte que, pour survivre à de telles attaques, les peuples autochtones doivent s'unir.

Ses réalisations

En 1809, les peuples autochtones de l'Indiana vendent plus de 10 000 kilomètres carrés de territoire aux États-Unis. Tecumseh s'oppose à cette vente:

Tecumseh et ses alliés autochtones ont aidé les Britanniques à remporter plusieurs victoires durant la guerre de 1812.

> « Aucune tribu n'a le droit de vendre à une autre tribu et encore moins à des étrangers… Vendre des terres! Pourquoi ne pas vendre aussi l'air, la mer ainsi que la planète? Le Grand Esprit n'a-t-il pas fait toutes ces choses pour l'usage de ses enfants? »
> [Traduction libre]

En 1811, une armée américaine détruit d'autres villages shawnees. La colère de Tecumseh grandit. Il décide alors de faire alliance avec les Britanniques. Ces derniers, heureux de cette coopération, le nomment brigadier général de leur armée.

En 1813, sur le lac Érié, les Américains remportent une victoire navale importante qui force les troupes britanniques et autochtones à se replier dans le Haut-Canada. Après cette défaite, les troupes américaines poursuivent les Britanniques jusqu'à Moraviantown (aujourd'hui Thamesville), près de Chatham, et ils remportent une autre bataille. Les troupes britanniques et autochtones y sont durement éprouvées, et Tecumseh perd la vie. Les guerriers sont découragés par la perte de leur chef. Par la suite, ils se rendent aux Américains, à Detroit. Le sort du peuple de Tecumseh est maintenant entre les mains des Américains. En 1827, le gouvernement américain confisque les terres des Shawnees. Ces derniers sont donc forcés de se déplacer vers de nouveaux territoires, plus à l'ouest.

Son importance

La contribution de Tecumseh illustre bien le rôle important que les peuples autochtones jouent dans la guerre qui oppose les Britanniques et les Américains. Sans l'appui des peuples autochtones, l'issue de la guerre aurait pu être bien différente.

Tecumseh avait vu juste en prédisant que ses gens allaient avoir de la difficulté à s'entendre avec les colons américains. Le mode de vie des peuples autochtones n'a plus jamais été le même. Durant les 20 années suivantes, le peuple shawnee sera chassé complètement de la vallée de l'Ohio par les colons américains.

Laura Secord (1775–1868)

Ses origines

Laura Ingersoll naît au Massachusetts, aux États-Unis, le 13 septembre 1775. En 1795, elle et toute sa famille déménagent dans la région de Niagara, dans le Haut-Canada. En 1797, elle épouse James Secord, et le couple s'établit à Queenston.

Ses réalisations

Blessé durant la bataille de Queenston Heights, James Secord est contraint à une longue **convalescence**. Les troupes américaines occupent la maison du couple Secord. Celui-ci élabore un plan pour soutirer de l'information aux envahisseurs. Un soir que le couple Secord écoute en secret la conversation des Américains, il découvre que ceux-ci se préparent à attaquer par surprise l'armée britannique à Beaver Dams, à environ 20 kilomètres de chez eux.

Ce dessin montre Laura Secord à la fin de sa vie. Elle meurt en 1868, à l'âge de 93 ans.

Laura et James Secord comprennent l'importance de faire parvenir cette information au lieutenant James FitzGibbon qui commande le régiment à Beaver Dams. Mais comment lui transmettre le message ? Les blessures de guerre de James Secord l'empêchent de se déplacer. Le mauvais état des routes rend les déplacements difficiles. Le couple décide donc que Laura Secord marchera jusqu'à Beaver Dams pour répéter ce qu'ils ont entendu au colonel FitzGibbon.

Pour ne pas être capturée par les soldats américains, Laura Secord fait un détour. Elle marche une vingtaine de kilomètres, ce qui lui prend près de 20 heures. Le trajet est difficile, et il fait extrêmement chaud.

Elle finit par rencontrer une troupe de soldats mohawks. Quand elle leur raconte son histoire, ils décident de l'aider. Ils la conduisent au colonel FitzGibbon, qui est très reconnaissant à Laura Secord de l'avoir ainsi informé. Deux jours plus tard, les soldats autochtones et britanniques lancent une attaque-surprise contre les Américains. Ils capturent 462 soldats ennemis.

Par la suite, James FitzGibbon écrira :

« Le 22 juin 1813, il faisait très chaud. Madame Secord, une personne mince et délicate, semblait très épuisée, et l'était sans aucun doute après avoir déployé tant d'effort pour venir jusqu'à moi ; depuis lors, je me sens personnellement redevable envers elle pour sa conduite en cette occasion. » [Traduction libre]

La maison de Laura Secord, située dans le village de Queenston, en Ontario, peut aujourd'hui être visitée.

Son importance

Laura Secord a joué un important rôle d'espionne, une activité qui, à l'époque, était réservée aux hommes. Les registres officiels de l'époque passent d'ailleurs sa contribution sous silence. Le colonel FitzGibbon est traité en héros, et Laura Secord est oubliée. Elle ne sera pas reconnue en tant qu'héroïne avant les années 1860. Le prince de Galles lui verse alors 100 livres (environ 500 $ à l'époque) pour son courage.

La route prise par Laura Secord pour rejoindre le lieutenant FitzGibbon et l'emplacement de quelques batailles dans la région

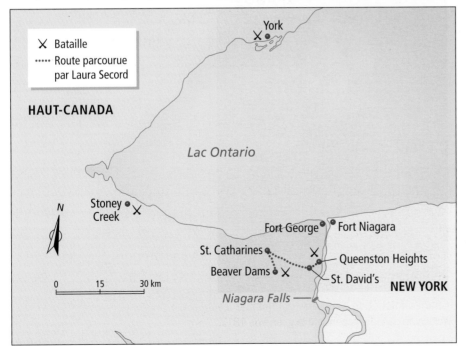

▦ Charles-Michel de Salaberry (1778-1829)

Ses origines

Charles-Michel de Salaberry est né à Québec le 19 novembre 1778. Il est l'aîné d'une famille de sept enfants. En 1792, âgé de 14 ans, il s'enrôle dans l'armée britannique.

Ses réalisations

Durant la guerre de 1812, Charles-Michel de Salaberry est déjà un vétéran de l'armée britannique. Il a servi aux Antilles, en Sicile, en Irlande et aux Pays-Bas. Au Canada, il organise une milice canadienne-française qu'il baptise « les Voltigeurs ». Il dirige ses membres comme s'ils formaient un véritable régiment et il leur paie un salaire.

Charles-Michel de Salaberry participe à l'attaque de Lacolle et à la bataille de Châteauguay. À deux reprises, il repousse les tentatives d'invasion des troupes américaines avec ses Voltigeurs. C'est grâce à leur intervention que le Canada conserve le contrôle du fleuve Saint-Laurent.

Son importance

Charles-Michel de Salaberry a sauvé les colonies à deux reprises des attaques américaines. Après la guerre de 1812, il est nommé juge de paix et siège au Conseil législatif du Bas-Canada. Lui et sa famille s'installent à Chambly, où il meurt le 27 février 1829.

Charles-Michel de Salaberry commande les Voltigeurs canadiens pendant la guerre de 1812.

Henry Proctor (1763-1822)

Ses origines

Henry Proctor est né en Irlande en 1763. Dès l'âge de 18 ans, il s'enrôle dans les forces britanniques et participe à la guerre de l'Indépendance américaine.

Ses réalisations

Henry Proctor et son ami Isaac Brock arrivent au Canada en 1802. En 1812, Henry Proctor prend le commandement du 41e Régiment, dont l'efficacité sur le terrain lui vaut de nombreux compliments. Pendant la guerre, Henry Proctor et son régiment sont chargés de protéger la ville d'Amhertsburg, dans le Haut-Canada, contre les attaques américaines. Le régiment prend part avec succès à plusieurs petites batailles. Le général Proctor participe avec Isaac Brock à la prise du fort Détroit, en août 1812. En janvier 1813, une armée américaine, sous les ordres de James Winchester, marche vers le nord pour prendre Detroit. Le régiment du général Proctor affronte les Américains à Frenchtown, dans une lutte sanglante. Cette victoire décisive est baptisée le « massacre de la rivière Raisin ». Durant ce combat, 367 Américains sont morts, plusieurs ont été

Le général Proctor et Tecumseh ont participé à la bataille de Thames, en octobre 1813.

capturés et massacrés par des autochtones arrivés sur les lieux à la fin de la bataille. Les journaux américains blâment le général Proctor et le traitent de monstre.

Pendant ce temps, les Américains gagnent plusieurs batailles navales et prennent le contrôle du lac Érié. Le général Proctor est laissé sans soutien et sans ressources par les autorités britanniques, car les ravitaillements lui parvenaient par cette voie d'eau. Il se voit obligé d'utiliser le tiers de ses soldats comme marins sur les vaisseaux. À plusieurs reprises, il doit laisser le fort Détroit sans défense.

Le 5 octobre 1813, le général Proctor prend part à la bataille de Thames en compagnie de Tecumseh. L'armée britannique y est **décimée** par l'armée américaine à cause de son manque de ressources. Le général Proctor abandonne la bataille et retire ses troupes de la ville d'Amherstburg.

En décembre 1814, le général Proctor est accusé par la cour martiale d'avoir manqué de jugement et de courage durant la bataille de Thames. Il est reconnu coupable, et son salaire est suspendu pour une période de six mois. Son rang militaire lui est également retiré. Il retourne en Grande-Bretagne en 1815, sa carrière militaire est ruinée. Il meurt à Bath, en 1822, à l'âge de 59 ans.

MOTS CLÉS

Décimer : Faire périr un grand nombre d'individus.

Son importance

Henry Proctor a connu quelques succès durant la guerre de 1812, mais pas autant que son compagnon Isaac Brock. Il a remporté de grandes victoires contre les Américains, mais la bataille de Thames a ruiné sa réputation. Malgré tout, plusieurs journaux de l'époque le considèrent comme un héros. En 1815, *The Herald,* un journal de Montréal, publie plusieurs lettres anonymes qui se portent à la défense du général.

D'hier à aujourd'hui

Les déplacements dans le sud de l'Ontario

Au début des années 1800, il est difficile de voyager dans le Haut-Canada. Sur les lacs Érié et Ontario, les navires transportent des cargaisons et des gens. La vitesse et la direction des vents influencent la destination et la durée du voyage. Il y a aussi les orages qui peuvent rendre les eaux très dangereuses. De nombreux bateaux couleront dans le lac Érié.

Par la route, le voyage est tout aussi lent et risqué. Les routes existantes sont étroites, inégales et souvent détrempées. Voici comment un soldat de la guerre de 1812 les décrit :

« Il nous a fallu 10 jours d'un voyage des plus épuisants pour nous rendre à cet endroit [...]. J'ai souvent dû m'enfoncer dans la boue jusqu'à la taille pour décharger la charrette et transporter de lourdes malles sur une distance de 50 verges [45 mètres], avant de recharger la charrette. Je devais aussi parfois mettre l'épaule à la roue pour la soulever. » [Traduction libre]

Aujourd'hui, les voyages dans la région sont rapides et fiables. D'énormes cargos chargés de marchandises parcourent les Grands Lacs et la voie maritime du Saint-Laurent. L'autoroute 401 relie la frontière du Québec, à l'est, et Windsor, à l'ouest. Ce trajet de 800 kilomètres aurait exigé de 2 à 3 semaines de voyage en 1810. Aujourd'hui, on le franchit facilement en 10 heures.

Dans les années 1800, les gens qui prennent la route dans le Haut-Canada rencontrent souvent des tronçons remplis de boue. L'une des solutions consiste à fabriquer un chemin de rondins. On abat des arbres que l'on couche ensuite, serrés les uns contre les autres, et sur lesquels charrettes et traîneaux peuvent circuler.

John By (1781–1836)

Ses origines

Né à Londres, en Grande-Bretagne, John By s'inscrit dans une école d'officiers de l'armée à 18 ans. Il devient membre du régiment des Royal Engineers, qui est chargé de la construction des installations militaires. Celles-ci comprennent les fortifications, les habitations et les ateliers de réparations. En 1802, il est envoyé dans le Bas-Canada et posté à Québec.

Ses réalisations

John By passe neuf ans dans le Bas-Canada. Son plus gros projet consiste à creuser des canaux dans le but d'améliorer les voies navigables sur le fleuve Saint-Laurent. Il dessine également de nouvelles fortifications pour la ville de Québec. Puis, de 1811 à 1821, il sert au Portugal et au Royaume-Uni. Il quitte l'armée en 1821.

En 1826, le lieutenant-colonel By revient de nouveau dans l'armée; on l'envoie dans le Haut-Canada. Le gouvernement a décidé de relier la rivière des Outaouais et le lac Ontario par un **canal** de 202 kilomètres. Il faudra six ans pour construire le canal. John By dessine les 47 écluses et en supervise la construction le long de la rivière Rideau.

La construction du canal Rideau, qui relie Kingston et Ottawa, est une conséquence directe de la guerre de 1812. À l'époque, York, Montréal et Québec sont des villes visées par les forces américaines. Le fleuve Saint-Laurent est la voie d'accès idéale vers ces villes. Les troupes américaines ont également la capacité de bloquer le fleuve Saint-Laurent et d'empêcher le mouvement des troupes et l'envoi de ravitaillement. Le canal Rideau se trouve beaucoup plus au nord du fleuve Saint-Laurent. Il est donc facile à défendre contre une éventuelle attaque des Américains. De plus, il faciliterait la circulation rapide des soldats et du ravitaillement jusqu'aux lieux des combats.

MOTS CLÉS

Canal : Voie d'eau artificielle qui permet de joindre des cours d'eau plus importants.

Ce tableau de C.W. Jefferys a été réalisé vers 1930. Il représente le lieutenant-colonel John By qui supervise la construction du canal Rideau.

Cette gravure de W.H. Bartlett, réalisée en 1840, montre des écluses du canal Rideau, près de Bytown (aujourd'hui Ottawa).

Ensuite, on confie au lieutenant-colonel By la tâche de tracer les rues d'une ville à la jonction des rivières des Outaouais et Rideau. Une fois les plans terminés, la ville prend le nom de «Bytown». Plus tard, ce nom est remplacé par «Ottawa», et la ville devient la capitale du Canada. Le choix d'Ottawa comme capitale n'est pas accidentel. Dans la foulée des événements de la guerre de 1812, on veut que la capitale soit située le plus loin possible de toute attaque éventuelle des États-Unis.

Les adversaires du lieutenant-colonel By l'accusent d'avoir effectué des dépenses non autorisées pour le canal. Il passe une bonne partie de sa vie à essayer de défendre sa réputation. Il rentre au Royaume-Uni, où il meurt en 1836.

Son importance

Le lieutenant-colonel By travaille d'arrache-pied pour développer les colonies britanniques d'Amérique du Nord. Avant son départ pour la Grande-Bretagne, le Comité du commerce de Montréal souligne que sa «force morale et son esprit que rien n'ébranle suscitent notre admiration et méritent notre éloge». John By a laissé son nom au marché By qui se trouve au centre-ville d'Ottawa.

Applique tes connaissances

1. Lequel des personnages décrits dans cette section trouves-tu le plus intéressant? Pourquoi? Qu'est-ce qui t'intéresse dans l'histoire de ce personnage? **h**

2. Avec tes camarades, nomme les qualités que partagent ces personnages. Fais-en une liste, puis explique comment ces qualités les ont aidés à atteindre leurs buts. **c**

3. En t'inspirant de la rubrique «D'hier à aujourd'hui» de la page H 128, prépare une présentation visuelle (dessin, affiche, collage, bande dessinée, présentation multimédia) qui compare les voyages d'hier et d'aujourd'hui en Ontario. **CD**

La vie quotidienne dans le Haut-Canada

La présence française dans le Haut-Canada

Depuis le début du XIXe siècle, la présence française augmente dans les régions de Detroit et de Penetanguishene. Dans les années 1800, la construction de nombreux canaux favorise aussi la colonisation du Haut-Canada.

La vallée de l'Outaouais et l'est de l'Ontario se peuplent de Canadiens d'origine française venus du Bas-Canada. Ces habitants se voient octroyer des terres par le lieutenant-gouverneur afin de développer l'agriculture. Ils ont le même style de vie que les colons du Bas-Canada. Ils doivent défricher leurs terres, construire leur cabane, souvent faite de bois rond, et cultiver les champs pour subvenir aux besoins de leur famille.

D'autres habitants viennent aussi s'établir dans le Haut-Canada afin de travailler dans l'industrie du bois, qui devient très florissante dans cette région après la guerre de 1812. Dans l'est de l'Ontario, les premiers noyaux de peuplement français voient le jour le long de la rivière des Outaouais et les premières paroisses sont fondées à L'Orignal, Curran, Fournier et Hawkesbury. Bien qu'ils ne représentent qu'un faible pourcentage de la population, les Canadiens français parviennent tout de même à conserver leur langue et leur culture. Ils s'enracinent principalement dans l'est et le sud du Haut-Canada.

Par exemple, Élisabeth Bruyère fonde à Bytown, en 1845, la première mission catholique à prendre en main l'éducation des jeunes filles. Une école française voit le jour avec 238 élèves. Élisabeth Bruyère devient ainsi la première institutrice francophone en Ontario.

Les **Oblats** arrivent au Canada en 1841 et s'installent à Bytown en 1844. Mgr Joseph-Bruno Guigues est nommé évêque du diocèse de Bytown. Les Oblats s'occupent de l'éducation des jeunes garçons qui se dirigent vers la prêtrise.

Les Sœurs grises de l'Hôpital général de Montréal se rendent également à Bytown vers 1845 afin d'y établir un petit hôpital pour soigner les pauvres et les malades de la ville et des environs. Toutefois, l'épidémie de **typhus** qui sévit dans la ville en 1847 oblige les Sœurs grises à s'occuper aussi des mourants et des orphelins.

Pendant **la lecture**

Prête attention
Réagis au texte de cette section en ajoutant au moins deux remarques ou questions par page.

MOTS CLÉS

Oblat : Nom d'une communauté religieuse.

Typhus : Maladie contagieuse caractérisée par une forte fièvre.

La grande migration vers le Haut-Canada

Après la guerre de 1812, le Haut-Canada accueille une forte vague d'immigration européenne. Cette période sera baptisée « la grande migration ». Au Royaume-Uni, la révolution industrielle remplace la force humaine dans les usines par des machines. Une crise économique entraîne un taux de chômage très élevé. En Irlande, les récoltes sont mauvaises à cause des nombreuses inondations. En Écosse, l'abandon du système agricole traditionnel laisse des habitants sans terres ou sans maisons. Toutes ces raisons poussent les gens du Royaume-Uni à immigrer vers le Haut-Canada. Ils embarquent sur des bateaux pour faire le voyage jusqu'au Haut-Canada. Les conditions de vie sont très difficiles et l'hygiène est pratiquement inexistante sur ces bateaux. De nombreuses maladies se propagent, causant la mort de plusieurs passagers. Certains habitants du Haut-Canada et du Bas-Canada accusent les immigrants d'avoir apporté avec eux le **choléra**, une maladie qui touche fortement les colonies en 1832.

La croissance urbaine à Toronto de 1834 à 1861

Année	Nombre d'habitants
1834	9 254
1840	16 000
1851	30 775
1861	44 821

Selon toi, quel facteur a contribué à la croissance de la population à Toronto au XIXᵉ siècle ?

MOTS CLÉS

Choléra : Grave maladie intestinale, très contagieuse, due à une bactérie.

Tannerie : Lieu où l'on prépare les peaux d'animaux pour les transformer en cuir.

La croissance des villes et des villages dans le Haut-Canada

Les villes et les villages connaissent une croissance rapide au cours du XVIIIᵉ siècle. Ces centres sont principalement fondés le long des cours d'eau importants, comme la rivière des Outaouais qui voit la fondation de Bytown (Ottawa) en 1828. Bytown devient une ville importante dans l'industrie forestière. Le long du lac Ontario, la ville de Kingston est à l'époque la plus grande ville du Haut-Canada. Avec la construction des canaux Érié et Welland, les villes de York (Toronto) et d'Hamilton deviennent aussi de grands centres commerciaux. Ces villes attirent de nombreux immigrants. Plusieurs d'entre eux vont ouvrir un commerce. Les plus fortunés vont ouvrir une banque.

En 1822, la Banque du Haut-Canada reçoit sa première charte royale à York. Plusieurs ateliers spécialisés sont ouverts dans les villes, tels que des **tanneries** et des scieries. D'autres fabricants ouvrent des ateliers destinés à la construction de meubles ou de chariots.

Dans les années 1840, Bytown est une ville importante pour l'industrie forestière.

Les conditions de vie dans les villes du Haut-Canada

Dans les villes du Haut-Canada, vers 1815, les gens pauvres travaillent de nombreuses heures pour un salaire minime. Ils doivent vivre et loger leur famille dans de petites cabanes ou de petites huttes, car ils n'ont pas assez d'argent pour se construire une maison. À l'époque, le taux de chômage est si élevé qu'une société d'aide aux habitants est fondée en 1817, à York, pour secourir les plus démunis. Pour augmenter le revenu familial, les enfants doivent souvent commencer à travailler dès l'âge de 12 ans.

Les gens pauvres sont aussi victimes des mauvaises conditions d'hygiène, qui facilient la propagation des maladies. En 1832, une épidémie de choléra touche la ville de York. Les autorités reçoivent l'ordre de nettoyer la ville afin d'empêcher que l'épidémie ne se propage, mais sans succès. Le choléra fait augmenter le taux de mortalité de 10 % à York.

Plusieurs remèdes sont vendus pour combattre l'épidémie de choléra qui frappe l'Amérique du Nord en 1832.

Les sources de revenus des femmes

Bien qu'à l'époque la plupart des femmes travaillent à la maison, certaines d'entres elles occupent des emplois comme domestiques. Le *Upper Canada Gazette,* l'un des journaux les plus populaires de l'époque, est l'outil idéal pour offrir ses services au moyen d'une petite annonce. Certaines femmes se trouvent du travail comme servante, comme cuisinière ou encore comme **gouvernante**. D'autres femmes, plus fortunées, gèrent leur propre entreprise dans la fabrication et la vente de vêtements. Certaines exploitent des tavernes, des auberges ou des maisons de pension. Le monde de l'éducation est aussi un autre domaine d'emploi pour les femmes. Plusieurs femmes enseignent dans les écoles des villes et des villages du Haut-Canada.

MOTS CLÉS

Gouvernante : Personne qui s'occupe de l'éducation des enfants.

Sur les chemins de rondins, les chariots et les chevaux renversent souvent, et les accidents sont nombreux.

Les transports et les services urbains dans le Haut-Canada

Les premières routes construites dans le Haut-Canada sont de simples sentiers de terre. Par la suite, quelques routes sont construites en rondins pour faciliter le transport. Là où la terre est très humide, les billots sont collés les uns sur les autres pour créer une surface dure. Vers les années 1830, les routes principales des villes sont **macadamisées**. Un mélange de pierre, de sable et de goudron est alors répandu sur la route pour la rendre plus praticable. Il est ainsi plus facile pour les chariots et les diligences de se rendre à destination. Dès les années 1820, les bateaux à vapeur transportent des gens et des marchandises sur le lac Ontario.

Au début du XIXe siècle, les services que nous connaissons de nos jours sont inexistants dans les villes du Haut-Canada. Il n'y a pas d'eau courante, d'électricité ou encore d'enlèvement des ordures. Les gens jettent leurs ordures le long des routes et des cours d'eau. Dans les années 1840, certaines villes, comme Bytown et Toronto, entreprennent l'installation de systèmes d'égouts pour recueillir les eaux usées. En 1841, Toronto commence à être alimenté en eau courante, mais le système mis en place sert surtout pour combattre les incendies. Comme il n'y a pas encore de pompiers professionnels, lorsqu'un incendie éclate, tous les gens des environs arrivent avec leur seau pour combattre l'incendie. Certaines villes s'équipent d'une « voiture-pompe » tirée par des chevaux. Dans les années 1840, l'éclairage au gaz est installé dans les villes. Par contre, la distribution du **kérosène** est réservée aux édifices publics et aux maisons des gens fortunés. ▪

MOTS CLÉS

Macadamiser : Recouvrir une route d'un mélange de pierre, de sable et de goudron.

MOTS CLÉS

Kérosène : Substance obtenue à partir du pétrole brut et qui sert de carburant pour les lampes.

Applique tes connaissances

1. Sur une carte muette de l'Ontario, localise les endroits suivants : La Salle, Windsor, Sarnia, St-Catharines, L'Orignal, Hawkesbury et Bytown. Quelle constante remarques-tu au sujet de la présence française en Ontario ? **C CD D**

2. Dans un tableau à deux colonnes, indique deux avantages et deux inconvénients à vivre dans une ville du Haut-Canada vers 1830. **C D**

3. Imagine que tu fais partie du gouvernement britannique au moment où le peuple vit la famine, le chômage et la pauvreté. Tu souhaites encourager les gens à émigrer en Amérique du Nord britannique. Dessine une affiche pour les inciter à aller s'établir en Amérique du Nord. **m CD**

EN RÉSUMÉ

Tu as découvert les causes et les principaux événements de la guerre de 1812, qui a opposé les États-Unis au Royaume-Uni et à ses colonies d'Amérique du Nord. Tu connais mieux certains personnages qui ont influencé l'histoire de la région à cette époque. Par leur participation à la guerre, ils ont contribué à faire naître, chez les populations de l'Amérique du Nord britannique, un sentiment nationaliste.

Après la lecture

Fais le point

Relis les questions et les remarques que tu as notées dans ton schéma. Écris un résumé de ce que tu as appris dans ce chapitre.

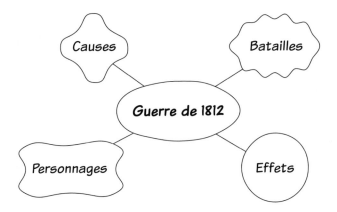

Vérifie tes connaissances

1. Révision c

Relis les textes sur les grands personnages du Haut-Canada dans ce chapitre.

2. Choix h m

Les trois personnes nommées ci-dessous ont, elles aussi, joué un rôle important dans l'histoire du Haut-Canada. Fais une courte recherche pour découvrir de qui il s'agit. Ensuite, choisis une de ces personnes et rédige sa biographie.

1. Thomas Peters (1738–1792)
2. Joseph Brant (Thayendanegea) (1742–1807)
3. Élisabeth Simcoe (1766–1850)

3. Recherche h

Pose des questions pour guider ta recherche sur les origines, les réalisations et l'importance du personnage que tu as choisi. Trouve des sources primaires et secondaires. Organise l'information en trois parties (origines, réalisations, importance du personnage). N'oublie pas de souligner et d'expliquer les termes techniques ou spécialisés nécessaires pour comprendre la vie du personnage que tu as choisi.

4. Résultats CD

Une fois ta biographie terminée, présente-la selon les consignes de ton enseignante ou de ton enseignant.

Retour à l'idée principale

Pourquoi l'Amérique du Nord britannique est-elle britannique? Pourquoi est-elle nord-américaine?

Tu as appris de quelle façon les Français et les Britanniques ont été en conflit en Amérique du Nord. Tu as aussi vu les conséquences de la Révolution américaine dans la *Province of Quebec.* Tu as étudié les migrations des Loyalistes en Amérique du Nord britannique, ainsi que leurs effets sur le Bas-Canada et sur les régions des lacs Érié et Ontario. Dans le dernier chapitre de ce module, tu as découvert les causes, les batailles et les effets de la guerre de 1812.

Sers-toi de tes notes pour réviser ce que tu as étudié. Rédige un paragraphe qui répond aux deux questions suivantes: « Pourquoi l'Amérique du Nord britannique est-elle britannique? », « Pourquoi est-elle nord-américaine? »

Montre ce que tu as compris

En histoire, une **controverse** est un sujet qui soulève plusieurs points de vue. Choisis l'une des questions controversées que tu as examinées dans ce module.

- Comment les Britanniques ont-ils traité les Canadiens lorsque la Nouvelle-France est devenue une colonie britannique ?

- Pourquoi les peuples autochtones ont-ils pris le parti des Britanniques pendant la Révolution américaine et la guerre de 1812 ?

- Pourquoi, durant la guerre de 1812, les Britanniques et les habitants du Haut-Canada ont-ils résisté aux tentatives des Américains de s'emparer des colonies d'Amérique du Nord britannique ?

Étape 1   Pose des questions

Formule deux questions liées à la question controversée que tu as choisie. Tes questions doivent commencer par l'un ou l'autre des mots suivants : qui, quoi, où, quand, comment, pourquoi.

Étape 2   Trouve des sources primaires et secondaires

Dresse une liste d'au moins deux sources primaires et deux sources secondaires qui pourraient t'aider à trouver de l'information sur ton sujet. Prépare ensuite une bibliographie avec au moins deux sources primaires et deux sources secondaires que tu utiliseras.

Étape 3   Résume l'information

Étudie tes sources et prends des notes. Résume l'information. Assure-toi de présenter les différents points de vue.

Étape 4   Organise les résultats de ta recherche

Prépare ta présentation en t'assurant d'y inclure tous les éléments indiqués dans les étapes précédentes.

Étape 5   Présente tes résultats d'une manière intéressante et créative

Présente le résultat de tes recherches à un petit groupe d'élèves ou à toute la classe. Assure-toi d'avoir :

- des documents sonores ;

- des documents visuels ;

- des documents écrits.

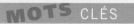
MOTS CLÉS

Controverse : Discussion sur une question ou une opinion qui provoque des débats.

Conseil : Relis l'information contenue dans la section « Le processus de recherche » de la **Boîte à outils**.

Conseil : Trouve les sources dans un catalogue de bibliothèque ou dans Internet.

Conseils :
- Présente des extraits de tes sources primaires.
- Prépare un élément qui s'applique à ton travail parmi les suivants : ligne du temps, tableau, schéma, carte.

Conseils :
- Rédige une introduction et une conclusion.
- N'oublie pas d'inclure une bibliographie.

Conseil : Fais quelques répétitions de ta présentation pour t'assurer que tout s'enchaîne de façon logique.

Ce tableau réalisé par C.W. Jefferys représente l'incendie du Parlement de Montréal en avril 1849.

Cette gravure montre un groupe de rebelles qui descendent la rue Yonge pour attaquer Toronto en décembre 1837. Elle a été réalisée par C.W. Jefferys.

Les historiens étudient comment les peuples et les sociétés changent au fil du temps. Ils constatent que les conflits qui surgissent entre des gens et entre des groupes sont souvent un facteur de changement. Ce module te présente divers types de conflits, des façons d'intervenir dans les conflits et certains changements apportés à la suite de conflits.

Les attentes

Ce module explorera la question suivante : **Comment les deux Canadas ont-ils changé depuis le début du XIXᵉ siècle ?**

Ce module te permettra de répondre aux questions suivantes :

- Comment les conflits et la résolution de conflit influencent-ils l'histoire ?
- Quelles sont les causes et les conséquences des rébellions de 1837 et 1838 qui ont eu lieu dans le Haut-Canada et le Bas-Canada ?
- Quels sont les principaux événements qui ont mené à l'union des deux Canadas ?
- Quelles sont les étapes qui ont entraîné la formation d'un gouvernement responsable dans les colonies de l'Amérique du Nord britannique ?
- Comment est-ce que je peux présenter ce que j'ai appris sur le Haut-Canada et le Bas-Canada ?

Les conflits et la résolution de conflit

Avant la lecture

Fais des liens

Écris un court récit qui raconte un conflit ou un problème qui t'a opposé à quelqu'un. Résume ce conflit en quelques mots sans nommer la personne. Précise comment tu as réagi au conflit.

Les conflits surviennent de temps à autre; ils font partie de la vie. Parfois, c'est un conflit personnel avec une ou un camarade ou avec quelqu'un de la famille. Parfois, un conflit plus grave éclate dans le monde et on en parle dans les journaux, à la télévision et dans Internet. Il y a habituellement cinq façons de réagir à un conflit. Laquelle décrit le mieux ta propre réaction?

Réaction	Description
Évitement	Tu te retires de la situation et tu prétends qu'il n'y a pas de conflit.
Abandon	Tu cèdes devant l'autre personne et tu fais ce qu'elle veut. Si tu éprouves de la frustration ou de la colère, tu essaies de ne pas le montrer.
Obstination	Tu t'entêtes ou tu te fâches et tu refuses d'écouter l'autre personne. Tu espères qu'elle va simplement renoncer à sa demande.
Compromis	Tu reconnais qu'il y a un conflit. Tu tentes de trouver une solution en discutant avec l'autre personne.
Collaboration	Tu avises l'autre personne qu'il y a un problème dès le début du conflit. Tu l'invites à chercher une solution avec toi.

Ce chapitre te permettra de répondre aux questions suivantes :

- Quels types de conflits ont marqué l'histoire du Canada ?

- Comment est-ce qu'on peut résoudre un conflit entre deux groupes de façon satisfaisante ?

- De quelle manière les conflits et la résolution de ces conflits ont-ils apporté des changements dans l'histoire ?

Littératie *en tête*

Parler de tes lectures t'aide à mieux résumer l'information que tu as lue. Cela t'aide aussi à trouver des idées pour écrire.

Ce chapitre te propose d'explorer comment les conflits ont été résolus dans les années 1830 et 1840. À la fin de ce chapitre, tu devras simuler un des conflits de l'histoire du Canada. Tu pourras changer la fin en utilisant une autre méthode de résolution de conflit que celle qui a réellement été appliquée par les parties qui étaient en conflit.

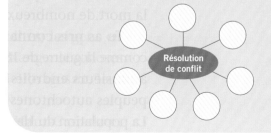

Peu après les émeutes qui suivent une élection en 1832 dans le Bas-Canada, une épidémie de choléra fait plus de 6000 victimes. À Montréal et à Québec, les gens blâment les 52 000 immigrants britanniques arrivés cette année-là. Dans son tableau intitulé *Le choléra à Québec*, Joseph Légaré a peint la population de Québec, effrayée, qui allume de petits feux autour des endroits contaminés afin de se protéger de la maladie.

En 1832, une émeute éclate au cours d'une élection dans le Bas-Canada. En tentant de rétablir l'ordre, les soldats britanniques tuent trois personnes. Les émeutiers ont tout de suite la sympathie de la population, qui juge que les soldats ont réagi trop durement. L'événement renforce l'appui en faveur des **Patriotes**, qui militent pour une réforme politique.

Les chapitres 8 et 9 traitent des rébellions de 1837-1838. Ces rébellions ont fait des centaines de morts et de blessés, mais elles ont aussi forcé les Britanniques à réformer les gouvernements des deux Canadas.

Les manifestations

Les gens utilisent les manifestations pour exprimer leur mécontentement sur un sujet qui leur tient à cœur. Les manifestations peuvent être pacifiques, mais il arrive parfois que les événements deviennent incontrôlables. Les gouvernements envoient souvent les forces policières et l'armée dans les rues afin de maintenir l'ordre. Toutefois, certains témoins ou manifestants trouvent que les policiers utilisent parfois une force excessive pour disperser les gens.

Aujourd'hui encore, les Canadiens manifestent souvent pour faire changer les choses et tenter d'influencer l'opinion publique.

La police disperse les manifestants au moyen de **gaz lacrymogènes**. Selon toi, est-ce que les gens devraient avoir le droit de manifester ? Est-ce que la police devrait pouvoir stopper une manifestation ? Justifie ta réponse.

Les grèves

Dans les années 1800, les conditions de travail sont mauvaises, et les salaires sont bas. Pour obtenir de meilleures conditions, les travailleurs organisent souvent des grèves et des manifestations. Ainsi, en 1836, les imprimeurs de Toronto font la grève. Ils travaillent 12 heures par jour et veulent réduire leur journée de travail à 10 heures sans perte de salaire. En 1855, les **cheminots** déclenchent une grève pour obtenir un meilleur salaire. Généralement, les grèves de ce genre sont pacifiques, mais il arrive qu'elles deviennent violentes. Dans les années 1840, les ouvriers des canaux ont eu recours à la violence pour obtenir de meilleurs salaires et de meilleures conditions de travail.

Personne n'aime les grèves, surtout si elles sont violentes. Elles dérangent la population, les entreprises en souffrent et elles font perdre des revenus aux travailleurs. De 1870 à 1900, les grèves sont si nombreuses que le gouvernement fédéral prend des mesures pour résoudre les conflits. Il adopte la Loi sur les conflits dans les chemins de fer en 1903, puis la Loi des enquêtes en matière de différends industriels en 1907. Une fois de plus, des événements dramatiques ont produit de bons résultats.

En 1877, une grève de **journaliers** a lieu dans le port de Montréal. À l'époque, les mauvaises conditions de travail et les salaires trop bas sont souvent à l'origine de ce genre d'action.

Applique tes connaissances

1. Selon toi, est-ce que les nouvelles seraient plus intéressantes si les journalistes ne rapportaient que les « bonnes » nouvelles ? Explique ta réponse. *h*

2. Dans un tableau, présente les avantages que nous retirons aujourd'hui des guerres, des rébellions, des manifestations et des grèves qui se sont produites autrefois. À quel type de conflit, parmi ceux qui sont mentionnés, accepterais-tu de participer si tu avais la conviction qu'il peut donner de bons résultats à long terme ? Explique ta réponse. *h* *co* *o*

3. Y a-t-il de nouveaux privilèges ou des permissions que tu aimerais obtenir à la maison ? Lesquels ? Explique comment tu pourrais négocier pour les obtenir. *h*

4. Trouve, dans l'actualité, des nouvelles qui portent sur les quatre types de conflits (guerre, rébellion, manifestation et grève) décrits dans cette section. Crée une affiche ou prépare un montage avec des camarades, que vous présenterez sur un babillard. *co*

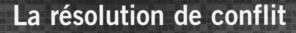

La résolution de conflit

Pendant la lecture

Prête attention

Réagis au texte en formulant des questions ou des commentaires sur la résolution de conflit, que le conflit soit historique ou qu'il te concerne personnellement.

Dans les pages précédentes, tu as vu que les gens, les groupes et les pays recourent à divers moyens pour résoudre leurs désaccords. Certains moyens comportent des actes de violence. Il existe d'autres mesures, moins violentes, pour résoudre un conflit. Les peuples autochtones ont longtemps résolu leurs désaccords grâce à une approche qui permet de prendre des décisions en commun. Les forces de maintien de la paix des Nations unies sont un moyen que les pays utilisent pour résoudre leurs conflits sans se faire la guerre.

Le règlement des conflits chez les peuples autochtones

Les Iroquois racontent qu'un artisan de la paix a convaincu leur peuple, il y a plusieurs siècles, de l'importance de la paix. «L'injustice est la cause des conflits», leur a-t-il expliqué. «Mettez fin à l'injustice, et vous pourrez mettre fin aux conflits.» Les nations autochtones ont adopté la Grande Paix de Montréal en 1701 selon ces principes. Quand quelqu'un utilise la violence, la communauté lui demande trois fois de suite de cesser d'agir ainsi. Si la personne refuse d'obéir, la communauté a recours à la force collective pour mettre fin à la violence. Aujourd'hui encore, les peuples autochtones utilisent des variantes de cette approche pacifique pour résoudre leurs différends.

La résolution de conflit

MOTS CLÉS

Résolution de conflit : Démarche qui vise à faire voir les événements sous un angle neutre et à trouver une solution aux différents types de conflits qui opposent des personnes ou des groupes.

Médiateur : Personne qui essaie d'amener des groupes ou des individus à se parler pour trouver une solution au conflit qui les oppose.

La **résolution de conflit** est une démarche conçue pour régler les conflits. Des conflits, il y en a à la maison, à l'école, dans la collectivité, au travail, dans le pays et entre les pays. Dans tous les cas, les stratégies de résolution de conflit contribuent à améliorer la situation. L'endroit où le conflit survient détermine habituellement qui participera à la résolution du conflit. S'il s'agit d'un conflit mineur, les personnes en cause sont sans doute les mieux placées pour résoudre le problème. Par contre, un conflit important exige l'intervention d'une médiatrice ou d'un **médiateur**. Cette personne joue un rôle capital quand les parties n'arrivent pas à s'entendre.

Comment fonctionne la résolution de conflit ?

Voici les étapes pour réussir une démarche de résolution de conflit.

Étape 1 : Raconter les deux versions de l'histoire

Les deux parties expriment, à tour de rôle, leur version de l'histoire.

Étape 2 : Préciser la nature du conflit

La médiatrice ou le médiateur vérifie si les parties voient les faits différemment, par exemple, l'heure où s'est produit l'incident principal, s'il y a des témoins de l'incident. Les personnes tentent de s'entendre sur les différentes perceptions des faits.

Étape 3 : Exprimer ses sentiments

Les deux parties expriment, à tour de rôle, ce qu'elles ont ressenti au moment de l'incident et ce qu'elles ressentent au moment présent. Elles expriment le résultat qu'elles espèrent obtenir de la médiation.

Étape 4 : Suggérer une solution

À tour de rôle, les parties suggèrent une solution au problème. Chaque partie doit formuler des suggestions positives qui ne risquent pas de blesser ou d'humilier l'autre partie.

Étape 5 : S'entendre sur une solution

Les parties et la médiatrice ou le médiateur formulent une solution acceptable pour tous. Les deux parties doivent avoir le sentiment de gagner quelque chose. Elles n'obtiennent peut-être pas tout ce qu'elles désirent, mais elles gagnent assez pour que la solution soit acceptable.

Étape 6 : S'entendre sur une démarche de suivi

Les parties conviennent d'un moment et d'un lieu de rencontre avec la médiatrice ou le médiateur pour voir si la démarche a donné les résultats souhaités.

Étape 7 : Clore la démarche

La médiatrice ou le médiateur rappelle aux parties leurs engagements, et les invite à tout mettre en œuvre pour résoudre le problème.

Partie A

- Ne parle que des faits. Explique ce qui s'est passé et non pourquoi c'est arrivé.
- Explique ce qui s'est passé en parlant au « je ».
- Utilise un langage respectueux.
- N'insulte personne.

Partie B

- Écoute avec attention.
- Laisse l'autre raconter sa version des faits.
- Évite de l'interrompre.
- Lorsque l'autre a terminé, pose des questions pour clarifier les points que tu ne comprends pas. Par exemple : « Tu dis que j'ai été impolie avec ton ami ; qu'est-ce que j'ai dit, à ton avis ? »
- Répète ce que l'autre a dit pour valider ta compréhension.
- Ne modifie rien, n'ajoute rien.

Applique tes connaissances

1. À ton avis, quelles sont les qualités d'une bonne médiatrice ou d'un bon médiateur ? *h*

2. Avec deux camarades, choisis un type de conflit courant dans ton école. Décrivez comment il pourrait être résolu en appliquant les sept étapes décrites ci-dessus. Préparez-vous à jouer la situation et choisissez l'une ou l'un de vous comme médiatrice ou médiateur. *h*

De nombreux conflits opposent des peuples ou des pays. Voilà pourquoi l'Organisation des Nations unies (ONU) a créé, en 1956, une force de maintien de la paix. L'ONU est une organisation internationale regroupant plus de 190 pays. Elle tente de prévenir ou d'atténuer les conflits partout dans le monde.

Les forces de maintien de la paix

En 1956, Lester B. Pearson dirige la délégation canadienne à l'ONU. Une guerre éclate en territoire égyptien, autour du canal de Suez. Elle oppose le Royaume-Uni, la France et Israël d'un côté, et l'Égypte de l'autre. Le conflit menace de s'étendre à d'autres pays. Lester B. Pearson propose que des soldats des pays membres de l'ONU soient envoyées dans la zone de guerre pour agir de façon neutre et maintenir la paix. La proposition est acceptée, et les troupes de l'ONU patrouillent la zone de conflit. Les soldats de l'ONU portent l'uniforme de leur pays d'origine, mais ils sont tous coiffés d'un béret bleu qui signale leur fonction de maintien de la paix.

Par la suite, l'ONU continue d'envoyer des **Casques bleus** dans des régions en conflit, tels la Somalie et le Rwanda, en Afrique, et Chypre et la Bosnie, en Europe. Le rôle des Casques bleus dans un conflit international ressemble à celui d'une médiatrice ou d'un médiateur dans un conflit personnel. En général, les deux parties arrivent difficilement à ramener la paix entre elles. Elles ont besoin d'une troisième partie pour les aider.

Les soldats canadiens ont agi à titre de Casques bleus de l'ONU dans plus de 20 pays dans le monde.

Lester B. Pearson (1897-1972) propose en 1956 la création d'une force de maintien de la paix protégée par l'ONU. Son plan est mis en œuvre, et, en 1957, il reçoit en récompense le prix Nobel de la paix.

Des Casques bleus canadiens postés près de la frontière entre l'Érythrée et l'Éthiopie, en Afrique, s'apprêtent à faire une patrouille.

MOTS CLÉS

Casques bleus : Surnom donné aux soldats envoyés par l'ONU pour maintenir la paix dans un pays en guerre.

Tu sais maintenant que les notions de «conflit» et de «changement» s'appliquent autant à la vie des individus qu'à l'histoire des pays. Tu as survolé quelques types de conflits qui ont marqué l'histoire de l'Amérique du Nord britannique, et tu sais désormais que les individus peuvent résoudre les conflits qui surviennent dans leur vie. Tu as pu imaginer comment l'histoire aurait peut-être été différente si, dans les années 1800, les gens avaient été capables d'appliquer la technique de résolution de conflit.

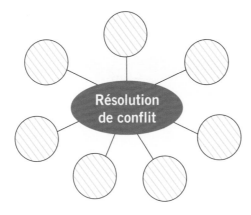

Après *la lecture*

Fais le point

Utilise ce que tu as appris dans ce chapitre pour simuler un des conflits de l'histoire du Canada. Tu peux changer la fin du conflit en utilisant une autre méthode de résolution de conflit que celle qui a été réellement appliquée par les parties. Utilise un schéma semblable à celui ci-contre pour noter les différentes étapes de la résolution de conflit.

Vérifie tes connaissances

Pour ce travail, forme un petit groupe avec des camarades. Tentez de résoudre un conflit historique en suivant les étapes ci-dessous.

1. Relisez les sept étapes de la résolution de conflit décrites à la page H 147. Résumez, dans un tableau ou un diagramme, le déroulement des étapes du début à la fin. *m*

2. Choisissez l'un des conflits suivants :
   - les conflits entre des peuples autochtones et les explorateurs français, tel Samuel de Champlain, dans les années 1620 et 1630 (chapitre 1);
   - l'expulsion des Acadiens des colonies maritimes par les Britanniques, de 1755 à 1763 (chapitre 3);
   - le conflit qui opposait les Britanniques et les habitants des Treize colonies au sujet des impôts, et qui a mené à la Révolution américaine (chapitre 4);

   - la guerre de 1812, lorsque les États-Unis ont envahi le Haut-Canada et le Bas-Canada (chapitre 6).

3. Divisez votre groupe en trois : certains se prépareront à présenter le point de vue d'une des parties; d'autres défendront celui de l'autre partie; une personne sera la médiatrice ou le médiateur.

4. Organisez un jeu de rôle dans lequel la médiatrice ou le médiateur s'assoit avec les deux parties en conflit. Même si le jeu doit reposer sur les faits historiques, votre solution au conflit peut être différente de ce qui s'est réellement passé. *h*

5. Lorsque vous avez terminé, dites si, oui ou non, ce conflit aurait pu être résolu par la médiation. Expliquez pourquoi. *CD*

Les rébellions de 1837 et 1838

Cette gravure, réalisée par Charles Beauclerk en 1840, s'intitule *Attaque contre Saint-Charles, 25 novembre 1837*.

Il existe plusieurs cas de rébellion contre les gouvernements dans l'histoire. Tu sais déjà que durant la Révolution américaine (1775-1783), les colons se sont révoltés contre leur **métropole**, la Grande-Bretagne.

Dans d'autres cours d'histoire, tu apprendras peut-être ce qui s'est produit pendant la Révolution française (1789-1799) et la révolution d'Octobre 1917 en Russie. Au cours de ces deux révolutions, le peuple a renversé le pouvoir en place.

Qu'est-ce qui justifie une rébellion ? Quelles raisons poussent un peuple à se soulever contre son gouvernement et à le renverser ? Ce chapitre t'amènera à te questionner sur le droit des gens de se révolter contre un gouvernement qu'ils trouvent injuste et **tyrannique**.

MOTS CLÉS

Métropole : Pays qui possède des colonies.

Tyrannique : Qui exerce un pouvoir sans limites et ne respecte pas les libertés individuelles.

Ce tableau de Jean-Pierre-Louis-Laurent Hoüel, réalisé en 1789, s'intitule *La prise de la Bastille.*

Ce chapitre te permettra de répondre aux questions suivantes :

- Quelles sont les causes des rébellions survenues dans le Haut-Canada et le Bas-Canada en 1837 et 1838 ?

- Quels personnages jouent un rôle important dans les rébellions de 1837 et 1838 ?

- Quels sont les événements marquants des rébellions de 1837 et 1838 ?

- Comment les rébellions de 1837 et 1838 mènent-elles à des changements ?

Littératie *en tête*

Une question à développement est une question qui exige une réponse détaillée. Pour y répondre, tu dois faire une synthèse, c'est-à-dire résumer de l'information provenant de plusieurs sources.

Relis les questions ci-contre, puis réfléchis aux conséquences de ces événements sur le Canada d'aujourd'hui. Tu pourrais, par exemple, poser la question suivante : « Quelles traces les événements des années 1830 ont-ils laissées sur le Canada d'aujourd'hui ? »

Formule d'autres questions auxquelles tu répondras après avoir lu ce chapitre. Construis un tableau comme celui ci-dessous. Écris tes questions dans la première colonne. Note les réponses dans la deuxième colonne, à mesure que tu les trouves. Tu te serviras de la troisième colonne à la fin du chapitre.

Mes questions	Réponses	C'est une bonne/mauvaise question parce que...

Les causes des rébellions

La période de 1791 à 1840 apporte des changements dans tous les domaines. Tu as vu, au chapitre 5, que Londres adopte l'Acte constitutionnel en 1791. La colonie est alors divisée en deux parties : le Haut-Canada et le Bas-Canada. Londres met en place un **régime parlementaire**, ce qui signifie que la population peut dorénavant élire des députés à la Chambre d'assemblée. Pourquoi, après avoir accueilli avec enthousiasme l'Acte constitutionnel, la population s'engage-t-elle dans une rébellion 40 ans plus tard ? Plus loin dans ce chapitre, tu apprendras les faits saillants de ces rébellions. Mais d'abord, tu dois bien comprendre leurs causes.

▥ Les débuts du parlementarisme

L'Acte constitutionnel accorde à chacune des deux colonies le droit d'élire une Chambre d'assemblée. Observe le tableau des institutions politiques du Haut-Canada et du Bas-Canada en 1791 à la page H 101. Les représentants élus de chaque Chambre d'assemblée votent les lois et approuvent les budgets nécessaires à l'administration de la colonie. Cependant, toutes les mesures adoptées par la Chambre doivent être approuvées ou rejetées par le Conseil législatif, dont les membres sont nommés par le gouverneur général, qui est le représentant du roi ou de la reine de Grande-Bretagne. Les membres du Conseil exécutif sont aussi nommés par le gouverneur général. De plus, le gouverneur général a le droit de dissoudre en tout temps l'Assemblée des députés et de déclencher des élections.

L'Acte constitutionnel instaure un régime parlementaire, c'est-à-dire un gouvernement dont les représentants sont choisis par le peuple lors d'une élection. Toutefois, l'Acte constitutionnel ne met pas en place une véritable démocratie, car l'autorité du gouverneur est presque absolue. Les électeurs votent pour des représentants, mais ces derniers n'exercent pas beaucoup de pouvoir au sein du gouvernement. L'absence de pouvoirs réels va pousser des députés à se regrouper au sein de chaque Chambre d'assemblée et à fonder un parti politique pour jouer le rôle d'opposition au gouvernement.

Les étapes d'un projet de loi en 1791

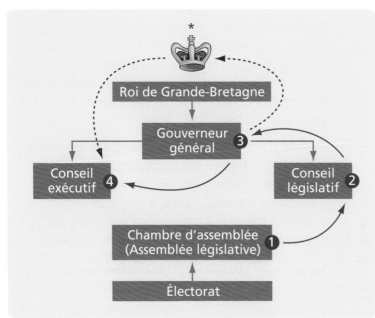

Avant qu'un **projet de loi** soit adopté, plusieurs étapes doivent être franchies.

1 Les députés de la Chambre d'assemblée, élus par la population, votent un projet de loi.

2 Le Conseil législatif examine le projet de loi. Il peut le rejeter, le modifier au besoin, ou l'approuver.

3 Le projet de loi est présenté au gouverneur général qui l'accepte et lui accorde la **sanction** royale. Cependant, s'il va à l'encontre des intérêts de la métropole, le projet de loi sera bloqué.

4 Une fois que la loi est adoptée et approuvée, le Conseil exécutif la met en application.

* Dans certains cas, le gouverneur général transmet le projet de loi au roi afin qu'il l'approuve.

Les élites du gouvernement

Dans les deux Canadas, un petit groupe de familles riches et puissantes entourent le gouverneur général et occupent les postes les plus importants au pouvoir, tels que ceux de conseillers législatifs et exécutifs. Dans le Haut-Canada, cette **élite** s'appelle le « ***Family Compact*** », ou « Pacte de famille », alors qu'elle porte le nom de « **Clique du château** » dans le Bas-Canada. Les membres de l'élite sont de riches propriétaires fonciers, des administrateurs, des avocats et quelques marchands fortunés. Des conflits surgissent régulièrement entre les députés et le gouverneur et ses conseillers. Les membres de ces élites ne veulent pas céder le pouvoir aux représentants élus et ils font tout pour le conserver entre leurs mains.

La situation économique

Au début du XIXe siècle, de profonds changements surviennent dans la structure économique. Le commerce des fourrures, qui a été depuis 200 ans la base de l'économie, perd de son importance au profit d'autres produits, comme le blé et le bois. Entre 1792 et 1814, une série de guerres oppose la France à plusieurs pays européens, dont la Grande-Bretagne. Durant cette période, la Grande-Bretagne a besoin de blé à la suite de mauvaises récoltes, ainsi que de bois pour construire des navires de guerre et de commerce. Les colonies d'Amérique du Nord resserrent alors leurs liens avec la métropole. Une fois que la paix est rétablie, la Grande-Bretagne maintient ce nouveau commerce. Par exemple, elle impose des taxes sur le bois importé d'Europe, mais pas sur celui de ses colonies.

Pendant la lecture

Prête attention

Trouve la définition du mot « élite » dans le dictionnaire. Quelle signification ce mot a-t-il aujourd'hui par rapport à sa signification dans les années 1800 ? Qu'est-ce que ce changement de sens révèle sur l'évolution de la langue ?

L'agriculture

L'agriculture dans le Bas-Canada

Au Bas-Canada, la production agricole s'adapte à la demande de la Grande-Bretagne. Les agriculteurs augmentent leur rendement. De nouvelles terres sont concédées et défrichées. Toutefois, à partir de 1810, l'agriculture au Bas-Canada connaît plusieurs problèmes. Les seigneuries sont surpeuplées, car la population du Bas-Canada augmente sans cesse. Les rendements baissent à cause de l'épuisement des sols et des techniques agricoles désuètes. Les années 1830 sont particulièrement difficiles pour les agriculteurs en raison de mauvaises récoltes dues à des conditions climatiques défavorables et à une invasion de mouches qui détruisent les plants. De nombreuses familles d'agriculteurs commencent à souffrir de la famine.

Sous le Régime français, le système seigneurial a été un bon outil de développement de la colonie. Or, au début des années 1800, la situation économique des seigneurs ne cesse de se dégrader. Ceux-ci tentent alors d'améliorer leurs revenus en augmentant les impôts et les loyers que les habitants doivent payer. Malgré ces mesures, les difficultés qu'ils affrontent entraînent la perte de leur influence et de leur prestige. Ils sont de moins en moins nombreux sur le plan politique et social. À la Chambre d'assemblée, ce sont plutôt des professionnels, comme des médecins ou des avocats, qui siègent comme députés. Ces derniers fondent le Parti canadien pour défendre les intérêts des Canadiens français. Ils sont majoritaires à la Chambre d'assemblée. Sur le plan économique, ils veulent que la priorité soit donnée à l'agriculture, qui est en difficulté. Ils s'opposent aux intérêts des élus britanniques près de la Clique du château, qui misent surtout sur le développement du commerce. Au fil des ans, la tension monte entre ces deux groupes alors que chacun défend ses propres intérêts.

L'utilisation de nouvelles techniques agricoles facilite l'essor de l'agriculture.

L'agriculture dans le Haut-Canada

Le Haut-Canada a déjà commencé à exporter du blé vers la métropole dès la troisième année de sa création, et son agriculture devient florissante à partir de 1815. La région est fertile, et les rendements sont exceptionnels. Le Haut-Canada ne cesse de prospérer, ce qui favorise l'immigration. La population veut développer son commerce et réclame l'amélioration des voies navigables. Là aussi, un groupe de privilégiés occupent des postes de conseillers et sont favorisés pour l'attribution des emplois et des terres. Les militants plus progressistes qui forment le Parti **réformiste** les nomment le *Family Compact.* Les Réformistes souhaitent notamment l'augmentation des pouvoirs de l'Assemblée.

Dans les deux Chambres d'assemblée, la meilleure façon de lutter contre les pouvoirs abusifs du gouverneur et des conseillers consiste à refuser de voter des crédits au gouvernement. Ainsi, les fonctionnaires ne reçoivent plus leur salaire puisque la Chambre refuse d'adopter le budget pour les payer. L'administration des deux colonies se trouve alors paralysée.

MOTS CLÉS

Réformiste : Groupe de personnes qui veut changer le gouvernement pour le rendre plus démocratique.

Les transports

Au début des années 1800, le transport des marchandises sur de longues distances se fait par bateau. Plusieurs canaux sont construits dans le Haut-Canada dans le but d'assurer le passage des bateaux. La construction de canaux permet de transporter les marchandises plus rapidement et à un moindre coût.

Les gens d'affaires trouvent que la construction de canaux se fait trop au ralenti dans le Bas-Canada. Ils affirment qu'il est impossible d'améliorer les transports à moins que le Bas-Canada n'investisse davantage dans la construction de canaux. De leur côté, les députés canadiens-français ne sont pas pressés de construire des canaux qui faciliteraient le commerce entre les deux Canadas, en plus de favoriser l'agriculture du Haut-Canada et les marchands britanniques de Montréal.

Les principaux canaux construits au début des années 1800

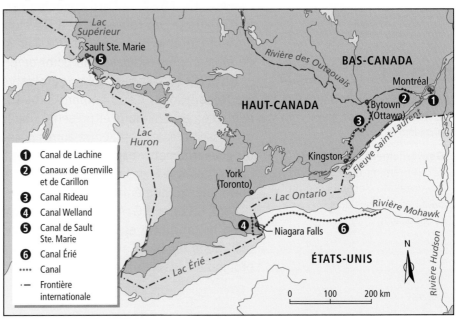

Chacun des canaux améliore le transport de marchandises entre les grandes villes ou entre les cours d'eau importants. Les canaux jouent un rôle clé dans l'économie canadienne.

▦ Un projet d'union

Pour les Britanniques des deux Canadas, l'union de leurs forces est le seul moyen de mettre en minorité les Canadiens français. Les gens d'affaires, tant dans le Haut-Canada que dans le Bas-Canada, pourraient ainsi développer toutes les possibilités commerciales des cours d'eau. En 1822, un projet d'union entre le Haut-Canada et le Bas-Canada est présenté à Londres. L'opposition à ce projet s'organise au Bas-Canada, où une pétition circule. John Neilson et Louis Joseph Papineau vont présenter cette pétition à Londres. Le projet de loi est finalement rejeté. ▦

Analyse les faits

Les 92 Résolutions de Papineau (1834) et les Résolutions de Russell (1837)

Les membres du Parti canadien sont des Réformistes qui souhaitent l'amélioration du système parlementaire afin d'obtenir plus de pouvoirs. Ils veulent être en mesure de négocier avec le Parlement. À la fin des années 1820, le mécontentement s'intensifie à la Chambre d'assemblée du Bas-Canada. En 1827, le Parti canadien commence à se désigner comme le Parti patriote, en référence à la Révolution américaine (1775-1783), et devient carrément révolutionnaire. Les idées défendues par ce parti sont de plus en plus radicales, au point de provoquer des conflits majeurs.

En 1834, l'Assemblée législative du Bas-Canada adopte les 92 **Résolutions**. Ce document expédié au gouvernement britannique dénonce certains abus et présente une liste de demandes. Les membres de l'Assemblée exigent, entre autres choses, l'élection du Conseil législatif, un **gouvernement responsable** et le contrôle du budget par la Chambre. La même année, des élections sont déclenchées, et le Parti patriote remporte une victoire éclatante.

Lord Archibald Gosford, nommé gouverneur en chef de l'Amérique du Nord britannique en 1835, est chargé d'enquêter sur les problèmes politiques du Bas-Canada. Son rôle consiste à trouver une solution aux problèmes des habitants du Bas-Canada.

MOTS CLÉS

Résolution : Décision que les membres de l'Assemblée ont prise lors d'un vote.

Gouvernement responsable : Gouvernement qui choisit les membres du Conseil exécutif parmi les représentants élus par la population.

En mars 1837, le gouvernement britannique réagit enfin aux 92 Résolutions de Louis Joseph Papineau. Lord John Russell, ministre britannique des Colonies, présente 10 résolutions à la Chambre des communes, à Londres. Dans ce document, les demandes des Patriotes sont catégoriquement rejetées, ce qui provoque leur colère. Les *Résolutions Russell* autorisent même le gouverneur à puiser dans le budget de l'Assemblée sans son accord. Il s'ensuit alors une série d'assemblées populaires.

Louis Joseph Papineau (1786-1871) est élu président de la Chambre d'assemblée et nommé chef du Parti canadien en 1815.

En 1837, lord John Russell (1792-1878) présente 10 résolutions à la Chambre des communes, à Londres, en réponse aux 92 Résolutions de Papineau.

Les principaux enjeux des 92 Résolutions de Papineau et des Résolutions de Russell

Enjeu	92 Résolutions	Résolutions de Russell
1. Qui devrait choisir les membres du Conseil législatif?	Les membres du Conseil législatif doivent être élus par le peuple.	Il est « impensable » de faire du Conseil législatif un organisme élu, mais il convient de chercher des moyens d'impliquer le peuple.
2. De qui devrait dépendre le Conseil exécutif?	Le Conseil exécutif doit avoir le soutien de l'Assemblée législative. Cette idée est liée à la notion de gouvernement responsable.	Le gouvernement britannique devrait améliorer la composition du Conseil exécutif, mais il est « impensable » qu'il dépende de l'Assemblée législative.
3. Quel est l'avenir du système seigneurial?	Les seigneuries doivent être abolies et converties en propriétés privées.	Il serait utile, en temps et lieu, de procéder à ce changement.
4. Qui devrait gérer les impôts que paye la population du Bas-Canada?	Le droit de percevoir des impôts au Bas-Canada, que la Couronne a donné au gouverneur général, doit être aboli. Ces impôts doivent être prélevés et gérés par le gouvernement du Bas-Canada.	La Couronne est disposée à accéder à cette demande, mais, en cas de crise parlementaire, elle se réserve le droit de puiser dans le Trésor public avec ou sans l'autorisation de la Chambre.

En résumé

Au début des années 1830, de nombreux résidents du Haut-Canada et du Bas-Canada sont insatisfaits.

- Plusieurs secteurs économiques se développent. Les gens d'affaires qui en profitent sont avant tout les Britanniques. Cette situation a des répercussions jusqu'à la Chambre d'assemblée. Les Canadiens français et les députés britanniques, qui sont plus près des gens d'affaires, n'ont pas les mêmes intérêts.

- Leurs gouvernements désirent avoir plus de pouvoirs puisque le gouverneur responsable de l'administration a le pouvoir de bloquer les lois votées par l'Assemblée.

- Les agriculteurs du Bas-Canada vivent une période difficile. La chute du prix du blé et les mauvaises récoltes les forcent à se tourner vers d'autres cultures. L'accroissement de la population fait augmenter la demande pour des terres cultivables alors que celles-ci commencent à manquer.

- Les gens d'affaires pressent les Chambres d'assemblée d'investir dans la réalisation d'un vaste réseau de transport. Le Haut-Canada accepte, mais plusieurs personnes dans le Bas-Canada ne coopèrent pas. Par conséquent, il est difficile d'apporter des changements.

La situation va-t-elle s'améliorer ou empirer? Il faudrait peu de chose pour déclencher une rébellion.

Applique tes connaissances

1. Examine la carte des principaux canaux construits au début des années 1800, à la page H 155. Selon toi, est-ce que le Haut-Canada exagère en disant que le Bas-Canada retarde le développement du réseau de transport? Explique ta réponse. **C**

2. Dans tes mots, donne trois exemples qui démontrent le manque de démocratie du gouvernement des deux Canadas dans les années 1830. **C**

3. Que signifie l'expression « gouvernement responsable »? Selon ce que tu sais du gouvernement des années 1830 dans le Haut-Canada et le Bas-Canada, pourquoi les élus réclament-ils un gouvernement responsable? **h**

4. Écris un discours enflammé, comme si tu étais une personne élue des années 1830. Ton discours doit exiger l'instauration d'un gouvernement responsable pour résoudre certains problèmes et mettre fin à des injustices de l'époque. Assure-toi d'utiliser les termes justes pour l'époque et le contexte. Consulte la **Boîte à outils** si tu as besoin d'aide. **CO**

Les acteurs des rébellions et leur rôle

Pour obtenir des changements politiques, souvent les gens se rassemblent autour d'une meneuse ou d'un meneur solide qui parle en leur nom. Plusieurs de ces meneurs ont été des acteurs majeurs au cours des années 1830 dans les deux Canadas. Défenseurs des revendications d'une partie de la population, ils ont affronté d'autres acteurs politiques qui défendaient aussi la position d'une partie de la population. Cette section te présente trois acteurs qui ont été porte-parole d'un groupe.

Pendant la lecture

Prête attention

Quelles qualités doit avoir un acteur politique qui est porte-parole d'un groupe ? Énumère les qualités d'une ou d'un porte-parole que tu connais ou dont tu as entendu parler.

Sir Francis Bond Head (1793-1875)

Ses origines

Sir Francis Bond Head est soldat dans l'armée britannique. Lorsqu'il quitte l'armée, en 1825, il occupe alors le poste de major. Il passe plusieurs années en Amérique du Sud, où il travaille comme ingénieur pour une compagnie minière.

Ses réalisations

En 1835, sir Francis Bond Head est nommé lieutenant-gouverneur du Haut-Canada. Cette position fait de lui le représentant de la Couronne britannique dans cette colonie.

Dans un premier temps, sir Francis Bond Head semble vouloir soutenir les réformes pour donner plus de pouvoirs au gouvernement. Il nomme plusieurs Réformistes au Conseil exécutif, mais il ne répond pas aux recommandations du Conseil. Lorsque ses membres protestent, il les invite à changer d'attitude ou à démissionner. Les membres choisissent de démissionner.

En 1836, l'Assemblée législative, dominée par les Réformistes, vote une résolution contre sir Francis Bond Head, critiquant son comportement. Il réagit en mettant fin à l'Assemblée en place et en annonçant de nouvelles élections pour constituer une nouvelle Assemblée. Il mène une campagne personnelle en faveur du *Family Compact* et de ceux qui l'appuient. En principe, il aurait dû rester neutre et ne pas donner son appui à un parti politique. Les loyalistes, qui s'opposent à la réforme, gagnent les élections. Certains Réformistes se découragent, d'autres croient cependant qu'il faut déclencher une révolution.

Sir Francis Bond Head est lieutenant-gouverneur du Haut-Canada de 1835 à 1838.

Son importance

L'intervention de sir Francis Bond Head dans le processus électoral et son appui aux partisans du *Family Compact* montrent jusqu'où il est prêt à aller pour résister aux Réformistes. En raison de son attitude hostile envers plusieurs, il perd la confiance du gouvernement britannique. En 1838, il est rappelé à Londres, et quelqu'un d'autre est nommé à son poste.

William Lyon Mackenzie (1795-1861)

Ses origines

William Lyon Mackenzie est né en Écosse. Il s'installe dans le Haut-Canada en 1820, où il pratique le métier d'imprimeur et devient journaliste.

Ses réalisations

William Lyon Mackenzie est élu député à l'Assemblée législative en 1828. Il est un ardent partisan d'une réforme du gouvernement.

William Lyon Mackenzie publie son propre journal, le *Colonial Advocate*. Il y rédige des articles où il décrit ses ennemis en termes offensants. Voici un exemple :

> « Le *Family Compact* règne sur le Haut-Canada. Une douzaine de nuls et quelques béni-oui-oui, retraités et autres individus prudes aux idées étroites bien connues : la totalité des revenus du Haut-Canada est à leur merci. » [Traduction libre]

William Lyon Mackenzie est expulsé plusieurs fois de l'Assemblée législative pour avoir publié des textes jugés **diffamatoires**. Même s'il est réélu quatre fois à l'Assemblée législative, il ne peut y siéger à cause des propos diffamatoires qu'il a publiés auparavant.

Au cours de l'élection de 1836, il publie dans son journal son appui au Parti réformiste. Les Réformistes perdent l'élection, et William Lyon Mackenzie accuse le lieutenant-gouverneur, sir Francis Bond Head, d'avoir ouvertement appuyé l'élite du Haut-Canada, le *Family Compact*.

William Lyon Mackenzie dirige la rébellion de 1837 dans le Haut-Canada.

William Lyon Mackenzie admire les États-Unis, qui ont fait la révolution contre la Grande-Bretagne dans les années 1770. Il admire aussi la **république** que les États-Unis ont créée. Il espère que le Haut-Canada fera sa propre révolution. Il organise donc une rébellion pour lancer cette révolution.

Son importance

William Lyon Mackenzie dirige une rébellion contre la Couronne britannique. Il a le courage de s'élever contre un gouvernement qu'il juge corrompu, ce que peu de gens osent faire alors.

Louis Joseph Papineau (1786-1871)

Ses origines

Louis Joseph Papineau vient d'une famille riche du Bas-Canada. Fils d'un seigneur, il est né à Montréal et y a fait ses études en droit. Cependant, il s'intéresse bientôt à la politique et est élu à l'Assemblée législative en 1809.

Ses réalisations

Louis Joseph Papineau soutient le projet de réformer le système politique. À ses yeux, le pouvoir de l'Assemblée législative doit dépasser celui des autres structures du gouvernement où siègent des non-élus.

Louis Joseph Papineau est le président de l'Assemblée législative de 1815 à 1832. Il est perçu comme le défenseur des droits des Canadiens français. Il veut maintenir la religion catholique, la langue française et les traditions canadiennes-françaises. En 1815, il devient le chef du Parti canadien, appelé plus tard le « Parti patriote ».

En 1822, Louis Joseph Papineau présente une pétition de 60 000 signatures à Londres contre le projet d'union des deux Canadas. Il parvient à convaincre le Parlement britannique, et le projet d'union est rejeté. Pendant des années, il cherche à multiplier les appuis à la réforme du système politique. En 1834, il présente au gouvernement britannique une liste de revendications connues sous le nom de « 92 Résolutions ». Les Patriotes qui soutiennent Louis Joseph Papineau veulent se rebeller contre le gouvernement. Louis Joseph Papineau croit cependant qu'ils peuvent réussir la réforme de façon pacifique.

Cette illustration, réalisée par C.W. Jefferys vers 1925, représente Louis Joseph Papineau s'adressant à ses partisans lors d'un rassemblement en mai 1837.

En 1837, les Résolutions de Russell changent tout. Elles convainquent un grand nombre de gens qu'il est inutile d'essayer de changer les choses de façon pacifique. De toute évidence, les Britanniques ne désirent pas s'engager dans une réforme importante.

Dans les assemblées, Louis Joseph Papineau profère des opinions radicales qui poussent ses compatriotes à prendre les armes. Les Patriotes les plus radicaux organisent une rébellion.

Quand les rebelles commencent à affronter l'armée britannique, en 1837, Louis Joseph Papineau est dépassé par les événements, qu'il ne peut contrôler. Conscient de l'échec du mouvement qu'il a suscité, il s'exile aux États-Unis, puis en France. Il revient dans les années 1840, quand le gouvernement accorde l'**amnistie** à tous ceux qui ont été mêlés à la rébellion. Après un court retour en politique, il se retire dans sa seigneurie de la Petite-Nation, où il meurt en 1871, à l'âge de 85 ans.

Son importance

Louis Joseph Papineau s'est d'abord fait le porte-parole d'une réforme modérée dans les années 1830. Il a tenté de réformer le système politique par des moyens pacifiques, et constaté que ce n'était pas possible.

En résumé

Les changements historiques sont toujours l'œuvre d'individus. Parfois, ces personnes contribuent à améliorer les choses. Parfois, elles les rendent pires. Puisque tu étudies l'histoire, tu peux te faire une opinion sur la question : « Qui a contribué à l'avancement de la société canadienne, et qui a empêché son avancement ? » Ta lecture t'a permis de te faire une opinion sur trois personnages que tu viens d'étudier.

Applique tes connaissances

1. Selon toi, devrions-nous admirer sir Francis Bond Head pour ce qu'il a fait ? Appuie ta réponse sur des éléments de son parcours. *h*

2. Selon toi, devrions-nous admirer William Lyon Mackenzie pour ce qu'il a tenté d'accomplir ? Appuie ta réponse sur des éléments de son parcours. *h*

3. Selon toi, devrions-nous admirer Louis Joseph Papineau pour ce qu'il a tenté d'accomplir ? Appuie ta réponse sur des éléments de son parcours. *h*

4. Selon toi, lequel des trois personnages énumérés précédemment a eu le plus d'impact sur l'histoire de son temps ? Appuie ta réponse sur des éléments précis. *h*

La rébellion de 1837 dans le Haut-Canada

Dans le Haut-Canada, le *Family Compact* détient le pouvoir économique et politique. Les Réformistes en contestent la dominance. En 1828, ils obtiennent la majorité à l'Assemblée. Après l'avoir perdue en 1830, ils la retrouvent en 1834. Les Réformistes ne forment pas un groupe uni. Il y a des divisions entre eux. Les plus modérés, comme Robert Baldwin, réclament un gouvernement responsable ; les plus radicaux, comme William Lyon Mackenzie, désirent bâtir une république semblable à celle des États-Unis. L'intervention de sir Francis Bond Head, qui permet au *Family Compact* d'obtenir la majorité aux élections de 1836, convainc les Réformistes qu'il est temps de renverser le gouvernement.

De 1833 à 1836, une grave crise frappe tous les agriculteurs et les marchands du Haut-Canada. À la fin de 1837, la crise économique s'est étendue à l'Amérique du Nord britannique, aux États-Unis et au Royaume-Uni. Les Canadiens espèrent de réels changements pour résoudre les problèmes. À ce moment, William Lyon Mackenzie ne croit plus qu'une réforme pacifique soit possible. Il encourage ses partisans à prendre les armes. Voici ce qu'il écrit dans le *Colonial Advocate* :

Le 7 décembre 1837, lors de la bataille qui a lieu près de la taverne Montgomery, William Lyon Mackenzie et ses partisans mènent leur dernier combat contre les troupes de sir Francis Bond Head.

« Canadiens ! Tenez-vous à votre liberté ? Je sais que vous y tenez. Détestez-vous la tyrannie ? Qui oserait le nier ? Aspirez-vous à la paix perpétuelle [...], à un gouvernement déterminé à appliquer des lois équitables pour tous [...] ? Alors, debout, braves Canadiens ! Astiquez vos fusils et faites-en bon usage. »
[Traduction libre]

À la fin de 1837, les Patriotes de William Lyon Mackenzie commencent à se réunir à la taverne Montgomery. À l'époque, cette taverne se trouve à quelques kilomètres au nord de Toronto.

Les troupes de William Lyon Mackenzie ne sont composées que de fermiers, d'ouvriers et de chômeurs. Certains sont armés d'un fusil ou d'un pistolet, d'autres d'un sabre, d'un bâton ou d'une fourche. Leur force de frappe est bien inférieure à celle de la milice ou des soldats qui défendent Toronto. Dans ces conditions, ils ne peuvent s'appuyer que sur l'effet de surprise pour gagner.

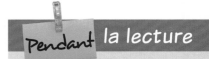

Pendant la lecture

Prête attention
Tu ne comprends pas les mots « force de frappe » et « milice » ? Relis la phrase qui précède et celle qui suit la phrase qui contient ces mots.

Ce dessin de C.W. Jefferys, réalisé en 1898, s'intitule *Rebelles en plein exercice militaire à North York*. Il montre les partisans de William Lyon Mackenzie pendant des manœuvres dans les champs de North York.

William Lyon Mackenzie attend quelques jours, dans l'espoir que d'autres Réformistes se joignent à lui. Ce délai permet au lieutenant-gouverneur, sir Francis Bond Head, de positionner ses troupes pour défendre Toronto.

Au début du mois de décembre 1837, William Lyon Mackenzie et quelque 400 Réformistes descendent la rue Yonge, en direction de Toronto. Les troupes qui défendent la ville les attendent, et, en quelques minutes, la bataille est terminée. Les Réformistes ne sont pas de taille à affronter les tirs de l'armée et, pris de panique, ils prennent la fuite. La rébellion est un échec.

Deux des fidèles partisans de William Lyon Mackenzie, Peter Matthews et Samuel Lount, sont arrêtés et pendus pour trahison. William Lyon Mackenzie parvient à s'enfuir à la campagne, puis traverse la frontière américaine. Il vit aux États-Unis jusqu'en 1849. Cette année-là, il rentre à Toronto puisque le gouvernement accorde l'amnistie à tous les anciens Réformistes. Il reprend alors sa carrière d'auteur et de politicien.

Portrait | Susanna Moodie (1803-1885)

Susanna Moodie est une immigrante écossaise qui s'installe dans le Haut-Canada en 1832. Pendant les rébellions, son mari fait partie de la milice qui combat les rebelles. Susanna Moodie prend le parti du gouvernement britannique. Puisque les femmes ne peuvent participer au combat, elle trouve une autre façon de faire sa part.

Elle écrit : « Comme je ne pouvais aider à dompter les ennemis de mon cher pays avec mon bras [les armes], j'ai fait ce que j'ai pu pour servir la bonne cause avec ma plume. » Elle rédige des textes dans lesquels elle critique les Patriotes et fait l'éloge des Britanniques.

À ses yeux, la « bonne cause » est la défense du gouvernement britannique de l'époque, même si un grand nombre de ses concitoyens se sentent opprimés et injustement traités par lui. Susanna Moodie est fidèle à son pays et ne craint pas de défendre ses convictions. Est-ce que cela fait d'elle une héroïne ou une traîtresse ?

William Lyon Mackenzie a-t-il eu raison d'organiser une rébellion?

La plupart des gens croient qu'il est de leur devoir de respecter les lois d'une démocratie. Dans un système démocratique, les électeurs choisissent librement leur gouvernement. Nous devons donc respecter la volonté de la majorité, même si nous croyons que la majorité a tort.

Réfléchis aux scénarios suivants.

Scénario 1

Une loi du gouvernement de l'Ontario oblige tous les jeunes à poursuivre leurs études jusqu'à l'âge de 18 ans. Imagine que tu fréquentes l'école et qu'on t'offre un emploi bien payé alors que ta famille est pauvre. Or, tu n'as que 17 ans. Est-ce une bonne raison de ne pas respecter la loi, d'abandonner tes études et d'accepter l'emploi?

Scénario 2

Imagine qu'un gouvernement canadien élu démocratiquement vote une loi qui oblige les citoyens à signaler à la police tout comportement suspect de leurs voisins. Tu sais que tes voisins vivent illégalement au Canada. Tu sais aussi qu'ils ont fui la violence qui sévissait dans leur pays. Si tu les dénonces, ils seront renvoyés dans leur pays, où ils risquent la torture ou la mort. Crois-tu que tu devrais obéir à la loi et dénoncer tes voisins?

Scénario 3

Imagine maintenant que ce même gouvernement n'a pas été élu de façon démocratique. L'armée a renversé le gouvernement élu et installé un nouveau gouvernement, qui a voté cette loi sur la dénonciation obligatoire. Est-ce que cela change ton opinion? Faut-il obéir aux lois peu importe le gouvernement qui les vote?

Scénario 4

William Lyon Mackenzie avait-il raison d'organiser une rébellion? Il a montré qu'il ne pouvait pas changer le système politique du Haut-Canada de façon démocratique, donc pacifique, parce que tous les membres du gouvernement n'étaient pas élus de façon démocratique. Est-ce que cela rend son action acceptable ou légitime?

Qu'en penses-tu?

Travaille avec une ou un camarade. Discutez des questions ci-dessous. Notez vos conclusions, puis comparez-les avec celles de deux autres élèves de la classe. Quels sont vos points de désaccord?

1. Selon vous, sommes-nous tenus d'obéir aux lois votées par des gouvernements élus de façon démocratique? Pourquoi? (h)

2. Selon vous, sommes-nous tenus d'obéir aux lois décrétées par des gouvernements tyranniques? Pourquoi? (h)

3. Selon vous, William Lyon Mackenzie avait-il raison d'organiser la rébellion de 1837? Expliquez votre réponse. (h)

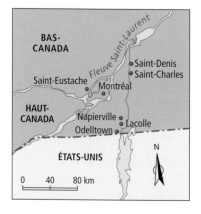

BAS-CANADA

Fleuve Saint-Laurent

Saint-Denis
Saint-Charles

Saint-Eustache
Montréal

HAUT-CANADA

Napierville
Odelltown
Lacolle

ÉTATS-UNIS

0   40   80 km

N

MOTS CLÉS

Boycotter : Refuser collectivement d'acheter les produits en provenance d'un pays dans l'espoir que ce moyen de pression force le pays à répondre favorablement à certaines demandes.

Loi martiale : Loi qui autorise un gouvernement à recourir à la force armée contre sa propre population civile.

Habeas corpus : Droit qui garantit à une personne arrêtée d'être présentée rapidement devant un juge afin de vérifier le bien-fondé de son arrestation.

▦ La rébellion de 1837 dans le Bas-Canada

Au printemps 1837, après le rejet des 92 Résolutions par le Parlement britannique, les assemblées populaires de contestation sont de plus en plus nombreuses, principalement dans la région de Montréal. Les Patriotes invitent la population à **boycotter** les produits britanniques. Selon le député Louis Joseph Papineau, qui ne souhaite pas de révolte armée, « le meilleur moyen de combattre le Royaume-Uni, c'est de ne rien acheter de lui ». Au mois d'août, les députés se présentent au Parlement « vêtus d'étoffe du pays » pour montrer qu'ils appliquent eux-mêmes le boycottage économique.

Il existe de profondes divisions au sein des Patriotes : certains rejettent l'usage de la violence, d'autres sont en faveur. Par crainte de la violence, les Britanniques de Montréal décident de se protéger. À l'hiver 1836, ils forment le Doric Club, une association loyale au gouvernement britannique. En réponse à ce groupe, de jeunes Patriotes fondent, à l'automne 1837, l'association des Fils de la Liberté, inspirée de l'organisation du même nom fondée par des Américains avant la guerre de l'Indépendance. En novembre, une bataille éclate entre les membres du Doric Club et les Fils de la Liberté dans les rues de Montréal. Inquiet, le gouverneur demande à Londres l'autorisation de proclamer la **loi martiale** et de suspendre l'*habeas corpus*, afin de pouvoir emprisonner des gens sans avoir à expliquer pourquoi.

Des mandats d'arrêt sont lancés contre des chefs patriotes. Certains sont jetés en prison ; d'autres, comme Louis Joseph Papineau, se réfugient sur la rive sud de Montréal. La rébellion est bel et bien commencée. ▦

Dans ce tableau intitulé *Traversée de nuit du Richelieu, le 22 novembre 1837*, Charles Beauclerk illustre les troupes britanniques qui franchissent la rivière Richelieu pour attaquer les Patriotes.

Les batailles de Saint-Denis et de Saint-Charles

À Saint-Denis, des Patriotes armés dirigés par Wolfred Nelson s'emparent d'un manoir seigneurial. Le lieutenant-colonel britannique Francis Gore et ses troupes ne parviennent pas à reprendre le manoir. L'armée doit se retirer, et les Patriotes crient victoire.

Deux jours plus tard, à Saint-Charles, les troupes du colonel Gore défont les Patriotes. Elles incendient le village et tuent de nombreux Patriotes. Cette bataille montre la détermination du gouvernement à réprimer la rébellion.

La bataille de Saint-Eustache

Sir John Colborne est commandant de l'armée britannique en Amérique du Nord. Le 14 décembre 1837, il prend la tête d'un contingent de 1300 soldats qu'il dirige vers un campement de Patriotes à Saint-Eustache, au nord-ouest de Montréal, commandé par le docteur Jean-Olivier Chénier. Les rebelles sont postés dans des bâtiments du village, dont l'église, et tentent de se défendre. Cependant, ils ne sont pas assez nombreux ni assez bien armés pour affronter la troupe. Environ 100 rebelles sont tués et de nombreux autres sont faits prisonniers. Cette bataille montre que les rebelles n'ont pas le pouvoir de vaincre l'armée.

Cette toile intitulée *Vue de l'église Saint-Eustache et dispersion des insurgés* a été réalisée vers 1840 par Charles Beauclerk.

Les affrontements de 1838

De nombreux Américains qui vivent près de la frontière du Canada croient que les rébellions des Patriotes pourraient conduire à la défaite des Britanniques. Aussi, ils ne demandent pas mieux que d'aider les Patriotes. Ils accueillent donc des patriotes, qui commencent à organiser des groupes pour envahir le Canada. Les groupes de rebelles en provenance du Haut-Canada sont appelés « Hunters' Lodges » ; ceux en provenance du Bas-Canada, les « Frères-Chasseurs ». Ces derniers attirent de nombreux Américains. Au milieu de l'année 1838, les Frères-Chasseurs comptent de 40 000 à 60 000 membres. Ils lancent plusieurs invasions, mais sont défaits à Windsor et Prescott, dans le Haut-Canada, et à Napierville, Lacolle et Odelltown dans le Bas-Canada. La répression armée est cruelle. Des Patriotes sont exécutés et d'autres sont déportés.

Applique tes connaissances

1. Plonge-toi dans le contexte de l'époque. Crée une affiche qui invite les citoyens à intégrer les rangs des Patriotes. Assure-toi d'illustrer ton affiche d'images qui les convaincront de la tyrannie du gouvernement et de l'héroïsme des rebelles. Ajoute un slogan patriotique. **CO**

2. Renseigne-toi sur la vie de Peter Matthews ou celle de Samuel Lount, qui ont été pendus pour trahison après la rébellion de 1837 dans le Haut-Canada. Imagine que tu es l'un d'eux et que tu attends ton exécution. Écris une lettre à un membre de ta famille dans laquelle tu exprimes quels sont tes sentiments sur la rébellion et si tu crois toujours que tu avais raison de l'appuyer. **h** **CO**

Le contrecoup des rébellions

Les rébellions laissent les gouvernements du Bas-Canada et du Haut-Canada sous le choc. À Londres, le gouvernement constate que des changements s'imposent pour éviter de revivre ces problèmes.

Que devrait faire le gouvernement britannique ? Toutes sortes d'idées circulent à ce sujet. Quels conseils le gouvernement suivra-t-il ? Lis les points de vue suivants.

Le gouvernement devrait changer le système politique en profondeur

Certains politiciens croient que tous les représentants du gouvernement devraient être élus. Ils ne veulent plus que les membres du Conseil exécutif et du Conseil législatif soient nommés par les autorités britanniques. Ils réclament également l'abolition du poste de lieutenant-gouverneur.

Le gouvernement devrait apporter des changements mineurs au système politique

Ceux qui s'opposent à ce que le système politique soit modifié en profondeur jugent ces idées trop radicales. Selon eux, de tels changements rendraient le système politique trop semblable à celui des États-Unis, et il faut donc les rejeter.

Des politiciens comme Robert Baldwin, dans le Haut-Canada, et Louis-Hippolyte La Fontaine, dans le Bas-Canada, croient qu'il suffit d'apporter quelques changements au système en place pour l'améliorer. Ils rappellent que les deux Canadas ont besoin d'un gouvernement responsable. Le gouvernement, selon eux, peut continuer d'avoir des membres non élus, mais cela ne doit pas nuire à l'existence d'un gouvernement responsable. Ils veulent que les politiciens non élus soient obligés d'appliquer les décisions prises par les députés élus.

Robert Baldwin (1804-1858), à gauche, et Louis-Hippolyte La Fontaine (1807-1864), à droite, réclament la mise en place d'un gouvernement responsable.

Le gouvernement devrait réduire l'influence des Canadiens français

Certaines personnes soulignent que la rébellion a été bien pire dans le Bas-Canada. Les combats étaient mieux organisés et ont duré plus longtemps. Plusieurs croient que la paix dans les deux Canadas est impossible si le gouvernement n'affaiblit pas la position des Canadiens français, qui sont beaucoup plus nombreux que les Canadiens anglais dans le Bas-Canada (450 000 contre 150 000). Ces personnes souhaitent que le gouvernement britannique modifie l'appareil gouvernemental de manière à accroître le pouvoir des Canadiens anglais.

De toute évidence, les Britanniques n'ont aucune chance de plaire à tout le monde. Gouverner consiste souvent à plaire à certains groupes en décevant d'autres groupes.

Pendant *la lecture*

Prête attention

Que sais-tu des enjeux qui opposent anglophones et francophones des deux Canadas au sujet du système politique ?

Applique tes connaissances

1. Tu es la personne désignée pour apporter des changements au système politique des deux Canadas. Quelles idées appuieras-tu ? Pourquoi ?

2. Essaie de prédire la décision des Britanniques. Apporteront-ils des changements importants au système politique ou de petits ajustements ? Sur quoi repose ta prédiction ?

Matériel

- Une planche de jeu
- Un dé
- Deux jetons
- La liste des consignes pour les cases de couleur (fournie par ton enseignante ou ton enseignant)

Règles du jeu

1. Choisis une ou un adversaire. Nous sommes en 1837. Le but du jeu est de déterminer qui de vous deux peut empêcher le déclenchement d'une rébellion dans le Haut-Canada.

2. Votre enseignante ou votre enseignant vous remettra une planche de jeu. Coloriez d'abord les cases en rouge ou en vert, en suivant le modèle ci-contre.

3. Placez votre jeton sur la case Départ. À tour de rôle, lancez le dé. Lorsque le dé indique un nombre impair (1, 3 ou 5), déplacez votre jeton sur des cases de nombres décroissants, en suivant l'ordre des numéros. Lorsque le dé indique un nombre pair (2, 4 ou 6), déplacez votre jeton sur des cases de nombres croissants, en suivant l'ordre des numéros.

4. Si votre jeton s'arrête sur une case rouge ou verte, consultez la liste des consignes que vous a remise votre enseignante ou votre enseignant. Suivez la consigne correspondant à la case sur laquelle vous avancez votre jeton. Notez que les cases vertes vous font avancer vers la paix et que les cases rouges vous ramènent vers la rébellion.

La partie se termine après 10 tours, ou dès qu'une joueuse ou un joueur atteint la case Rébellion ou la case Paix. Il n'est pas nécessaire d'atteindre l'une de ces cases pour finir la partie. La victoire va à celle ou celui dont le jeton se trouve sur le nombre le plus élevé, c'est-à-dire le plus près de la case Paix.

Rébellion	23	24	47	Départ	70	71	Paix
1	22	25	46	48	69	72	93
2	21	26	45	49	68	73	92
3	20	27	44	50	67	74	91
4	19	28	43	51	66	75	90
5	18	29	42	52	65	76	89
6	17	30	41	53	64	77	88
7	16	31	40	54	63	78	87
8	15	32	39	55	62	79	86
9	14	33	38	56	61	80	85
10	13	34	37	57	60	81	84
11	12	35	36	58	59	82	83

Applique tes connaissances

Réponds à ces questions avec ta compagne ou ton compagnon de jeu.

1. Le résultat de la partie était-il prévisible? Appuie ta réponse sur des exemples. *c*

2. Quels changements ou ajouts ferais-tu à ce jeu pour mieux illustrer certains facteurs qui ont mené aux rébellions de 1837? *h*

EN RÉSUMÉ

Tu as appris les causes des rébellions qui ont marqué le Haut-Canada et le Bas-Canada. Tu as pris connaissance des insatisfactions causées par le caractère non démocratique des gouvernements dans les deux colonies. Tu as vu quelques-unes des positions des Britanniques, des Réformistes et des Patriotes canadiens concernant des enjeux importants. Tu as ensuite examiné l'influence des principaux acteurs des rébellions. Enfin, tu t'es demandé s'il est acceptable que des personnes recourent à la force contre un gouvernement qu'ils jugent injuste ou tyrannique.

Après la lecture

Fais le point

Relis les questions que tu as formulées au début de ce chapitre. Saurais-tu y répondre? S'agissait-il de bonnes questions? Explique pourquoi dans la troisième colonne de ton tableau semblable à celui ci-contre.

Mes questions	Réponses	C'est une bonne/mauvaise question parce que...

Vérifie tes connaissances

Compare la situation des deux Canadas et celle de la Nouvelle-Écosse. En 1848, Joseph Howe, un chef réformiste, réussit à obtenir pour la Nouvelle-Écosse un gouvernement responsable, sans rébellion. Réponds à la question suivante: « Pourquoi y a-t-il eu des rébellions dans le Haut-Canada et le Bas-Canada, mais pas en Nouvelle-Écosse? »

1. Fais un recherche. Consulte des sources primaires et secondaires pour trouver des différences et des ressemblances entre les deux situations. Concentre ta recherche sur les trois sujets ci-dessous. Consulte la **Boîte à outils** si tu as besoin d'aide. *h*

2. Analyse l'information que tu as trouvée pour comprendre pourquoi des rébellions ont éclaté dans les deux Canadas, mais pas en Nouvelle-Écosse. *h m c*

3. Suis les consignes de ton enseignante ou de ton enseignant pour préparer la présentation de ta recherche. *co*

Sujet à comparer	Situation dans les deux Canadas	Situation en Nouvelle-Écosse
1. Histoire		
2. Commerce		
3. Population		

Bâtir pour l'avenir

1. Jeffrey Amherst
2. Arthur Wellesley, duc de Wellington
3. Charles Edward Poulett Thomson, comte de Sydenham
4. Thayendanegea (Joseph Brant)
5. Sir John Colborne

Avant la lecture

Fais des liens

Lord John George Lambton Durham a laissé son nom à deux comtés : celui de Lambton et celui de Durham. Qu'est-ce que cela nous apprend sur ce personnage ? Discutes-en avec tes camarades.

La carte du Haut-Canada en 1831 de la page suivante montre quelques endroits qui portent le nom de personnages clés de l'histoire de l'Ontario.

Est-ce que la communauté où tu vis porte le nom d'une personne ? C'est le cas de nombreux endroits en Ontario. Parfois, le nom se termine par « ville », comme Kemptville, près d'Ottawa, ou par « burg », comme Amherstburg, près de Windsor. Souvent, il s'agit d'un simple nom de personne, comme Simcoe ou Sydenham.

Qui sont les gens qui ont laissé leur nom à des lieux du Haut-Canada ? Beaucoup faisaient de la politique ou étaient des militaires.

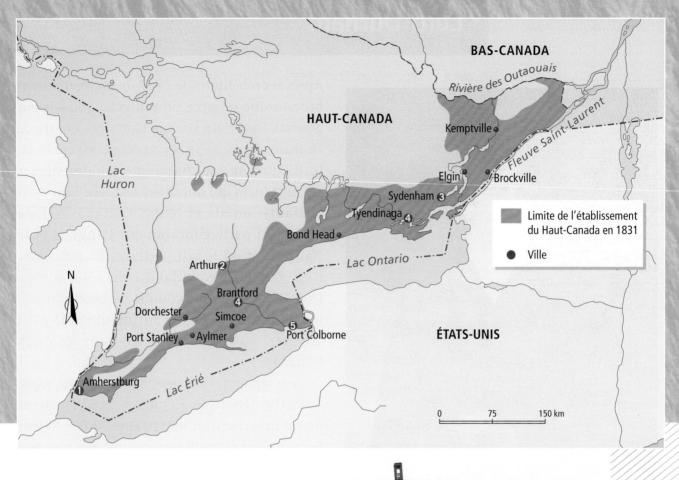

Ce chapitre te permettra de répondre aux questions suivantes :

- Comment lord Durham, envoyé par Londres pour enquêter sur les causes des rébellions du Haut-Canada et du Bas-Canada, voit-il la situation ? Quels changements recommande-t-il ?

- Comment le gouvernement britannique réagit-il aux recommandations de lord Durham ? Quelle suggestion du rapport Durham retient-il ?

- Comment et pourquoi les Réformistes gagnent-ils leur lutte en faveur d'un gouvernement responsable ?

- Quelles sont les conditions de vie dans les deux Canadas vers 1850 ?

- Quels facteurs contribuent aux changements dans l'histoire ?

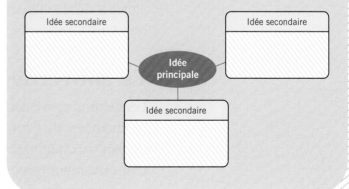

Littératie en tête

Tu arrives à mieux comprendre ce que tu lis lorsque tu sais repérer et résumer les idées principales d'un texte, poser des questions et faire des liens. Cela t'aide à dégager le sens du texte que tu lis et à t'en souvenir. Pour utiliser ces compétences importantes, organise tes idées à l'aide d'un schéma comme celui ci-dessous.

Idée secondaire

Idée secondaire

Idée principale

Idée secondaire

Lord Durham

Lord Durham (1792-1840) est chargé d'enquêter sur les événements politiques qui se sont produits en 1837 dans le Haut-Canada et le Bas-Canada, et de proposer des solutions. Ce portrait de lord Durham a été réalisé au XIXe siècle par sir Thomas Lawrence.

Après les rébellions de 1837, le gouvernement britannique nomme un nouveau gouverneur général, lord John George Lambton, comte de Durham. Arrivé à Québec au début de l'été 1838, lord Durham est chargé d'enquêter sur les circonstances qui ont mené à la rébellion dans le Haut-Canada et le Bas-Canada. Âgé de 46 ans, il parle couramment l'anglais et le français, et on le sait partisan des réformes. Il est accueilli avec enthousiasme à son arrivée. Du côté britannique comme du côté français, les Canadiens ont le sentiment qu'il peut amener la paix et la justice dans les deux Canadas.

Son séjour ne dure cependant que cinq mois. Aussitôt débarqué à Québec, lord Durham prend une décision importante. Il fait libérer des prisonniers politiques qui ont pris part aux rébellions et demande l'exil de certains autres aux Bermudes. Le gouvernement britannique le blâme pour ces décisions. Lord Durham retourne alors à Londres.

Les quelques mois durant lesquels lord Durham a parcouru le Haut-Canada comme le Bas-Canada lui ont cependant suffi pour avoir un aperçu de la situation. Lord Durham rencontre plusieurs personnes et de nombreux groupes. Il se rend rapidement compte que la question de l'avenir des deux Canadas suscite des opinions diverses. Il examine les recommandations des Réformistes. Trois grandes préoccupations dominent alors les débats : l'instauration d'un gouvernement responsable, l'union des deux Canadas et le mode de représentation selon la population.

Le gouvernement responsable

Les Réformistes veulent un gouvernement responsable. Cela signifie que les membres du Conseil exécutif, composé de ministres, doivent être choisis parmi les représentants élus par la population. Ils deviennent collectivement responsables, devant l'Assemblée, des décisions qu'ils prennent et doivent obtenir le soutien de l'Assemblée pour gouverner.

L'union des deux Canadas

Des politiciens du Haut-Canada proposent l'union du Haut-Canada et du Bas-Canada. Ils veulent accélérer le développement économique du Canada. À leurs yeux, le fait que le Bas-Canada ne se presse pas pour étendre son système de canaux empêche le développement du Haut-Canada. Selon eux, si les deux Canadas s'unissent, le Bas-Canada sera forcé de suivre le rythme de développement du Haut-Canada.

La question de la représentation

S'il y a union des deux Canadas, comment choisir ceux qui les représenteront ? Est-ce que chaque Canada devrait avoir le même nombre de représentants à l'Assemblée législative (c'est ce qu'on appelle la « **représentation égale** ») ? Ou est-ce que la colonie la plus peuplée des deux Canadas devrait avoir plus de représentants (c'est ce qu'on appelle la « **représentation selon la population** ») ?

Dans ces discussions, l'importance des populations respectives est cruciale. Voici l'estimation que fait lord Durham des populations des deux Canadas.

MOTS CLÉS

Représentation égale : Signifie que chaque région a le même nombre de représentants élus.

Représentation selon la population : Signifie que le nombre de représentants est déterminé par le nombre d'habitants de la région représentée.

L'estimation des populations des deux Canadas établie par lord Durham à la fin des années 1830

Population	Total
Bas-Canada (francophone)	450 000
Bas-Canada (anglophone)	150 000
Bas-Canada (combinée)	600 000
Haut-Canada (combinée)	400 000
Population totale	1 000 000

Selon l'estimation de lord Durham, la population du Bas-Canada est plus élevée que celle du Haut-Canada. La représentation selon la population donnerait donc plus de représentants élus au Bas-Canada qu'au Haut-Canada. Cela déplairait au Haut-Canada et aux anglophones du Bas-Canada, car la population anglophone totale dans les deux Canadas est plus élevée que la population francophone.

Le gouvernement britannique doit examiner ces faits avant de faire connaître sa décision. Quelle recommandation lord Durham fera-t-il ?

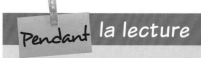

Pendant la lecture

Prête attention
En te basant sur ce que tu sais et sur ce que tu as déjà lu, prédis quelles recommandations lord Durham fera dans son rapport.

Le rapport Durham

Lord Durham remet son rapport au gouvernement britannique en février 1839. Ce rapport mentionne principalement l'important conflit ethnique qui oppose les deux populations du Bas-Canada. Selon lui, les Canadiens français forment un peuple inférieur et sans éducation. Lord Durham propose l'union des deux Canadas, mais précise qu'il faut empêcher la constitution d'une majorité francophone à la Chambre d'assemblée. Il reconnaît le bien-fondé des revendications des Réformistes et propose d'accorder aux colonies le gouvernement responsable, mais de les garder au sein de l'Empire britannique.

Principaux points du rapport Durham	Signification
A. J'ai trouvé deux nations en guerre au sein d'un même État ; j'ai trouvé une lutte, non de principes, mais de races. Je m'en suis aperçu : il serait vain de vouloir améliorer les lois ou les institutions avant que d'avoir réussi à exterminer la haine mortelle qui maintenant divise les habitants du Bas-Canada en deux groupes hostiles : Français et Britanniques [...]. Tout l'intérieur des possessions britanniques doit avant longtemps se remplir d'une population anglophone qui, chaque année, augmentera rapidement sa supériorité numérique sur les Français.	A. Il s'agit d'une guerre entre deux peuples différents et non entre des idées différentes. On ne peut améliorer le gouvernement des deux Canadas sans d'abord mettre fin aux hostilités entre les Canadiens anglais et les Canadiens français. Lord Durham emploie le terme « race » dans le sens de « nationalité ». Il recommande d'accélérer l'assimilation des Canadiens français par une immigration massive de Britanniques.
B. Nul besoin de changer les principes de gouvernement [...] pour trouver le remède susceptible [...] de mettre fin complètement aux désordres politiques actuels [...].	B. Nous n'avons pas besoin d'adopter le système de république comme aux États-Unis pour résoudre les problèmes des deux Canadas.
C. Si le gouvernement britannique entend maintenir son autorité sur les Canadas, il doit se reposer sur la population anglophone [...].	C. La population britannique doit avoir pleine autorité sur les deux Canadas.
D. On ne peut guère concevoir nationalité plus dépourvue de tout ce qui peut vivifier et élever un peuple que les descendants des Français dans le Bas-Canada, du fait qu'ils ont gardé leur langue et leurs coutumes particulières. C'est un peuple sans histoire et sans littérature.	D. Les Canadiens français forment un peuple primitif qui n'a le sens ni de l'histoire ni de la culture.
E. Je crois qu'on ne peut rétablir la tranquillité qu'en soumettant la Province à la domination [...] d'une majorité anglaise et que le seul gouvernement efficace serait celui qui serait formé par une union législative.	E. Les deux Canadas doivent être réunis sous une seule Assemblée législative.
F. Je m'oppose à tout projet proposant d'accorder le même nombre de représentants aux deux provinces [...].	F. La représentation égale ne doit pas s'appliquer aux deux Canadas.
G. La responsabilité de tous les responsables gouvernementaux envers l'union législative [...] doit être assurée par tous les moyens [...]. [Traduction libre]	G. Les deux Canadas réunis doivent avoir un gouvernement responsable, qui doit rendre des comptes devant la Chambre d'assemblée.

Applique tes connaissances

1. Donne des exemples pour montrer la signification des termes « représentation égale » et « représentation selon la population ». **c**

2. Quel mode de représentation **a)** les politiciens du Bas-Canada, **b)** les politiciens du Haut-Canada préfèrent-ils : la représentation égale ou la représentation selon la population ? Pourquoi ? **c**

3. À ton avis, quel serait le meilleur mode de représentation pour le Canada aujourd'hui ? Explique ton point de vue. **h**

4. Après avoir étudié les extraits du rapport Durham présenté à la page précédente, essaie de prédire les recommandations que le gouvernement britannique retiendra. **h**

a) Réunira-t-il le Bas-Canada et le Haut-Canada en une seule province avec une seule Assemblée législative ? Pourquoi, à ton avis ?

b) Favorisera-t-il la représentation égale ou la représentation selon la population ? Pourquoi ?

c) Autorisera-t-il la formation d'un gouvernement responsable ? Pourquoi ?

Organise tes prédictions dans un tableau semblable à celui ci-dessous. Pour l'instant, n'écris rien dans la troisième colonne. La réponse à ces questions se trouve dans la partie suivante.

Recommandation	Prédiction (raison tirée du texte)	Décision du gouvernement britannique
Réunir les deux Canadas ?		
Accorder la représentation égale ou la représentation selon la population ?		
Autoriser la formation d'un gouvernement responsable ?		

L'Acte d'Union

MOTS CLÉS

Acte d'Union : Loi constitutionnelle adoptée en 1840 qui réunit le Haut-Canada et le Bas-Canada en une seule colonie : le Canada-Uni.

Pendant **la lecture**

Prête attention

Remplis la troisième colonne de ton tableau semblable à celui de la page H 177 à l'aide des renseignements ci-contre. Tes prédictions étaient-elles justes ?

Le gouvernement britannique accueille le rapport de lord Durham avec réserve. Il ne retient que la recommandation d'unir les deux Canadas. L'**Acte d'Union** est adopté en 1840. Cette nouvelle loi constitutionnelle entre en vigueur le 10 février 1841. En voici les principaux points.

- Le Haut-Canada et le Bas-Canada sont réunis en une seule colonie, le Canada-Uni, formé du Canada-Ouest (anciennement le Haut-Canada) et du Canada-Est (anciennement le Bas-Canada).

- La ville de Kingston, dans le Canada-Ouest, devient la capitale du Canada-Uni. (Le Parlement y siège de 1841 à 1843.)

- Les deux Canadas obtiennent le même nombre de sièges à l'Assemblée législative. Le Canada-Ouest et le Canada-Est auront donc une représentation égale, soit 42 sièges chacun.

- Les dettes du Haut-Canada et du Bas-Canada sont réunies, et le nouveau gouvernement doit les prendre en charge. La population du Canada-Est, plus nombreuse, doit ainsi rembourser en partie la lourde dette contractée par le Haut-Canada, en particulier pour la construction des canaux.

- La langue française est bannie des activités officielles du gouvernement. L'anglais devient la seule langue admise au nouveau Parlement.

Le Canada-Uni après l'adoption de l'Acte d'Union en 1840

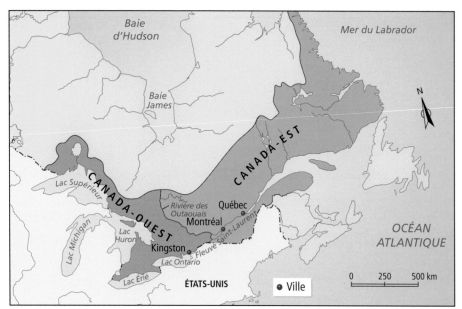

Le rapport Durham et l'Acte d'Union

Il y a de grandes différences entre les recommandations de lord Durham et les décisions prises par le gouvernement britannique.

Lord Durham recommande l'assimilation des Canadiens français

Lord Durham recommande l'assimilation des Canadiens français du Bas-Canada, c'est-à-dire faire en sorte qu'ils s'intègrent, un jour ou l'autre, à la culture des Britanniques. Il constate que des milliers d'immigrants anglophones s'installent dans le Haut-Canada chaque année. Avec le temps, les anglophones seront beaucoup plus nombreux que les francophones. Selon lord Durham, avec le mode de représentation selon la population, le Haut-Canada dominera bientôt l'Assemblée législative. Cependant, l'Acte d'Union accorde la représentation égale, c'est-à-dire que chaque Canada a le même nombre de représentants. Cela garantit aux Canadiens français du Canada-Est de ne jamais être minoritaires à l'Assemblée législative malgré la croissance de la population anglophone au Canada-Ouest.

Pendant la lecture

Prête attention

Faire une synthèse, c'est rassembler de l'information. Relis cette section et pense à ce que les chapitres précédents t'ont appris sur la population d'origine française. Pense à ce que tu sais sur le Québec et sur les Canadiens français d'aujourd'hui, puis demande-toi dans quelle mesure l'assimilation a été efficace.

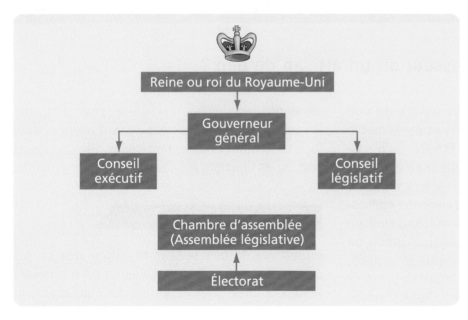

Lord Durham recommande la formation d'un gouvernement responsable

Lord Durham croit qu'un gouvernement responsable aiderait les Réformistes modérés. Ces derniers veulent que le système politique change, mais que les deux Canadas demeurent loyaux envers le Royaume-Uni. L'Acte d'Union n'accorde pas le gouvernement responsable. Cela donne des arguments à ceux qui veulent mettre fin au système politique existant, car ils pourront affirmer que le système ne s'améliore pas.

Après 1841, le Canada-Ouest et le Canada-Est sont confrontés à plusieurs nouveaux problèmes. Il y a de nombreux désaccords quant à l'avenir des deux provinces. L'Acte d'Union reste en vigueur 26 ans. En 1867, il est remplacé par l'Acte de l'Amérique du Nord britannique, qui crée la **fédération** canadienne.

Applique tes connaissances

1. Quelles sont les ressemblances et les différences entre les recommandations du rapport Durham et l'Acte d'Union adopté par le gouvernement britannique? Utilise l'information présentée dans cette section pour appuyer ta réponse. **c**

2. D'après ce que tu as lu dans cette section, penses-tu que l'Acte d'Union sera un succès ou un échec? Pourquoi? **h**

Explore divers points de vue

Lord Durham : un oppresseur ou un artisan de paix ?

Les historiens ont souvent des points de vue opposés sur les mêmes questions et événements historiques. Par les opinions différentes qu'il suscite, lord Durham illustre bien cette réalité.

Pour l'historien canadien-français Maurice Séguin, lord Durham et l'Acte d'Union étaient un « désastre » pour le Canada français. Selon lui, lord Durham n'aimait pas les Canadiens français. Quand un conflit oppose les Canadiens français et anglais, lord Durham et le gouvernement britannique se rangent du côté des Britanniques. Pour Maurice Séguin, le rapport Durham et l'Acte d'Union sont, après la Conquête de 1760, une deuxième défaite pour les Canadiens français.

L'historien Claude Bélanger présente un autre point de vue sur la question. Selon lui, même si lord Durham est favorable à l'assimilation, il n'essaie pas d'opprimer les Canadiens français; il souhaite réconcilier les francophones et les anglophones. L'unité entre les deux groupes est nécessaire au bon fonctionnement du gouvernement. Lord Durham prédit que la majeure partie de l'Amérique du Nord deviendra anglophone. Il croit que, pour prospérer, les descendants des Français doivent changer leurs façons de faire. En adoptant celles des Canadiens anglais, ils tireraient avantage de ces changements.

Qu'en penses-tu ?

En histoire, tu dois te faire ta propre idée sur les personnages que tu étudies. Le temps est maintenant venu pour toi de prendre position sur cette question.

1. Résume le point de vue de Maurice Séguin dans tes propres mots.

2. Résume le point de vue de Claude Bélanger dans tes propres mots.

3. Considérant ces deux points de vue et les extraits du rapport Durham que tu as lus à la page H 176, lord Durham essayait-il d'opprimer les Canadiens français ou de les réconcilier avec les Canadiens anglais? Pourquoi penses-tu cela? **h**

La lutte pour le gouvernement responsable

En 1841, la première Assemblée législative du Canada-Uni se réunit à Kingston. Les Réformistes du Canada-Est et du Canada-Ouest conviennent de travailler ensemble en vue d'obtenir un gouvernement responsable. Une lutte en ce sens se déroule depuis plusieurs années.

En janvier 1847, un nouveau gouverneur général arrive dans la colonie. James Bruce, comte d'Elgin, comprend vite que la meilleure manière de régler le conflit entre les deux parties du Canada est d'accorder le gouvernement responsable. Il fait des pressions en ce sens auprès du gouvernement à Londres.

À cette époque, le Royaume-Uni commence à réduire énormément son soutien économique à la colonie. Cela ajoute aux mécontentements des Canadiens. Pour apaiser les critiques, Londres décide alors de diminuer son contrôle sur les affaires politiques du Canada-Uni. Ainsi, aux élections de 1848, remportées majoritairement par les Réformistes, le gouverneur général accorde le gouvernement responsable.

Le pouvoir du gouverneur général est réduit, tandis que la colonie acquiert plus d'autonomie. Ce n'est plus le gouverneur général qui nomme les membres du Conseil exécutif. Dorénavant, ce conseil est composé de députés élus. Ces élus, devenus ministres, doivent rendre des comptes sur leur manière de gouverner devant l'ensemble des élus de l'Assemblée législative.

La structure politique du gouvernement responsable au Canada-Uni en 1848

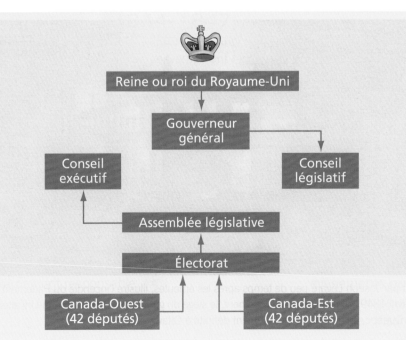

Première canadienne

La Nouvelle-Écosse et le gouvernement responsable

Sais-tu que la première colonie britannique à avoir obtenu le gouvernement responsable est la Nouvelle-Écosse?

Joseph Howe (1804-1873) mène la lutte en faveur d'un gouvernement responsable. En 1828, il achète *The Novascotian*, un journal d'Halifax. Il rédige des articles dans lesquels il exige des réformes. En 1836, il est élu à l'Assemblée législative de la Nouvelle-Écosse. Il milite avec les Réformistes pour obtenir un gouvernement responsable. En février 1848, le gouvernement responsable est accordé à la Nouvelle-Écosse. Il s'agit de la première colonie de l'Empire britannique à l'obtenir. Joseph Howe fait valoir avec fierté que les Réformistes ont obtenu le gouvernement responsable « sans violence ou bris de verre ».

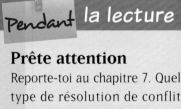

Pendant la lecture

Prête attention
Reporte-toi au chapitre 7. Quel type de résolution de conflit Joseph Howe utilise-t-il? Et toi, qu'aurais-tu fait?

Pense à la vie dans le Canada d'aujourd'hui. En quoi se compare-t-elle avec la vie dans les années 1850? Cette section présente de nombreux diagrammes, tableaux et illustrations. Ils te permettront de répondre à des questions portant sur la vie à cette époque.

Question 1: Quelle était la population du Canada-Uni au milieu du XIXe siècle?

La population était beaucoup moins importante qu'aujourd'hui, et elle vivait surtout à la campagne. Les cinq plus grandes villes totalisaient seulement 8,9 % de la population.

La population du Canada-Ouest et du Canada-Est en 1851

Canada-Est	Canada-Ouest	Total
890 261	952 004	1 842 265

La population des cinq plus grandes villes du Canada-Uni en 1851

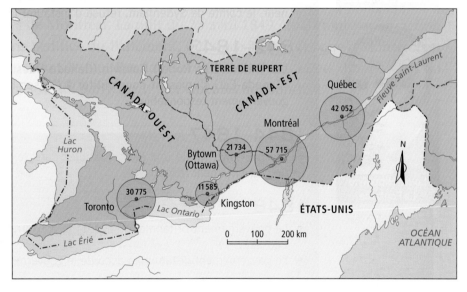

Question 2 : La population était-elle aussi diversifiée qu'aujourd'hui ?

Comme tu le vois dans les diagrammes ci-dessous, la population était moins diversifiée dans les années 1850 qu'aujourd'hui. Les groupes ethniques autres que ceux des descendants britanniques et français forment aujourd'hui environ 14 % de la population combinée de l'Ontario et du Québec.

Le pourcentage des groupes ethniques du Canada-Uni en 1851, et en Ontario et au Québec en 2007

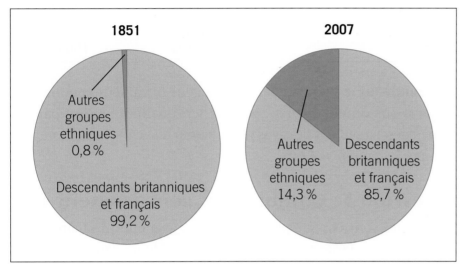

Question 3 : L'immigration est-elle un facteur important ?

Beaucoup de gens immigrent au Canada-Uni de 1851 à 1861, mais le taux d'émigration est lui aussi très élevé. Attirés par la promesse de terres gratuites ou bon marché, des gens qui ne connaissent rien à l'agriculture s'établissent au Canada-Uni et essaient sans succès de vivre de la terre. L'agriculture est difficile dans le Canada-Ouest, et certains ne restent pas longtemps. La possibilité de trouver du travail dans les villes aux États-Unis les pousse à abandonner leur terre et à déménager.

L'immigration et l'émigration au Canada-Uni de 1851 à 1861

Immigration (gens qui arrivent au Canada)	Émigration (gens qui quittent le Canada)
325 000	170 000

Question 4 : Quel genre de travail les gens ont-ils ?

Les principaux métiers pratiqués au Canada-Uni en 1851

Métier	Nombre	Pourcentage (%)
Agriculteurs	164 448	39,1
Ouvriers	150 688	35,9
Autres métiers	100 069	23,8
Sans métier (gens assez riches pour ne pas travailler)	4 986	1,2
Total	**420 191**	**100,0**

Comme tu le vois, la majorité des gens travaillent comme agriculteurs ou comme ouvriers. Les ouvriers qualifiés ne sont pas très recherchés. La plupart des gens n'ont besoin d'aucune formation pour occuper les emplois offerts.

Pendant la lecture

Prête attention
Quelles données fournies dans le tableau ci-dessous te confirment que les salaires sont réellement bas ?

Question 5 : Combien les gens gagnent-ils ?

Les salaires sont bas. De plus, les femmes gagnent un salaire considérablement inférieur à celui des hommes. Même dans une profession identique, elles sont moins payées. Par exemple, une enseignante reçoit la moitié du salaire d'un enseignant. Les femmes sont aussi exclues de plusieurs métiers ou professions.

Le salaire quotidien moyen pour certains métiers au Canada-Est en octobre 1851

Métier	Salaire quotidien
Charpentier (hommes)	1,50 $
Maçon (hommes)	1,25 $
Tailleur (hommes)	0,95 $
Agriculteur (hommes)	0,83 $
Travailleur de scierie (hommes)	0,75 $
Couturière (femmes)	0,31 $
Travailleuse dans une laiterie (femmes)	0,13 $

Une couturière dans son atelier, à Upper Canada Village. Cette photo présente une reconstitution de la vie dans les années 1860. À cette époque, la plupart des couturières travaillaient chez elles. Elles contribuaient ainsi au revenu familial tout en s'occupant des enfants et du travail domestique.

Question 6 : Combien coûtent les marchandises ?

Les prix de détail moyens au Canada-Est en octobre 1851

Article	Prix
Bottes de travail	1,88 $
Couverture	1,25 $
Chemise de coton	0,56 $
Café moulu (au kilo)	0,46 $
Beurre (au kilo)	0,32 $
Œufs (une douzaine)	0,16 $
Pain (au kilo)	0,10 $

Dans les années 1800, les habitants de la ville magasinent dans des marchés publics, où ils trouvent des aliments frais et une foule d'accessoires pour la maison.

Les prix sont bas, mais, quand on gagne moins d'un dollar par jour, on ne peut pas acheter beaucoup de choses.

ET SI C'ÉTAIT MOI ! ▸ Eleanora Hallen (1823-1846)

En 1835, ma famille entreprenait un voyage du Royaume-Uni à Coldwater, dans le Haut-Canada. J'avais alors 12 ans.

Le voilier prend sept semaines pour traverser l'Atlantique, après quoi, le train, la diligence, le bateau à vapeur et la charrette à bœufs nous emmènent dans le Haut-Canada.

Regarde là-bas !

Après plus de cinq mois de voyage, nous arrivons enfin à destination.

Enfin, vous voilà !

La famille Steele nous accueille comme de vieux amis.

Nous vivons tous ensemble pendant que ma famille se construit une nouvelle maison.

Eleanora Hallen est morte à l'âge de 23 ans. Ses journaux intimes sont aujourd'hui des pièces importantes du patrimoine canadien.

Toronto en 1851 et en 2006

La population

En 1851, Toronto est la plus grande ville du Canada-Ouest. Aujourd'hui, elle est la plus grande ville du Canada. Les chiffres ci-dessous sont ceux de la population de la ville de Toronto (ceux de la région métropolitaine de Toronto sont beaucoup plus élevés).

1851	**2006**
30 763	2 503 281

Les origines de la population de Toronto

Dans les années 1850, un grand nombre d'immigrants arrivent à Toronto. La plupart sont d'origine britannique. Aujourd'hui, Toronto attire toujours les immigrants. Plus de 49 % de la population torontoise est née à l'extérieur du Canada. La population est extrêmement diversifiée, et près de 43 % des habitants de Toronto sont de descendance autre que britannique et française.

En 2006, Toronto était la seule grande ville du Canada où la population d'origine française ou britannique était minoritaire.

1851

Origine	Nombre	Pourcentage (%)
Royaume-Uni	18 432	59,9
Canada (descendants des Britanniques)	9 956	32,3
États-Unis	1 405	4,6
Canada (descendants des Français)	467	1,5
Allemagne/Pays-Bas	113	0,4
Autres pays	390	1,3
Total	**30 763**	**100,0**

2006

Groupe ethnique	Nombre
Chinois	259 710
Asiatiques du Sud	253 920
Noirs	204 075
Asiatiques du Sud-Est	120 330
Latino-Américains	54 350
Asiatiques de l'Ouest	37 205
Coréens	29 755
Arabes	22 355
Japonais	11 595
Autres	60 830
Total	**1 054 125**

Question 7 : Quelles sont les caractéristiques idéales pour immigrer au Canada-Uni dans les années 1850 ?

Les gens qui vivent au Canada-Uni dans les années 1850 travaillent dur pour survivre. Les agriculteurs doivent construire une maison pour y loger leur famille. Ils doivent défricher leur terre et dresser des clôtures pour garder leurs bêtes sur leur terre. Dans les années 1850, la machinerie mécanisée n'existe pas. Tout doit être fait à la main ou avec l'aide d'animaux. Les gens qui choisissent de s'installer en ville doivent trouver un logement et un travail pour survivre. Les logements sont souvent sans confort, et les emplois exigeants et sous-payés. Les gens qui ne sont pas préparés à travailler dur vivent difficilement au Canada-Uni.

En 1832, l'Écossaise Catharine Parr Traill immigre au Canada-Uni avec son mari. Elle raconte les hauts et les bas de la vie des pionniers. Voici comment elle rapporte les propos d'un capitaine de bateau sur la difficulté de s'établir au Canada-Uni :

Catharine Parr Traill (1802-1899), née Strickland, est la sœur de Susanna Strickland Moodie. Elles ont toutes deux écrit sur la vie des pionniers dans les années 1800.

> « C'est un beau pays pour le pauvre ouvrier qui, après quelques années de dur labeur, pourra s'asseoir dans la maison de bois rond qu'il aura construite et contempler sa terre. [...] Mais c'est un dur pays pour le gentilhomme sans argent, que ses habitudes ont mal préparé au travail manuel. [...] Il devra lutter pour survivre [...] et devra endurer une foule de privations [...]. Bref, le pays est bon pour ceux qui s'y adaptent ; mais ceux qui refusent de se plier aux lois de la nécessité et de la débrouillardise n'ont rien à y faire. C'est simple : le Canada n'est pas fait pour toutes les classes de gens. » [Traduction libre]

Applique tes connaissances

1. Tu deviens un démographe, c'est-à-dire un spécialiste qui étudie la population (pages H 184 et H 185) ou un économiste, c'est-à-dire un spécialiste qui étudie l'économie (pages H 186 et H 187).

   a) Pour chaque tableau ou diagramme, note trois observations et une conclusion d'ensemble. c h

   b) Prépare un diagramme pour illustrer les données de la question 3 (page H 185) ou de la question 4 (page H 186). cd

2. Valide ton travail auprès d'une ou d'un autre élève. Explique-lui tes observations et ta conclusion, et prends quelques notes sur les siennes. cd

3. Choisis un métier et un produit présentés dans les tableaux des questions 5 (page H 186) et 6 (page H 187). Combien de temps la personne qui pratique ce métier doit-elle travailler pour acheter ce produit ? Trouve le salaire moyen offert pour ce métier aujourd'hui et le coût actuel de ce produit. h

La continuité et le changement dans l'histoire

Dans l'histoire, une lutte continuelle oppose les partisans de la **continuité** et les partisans du changement. Les partisans de la continuité veulent que l'avenir ressemble au présent. Les partisans du changement veulent que l'avenir soit différent du présent.

Les causes du changement

As-tu déjà vécu un gros changement ? Dans notre vie personnelle, plusieurs choses peuvent entraîner de grands changements, par exemple un déménagement, un changement dans la structure familiale ou encore une augmentation ou une diminution du revenu familial. Mais qu'est-ce qui peut causer un changement dans l'histoire ?

Une amélioration technologique

Dans les années 1820, la principale source d'énergie est l'effort physique, celui des humains et celui des animaux. Les roues hydrauliques font tourner les moulins, mais seulement là où le courant des rivières est assez fort. Les modes de transport sont donc limités. Les gens se déplacent en canot, en bateau à voiles, à cheval ou à pied. Par conséquent, les gens ne vont habituellement pas très loin de chez eux.

Au milieu des années 1800, la construction des chemins de fer modifie radicalement la circulation des marchandises et des gens. Le premier chemin de fer au Canada-Uni est inauguré en 1836. Dans les décennies 1840 et 1850, plusieurs autres chemins de fer sont construits. En 1856, la compagnie Grand Trunk Railway relie Sarnia et Montréal, et la plupart des grandes villes situées entre les deux. La compagnie Great Western Railway relie Windsor, Hamilton et Niagara Falls. Il devient ainsi possible de déplacer des passagers et des marchandises sur de longues distances. Les bateaux à vapeur transportent aussi des marchandises sur les principaux fleuves et rivières, et sur les Grands Lacs.

Des bateaux à vapeur comme celui-ci transportent des marchandises et des passagers jusqu'aux ports situés dans la région des Grands Lacs.

Avant la construction des chemins de fer, le Canada-Uni est constitué de nombreux établissements isolés. Chaque ville produit des biens qui se vendent sur place. Les voyages et le commerce longue distance sont très limités. Par la suite, l'économie devient plus interdépendante. Il est désormais possible de fabriquer des produits à Toronto et de les expédier dans toute la région. En fait, le développement des chemins de fer détermine la position dominante de Toronto dans la région des lacs Érié et Ontario. Cette nouvelle technologie transforme complètement l'économie de la région.

Cette photo montre un train de la Grand Trunk Railway dégagé de la neige, en 1869.

Le réseau des chemins de fer au milieu des années 1800

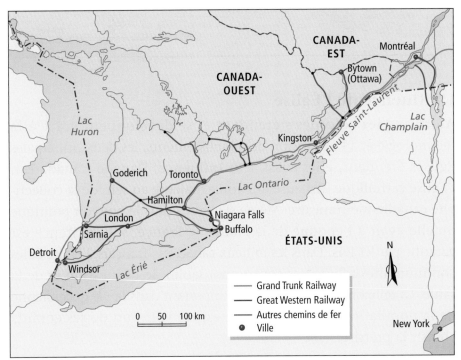

Le bois : une ressource à exploiter

Dans les années 1820, la plus grande partie du Canada-Ouest est recouverte d'immenses forêts. Les établissements se trouvent à proximité des Grands Lacs. À cette époque, il y a une forte demande pour le bois aux États-Unis et en Europe.

Bientôt, la demande pour des travailleurs forestiers augmente. Un grand nombre de forêts du Canada-Ouest sont abattues, et les terres déboisées sont mises à la disposition des agriculteurs. Le déboisement aide à développer l'intérieur de la région. En 1851, les colons ont presque terminé le développement agricole de la partie sud de la région.

Les zones d'établissement au Canada-Ouest de 1800 à 1850

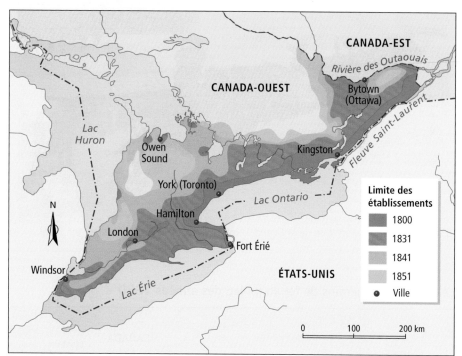

L'influence de l'Église

Alors que les colonies s'étendent et se développent grâce à la technologie et à l'expansion des établissements, les deux principales Églises étendent, elles aussi, leur influence. Dans le Canada-Est, l'Église catholique demeure une force majeure au sein de la collectivité canadienne-française. Même si elle n'a plus le pouvoir politique qu'elle avait à l'époque de la Nouvelle-France, son existence est garantie par les lois. Dans les milieux canadiens-français, l'Église et les communautés religieuses sont responsables de l'éducation et de la santé. La religion joue donc un rôle important dans la vie quotidienne de la population. Chaque famille espère voir l'un de ses enfants choisir la prêtrise.

L'Église et l'éducation

Au milieu des années 1800, des études révèlent que plusieurs Canadiens du Canada-Est ne savent ni lire ni écrire. Pour remédier à cette situation chez les Canadiens français, l'Église catholique désigne une école pour chaque groupe de 100 familles, soit au moins une école par paroisse. Comme le Canada-Est compte aussi des anglophones, ceux-ci obtiennent des écoles protestantes. Un impôt permet de payer la construction et l'entretien des écoles, de même que le salaire des enseignants. La formation des enseignants se donne dans des établissements appelés « écoles normales ». Trois de ces écoles sont créées en 1857 : deux catholiques et une protestante. Le lien entre l'Église et l'éducation demeure très étroit.

Dans le Canada-Ouest, c'est l'Église anglicane qui exerce une influence. Puisque la collectivité anglophone forme le plus grand groupe des deux Canadas, les anglicans maintiennent leur pouvoir grâce à leur influence au sein du *Family Compact*. Leur chef est l'évêque John Strachan de l'Église d'Angleterre. À l'époque, le *Family Compact* n'a plus l'importance qu'il avait, mais il est toujours actif.

Les quelques écoles du début des années 1800 sont de petits bâtiments rudimentaires. Elles manquent de ressources, et leurs enseignants ont peu de formation. Les enseignants vivent en pension, une semaine à tour de rôle dans les familles des élèves. Au milieu du siècle, par contre, un changement se produit sous l'influence d'Egerton Ryerson, un pasteur méthodiste. Il est l'un des premiers à agir comme ministre et enseignant auprès des autochtones Mississaugas de la rivière Credit, où il acquiert son expérience.

Egerton Ryerson (1803-1882) est nommé au poste de surintendant principal de l'éducation pour le Haut-Canada en 1844. Ce portrait a été réalisé par Théophile Hamel vers 1850.

Tu peux visiter des lieux qui reconstituent la vie des années 1800, notamment de petites écoles comme celle-ci.

Cette photo montre une reconstitution d'une école d'Upper Canada Village, où des fillettes s'exercent à lire. Egerton Ryerson a fait en sorte que l'éducation soit gratuite et accessible à tous les enfants, garçons et filles.

Egerton Ryerson recommande la séparation de l'éducation publique et de l'Église. Il fonde également le premier collège conçu pour préparer les enseignants à bien faire leur travail. Enfin, il convainc l'Assemblée législative d'établir une taxe scolaire pour financer, de façon permanente, l'entretien des écoles et le salaire des enseignants.

Applique tes connaissances

1. Demande à une personne plus âgée de ta famille ou de ton entourage de te parler des changements technologiques qu'elle a observés au fil des ans. Nomme trois changements et explique leur influence sur la vie de cette personne. **h**

2. Transcris le tableau ci-dessous dans ton cahier ou sur une feuille et remplis-le. Explique brièvement l'évolution de chacun des aspects de la colonne 1. **c h**

3. Pense à un changement majeur que le Canada pourrait subir, selon toi, au cours de ta vie. Indique les effets possibles de ce changement sur toi et sur d'autres Canadiens, dans un dessin, un texte ou un poème. **CD**

Aspect	École des années 1800	École aujourd'hui
Liens entre l'école et l'Église		
Formation des enseignants		
Financement des écoles		

EN RÉSUMÉ

Tu as découvert certaines des recommandations que lord Durham a faites dans son rapport sur les deux Canadas. Tu as vu qu'il voulait assimiler les Canadiens français en unissant les deux Canadas et, ainsi, créer une majorité anglophone. Tu as vu que ses recommandations ont été adoptées en partie seulement dans le cadre de l'Acte d'Union. Tu as lu sur les conditions de vie au Canada-Uni dans les années 1850. Finalement, tu as examiné quelques-uns des facteurs qui entraînent des changements dans l'histoire.

Fais le point

Sers-toi des notes que tu as prises pour rédiger un résumé de ce chapitre. Tu peux écrire des idées secondaires pour chaque idée principale. Dispose-les dans un schéma comme celui ci-contre.

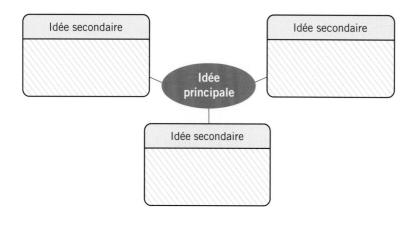

Vérifie tes connaissances

Imagine que tu es une immigrante ou un immigrant britannique au Canada-Est ou au Canada-Ouest dans les années 1840. Ta tâche consiste à rédiger un article pour le journal de ta ville d'origine, au Royaume-Uni. Ton article aidera les lecteurs à décider s'ils doivent émigrer ou non au Canada-Uni. Voici la marche à suivre. *h o*

1. Formule trois questions auxquelles ton article répondra. Assure-toi de formuler des questions avec les termes suivants : qui, quoi, où, quand, comment, pourquoi.

2. Utilise ces questions pour écrire les sous-titres que tu donneras à chaque partie de ton article. Dans chaque partie, réponds à la question en sous-titre et fournis des faits pour appuyer ta déclaration.

3. Ajoute à ton article un diagramme, un tableau, un schéma, une carte ou un dessin.

4. Rédige ton article en huit paragraphes, de la façon suivante :

- paragraphe 1 : introduction ;

- paragraphes 2, 3, 4, 5, 6 et 7 : corps du texte (chaque paragraphe répond à une question) ;

- paragraphe 8 : conclusion.

Utilise le vocabulaire qui convient au sujet. Pour t'aider à réaliser ce travail, consulte les diverses sections de la **Boîte à outils**.

Comment les deux Canadas ont-ils changé depuis le début du xixe siècle?

Dans ce module, tu as découvert les façons de résoudre un conflit, plusieurs changements, et les causes de ces changements. Tu as étudié les rébellions de 1837 et 1838, leurs causes, leurs principaux personnages et leurs conséquences. Tu as fait la connaissance de lord Durham, et tu as lu sur la lutte pour la mise en place d'un gouvernement responsable. Tu as également appris à quoi ressemblait la vie dans les années 1850, et tu as découvert certains changements survenus à cette époque.

Réponds, en un paragraphe, à la question: «Comment les deux Canadas ont-ils changé depuis le début du xixe siècle?»

Montre ce que tu as compris

Les historiens étudient les événements ; ils étudient aussi les gens et leurs façons de vivre. Ils soulignent les ressemblances et les différences entre les personnes ou les époques. À ton tour, pour la période de 1830 à 1860 au Canada-Uni, tu vas comparer des personnes entre elles ou les conditions de vie de cette période.

Étape 1 Comprends la tâche demandée

Rédige un article de journal, par exemple un reportage ou une enquête. Ton article doit contenir de l'information sur au moins deux des sujets ci-dessous. Concentre-toi sur les années 1830 à 1860.

- Compare Joseph Howe avec l'une des deux personnes suivantes : William Lyon Mackenzie ou Louis Joseph Papineau.
- Compare les types d'emplois disponibles dans le Canada-Est avec ceux du Canada-Ouest au cours de la même période.
- Compare la vie des gens vivant à la campagne avec celle des gens vivant dans les villes du Canada-Uni durant les années 1830 à 1860.
- Compare la croissance démographique et économique du Canada-Est avec celle du Canada-Ouest de 1830 à 1860.

Conseil : Assure-toi de bien comprendre ce qu'est un article de journal à l'aide des exemples donnés par ton enseignante ou ton enseignant.

Une page de journal contient habituellement les éléments suivants :
- le nom du journal ;
- la date de publication ;
- le titre de la section ou du cahier du journal (sports, loisirs, politique, etc.) ;
- le numéro de la page.

Étape 2 Fais ta recherche

Consulte diverses sources pour trouver de l'information sur les sujets. Trouve des éléments visuels appropriés comme des cartes, des diagrammes et des photos.

Conseil : Utilise des sources primaires et des sources secondaires. Consulte la **Boîte à outils** si tu as besoin d'aide.

Étape 3 Rédige une première ébauche de ton article

Ton article doit comparer la vie des personnes et les conditions de vie dans les deux Canadas.

Conseil : Assure-toi que ton article présente des faits et non tes opinions. Consulte la **Boîte à outils** si tu as besoin d'aide.

Étape 4 Prépare ton article

Rassemble les documents (texte, éléments visuels) que tu as produits en un seul. Comme l'espace est limité dans un journal, ton texte ne doit pas dépasser plus de 200 mots. N'oublie pas de donner un titre accrocheur à ton article.

Acte constitutionnel : Loi britannique entrée en vigueur en 1791, qui divise la *Province of Quebec* en deux territoires : le Haut-Canada et le Bas-Canada. H 100

Acte de Québec : Deuxième constitution adoptée en 1774 qui agrandit le territoire de la *Province of Quebec,* rétablit les lois civiles françaises et reconnaît officiellement aux Canadiens la liberté religieuse. H 80

Acte d'Union : Loi constitutionnelle adoptée en 1840 qui réunit le Haut-Canada et le Bas-Canada en une seule colonie : le Canada-Uni. H 178

Amérique du Nord britannique : Ensemble des colonies et des territoires britanniques d'Amérique du Nord demeurés sous l'autorité de l'Empire britannique après la séparation des États-Unis d'avec la Grande-Bretagne. H 88

Amnistie : Pardon accordé à un groupe de personnes pour des délits politiques. H 162

Arpenteur : Personne dont le travail consiste à mesurer et à déterminer l'emplacement d'un terrain par rapport aux autres terrains. H 102

Arquebuse : Ancienne arme à feu. H 8

Assimiler : Adopter la culture de la société environnante en abandonnant sa culture d'origine. H 19

Autosuffisance : Capacité de subvenir à ses propres besoins. H 6

Bas-Canada : Territoire qui correspond à l'ancienne colonie française, comprenant les terres du sud et de l'est du Québec actuel, jusqu'au Labrador. H 100

Bellicisme : Tendance ou attitude qui favorise le conflit et la guerre pour résoudre un problème. H 111

Blocus : Ensemble des moyens qu'un pays utilise pour empêcher des pays concurrents d'avoir des relations commerciales normales avec d'autres pays. H 109

Boston Tea Party : Manifestation contre la taxe britannique sur le thé, au cours de laquelle les manifestants ont pris d'assaut des bateaux britanniques amarrés dans le port et jeté à la mer leur cargaison de thé. H 78

Boycotter : Refuser collectivement d'acheter les produits en provenance d'un pays dans l'espoir que ce moyen de pression force le pays à répondre favorablement à certaines demandes. H 166

Britannique : Nom désignant les habitants de la Grande-Bretagne à partir de 1707. H 46

Canadien : À l'époque, personne d'ascendance française. H 68

Canal : Voie d'eau artificielle qui permet de joindre des cours d'eau plus importants. H 129

Cantons-de-l'Est : Région située à l'est de Montréal, colonisée par les Loyalistes. H 94

Capitaine de la milice : Personne responsable de la milice, qui représente l'intendant sur le territoire de la paroisse, publie et fait respecter les ordres de ce dernier. H 27

Capitulation : Action, pour une armée, d'accorder la victoire à l'ennemi après un combat. H 59

Casques bleus : Surnom donné aux soldats envoyés par l'ONU pour maintenir la paix dans un pays en guerre. H 148

Catéchisme : Enseignement religieux de l'Église catholique. H 12

Censitaire : Personne qui a reçu une terre dans une seigneurie et qui est tenue de l'exploiter. H 15

Chaman : Prêtre-sorcier, à la fois devin et guérisseur, qui sert d'intermédiaire entre le monde des humains et celui des esprits. H 21

Chanvre : Plante qui fournit une fibre textile utilisée pour fabriquer le cordage des navires. H 30

Cheminot : Personne qui travaille pour une compagnie de chemins de fer. H 145

Choléra : Grave maladie intestinale, très contagieuse, due à une bactérie. H 132

Cinq-Nations : Regroupement de cinq nations iroquoises dans une confédération. Ces nations comprennent les Agniers, les Onneiouts, les Onontagués, les Goyogouins et les Tsonnontouans. H 20

Clairon : Instrument de musique à vent dont le son est aigu et perçant. H 116

Clan : Famille ou groupe de familles chez les peuples autochtones. H 6

Clergé : Ensemble des prêtres, des religieuses et des religieux faisant partie de l'Église catholique. H 32

Clique du château : Petit groupe de marchands et de financiers britanniques qui détiennent le pouvoir politique dans le Bas-Canada. H 153

Coalition : Alliance politique dans le but de lutter contre un adversaire commun. H 50

Colonie : Territoire contrôlé et exploité par un pays étranger. H 4

Commerce triangulaire : Échanges commerciaux entre la France, la Nouvelle-France et les colonies françaises des Antilles, qui ont pour but de diversifier l'économie et de trouver des débouchés pour les produits de la Nouvelle-France. H 39

Common law : Droit britannique qui évolue à partir des décisions des tribunaux. H 99

Concession : Privilège accordé à un adversaire. H 75

Congrès continental : Assemblée de délégués des Treize colonies britanniques d'Amérique qui se sont unies pour défendre leurs droits. H 81

Constitution : Texte qui détermine la forme de gouvernement d'un pays, d'une colonie. H 80

Continuité : Caractère des choses qui restent comme elles ont toujours été. H 190

Controverse : Discussion sur une question ou une opinion qui provoque des débats. H 137

Convalescence : Période de rétablissement à la suite d'une maladie ou d'un accident. H 124

Cornemuse : Instrument de musique à vent. H 74

Coureur des bois : Nom donné aux Européens qui parcouraient le territoire pour faire le commerce des fourrures. H 13

Couronne : Terme symbolique qui désigne la reine ou le roi d'un pays. H 10

Couvent : Communauté religieuse de femmes qui consacrent leur vie à Dieu et à l'Église. H 12

Croissance démographique : Augmentation du nombre de personnes sur un territoire. H 35

Décimer : Faire périr un grand nombre d'individus. H 127

Déclarer forfait : Abandonner, renoncer à quelque chose. H 29

Dense : Épais, compact. H 116

Déserteur : Personne qui abandonne le service militaire sans permission. H 109

Diffamatoire : Qui nuit à la réputation d'une personne ou d'un groupe de personnes. H 160

Dîme : Partie des récoltes ou somme d'argent versée à l'Église pour assurer son fonctionnement. H 16

Diocèse : Région placée sous la responsabilité d'un évêque. H 32

Dot : Somme d'argent ou biens personnels qu'une femme apporte à son mari au moment du mariage. H 17

Droit civil : Ensemble des lois qui couvrent les questions de propriété et de droit familial. H 60

Droit foncier : Ensemble des règles qui concernent le droit de propriété. H 99

Élite : Petit groupe de personnes puissantes. H 153

Embuscade : Stratégie qui consiste à attaquer son ennemi par surprise. H 113

Émeute : Manifestation spontanée et non organisée, souvent violente. H 142

Émigrer : Quitter son pays pour aller s'établir dans un autre pays. H 88

Engagé : Personne qui s'engage par contrat à servir un employeur pour une période d'au moins trois ans. H 36

Étole : Bande de fourrure qui se porte sur les épaules. H 48

Évêque : Représentant religieux le plus élevé dans la hiérarchie de la Nouvelle-France, habituellement responsable d'un diocèse. H 32

***Family Compact* :** Petit groupe privilégié, fidèle aux institutions britanniques, qui détient le pouvoir politique et économique dans le Haut-Canada. H 153

Favoritisme : Tendance à accorder des faveurs injustifiées. H 75

Fédération : Groupement en un seul État fédéral de plusieurs États qui conservent leur pouvoir de décision dans plusieurs domaines. H 180

Filles du roi : Jeunes femmes, dont plusieurs orphelines prises en charge par l'Église, envoyées en Nouvelle-France comme filles à marier. H 17

Flotte : Ensemble de navires. H 29

Forge : Atelier où l'on travaille les métaux, notamment le fer. H 30

Francophobe : Qui n'aime pas la France, les Français et les francophones. H 120

Garnison : Troupe de soldats établie dans une ville ou une forteresse. H 113

Gaz lacrymogène : Gaz qui cause une irritation temporaire des yeux. H 144

Gouvernante : Personne qui s'occupe de l'éducation des enfants. H 133

Gouvernement responsable : Gouvernement qui choisit les membres du Conseil exécutif parmi les représentants élus par la population. H 156

Grande-Bretagne : Nom désignant, à partir de 1707, l'union entre l'Angleterre et l'Écosse. H 46

Grève : Bord de mer fait de sable et de gravier. H 41

Guerres napoléoniennes : Luttes qui ont opposé plusieurs États européens, dont la Grande-Bretagne et la France sous le règne de Napoléon. H 108

***Habeas corpus* :** Droit qui garantit à une personne arrêtée d'être présentée rapidement devant un juge afin de vérifier le bien-fondé de son arrestation. H 166

Habitant : Agriculteur qui travaille la terre du seigneur. H 15

Haut-Canada : Région qui s'étend de la rivière des Outaouais jusqu'à la rive nord du lac Supérieur, et bordée par les lacs Ontario, Érié et Huron. H 95

Houblon : Plante utilisée dans la fabrication de la bière. H 30

Huguenot : Protestant français. H 91

Huissier : Personne chargée d'annoncer les décisions de la justice et responsable de leur mise en application. H 35

Immigration : Action de venir dans un pays pour s'y établir. H 30

Impasse : Situation sans issue. H 119

Importation : Entrée dans un pays de biens ou de services provenant d'un autre pays. H 120

Institutions : Ensemble des formes ou des structures sociales et politiques établies par la loi ou la coutume. H 68

Intolérable : Que l'on ne peut admettre ou accepter. H 77

Journalier : Personne engagée pour un travail rémunéré à la journée. H 145

Kérosène : Substance obtenue à partir du pétrole brut et qui sert de carburant pour les lampes. H 134

Kilt : Jupe de lainage faisant partie du costume national des Écossais. H 74

Labeur : Travail dur et pénible. H 17

Livre : Ancienne monnaie. H 17

Loi martiale : Loi qui autorise un gouvernement à recourir à la force armée contre sa propre population civile. H 166

Loyaliste : Colon qui est resté fidèle à la Couronne britannique durant la guerre de l'Indépendance américaine. H 83

Macadamiser : Recouvrir une route d'un mélange de pierre, de sable et de goudron. H 134

Manchon : Rouleau de fourrure dans lequel on entre ses mains pour les protéger du froid. H 48

Marécageux : Couvert d'eau stagnante. H 116

Matrilinéaire : Type d'organisation sociale où la lignée familiale se transmet par la mère. H 6

Médiateur : Personne qui essaie d'amener des groupes ou des individus à se parler pour trouver une solution au conflit qui les oppose. H 146

Mercantilisme : Doctrine économique selon laquelle une colonie fournit à la mère patrie des matières premières et lui achète ses produits. H 40

Métis : Personne dont l'un des parents est autochtone et l'autre Européen, ou leurs descendants. H 21

Métropole : Pays qui possède des colonies. H 150

Meunier : Personne qui exploite un moulin et qui fabrique de la farine. H 35

Ministre de la Marine : Ministre français responsable de l'administration des colonies, de la marine et du commerce maritime. H 26

Mission : Endroit où s'installent des missionnaires et où l'on tente de convertir les autochtones à la religion catholique et au mode de vie des Européens. H 11

Monopole : Situation où une compagnie est la seule à avoir le droit d'exploiter et de vendre une ressource. H 26

Mousquet : Arme à feu utilisée jusqu'au XVIIe siècle. H 58

Notaire : Personne qui reçoit et rédige des contrats, des testaments, des actes, qu'elle reconnaît être authentiques et dont elle inscrit les détails sur un registre public. H 35

Oblat : Nom d'une communauté religieuse. H 131

Organisation missionnaire laïque : Organisation religieuse gérée par des personnes qui ne sont pas membres du clergé. H 32

Paroisse : Territoire sur lequel un prêtre exerce ses fonctions. H 27

Pasteur méthodiste : Ministre d'une religion chrétienne qui se nomme « méthodisme ». Les adeptes de cette religion, née en Grande-Bretagne, cherchent à vivre selon des principes chrétiens très stricts. H 92

Patriote : Personne qui aime sa patrie et qui est prête à la servir. H 81

Patriotes : Groupe de Réformistes qui, sous la direction de Louis Joseph Papineau, s'est rebellé en 1837-1838 contre la Clique du château dans le Bas-Canada. H 144

Pays-d'en-Haut : Régions du bassin des Grands Lacs, en amont du fleuve Saint-Laurent. H 14

Pelleterie : Préparation et commerce des fourrures. H 52

Poste de traite : Endroit où les Européens faisaient du commerce avec les peuples autochtones. H 13

Proclamation royale : Première constitution s'appliquant au territoire de la Nouvelle-France conquis par la Grande-Bretagne en Amérique du Nord. La Proclamation royale définit le territoire et la forme de gouvernement de la *Province of Quebec*. H 72

Projet de loi : Proposition de loi soumise au vote. H 153

Promontoire : Pointe de terre élevée qui s'avance dans la mer. H 114

Propagande : Action qui a pour but de répandre une croyance ou une opinion. H 111

Propriétaire foncier : Personne qui possède un terrain avec ou sans bâtiment. H 96

Quaker : Membre d'une communauté religieuse protestante qui s'oppose à la guerre et à toute forme de violence. H 91

Rébellion : Révolte contre le pouvoir de certaines personnes ou contre le gouvernement en place. H 143

Recensement : Décompte officiel de la population, accompagné de renseignements comme le sexe, l'âge, l'occupation, la religion et l'origine ethnique de chaque personne. H 17

Redevances : Sommes payées au seigneur par le censitaire, en argent ou en produits. H 16

Réformateur : Partisan d'un mouvement religieux, la Réforme, qui a fondé le protestantisme. H 10

Réformer : Modifier en apportant des améliorations. H 142

Réformiste : Groupe de personnes qui veut changer le gouvernement pour le rendre plus démocratique. H 155

Régime parlementaire : Régime dans lequel une assemblée de députés élus par la population vote les lois et approuve les politiques du gouvernement. Aussi appelé « parlementarisme ». H 152

Représentation égale : Signifie que chaque région a le même nombre de représentants élus. H 175

Représentation selon la population : Signifie que le nombre de représentants est déterminé par le nombre d'habitants de la région représentée. H 175

République : Système politique dans lequel le pouvoir n'est pas héréditaire, où il est partagé par plusieurs personnes, généralement élues. H 161

Réserve des Six-nations : Bande de terre qui longe les rives de la rivière Grand, où le chef mohawk Thayendanegea a conduit ses partisans. H 98

Résolution : Décision que les membres de l'Assemblée ont prise lors d'un vote. H 156

Résolution de conflit : Démarche qui vise à faire voir les événements sous un angle neutre et à trouver une solution aux différents types de conflits qui opposent des personnes ou des groupes. H 146

Révolution : Brusque changement politique, social. H 81

Royaume-Uni : Nom donné à partir de 1801 à l'État qui regroupe la Grande-Bretagne et l'Irlande. H 108

Salve : Décharge de plusieurs armes à feu en même temps. H 58

Sanction : Approbation. H 153

Saumure : Préparation salée utilisée pour conserver les aliments. H 41

Scorbut : Maladie causée par un manque de vitamine C. H 7

Seigneur : Personne qui a reçu une terre du roi de France. H 15

Seigneurie : Terre concédée par le roi de France à un seigneur. H 15

Séminaire : Établissement d'enseignement où sont formés les futurs prêtres. H 32

Sentiment nationaliste : Expression de l'attachement d'un peuple à l'égard de la nation ou du pays auquel il appartient. H 121

Serment d'allégeance : Promesse de fidélité et d'obéissance envers son roi et son royaume. H 53

Serment du Test : Engagement exigé par les autorités britanniques par lequel on force toute personne qui veut occuper un poste clé à nier certains aspects de la foi catholique et l'autorité du pape. H 72

Shawnee : Peuple autochtone faisant partie de la famille des Algonquiens, qui vit dans la vallée de l'Ohio. H 112

Six-Nations : Regroupement de nations iroquoises. Vers 1720, les Tuscaroras adhèrent à la Confédération des Cinq-Nations, qui devient la Confédération des Six-Nations. H 114

Société hiérarchique : Société qui comporte plusieurs échelons, où chaque personne ou groupe exerce son autorité sur les personnes ou les groupes suivants. H 26

Tannerie : Lieu où l'on prépare les peaux d'animaux pour les transformer en cuir. H 132

Tartan : Étoffe de laine écossaise à larges carreaux de couleur. H 74

Tonnelier : Personne qui fabrique des tonneaux. H 35

Township : Mode de division des terres par lequel de grandes portions de terrain sont séparées en petits lots individuels, généralement de forme carrée. H 95

Traité de Paris : Traité de paix qui met fin à la guerre de Sept Ans, signé le 10 février 1763 à Paris. H 59

Traité de Ryswick : Traité signé en 1697, mettant fin à la guerre de la ligue d'Augsbourg qui a lieu de 1689 à 1697. H 50

Traité de Gand : Traité signé le 24 décembre 1814 mettant fin à la guerre de 1812 entre le Royaume-Uni et les États-Unis. H 117

Traité d'Utrecht : Traité qui met fin à la guerre de Succession d'Espagne, qui a lieu de 1701 à 1713. H 46

Trappeur : Chasseur d'animaux à fourrure. H 13

Troc : Échange d'une marchandise contre une autre sans utiliser d'argent. H 13

Typhus : Maladie contagieuse caractérisée par une forte fièvre. H 131

Tyrannique : Qui exerce un pouvoir sans limites et ne respecte pas les libertés individuelles. H 150

Union interraciale : Mariage entre des personnes d'origine différente. H 21

Variole : Maladie infectieuse très contagieuse due à un virus. H 21

Vétéran : Ancien soldat. H 115

Voltigeurs : Milice composée majoritairement de volontaires canadiens-français. Son mandat est de soutenir les troupes britanniques pendant la guerre de 1812. H 114

INDEX

A

Acadie, H 30, H 46, H 50-51, H 53-54

Acte constitutionnel, **H 100-101**, H 152

Acte de l'Amérique du Nord britannique, H 180

Acte de Québec, **H 80-81**, H 100-101

Acte d'Union, **H 178-180**, H 183

Agriculture, H 15, H 30, H 120, H 131, H 154-155, H 185

Amherst, Jeffrey, H 58-59, H 172

Angleterre (voir Grande-Bretagne)

Arnold, Benedict, H 82-83

Assimilation, H 19, H 176, H 179-180

B

Baldwin, Robert, H 163, H 168-169, H 183

Bas-Canada, **H 100-101**, H 108, H 111-114, H 120, H 122, H 126, H 129, H 131-132, H 142-144, H 152-157, H 161, H 166-169, H 174, H 176, H 178-179, H 182

Agriculture, H 154-155

Assimilation des Canadiens français, H 176, H 179

Conflit ethnique, H 176

Guerre de 1812, H 106, H 108, H 112, H 120, H 126

Population, H 175

Système politique, H 152, H 161-162, H 168, H 179

Transport, H 155

Bataille

de Beaver Dams (Thorold), H 115

de Châteauguay, H 116, H 126

de Detroit, H 113, H 122, H 127

de la ferme Crysler, H 116

de la rivière Thames, H 106, H 127-128

de Lundy's Lane, H 117

de Queenston Heights, H 114, H 124-125

des Plaines d'Abraham, H 57-58

de Stoney Creek, H 115

de York, H 115,

Birchtown, H 91-92

Bonaparte, Napoléon, H 108

Boerstler, Charles, H 115

Bond Head, sir Francis, H 159-160, H 163-164

Boston Tea Party, **H 78**

Boucher, Pierre, H 18

Bourgeoys, Marguerite, H 32

Brant, Joseph (voir Thayendanegea)

Brock, sir Isaac, H 112-114, H 122-123, H 127-128

Brûlé, Étienne, H 9

Bruyère, Élisabeth, H 131

Butler, John, H 96-97

Butler's Rangers (régiment des), H 96

By, John, H 129-130

Bytown (Ottawa), H 103, H 130-132, H 134

C

Canada-Est, **H 178**-179, H 180-181, H 183-184, H 186-187, H 192-193

Canada-Ouest, **H 178**-179, H 180-181, H 183-185, H 188, H 192-193

Canada-Uni, **H 178**, H 181-186, H 189-191

Population, H 178, H 179, H 184-185

Canal, H 129, H 132, H 155, H 175, H 178

Érié, H 132

Rideau, H 129

Welland, H 132

Carignan-Salières (régiment de), H 9, H 30

Carleton, sir Guy, H 75, H 82, H 90

Canton, **H 95**, H 102

Cartier, Jacques, H 6-8

Censitaire, **H 15**

Chaman, **H 21**

Champlain, Samuel de, H 8-9, H 19-20, H 26, H 38

Charles II, H 51

Christianisme, H 12, H 19, H 21-22, H 60

Clique du château, **H 153**-154

Colbert, Jean-Baptiste, H 26, H 40

Colborne, sir John, H 167, H 172

Colonies françaises des Antilles, H 30, H 37-39, H 53, H 89

Commerce des fourrures, H 13, H 19-20, H 22, H 26, H 28, H 31, H 37-38, H 46-48, H 52, H 55, H 103, H 153

Commerce triangulaire, **H 39**

Common law, **H 99**

Compagnie de la Baie d'Hudson, H 46-47, H 51

Compagnie des Cent-Associés, H 13, H 26

Compagnie du Nord-Ouest, H 47

Confédération des Cinq-Nations, **H 20**, H 48-49

Confédération des Six-Nations, H 98, **H 114**

Conflit, H 140, H 142, H 145-148

Coureur des bois, H 9, **H 13-14**, H 21, H 68, H 79

Criminel, H 37

D

Dearborn, Henry, H 114

Démocratie, H 152

Déportation des Acadiens, **H 53-54**

Dîme, **H 16**, H 101

Donnacona, H 6-8

Doric Club, H 166

Durham, lord John George Lambton, H 174-176, H 178-180, H 183

E

Éducation, H 12, H 32-33, H 131, H 133, H 176, H 192-194

Église catholique, H 10, H 12, H 16-17, H 21, H 27, H 32, H 192-194

Elgin, lord, H 181-182

Légende				
h: haut	**b:** bas	**c:** centre	**g:** gauche	**d:** droite

Photographies

Couverture
LONELY PLANET IMAGES: Greg Elms.

AIRSCAPES.CA
H 2: Ron Garnett; H 25: Ron Garnett; H 45: Ron Garnett; H 51: Ron Garnett.

AKG IMAGES
H 40 (h).

ARCHIVES DE LA COMPAGNIE DE LA BAIE D'HUDSON
H 14: Archives du Manitoba.

ARCHIVES PUBLIQUES DE L'ONTARIO
H 95; H 122; H 132; H 193 (h).

ARCHIVES DE LA VILLE DE TORONTO
H 95.

ATLAS SNOWSHOES
H 47 (c).

BIBLIOTHÈQUE ET ARCHIVES DU CANADA
H 4-5; H 5; H 10; H 17; p.H 20; H 28; H 32; H 33; H 40 (b); H 41; H 54; H 57; H 58; H 64 (hg); H 64 (hd); H 64 (b); H 69; H 75; H 86-87; H 90; H 91; H 96 (b); H 98; H 115; H 121; H 124; H 129; H 130; H 134; H 132 (hg); H 132 (hd); H 132 (b); H 138; H 150-151; H 154; H 157 (g); H 159: Peter Winkworth Collection of Canadiana; H 160; H 161; H 164 (h); H 164 (b); H 167; H 169 (g); H 172 (4); H 174; H 183 (1); H 183 (2); H 183 (3); H 189; H 196 (hd).

CANADIAN HERITAGE GALLERY
H 96 (h); H 128; H 163; H 193.

CENTRE CANADIEN D'ARCHITECTURE
H 31 (h): Centre for Landscape Research.

COLLECTION MUSÉE DU CHÂTEAU RAMEZAY, MONTRÉAL
H 116; H 126.

CORBIS
H 6: Bettmann; H 47 (b): Bettmann; H 74: Historical Picture Archive; H 81: Bettmann; H 84: Bettmann; H 111: Bettmann; H 127: Bettmann; H 157 (d): Sean Sexton Collection.

CP IMAGES
H 24-25: Adrian Wyld; H 107: Jonathan Hayward; H 140-141; H 141: Chris O'Meara/AP Photo; H 144 (b): Jonathan Hayward; H 148 (g): Associated Press.

C.W. JEFFERYS IMPERIAL OIL COLLECTION
H 139.

DE AGOSTINI EDITORE PICTURE LIBRARY
H 26.

ELGIN COUNTY ARCHIVES
H 183.

FRANCIS BACK
H 49.

GETTY IMAGES
H 78: Hulton Archive Photos; H 83: Hulton Archive Photos; H 110: Hulton Archive Photos; H 143: Hulton Archive Photos.

GLOBAL AWARE
H 148 (d): Brian Atkinson.

ISTOCKPHOTO
H 29.

IVY IMAGES
H 66-67; H 67; H 193.

JUPITER IMAGES UNLIMITED
H 3; H 48.

LIBRARY OF CONGRESS
H 106-107.

MEGAPRESS
H 2.

METROPOLITAN TORONTO REFERENCE LIBRARY
H 119.

MINISTÈRE DES TRANSPORTS DE l'ONTARIO
H 87.

MUSÉE MCCORD
H 11; H 13; H 16; H 22; H 47 (h); H 133; H 145; H 166; H 169 (d); H 182; H 183 (4); H 190; H 191; H 196 (hg); H 196 (b).

MUSÉE NATIONAL DES BEAUX-ARTS DU QUÉBEC
H 12.

NATIONAL GALLERY OF CANADA
H 144 (h).

NEWFOUNDLAND AND LABRADOR HERITAGE
H 30; H 109.

NORTH WIND PICTURE ARCHIVES
H 8; H 21; H 70; H 117.

PA PHOTOS LIMITED
H 64 (h).

PARCS CANADA
H 114: Brian Morin.

PATTI GOWER
H 188.

ROBERT HARDING WORLD IMAGERY
H 31 (b): H.Merten.

SIMCOE COUNTY ARCHIVES
H 64 (b).

THE BRIDGEMAN ART LIBRARY
H 44-45: Private Collection; H 53: Musée acadien de l'Université de Moncton, Canada, Archives Charmet; H 151.

THE GRANGER COLLECTION
H 71; H 72; H 82; H 113; H 123; H 172 (1); H 172 (2); H 172 (3); H 172 (5);

THE KOBAL COLLECTION
H 108: Picture Desk Inc.

UPPER CANADA VILLAGE CARE OF THE ST. LAWRENCE PARKS COMMISSION
H 97; H 186; H 194.

Tableaux et textes

H 14 Musée canadien des civilisations; H 19-20 *Voyages and Explorations of Samuel de Champlain,* cité dans Scully *et al., Canada Through Time, Book One,* Scarborough, ON: Prentice-Hall Canada Inc., 1992, 120-121; H 34 Statistique Canada, Recensement de la Nouvelle-France 1665-1666; H 35 (h) Statistique Canada, Recensement de la Nouvelle-France 1665-1666; (b) Statistique Canada, Recensement de la Nouvelle-France 1665-1666; H 38 H.Biggar, *The Works of Samuel de Champlain,* cité dans J.H. Reid *et al.; A Source-book of Canadian History,* Toronto, ON: Longmans Canada Limited, 1964; 32; H 39 Jean-Pierre Charland, *Le Canada, un pays en évolution,* Montréal, Lidec, 1994, 71; H 54 Don Gillmor et Pierre Turgeon. 2000. *Canada: A People's History,* 103, 105; H 70 *Canada: A People's History,* « Indians reject British Control », CBC [en ligne]; H 71 *Canada: A People's History,* « Indians reject British Control », CBC [en ligne]; H 89 Ann Mackenzie, *A Short History of the Unites Empire Loyalists,* United Empire Loyalists' Association of Canada (UELAC); H 90 Ann Mackenzie, *A Short History of the Unites Empire Loyalists,* United Empire Loyalists' Association of Canada (UELAC); H 118 Archives de l'Ontario; H 123 Glenn H. Welker, *Indigenous Peoples' Literature* [en ligne]; H 125 Gouvernement du Canada, Patrimoine militaire canadien; H 128 Archives de l'Ontario; H 160 *Canada: A People's History,* « The Colonial Regime and the Family Compact », CBC [en ligne]; H 163 Cité dans Paul Bennett et Cornelius J.Jaenen, *Emerging Identities: Selected Problems and Interpretations in Canadian History,* Scarborough, Prentice-Hall, 1986, 169; H 164 Bibliothèque et Archives du Canada; H 184 Statistique Canada, Recensement de 1851; H 185 (h) Statistique Canada, Recensement de 1851; (b) Reproduit avec la permission de Travaux publics et Services gouvernementaux Canada; H 186 (h) Statistique Canada, Recensement de 1851; (b) British Parliamentary Papers, Immigration Report of 1851; H 187 British Parliamentary Papers, Immigration Report of 1851; H 188 (g) Statistique Canada, Recensement de 1851; (d) Statistique Canada, Recensement de 2006; H 189 Bibliothèque et Archives du Canada.

BOÎTE À OUTILS

TABLE DES MATIÈRES

→ **Le processus de recherche**

Tout au long de tes études, tu devras faire des recherches sur les sujets étudiés. Autrement dit, tu te renseigneras sur ces sujets. Les étapes ci-dessous t'aideront à faire une bonne recherche.

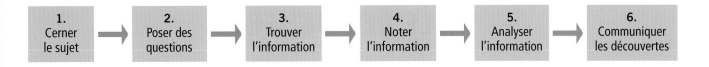

1. Cerner le sujet → **2.** Poser des questions → **3.** Trouver l'information → **4.** Noter l'information → **5.** Analyser l'information → **6.** Communiquer les découvertes

Étape 1 Cerner le sujet

Cerne bien le sujet de ta recherche. Dans les exemples ci-dessous, prête attention à la formulation des questions dans la colonne de droite.

Exemple en histoire

Thème général	Question soulevée
La vie en Nouvelle-France	Quand l'avenir de la Nouvelle-France commence-t-il à être vraiment menacé par les Britanniques ?
La guerre de 1812	Pourquoi l'Amérique du Nord britannique et les États-Unis entrent-ils en guerre en 1812 ?
Les rébellions de 1837-1838	Qui sont les gens qui appuient la rébellion des patriotes ?

Exemple en géographie

Thème général	Question soulevée
L'environnement	Quels facteurs les géographes examinent-ils quand ils décrivent l'environnement ?
Les désastres naturels	Où se produisent les séismes les plus destructeurs dans le monde ?
Les ressources naturelles	Comment l'industrie minière aide-t-elle l'économie canadienne ?

Étape 2 Poser des questions

Remarque que tous les exemples de questions ci-dessus commencent par un mot clé différent. C'est ce qu'on appelle le modèle des questions fondamentales : qui ? quand ? quoi ? pourquoi ? où ? et comment ? Pour mieux comprendre la manière de poser des questions, consulte la page B 4.

Étape 3 Trouver l'information

Assure-toi d'utiliser une variété de sources : encyclopédies, atlas (pour les cartes, les diagrammes et les tableaux de statistiques), livres, journaux intimes de personnages historiques, journaux, magazines, sites Web des gouvernements et d'autres institutions, entrevues personnelles, etc.

Étape 4 Noter l'information

Écris l'information qui te semble la plus importante sous forme de courtes notes sur des fiches ou dans un fichier informatique. Ainsi, quand tu rédigeras ton rapport, il te sera plus facile de modifier l'ordre des données que tu auras trouvées. Note les données secondaires sur des fiches différentes. N'oublie pas d'indiquer la source de l'information sur chacune de tes fiches.

Étape 5 Analyser l'information

Relis toutes tes fiches. Écarte celles qui ne t'aident pas à répondre à la question soulevée. Parmi les fiches qui restent, choisis les renseignements clés que tu dois inclure dans ton rapport.

Étape 6 Communiquer les découvertes

Présente tes découvertes d'une façon structurée. Tu peux faire cela de différentes manières : par exemple, un rapport écrit ou un diaporama. À la fin de ta présentation, indique ce que tu as tiré de tes recherches. Il s'agit de ta conclusion.

À ton tour

Fais une recherche sur les thèmes ci-dessous. Oriente ta recherche à l'aide de la question soulevée.

Histoire	Géographie
Thème : Les explorations françaises en Amérique du Nord.	**Thème :** L'industrie du charbon au Canada.
Question soulevée : Pourquoi Jacques Cartier fait-il trois voyages en Amérique du Nord ?	**Question soulevée :** Comment le charbon du Canada est-il extrait et transporté vers diverses destinations ?

Une des tâches les plus importantes des historiens et des géographes consiste à poser des questions sur ce qu'ils étudient. Cela les aide à orienter leurs recherches.

Étape 1 **Comprendre le modèle des questions fondamentales**

Comme doit le faire une ou un journaliste, les historiens et les géographes doivent tenter de répondre à toutes les questions clés. Par exemple, dans un article sur une inondation, ils tentent de répondre aux questions suivantes :

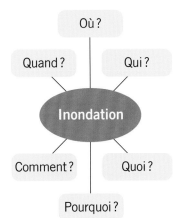

1. Où l'inondation s'est-elle produite ?
2. Qui a été touché par l'inondation ?
3. Quand l'inondation s'est-elle produite ?
4. Pourquoi s'est-elle produite ?
5. Quels dommages a-t-elle causés ?
6. Que pourrait-on faire pour empêcher une telle inondation dans le futur ?

Étape 2 **Faire la distinction entre des faits et des opinions**

Certaines questions sont factuelles, c'est-à-dire qu'elles portent sur des faits qu'on peut mesurer et vérifier. Les réponses à ces questions sont simples et présentent des faits. D'autres questions sont plus complexes, car elles peuvent avoir plus d'une réponse, selon le point de vue de la personne qui étudie la question. Elles font ressortir différentes interprétations d'un sujet et, parfois, nécessitent le point de vue d'experts.

Dans l'exemple ci-dessus, les questions 1 à 3 sont des questions factuelles. La question 4 peut être une simple question factuelle ou nécessiter une opinion d'expert pour comprendre des causes complexes. Les questions 5 et 6 exigent un point de vue d'expert.

À ton tour

Histoire ou géographie

1. Choisis un personnage historique ou un sujet que tu as étudié récemment. Écris six questions (une avec chaque mot clé des questions fondamentales) dont tu aimerais connaître les réponses.

2. Assure-toi d'écrire des questions factuelles et des questions d'opinion.

3. Utilise tes questions pour orienter ta recherche sur le personnage ou le sujet.

4. Utilise un tableau avec une ou plusieurs entrées pour montrer tes questions et leurs réponses. Présente ton travail à tes camarades.

→ Acquérir le vocabulaire approprié

L'histoire et la géographie utilisent des termes particuliers. C'est ce qu'on appelle le vocabulaire de la discipline.

Étape 1 Lire les définitions

Dans ce manuel, une partie du vocabulaire particulier à la discipline est en caractères gras. Les définitions se trouvent dans les petits encadrés intitulés « Mots clés » et dans le glossaire. Si tu lis un mot inconnu qui n'est pas en caractères gras, cherche sa définition dans un dictionnaire. Lis la définition de chaque mot clé ou de chaque mot inconnu quand tu en trouves un.

Étape 2 Comprendre les mots clés en contexte

Le contexte, c'est le texte dans lequel se trouve le mot clé. Il est plus facile de se rappeler d'un mot clé quand tu comprends les mots qui l'entourent.

Étape 3 Écrire sa propre définition et utiliser le mot clé en contexte

Si tu crées ton propre glossaire et si tu écris des phrases en incluant les mots de ton glossaire, tu te souviendras plus facilement des mots clés. Ton glossaire pourrait ressembler aux tableaux suivants.

Exemple en histoire

Mot clé	Signification	Utilisation dans un contexte historique
Droit civil	Branche du droit qui s'occupe de la propriété et des affaires privées.	L'abolition du droit civil français a éliminé le système seigneurial.

Exemple en géographie

Mot clé	Signification	Utilisation dans un contexte géographique
Localisation absolue	Emplacement exact d'un lieu sur la surface de la Terre.	La localisation absolue utilise la latitude et la longitude pour indiquer la localisation d'un lieu.

À ton tour

Suis les étapes d'acquisition du vocabulaire pour les mots qui sont en caractères gras dans les textes suivants.

Histoire

La Nouvelle-France manque de femmes célibataires. La plupart des explorateurs, des commerçants de fourrures et des soldats sont célibataires, mais la colonie n'a rien pour attirer les femmes seules. À la suite du recensement de 1665-1666, l'intendant Jean Talon décide de faire venir des jeunes femmes, dont plusieurs orphelines, qu'on appelle les « **Filles du roi** ». Le roi leur offre le voyage jusqu'en Nouvelle-France, paye leurs dépenses d'installation et leurs dots.

Géographie

Les géographes examinent le mouvement de deux façons. D'abord, ils observent des systèmes, par exemple, les réseaux routiers construits par les humains afin de faciliter leurs déplacements d'un emplacement à l'autre. La nature crée aussi des réseaux, comme les réseaux hydrographiques, pour que l'eau circule d'un cours d'eau à l'autre jusqu'à l'océan. Ensuite, les géographes considèrent le **flux**, c'est-à-dire la quantité de personnes, de produits, d'information et d'autres éléments qui se déplacent dans un système.

Une carte est une vue aérienne simplifiée et réduite de la Terre, ou d'une partie de celle-ci. Sur une carte, tu trouveras toujours un territoire, une légende, une échelle et un symbole directionnel pointant vers le Nord. Tu verras que les cartes sont très utiles en histoire et en géographie, car elles présentent beaucoup d'information dans un espace limité. Toutefois, pour comprendre une carte, tu dois pouvoir décoder son « langage ».

Lire une carte

✓ Examiner la légende

La légende d'une carte t'indique ce que les points, les lignes, les zones, les pictogrammes et les couleurs représentent.

- Les points et les pictogrammes représentent des lieux précis, comme des capitales ou des mines de charbon.

- Les zones de couleurs ou avec des motifs représentent des éléments vastes, comme des lacs ou des régions très peuplées.

- Les lignes continues ou pointillées relient des lieux, comme des autoroutes ou des chemins de fer, ou représentent la frontière entre deux lieux.

Exemple en histoire

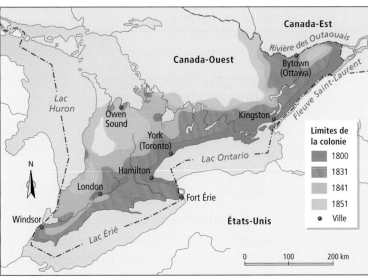

Trouve la légende et l'échelle utilisée dans cette carte.

Exemple en géographie

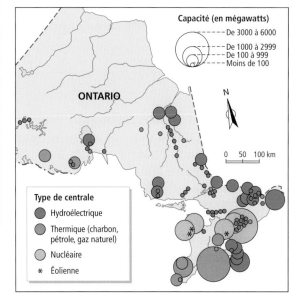

Trouve la légende et l'échelle utilisée dans cette carte.

☑ Consulter l'échelle

Les cartes présentent une vue très réduite d'un territoire. Pour mesurer les distances réelles entre les lieux, tu dois examiner l'échelle. L'échelle peut être placée dans la légende ou ailleurs sur la carte.

☑ Repérer la direction

Une carte comporte toujours un symbole directionnel : une rose des vents ou une flèche pointant vers le Nord. Généralement, le haut d'une carte correspond à peu près au Nord. Mais, pour connaître avec précision et exactitude où est situé le Nord, tu dois regarder dans quelle direction la flèche pointe ou dans quel sens la rose des vents est placée.

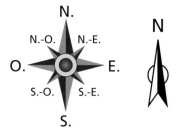

Dessiner sa propre carte

- Prends une feuille de papier non lignée ou utilise un logiciel de dessin, puis choisis l'orientation de la page appropriée à la forme de la région que tu vas cartographier.

- Trace un cadre dans lequel tu dessineras la région cartographiée ; assure-toi de laisser assez d'espace pour la légende, l'échelle et le symbole directionnel.

- Commence ta carte en dessinant les lignes les plus importantes, puis ajoute les petits détails.

- Termine ta carte en rédigeant la légende, en dessinant l'échelle et le symbole directionnel.

À ton tour

Histoire

Dessine une carte pleine page du Haut-Canada et des zones qui l'entourent, et ajoute une légende. Situe et nomme Montréal, Kingston et York. Tu peux trouver ces endroits sur la carte de la page H 95.

Géographie

Dessine une carte de l'Ontario pour indiquer l'emplacement des centrales nucléaires et ajoute une légende.

Choisir et construire le diagramme approprié

L'histoire et la géographie utilisent plusieurs types de diagrammes pour présenter des statistiques. Les diagrammes sont utiles quand tu analyses des données numériques et ils permettent de bien visualiser l'information quand tu présentes tes découvertes dans un rapport. Le type de diagramme à utiliser dépend de l'information que tu veux communiquer ou du but que tu vises. Les questions suivantes vont t'aider à choisir le diagramme approprié.

La population de l'Ontario de 1806 à 2006

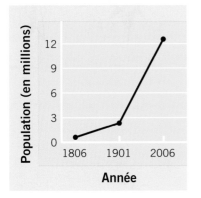

Est-ce que je veux mettre en évidence le changement au fil du temps ?

Un **diagramme linéaire** sert à présenter des données numériques montrant l'évolution d'un sujet, par exemple, la population, la production. Les unités de temps peuvent être des mois, des années, des décennies ou des siècles.

Un diagramme linéaire a deux axes. L'axe horizontal indique les unités de temps, et l'axe vertical indique les unités de mesure.

Tu peux créer un diagramme linéaire sur du papier quadrillé ou à l'aide d'un logiciel. Pour chaque donnée numérique, mets un point vis-à-vis de l'unité de temps correspondante. Ensuite, relie tous les points par des lignes droites.

Est-ce que je veux mettre l'accent sur les différences entre des sujets liés entre eux ?

Un **diagramme à bandes** sert à présenter des données numériques concernant un groupe de sujets ou de lieux semblables, ou selon différentes périodes. Par exemple, le diagramme à bandes peut servir à comparer la production de diverses industries. Il peut aussi montrer la valeur totale de la production industrielle de plusieurs pays.

Un diagramme à bandes a deux axes. L'axe horizontal indique les catégories, et l'axe vertical indique les unités de mesure. Pour chaque catégorie, tu dessines une bande d'une hauteur correspondant à la mesure appropriée. Tu peux créer un diagramme à bandes sur du papier quadrillé ou à l'aide d'un logiciel.

La population des trois plus grandes villes ontariennes en 2006

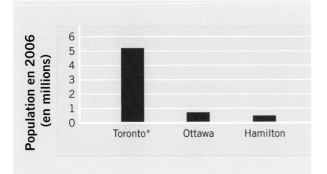

*Agglomération de Toronto.

Est-ce que je veux comparer diverses parties à un tout ?

Un **diagramme circulaire** sert à illustrer diverses proportions d'un même sujet. Chaque secteur du diagramme représente une partie du sujet principal. Par exemple, les femmes et les hommes qui composent la population ontarienne.

Il est plus facile de construire un diagramme circulaire quand les données sont exprimées en pourcentage (la somme des pourcentages doit totaliser 100). Il est préférable d'utiliser un logiciel pour créer un diagramme circulaire. À l'intérieur de chaque secteur, écris le nom et le pourcentage correspondants. Utilise une couleur différente pour chaque secteur. Le secteur le plus grand du diagramme circulaire devrait débuter à midi, et les autres secteurs devraient suivre, en ordre décroissant de taille, dans le sens des aiguilles d'une montre.

Dois-je comparer plusieurs moments ou sujets ?

Utilise un **diagramme à lignes multiples** pour montrer l'évolution pendant une même période de deux sujets qui ont une certaine parenté. Ce type de diagramme pourrait servir à comparer, par exemple, l'élévation de la température moyenne de deux villes depuis 1900.

Le **diagramme à bandes multiples**, lui, permet de présenter de l'information sur des sujets voisins à deux ou même à trois moments différents. Un tel diagramme serait une bonne façon de comparer, par exemple, les trois plus grandes villes ontariennes.

Quand tu crées un diagramme à lignes ou à bandes multiples, utilise une couleur différente pour chaque sujet et moment comparés.

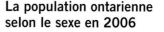

La population ontarienne selon le sexe en 2006

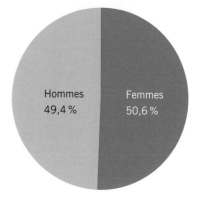

Les trois plus grandes villes ontariennes en 2001 et en 2006

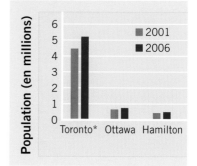

*Agglomération de Toronto.

À ton tour

Détermine le type de diagramme le plus approprié à chaque ensemble de données ci-dessous.

Histoire

Le coût de l'entretien de la Nouvelle-France de 1720 à 1750

Année	Coût (en livres)
1720	381 499
1730	494 217
1740	503 766
1750	2 774 715

Géographie

La surpêche par les pays européens au large de Terre-Neuve de 1986 à 1990

Année	Pêche autorisée (en milliers de tonnes)	Pêche réelle (en milliers de tonnes)
1986	26	172
1987	23	141
1988	19	85
1989	15	94
1990	15	98

Pour trouver de l'information sur des événements historiques ou géographiques, tu dois utiliser des sources fiables et sérieuses.

 Distinguer les sources primaires des sources secondaires

En histoire et en géographie, tu dois utiliser deux types de sources d'information : les sources primaires et les sources secondaires. Les sources primaires sont les sources créées au moment où l'événement se produit, comme les journaux intimes de personnages historiques, les lettres, les documents gouvernementaux, les journaux et les écrits de la période étudiée. Les sources secondaires sont les sources créées après la période étudiée. Elles sont présentées sur différents supports, comme les encyclopédies, les manuels scolaires, les atlas, les sites Web, les cédéroms.

 Déterminer si une source est primaire ou secondaire

Cherche la date où la source a été produite. Dans un livre, tu trouveras la date de publication sur une des premières pages. Dans un site Web, vérifie si des documents originaux y ont été reproduits.

☑ **Utiliser des sources primaires et secondaires dans ses recherches**

Généralement, tu dois commencer par chercher dans les sources secondaires pour avoir un aperçu de ton sujet. Des sources comme les encyclopédies peuvent te fournir ce type d'information de départ. Une fois que tu as récolté l'information de base, tu peux amorcer ta recherche dans les sources primaires.

À ton tour

Histoire

Choisis un sujet parmi les suivants : la Grande Paix de 1701, les loyalistes en Nouvelle-Écosse, Laura Secord, les émeutes de Montréal en 1849. Rends-toi ensuite à la bibliothèque ou cherche dans Internet pour trouver au moins une source primaire et au moins une source secondaire sur le sujet choisi.

Géographie

Choisis un phénomène naturel parmi les suivants : une éruption volcanique, un séisme, un tsunami, une tornade, un ouragan, un glissement de terrain, une avalanche. Rends-toi ensuite à la bibliothèque ou cherche dans Internet pour trouver au moins une source primaire et au moins une source secondaire sur le sujet choisi.

→ Reconnaître les préjugés dans les sources

Ce que tu vois, entends ou lis n'est pas toujours vrai. La liste de contrôle suivante t'aidera à reconnaître l'information qui véhicule un jugement de valeur.

☑ Distinguer un fait d'une opinion

Un fait est un renseignement reconnu comme vrai, comme ton nom ou la date d'aujourd'hui. Une opinion est le point de vue d'une personne sur un fait ou un ensemble de faits.

☑ Examiner la sélection des faits

Lorsqu'une personne doit prononcer un discours, préparer un reportage ou écrire un livre, elle ne peut pas inclure tous les faits existants sur le sujet qu'elle présente. Elle doit faire une sélection. Cette sélection des faits repose généralement sur une connaissance du sujet et sur le point de vue de cette personne sur le sujet.

☑ Prêter attention aux renseignements qui montrent un préjugé

Les opinions sur un sujet peuvent être liées à la place qu'occupe la personne dans la société, à son emploi, à son appartenance politique. Si la personne est directement touchée par le sujet, elle peut avoir des préjugés. Le mot « préjugé » signifie « avoir un parti pris ». Le choix des mots utilisés révèle également les préjugés. Prête attention aux mots qui semblent déformer les faits dans le but de convaincre les gens.

À ton tour

Dans les extraits qui suivent, cherche les opinions qui montrent des préjugés.

Histoire

Lettre de Lord Stanley, secrétaire britannique aux colonies, à Sir Charles Bagot, gouverneur des deux Canadas :

« Je ne peux pas croire qu'il soit nécessaire d'adopter un gouvernement responsable, du moins pas avant d'avoir essayé toutes les autres formes (puisqu'il faudra l'accord de la partie française). […] Quand je parle de la partie française, je veux dire la partie dirigée par les chefs actuels et ayant à sa tête des personnes plus ou moins impliquées dans la dernière rébellion. Vous devrez peut-être finir par capturer ces personnes, mais ne les capturez pas avant que le monde ait vu que vous y êtes obligé. J'ai l'espoir et la conviction que cela ne sera jamais nécessaire. »

Géographie

Le syndicat des Travailleurs et travailleuses canadiens de l'automobile a dénoncé le mouvement écologiste vendredi.

« Les prochaines élections provoquent de grands discours dans lesquels les politiciens tentent d'être plus verts les uns que les autres, a déclaré le président du syndicat, Buzz Hargrove. Les politiciens en font leur plateforme en ce moment, car les Canadiens disent que c'est une question importante dans la prochaine élection, et cela m'exaspère. […] L'industrie de l'automobile pourrait perdre 150 000 emplois si nous laissons la folie de ce mouvement écologiste se poursuivre. »

Source : *The Sarnia Observer,* 14 avril 2007, p. B10.

HABILETÉ

→ Examiner différents points de vue

En histoire et en géographie, il y a beaucoup de questions sur lesquelles les gens sont en désaccord. Les étapes ci-dessous t'aideront à t'y retrouver par rapport aux différents points de vue.

 Déterminer les personnes ou les groupes concernés

Un point de vue est une opinion qu'une personne ou un groupe a sur une question. Détermine les personnes ou les groupes concernés par l'événement ou la question. Évalue ensuite comment chaque personne ou groupe est touché.

 Comparer des points de vue contradictoires

Une des façons d'évaluer des points de vue consiste à les comparer pour noter leurs ressemblances et leurs différences.

 Examiner les faits

Un point de vue fiable doit s'appuyer sur des faits. Tu dois te demander quels sont les faits qui soutiennent le point de vue.

☑ **Se renseigner sur la personne ou le groupe qui exprime le point de vue**

Tout le monde a un point de vue sur un sujet donné, mais certaines personnes sont des experts sur ce sujet. Parfois, ces experts représentent un groupe d'intérêt particulier, par exemple l'industrie, les environnementalistes, les syndicats, qui défendent un certain point de vue.

À ton tour

Histoire

Lis les pages H 13 et H 14. Repère les divers groupes qui avaient une opinion sur le commerce des fourrures.

Géographie

Lis la page G 39. Examine les trois arguments qui appuient chaque point de vue. Imagine que tu fais partie des autorités locales. Si tu n'avais que l'information donnée dans cette page, permettrais-tu la coupe à blanc des forêts dans ta région ? Quel argument a le plus influencé ta décision ?